La Grande Guerre en musique

Vie et création musicales en France pendant la Première Guerre mondiale

P.I.E. Peter Lang

Bruxelles • Bern • Berlin • Frankfurt am Main • New York • Oxford • Wien

Florence Doé de Maindreville
et Stéphan Etcharry (dir.)

La Grande Guerre en musique

Vie et création musicales en France pendant la Première Guerre mondiale

Collection « Études de musicologie »
n° 4

CERHIC

UNIVERSITÉ
DE REIMS
CHAMPAGNE-ARDENNE

REIMSMETROPOLE

CENTENAIRE 14 1918

IUF

MeGeP Musiciens entre Guerre et Paix

Cet ouvrage est publié après double révision à l'aveugle par des pairs.

Éditions scientifiques internationales
Bruxelles, 2014
1 avenue Maurice, B-1050 Bruxelles, Belgique
www.peterlang.com ; info@peterlang.com

ISSN 2031-2431
ISBN 978-2-87574-165-3
D/2014/5678/32

Ouvrage imprimé en Allemagne

Information bibliographique publiée par « Die Deutsche Bibliothek »

« Die Deutsche Bibliothek » répertorie cette publication dans la « Deutsche Nationalbibliografie » ; les données bibliographiques détaillées sont disponibles sur le site http://dnb.ddb.de.

Table des matières

Avant-propos

Annette BECKER

Paris-Ouest Nanterre / Institut universitaire de France

« La musique de guerre ne se fait pas en temps de guerre. À proprement parler, il n'y a pas de musique de guerre[1] ». Quand il écrit en 1916 au critique Émile Vuillermoz, le très patriote Claude Debussy se veut catégorique : non seulement, on ne compose rien d'intéressant en temps de guerre, mais une vie musicale digne de ce nom a totalement disparu : « Vous pensez bien que musicalement, Paris n'existe plus… si ce n'est de la musique de guerre, hélas ! qui ne vaut pas grand-chose[2]. » Minna Beckmann-Tube semble répondre comme en écho depuis l'Allemagne : « C'était une époque terrible. Il n'y avait plus de véritables concerts, uniquement des représentations de bienfaisance ; chaque fois que j'allais chanter je recevais la nouvelle d'une mort particulièrement douloureuse[3]. »

Face à la guerre, la musique ne saurait donc se réduire qu'à un accompagnement du deuil ? À son ami Louis-Pasteur Vallery-Radot qui, médecin militaire, le presse de traduire musicalement « l'étrange beauté des nuits sur le front[4] », Debussy précise sa pensée : aucun art – et plus encore la musique – ne rend possible la restitution de la guerre :

> […] ces choses-là ne se "rendent" pas, cela serait mesquin, en regard de la réalité. Pourrait-on essayer, tout au plus, une transposition..? Il y manquera toujours : l'atmosphère, la couleur du ciel, la figure des hommes et, surtout, l'héroïsme de votre âme, en ces moments-là. Voyez les dessins de guerre,

---

1 Debussy, Claude, lettre à Émile Vuillermoz, 25 janvier 1916, in Lesure, F., Herlin, D. (dir.), *Correspondance (1872-1918)*, Paris, Gallimard, 2005, p. 1969.

2 Debussy, C., lettre à Arthur Hartmann, 24 juin 1916, in *ibid.*, p. 2005.

3 *Souvenirs de Max Beckmann*, in Beckmann, Max, *Écrits*, textes réunis et présentés par Barbara Stehlé-Akhtar (trad. Thomas de Kayser), Paris, École nationale supérieure des beaux-arts, 2002, p. 188.

4 Vallery-Radot, Louis-Pasteur, *Tel était Claude Debussy*, suivi de *Lettres* [de Debussy] *à l'auteur*, Paris, René Julliard, 1958, p. 57.

comme, à peu d'exceptions près, ils sont "théâtre", faux pour mieux dire, du moins je me le figure[5].

Et pourtant, comme tant d'autres à travers le monde des belligérants, Debussy n'échappa pas à la contradiction. Il n'hésita pas à composer de la musique « de guerre » ou du temps de la guerre, entre propagande et œuvre de charité, en particulier une « Brabançonne » en l'honneur du roi des Belges et le *Noël des enfants qui n'ont plus de maison*. Il a choisi d'écrire les paroles et de composer la musique du « Noël », offrant une œuvre totale en guerre totale, sa façon à lui de rendre compte du choc des différents fronts : le front militaire – où il ne peut se rendre, trop âgé, trop malade – qui rencontre le front domestique où il se trouve, le front d'invasion, enfin celui qui profane de ses atrocités la fragilité des civils et particulièrement celle des enfants. Debussy relie l'issue nécessairement heureuse de cette guerre à la justesse de la cause de la France et de ses alliés. Contradiction dans l'attitude du compositeur ? Justement pas : cette musique est du Debussy, avec son écriture modale, sans aucun renoncement artistique. Il va même jusqu'à glisser deux mesures tirées de la première scène du 2e acte de *Pelléas et Mélisande*. Sa volonté est que le piano soit le plus discret possible et il refuse à plusieurs musiciens de l'instrumenter : « Il ne faut pas perdre un mot de ce texte inspiré par la rapacité de nos ennemis. C'est ma seule manière de faire la guerre[6] » dit-il encore.

« Des musiciens français et de leur manière de faire la guerre », ainsi pourrait s'intituler ce livre, où se rencontrent deux disciplines intellectuelles qui se fertilisent l'une l'autre, celle des musicologues, celle des historiens des cultures de guerre. Tant que ces derniers ont privilégié l'écrit, les discours d'escorte des différentes activités musicales ont pu leur servir de source, tout comme les mémoires et correspondances des musiciens, quelle que soit leur place dans la société et leur âge, élèves des conservatoires ou accomplis, amateurs ou professionnels. On a pu alors faire l'histoire des pratiques musicales dans leur inscription sociale et mentale – dans l'acception de Lucien Febvre d'« outillage mental ». Dans les chapitres de ce livre : la guerre, la nation, la peur et l'héroïsme au front, la haine de l'autre, les meurtrissures du deuil et de la dévastation. Mais les sons, les bruits, et *a fortiori* la musique, qu'elle soit savante ou populaire, fanfare militaire ou chanson, c'est bien plus que cela. Les artistes ont une façon de mettre en forme ce qu'ils ressentent et restituent de façon publique ; désir d'instrument, désir de jouer et

5 Debussy, C., lettre à Louis-Pasteur Vallery-Radot, 4 octobre 1915, in *Correspondance (1872-1918)*, *op. cit.*, p. 1941-1942.

6 Rapporté par Büsser, Henri, « À propos du Noël… », in *De « Pelléas » aux « Indes Galantes » : de la flûte au tambour*, Paris, Fayard, 1955, p. 204.

d'entendre de la musique. Aussi, quand les historiens se décident à ouvrir leurs oreilles, ils rencontrent forcément les musicologues qui savent prendre en compte la « qualité artistique », sa singularité, dans une histoire culturelle globalisante qui intègre « l'irréductible esthétique des sons[7] ». C'est alors que la musique devient pleinement « document pour l'histoire », entre érudition de la composition et savoir-faire de l'exécution. Compositeurs, interprètes, concerts : créer, offrir de la musique dans les circonstances extraordinaires de la guerre, pour étouffer le bruit des canons et celui des pleurs ou pour les magnifier ? Au front ou à l'arrière, des milliers de musiciens – ici en France, à la française, ailleurs dans d'autres nations alliées ou ennemies – l'ont tenté. Nulle part, par exemple, le bruitisme, né en 1913, n'a été relayé par des essais nés du bouleversement auditif apporté par les canons ou les avions. Dans les concerts bruitistes des années 1920, ce sont ceux de l'industrie et des grandes métropoles qui ont été choisis, comme si l'on faisait une ellipse sur la guerre, comme si on la rendait au silence de la mort. Non seulement les moyens d'enregistrement des sons n'étaient alors guère au point mais encore les contemporains du conflit n'en ont même pas eu l'idée : on eût pu utiliser des disques de cire comme pour les « archives de la parole » qui nous restituent les voix d'avant 1914, mais on ne l'a jamais fait. Seul peut-être le jazz, né ailleurs, apprivoisé par les différents belligérants après 1917, aurait pu, comme Jean Cocteau l'avait bien vu, restituer quelque peu du chaos auditif de la guerre. Mais Debussy l'avait pressenti, la tâche était impossible.

Pas tout à fait : ce n'est pas le moindre mérite de ce livre de revenir, chapitre après chapitre, sur cette singularité des sensibilités musicales dans l'ensemble des cultures de guerre, de cette singularité française dans ces singularités musicales.

---

7 Voir les travaux de Philippe Gumplowicz dont *Les résonances de l'ombre. Musique et identités : de Wagner au jazz*, Paris, Fayard, 2012.

Introduction

Florence DOÉ DE MAINDREVILLE et Stéphan ETCHARRY

Université de Reims Champagne-Ardenne

Si les travaux de nature historique dédiés à la Grande Guerre sont légion depuis plusieurs décennies déjà, ceux qui se concentrent sur la place qu'occupe la musique dans le conflit mondial sont en revanche bien peu nombreux en comparaison et souvent plus récents. En effet, ce n'est que depuis une vingtaine d'années environ que les musicologues ont commencé à s'intéresser de près à cette thématique. Les études menées par Michel Duchesneau (1996 et 1997)[1], Carlo Caballero (1999)[2] ou encore Dominique Huybrechts (1999)[3] peuvent être considérées comme pionnières en la matière. Elles adoptent des angles d'attaque différents, ciblés sur des objets d'études très précis pour les deux premiers auteurs ou offrant, au contraire, un panorama beaucoup plus large pour le dernier. Ces travaux semblent en tous les cas avoir creusé un sillon dans lequel viennent désormais s'inscrire de toutes récentes recherches parmi lesquelles on peut citer celles entreprises par Jean-Christophe Branger, Esteban Buch, Aude Caillet, Sylvie Douche, Georgie Durosoir, Jane F. Fulcher, Barbara Kelly, David Mastin, Rachel Moore, Éric Sauda, Charlotte Segond-Genovesi, Glenn Watkins, *etc.*[4].

Ainsi, notre ouvrage se présente-t-il comme un nouveau maillon de cette chaîne à ce jour encore fragmentaire de l'histoire de la musique et

---

1 Duchesneau, Michel, « La musique française pendant la Guerre 1914-1918 : autour de la tentative de fusion de la Société nationale de musique et de la Société musicale indépendante », in *Revue de musicologie*, tome 82, n° 1, 1996, p. 123-153. *Id.*, *L'Avant-garde musicale à Paris de 1871 à 1939*, Sprimont, Mardaga, coll. « Musique-Musicologie », 1997.

2 Caballero, Carlo, « Patriotism or Nationalism ? Fauré and the Great War », in *Journal of the American Musicological Society*, 52/3, automne 1999, p. 616-622.

3 Huybrechts, Dominique, *1914-1918, Les musiciens dans la tourmente. Compositeurs et instrumentistes face à la Grande Guerre*, Anseroeul (Belgique), Éditions Scaldis, 1999.

4 Pour les références précises de ces travaux, nous renvoyons à notre bibliographie sélective en fin de volume.

de la vie culturelle durant la Grande Guerre, chaîne qui ne demande qu'à être restituée dans son intégralité et à retrouver, par là même, tout son sens, le plus complexe, le plus nuancé, le plus complet, le plus parlant. Ce livre met l'accent sur la question de la création musicale chez les compositeurs durant ce conflit mondial, en faisant le choix de prendre principalement en compte des figures musicales plus discrètes – ou importantes à l'époque, mais qui sont le plus souvent restées dans l'ombre des « grands maîtres » établis. Il propose encore des enquêtes tout à fait originales sur l'édition musicale ou sur l'organisation de la vie musicale au front et à l'arrière (tant à Paris qu'en province). Ainsi, cet ouvrage apporte-t-il des éclairages inédits, notamment sur la façon dont les créateurs en général et les compositeurs en particulier ont vécu leur art et sa pratique dans un moment aussi critique de l'histoire. Car, comme le rappelle avec justesse Annette Becker, « tous les peuples belligérants se sont construits et détruits dans la guerre, y ont été rendus autres. Tous, sur les fronts militaires et domestiques, ont vécu patriotisme voire nationalisme, élans et médiocrités, horreur devant la mort et le deuil, interrogations sur la conduite de la guerre, noblesse et mesquinerie[5]. » Et le compositeur – parce qu'il est avant tout un être humain et surtout parce qu'il est un artiste qui éprouve ce besoin viscéral de créer – n'échappe pas aux effets de cet effroyable traumatisme dans la construction de sa personnalité artistique. Au cœur de l'hiver 1915, alors que le conflit n'en était qu'à son septième mois d'existence, laissant entrevoir la violence extrême avec laquelle il était vécu, le critique Pierre Lalo (1866-1943) lançait dans les colonnes du *Temps*, tel un oracle :

> Quelles seront chez nous, lorsque cette guerre aura pris fin, les tendances et les destinées de l'art musical ? Après un mouvement et un ébranlement si formidables, qui auront atteint la nation tout entière, et jusque dans les profondeurs les plus intimes de son être, il y aura en musique, comme partout ailleurs, une grande transformation. La vie et l'esprit ne pourront plus être ce qu'ils étaient auparavant ; nous ne serons plus ce que nous avons été ; nous ne le sommes déjà plus[6].

De ce terrible constat découle tout naturellement l'inévitable question de l'impact de ce conflit sur le langage musical de l'artiste. Comme le fait Annette Becker à propos de Debussy, on est en effet amené à se demander à propos de chaque compositeur ayant traversé ce tragique épisode de l'histoire : « [...] la guerre, la nation, l'ardeur, l'enthou-

---

5 Becker, Annette, « Debussy en Grande Guerre », in Chimènes, M., Laederich, A. (dir.), *Regards sur Debussy*, préface de Pierre Boulez, Paris, Fayard, 2013, p. 57-58.

6 Lalo, Pierre, « Feuilleton du *Temps*. La musique », in *Le Temps*, n° 19589, 23 février 1915, p. 3.

siasme, le désarroi, est-ce que cela s'entend ? En tant que musicien qu'a-t-il écouté de la guerre, qu'en a-t-il fait écouter[7] ? »

Il est d'ailleurs symptomatique de constater combien la musique, loin d'être reléguée aux oubliettes durant cette sombre période, occupe une place essentielle : quelle que soit la façon dont elle est appréhendée – par les combattants, par l'ensemble de la population, par les musiciens eux-mêmes –, elle est un signe évident de cet impérieux désir de vivre qui anime chaque être humain. Qu'elle permette d'oublier les horreurs vécues par les uns et par les autres, de donner du courage aux soldats mais aussi aux familles déchirées, de souder une nation toute entière sous une même bannière face à l'ennemi, d'accompagner la mémoire des disparus et de réconforter les survivants, la musique témoigne, dans tous les cas, de cette irrépressible envie d'aller de l'avant, coûte que coûte. Elle permet à chacun, à son propre niveau, d'entretenir ou de retrouver sa dignité humaine. Elle permet de résister ou encore de combattre. En conclusion de ses brèves considérations sur la musique française données dans la préface des *Douze causeries faites à Lyon par des amis de la musique*[8], Debussy – encore lui ! – ne soulignait-il pas, en décembre 1916 :

> Les bons poilus qui pataugent héroïquement dans la boue, en chantant des refrains où la conviction du rythme remplace victorieusement le bon goût, n'auront-ils pas le droit de hausser les épaules devant des préoccupations aussi futiles ? Pourtant, qu'ils nous pardonnent ! Qu'ils veuillent bien admettre plusieurs manières de vaincre ! La musique en est une : admirable et féconde. / … le reste s'écrira dans l'avenir[9] !

Pendant la Grande Guerre, la musique apparaît également, d'une certaine manière, comme le catalyseur de tensions et d'enjeux – tant musicaux qu'artistiques, esthétiques ou sociologiques – qui investissent plus largement de nombreux domaines et problématiques de l'époque. Chez les musiciens, qu'ils soient interprètes ou compositeurs, on est en effet sans cesse confronté, comme pour l'ensemble du peuple français, à la distinction entre les courageux et les « embusqués », entre ceux de l'avant et ceux de l'arrière, ceux du front militaire et ceux du front domestique, ceux qui se battent en première ligne, dans les tranchées, et ceux qui se trouvent à l'« arrière-front », dans les cantonnements, *etc.*

---

7 Becker, A., art. cit., p. 58.

8 Ouvrage collectif édité par Paul Huvelin et dont les collaborateurs étaient M. Zimmermann, E. Locard, E. Goblot, V. Loret, H. Focillon, J. Bach-Sisley, A. Sallès, Ch. Roland et M. Boucher.

9 Debussy, Claude, Lettre-préface à « Pour la musique française, douze causeries », décembre 1916, in Debussy, Claude, *Monsieur Croche et autres écrits*, introduction et notes de François Lesure, édition revue et augmentée, Paris, Galllimard, coll. « L'Imaginaire », n° 187, 1/1971, 1987, p. 268.

Quant aux questionnements plus directement liés à la musique, ils sont eux aussi le plus communément ramenés à des prises de position entre deux façons d'envisager sa participation au conflit : faut-il jouer de la musique pour continuer à exister ou se taire, par décence pour ceux qui se battent et qui sont morts au combat ? Doit-on créer ou entrer dans une phase de mutisme face à la gravité des événements ? Telles sont les questions que se pose chaque artiste durant les premiers mois du conflit. Avec la reprise progressive et la réorganisation d'une vie musicale, la guerre des « pro-Français » contre « les Boches » fait alors des ravages. Elle déclenche des prises de position esthétiques virulentes de la part des compositeurs, des critiques musicaux, des intellectuels, qui ne font que raviver les débats esthétiques de 1870 qui avaient conduit, entre autres, à la création de la Société nationale de musique, dès le 25 février 1871. Mais ces combats idéologiques sont menés, le plus souvent, à l'arrière. Car les musiciens envoyés au front dépassent quant à eux ce clivage manichéen, radical et artificiel, qui ne correspond le plus souvent à aucune réalité tangible. Au front, à l'arrière-front ou au cantonnement, les interprètes et les créateurs sont davantage confrontés à un brassage culturel des plus hétéroclites, qui se situe au confluent des impératifs dictés par les musiques régimentaires (marches, sonneries), des musiques légères (fantaisies, mazurkas, airs célèbres d'opérettes) et « populaires » (chansons, music-hall) et de la musique de tradition savante que tentent de pratiquer à tout prix les compositeurs. Les pièces appartenant aux premières catégories évoquées paraissent les plus divertissantes pour les poilus, lors des manifestations organisées durant les jours de repos, tandis que celles de la dernière semblent davantage appréciées à leur juste valeur par un public majoritairement composé d'officiers, dans les cantonnements. Si les répertoires sont divers, il en va tout autant des effectifs convoqués, qui embrassent toute une gamme de formations allant du piano *solo* à l'ensemble à vents, en passant par le très prisé duo voix/piano et les ensembles à géométrie variable de musique de chambre. Ce mélange d'esthétiques fort différentes apparaît-il ainsi comme une sorte d'observatoire des pratiques musicales de l'époque qui se retrouvent confrontées dans cette nouvelle configuration sociologique que représente le front où sont complètement redistribuées les cartes de la société établie, où toutes les classes d'âge, toutes les catégories socio-professionnelles, toutes les classes sociales se côtoient désormais dans une géographie nouvelle du « vivre ensemble ». Ce brassage permet encore de sonder les goûts des musiciens au front mais également – et surtout – ceux des soldats et des populations civiles dans les villes et villages de France, principalement dans le Nord et l'Est du pays.

Au fur et à mesure de l'enlisement du conflit, les batailles esthétiques se déplaceront progressivement sur le front de la musique « moderne » – porteuse d'avenir, de promesses nouvelles – contre celle d'avant-guerre – passéiste, symbolisant un monde révolu dont on ne souhaite plus voir se redessiner les charmants contours trompeurs. Ces tensions esthétiques, ces deux façons d'envisager l'avenir musical, prendront tout leur sens aussitôt que sera signé l'armistice et atteindront leur paroxysme au cœur des années 1920. C'est ce que ne manquera pas de souligner, par exemple, Charles Koechlin au sortir de la Grande Guerre :

> Le cataclysme de 1914 apporta dans la société, tout ensemble de la violence, de l'égoïsme, une impitoyable sécheresse, la crainte de la douleur physique et morale, – et l'amour du mouvement matériel : besoin de s'étourdir, de faire table rase (provisoirement, du moins) des douces rêveries ou des utopies généreuses[10].

Offrant un panorama de la musique française de l'entre-deux-guerres, avec une trentaine d'années de recul sur les choses, René Dumesnil confirmera cette irrémédiable fracture entre « l'avant » et « l'après » 1914 :

> Une ère nouvelle commençait, on en était bien sûr. À ces temps nouveaux, ne fallait-il pas une musique nouvelle et qui en fût l'expression ? Les jeunes d'avant 1914 (on n'arrivait pas très vite, alors), on les traitait de « vieilles barbes », de « pontifes momifiés », et leurs théories, leurs goûts, leurs ouvrages, on s'empressait de les envoyer rejoindre les vieilles lunes. Démodés autant que le wagnérisme, l'impressionnisme, le debussysme, ses irisations, ses déliquescences, aussi bien que les développements cycliques du « père Franck ». Tout cela datait. Il fallait le remplacer par autre chose, et qui fût vraiment neuf. Ainsi les wagnériens et les impressionnistes, leurs adversaires, se trouvèrent conjointement mis en cause[11].

De même qu'elle investit pleinement, à sa manière, ces quatre années et demie de conflit, la musique en accompagne encore l'heureuse issue et participe activement à la définition d'un nouvel ordre des choses, non seulement à l'échelle de la France, mais aussi à celle de l'Europe et du monde entier.

Multipliant les regards portés sur la musique pendant la guerre, croisant les approches historiques, sociologiques, esthétiques et analytiques, les articles réunis ici apportent ainsi un regard plus nuancé sur l'époque en général et sur le conflit mondial en particulier. Certes, on pourra nous reprocher, eu égard à la thématique abordée, l'absence de compositeurs aussi emblématiques que Camille Saint-Saëns ou Claude Debussy. On

[10] Koechlin, Charles, « Chapitre V : La Mélodie », in Rohozinski, L. (dir.), *Cinquante ans de musique française de 1874 à 1925*, Paris, Les éditions musicales de la Librairie de France, 1925, tome II, p. 56.

[11] Dumesnil, René, *La musique en France entre les deux guerres (1919-1939)*, Genève-Paris-Montréal, Milieu du Monde, coll. « Bilans », 1946, p. 13-14.

aurait tout aussi bien pu croiser les figures de Gabriel Fauré, de Théodore Dubois, de Nadia et Lili Boulanger, mais aussi celles de Claude Delvincourt ou encore de Philippe Gaubert. Néanmoins, quelques-unes de ces personnalités peuvent apparaître, en pointillé ou en filigrane, dans certains des textes présentés dans cet ouvrage. De plus, la bibliographie sélective qui figure en fin de volume viendra combler quelques-uns de ces manques en suggérant des pistes de références pour compléter ou approfondir tel ou tel aspect des choses. Dans le cadre réduit de cette publication, des choix s'imposaient : ainsi avons-nous privilégié des personnages souvent moins connus et des angles d'attaque originaux, en nous plaçant systématiquement dans une dynamique de recherche scientifique.

Le point de départ du présent ouvrage est la journée d'études, tenue en Sorbonne le 15 mai 2010, grâce au soutien de l'équipe de recherche Patrimoines et Langages Musicaux, et organisée conjointement par Philippe Cathé et Sylvie Douche, Florence Doé de Maindreville et Stéphan Etcharry. Dans le cadre de la « 5e Petite Biennale de Musique Française », cette rencontre scientifique était placée sous l'égide de « la création musicale en France pendant la Première Guerre mondiale ».

Un choix de textes issus de cette journée d'études a tout d'abord été réalisé et de nombreux articles sont ensuite venus se greffer à ce premier florilège afin de constituer un ouvrage original auquel nous souhaitions donner équilibre et cohérence.

Offrant différentes facettes de la musique pendant la Première Guerre mondiale, l'ouvrage s'articule en trois parties distinctes. En guise d'ouverture, la première d'entre elles consacre ses trois chapitres à la vie des musiciens au front. L'article de Sandrine Visse dresse un magnifique tableau du quotidien de quantité d'artistes – tout à la fois de jeunes professionnels à peine sortis de leurs études, des interprètes confirmés et renommés, *etc.* – qui soulève de nombreuses questions. Quelles sont les motivations des musiciens à poursuivre, malgré des circonstances peu propices, leur activité musicale qui peut sembler bien futile par rapport au contexte dramatique de la guerre : nécessité ? effort de guerre ? façon de ne pas se faire oublier ? L'organisation de leur activité dans ce milieu matériellement hostile est au centre de cette étude : quels projets se mettent alors en place ? Comment les programmes musicaux sont-ils confectionnés et à quel public s'adressent-ils ? Sont également abordés les goûts et les dilemmes des musiciens dans le choix des œuvres interprétées mais aussi la perception qu'ont d'eux les autres soldats.

Plusieurs exemples particuliers sont ensuite passés en revue. Luc Durosoir nous dépeint ainsi la vie que son père, Lucien Durosoir, a connue au front. Grâce au soutien de hauts gradés militaires, le violoniste a bénéficié de conditions privilégiées pour continuer sa pratique musicale et la faire partager. Profitant de rencontres exceptionnelles et d'une grande intensité qu'il a eu la chance de faire au front, il déploie alors, contre toute attente, une activité particulièrement dynamique, avec Caplet et Maréchal notamment : en deux ans et demi, entre novembre 1915 et juillet 1918, de nombreux concerts sont ainsi organisés dans des cadres variés (en privé, à l'église, devant les poilus, *etc.*). La précieuse liste de ces concerts reconstituée par l'auteur et présentée en annexe nous permet de prendre conscience du répertoire qu'il a été possible d'interpréter et de faire écouter au front devant toutes sortes de public.

Quant à David Mastin, il étudie l'impact de la guerre sur Louis Fourestier, jeune musicien issu du Conservatoire. Enrôlé comme brancardier, celui-ci tente de concilier avec les plus grandes difficultés la vie de soldat avec la poursuite de sa pratique musicale et la défense de la patrie avec sa fascination pour la musique allemande.

La deuxième section, la plus conséquente de l'ouvrage, est plus précisément centrée sur la création musicale durant la guerre. Six chapitres sont dévolus à différentes figures de compositeurs – au front pour les premiers, à l'arrière pour les autres – et à leur esthétique musicale. Comment opérer alors une classification générique au sein des œuvres composées ? Appartiennent-elles à la musique de circonstance ? à la musique militaire ? à la musique descriptive qui tente de traduire les atrocités de la guerre ? La musique est-elle vécue comme engagement offensif ou, au contraire, comme échappatoire ? Comment les compositeurs restés à l'arrière se positionnent-ils ? En résumé, la question centrale qui se pose aux différents auteurs dans cette deuxième partie est bien celle de l'impact de la guerre sur l'œuvre et la manière d'écrire de tous ces compositeurs, autrement dit, sur leur style musical.

Georgie Durosoir, tout d'abord, brosse un portrait d'André Caplet qui, pendant la guerre, porte de multiples casquettes, tant militaires que musicales. Bien que l'équilibre entre le respect de ses obligations de soldat et ses aspirations artistiques s'avère particulièrement difficile à vivre pour lui, il parvient à écrire, outre divers arrangements de circonstance, environ une douzaine de pièces, lesquelles figurent dans le catalogue de ses compositions de guerre présenté en annexe.

Laure Schnapper s'attache quant à elle à nous faire découvrir les activités de Fernand Halphen, alors directeur musical du 13e régiment durant le conflit. Celui-ci a consigné précisément dans un carnet tous les concerts qu'il a donnés chaque dimanche entre décembre 1915 et novembre 1916 tout en trouvant la force, parallèlement, de composer.

La contribution de Ludovic Florin est un témoignage émouvant sur une mélodie de Pierre Vellones composée au front, intitulée *Prière*, et dont la partition inédite à ce jour est proposée à la fin de l'article.

Pour sa part, Stéphan Etcharry révèle une facette rarement évoquée de Reynaldo Hahn : celle du musicien engagé, impliqué sur le front de l'Argonne. L'auteur soumet ensuite des pistes d'analyse du style musical de ses compositions de guerre, aux objectifs divers, qui délivrent quasiment toutes une atmosphère pacifiée.

Jean-Christophe Branger retrace l'engagement intellectuel d'Alfred Bruneau à travers sa composition *Le Tambour* qui, tout en traitant un sujet patriotique, n'en demeure pas moins exigeante et complexe musicalement. L'article est ainsi une belle illustration du combat musical que mène Bruneau en faveur de la musique française.

Enfin, dans une perspective beaucoup plus globale – qui s'appuie cependant sur des exemples musicaux très précis –, Lionel Pons offre une réflexion tout à fait passionnante sur les nouvelles acceptions du temps (et, par conséquent, de la forme musicale) chez trois compositeurs aux styles fort différents : Ravel, d'Indy et Milhaud.

Quant aux chapitres de la dernière partie de ce livre, ils traitent de différents aspects de la vie musicale à l'arrière qui reprend progressivement, tant à Paris qu'en province, après plusieurs mois d'interruption : les concerts de bienfaisance se multiplient un peu partout, les sociétés de concert arrivent, tant bien que mal, à se réorganiser moyennant certains aménagements, et des initiatives inattendues, dues à ces circonstances exceptionnelles et au sentiment patriotique exacerbé, voient le jour. Trois expériences intéressantes sont ici relatées.

En étudiant la régénération de l'opérette et l'émergence de l'opérette patriotique et, tout en s'appuyant sur l'exemple précis de *La Cocarde de Mimi Pinson* d'Henri Goublier fils, Michela Niccolai propose une illustration de la vie sociale et culturelle à Paris pendant les années de guerre.

Rachel Moore offre une étude originale sur le positionnement de l'édition musicale française, notamment face à l'épineuse question du répertoire musical austro-allemand et de son édition française, les publications allemandes étant alors interdites. Avec finesse, l'auteur aborde les limites de l'union sacrée qui se voit confrontée aux intérêts commerciaux et aux rivalités entre les éditeurs.

Enfin, Denis Huneau porte un regard sur l'activité musicale en province pendant la guerre en prenant l'exemple de la ville d'Angers. Malgré les circonstances, la vie culturelle de la cité se reconstruit peu à peu grâce à la mise en place de concerts aux objectifs variés et au dynamisme de l'organiste Jean Huré et, de façon beaucoup plus étonnante, à la création d'un cinéma, impliquant les musiciens encore présents dans la ville, et qui devient rapidement un pôle d'attraction central pour les Angevins.

Ainsi, ces différents témoignages contribuent-ils à la connaissance de cette période sombre et tragique de l'histoire. Souhaitons également que les multiples pistes de recherche et de réflexion développées tout au long de cet ouvrage collectif, complétées par une bibliographie en fin de volume, suscitent à leur tour d'autres études et permettent d'éclairer ce pan encore largement méconnu de l'histoire culturelle et artistique de cette époque.

Remerciements

C'est à Sylvie Douche et Philippe Cathé, tous deux enseignants-chercheurs à l'université Paris-Sorbonne, que nous devons l'origine du présent ouvrage. En effet, ils nous ont offert l'opportunité de co-organiser, dans le cadre des journées scientifiques en Sorbonne, la « 5e Petite Biennale de Musique Française » consacrée à la création musicale pendant la Grande Guerre, qui a permis d'enclencher la réflexion sur cette thématique. Ils nous ont ensuite encouragés durant toutes les étapes de ce projet.

C'est aussi avec beaucoup de gratitude que nous avons reçu le soutien d'Annette Becker, professeure en histoire à l'université Paris Ouest Nanterre La Défense et membre senior de l'Institut universitaire de France qui nous a fait l'honneur d'écrire l'avant-propos de cet ouvrage.

Henry Vanhulst, directeur de la collection « Études de Musicologie/ Musicological Studies » chez P.I.E. Peter Lang, et ses collaborateurs, Émilie Menz, David Branders et Alice de Patoul ont accueilli avec enthousiasme ce projet et se sont montrés toujours disponibles et à l'écoute pendant toute son élaboration.

Cet ouvrage n'aurait pas vu le jour sans le soutien inconditionnel de notre Centre d'Études et de Recherche en Histoire Culturelle de l'université de Reims Champagne-Ardenne (CERHIC, EA 2616), de sa directrice Isabelle Heullant-Donat et de Marie-Hélène Morell, de Jean-François Boulanger, doyen de l'U.F.R. Lettres et Sciences Humaines, de la ville de Reims, de la mission centenaire 14-18, de l'Institut universitaire de France et de l'association Musiciens entre Guerre et Paix (MEGEP). Les éditions Alphonse Leduc et Monsieur Dominique Bois, enfin, nous ont donné leur aimable autorisation de reproduction des œuvres musicales et de la photo de couverture dont ils sont respectivement propriétaires. Que tous reçoivent ici l'expression de nos plus vifs remerciements et de notre sincère reconnaissance.

Première partie

Vie des musiciens au front

Les « concerts » au front pendant la Grande Guerre

Entre engagement dans le conflit et vie artistique en marge

Sandrine VISSE

Lycée Jean Macé, Charleville-Mézières

Au début du mois d'août 1914, des millions de jeunes hommes quittent leur foyer à l'annonce de la mobilisation générale, résignés à combattre pour défendre la France et persuadés d'être très vite de retour. Cette guerre, appelée à ne durer que quelques mois, va finir par s'étendre sur plusieurs années. Elle est le théâtre d'un brassage assez inédit entre des hommes de toutes conditions sociales et de toutes professions : paysans, ouvriers, artisans, artistes, intellectuels, commerçants, médecins. Tous vont devoir tenir ensemble un front qui, passé les deux premiers mois, se stabilise et s'enlise dans les tranchées. Il va falloir défendre ces dernières, mètre par mètre, mais aussi s'organiser pour vivre au quotidien dans une situation qui risque désormais de durer.

Parmi ces soldats anonymes se trouvent des musiciens français – étudiants, professionnels, amateurs de bon niveau, interprètes, jeunes créateurs ou compositeurs confirmés – affectés à divers postes militaires. Ils quittent une vie musicale très active bien qu'un peu ralentie par la période estivale, abandonnant projets (de créations, de tournées), concours, postes d'enseignement ou pupitres d'orchestre. La musique semble alors rendue muette pour toute la durée de la guerre et l'on s'interroge sur son devenir. La revue hebdomadaire *Le Ménestrel* annonce dès le 8 août le probable report de la réouverture des scènes parisiennes – Opéra, Opéra-Comique, Odéon, entre autres – en raison de la mobilisation et de l'absence d'une grande partie de leur personnel[1]. Pourtant l'activité artistique à l'arrière reprend très progressivement, souvent « réaménagée » pour pallier les pénuries humaines et maté-

1 Heugel, Henri, « Paris et départements », in *Le Ménestrel*, n° 4350, 8 août 1914, p. 256.

rielles (citons notamment la fusion des concerts Lamoureux et Colonne). Sur le front également, et contre toute attente, la musique émerge peu à peu du chaos de la guerre comme en témoigne un grand nombre de sources démontrant la récurrence des pratiques musicales que l'on doit bien se garder de considérer comme anecdotiques et isolées.

Les *Gazettes des classes du conservatoire* dirigées pendant la guerre par Nadia et Lili Boulanger représentent en ce sens une source volumineuse[2]. Transcription des courriers envoyés par près de 150 musiciens du front à la demande des deux sœurs, cette série de livrets doit être néanmoins abordée avec toute la réserve nécessaire du fait de l'autocensure que s'imposent les soldats de la Grande Guerre, notamment lorsqu'ils savent qu'ils vont être publiés, afin de ne pas alarmer leurs proches. D'autres récits de soldats, musiciens[3] ou non, viennent étoffer le *corpus*, attestant l'existence de nombreuses séances de musique proposées spontanément en public et à proximité du front pendant la Grande Guerre.

Les musiques régimentaires représentent une part importante de la pratique musicale au front mais sont exclues de notre propos parce qu'elles n'entrent pas dans le cadre de pratiques spontanées : réglementaires, elles accompagnent les rituels de l'armée et, en situation de concert, elles restent impulsées par la hiérarchie. Rappelons toutefois qu'après avoir été employées pour bien des tâches, les batteries-fanfares (uniquement formées d'instruments d'ordonnance) et les harmonies militaires (adjointes de bois tels que les clarinettes et saxophones) sont reformées dès la fin de l'année 1914. Leur activité reprend assez vite dans l'espoir de regonfler l'ardeur des combattants. Elles font donc partie intégrante du paysage musical de l'avant. Dans les camps de prisonniers également s'est développée la pratique musicale, mais nous l'écarterons de notre propos pour nous limiter à la proximité du front et des combats.

La spontanéité du développement des concerts à quelques pas des lignes du front nous paraît importante car elle induit qu'il y a une réelle volonté de la part des artistes, malgré les circonstances peu propices, de poursuivre d'une manière ou d'une autre leur activité musicale d'avant-guerre. Simple plaisir ou manque à combler ? Forme originale d'engage-

---

2 Pour une description détaillée des *Gazettes des classes du conservatoire*, voir : Laederich, Alexandra, « Nadia Boulanger et le Comité franco-américain du Conservatoire (1915-1919) », in Audouin-Rouzeau, S., Buch, E., Chimènes, M., Durosoir, G. (dir.), *La Grande Guerre des musiciens*, Lyon, Symétrie, 2009, p. 161-173.

3 Notamment les lettres de Lucien Durosoir et les carnets de guerre de Maurice Maréchal : Durosoir, Lucien, Maréchal, Maurice, *Deux musiciens dans la Grande Guerre*, Paris, Tallandier, 2005.

ment dans l'effort de guerre ? Crainte d'être définitivement écartés d'une vie musicale qui reprend à l'arrière ? Quelles sont les réelles motivations de ces musiciens ? Et comment justifient-ils des pratiques qui paraissent souvent bien futiles en des heures si graves ? Comment, enfin, s'organisent-ils dans un milieu matériellement hostile pour mener à bien leurs projets et quelle place peuvent-ils donner à leurs goûts et à leur créativité ?

Tentons de comprendre comment et pourquoi la pratique des concerts, au premier abord si éloignée de la gravité de l'état de guerre, se développe pendant ce conflit aux abords du front et si elle représente une parenthèse culturelle dans la vie musicale française, ou au contraire si elle réussit à influer sur le devenir de la musique.

La mise en place des « concerts » au front

S'occuper

Si la musique et les concerts au front émergent bien dans un contexte de guerre, ce n'est bien sûr qu'en dehors des combats que les soldats peuvent s'y consacrer. C'est dans les périodes de repos, en cantonnement, à deux ou trois kilomètres derrière les premières lignes que la pratique musicale se développe.

Les témoignages concordent et démontrent que c'est après quelques mois de conflit que la plupart des musiciens reprennent leurs instruments. La première partie de la guerre les occupe beaucoup. Il n'est pas question de musique tant que la guerre de mouvement fait rage car les soldats alternent combats et marches forcées afin de tenir un front très étendu. Puis, courant novembre, la guerre s'enlise. Il faut alors creuser des tranchées et organiser leur défense. Enfin, vers janvier 1915, l'hiver et la stabilisation des positions laissent enfin aux soldats un peu de temps, voire trop de temps. Ce sont alors de longues périodes d'ennui qui imposent la nécessité vitale de s'occuper. Chacun tente de trouver un passe-temps à la hauteur de ses envies : boire, fumer, jouer aux cartes, écrire à ses proches, lire, chanter, jouer de la musique. On se procure un instrument comme l'on peut : Maurice Maréchal, en cantonnement près de Reims, réussit à louer un violoncelle chez un marchand rémois pendant trois mois tandis que Lucien Durosoir se fait prêter un violon par des civils[4], que Pierre Camus demande à sa femme de lui envoyer sa flûte[5] et que François Gervais demande à Montereau, sapeur dans

4 « J'ai trouvé à Cherbourg une dame, madame Sauvegrain, qui m'a prêté un violon ». Extrait de Durosoir, L., Maréchal, M., *op. cit.*, p. 40.

5 Lettre de Mme Camus à Nadia Boulanger, parue dans la *Gazette des classes de composition du conservatoire*, n° 1, décembre 1915, p. 28.

l'armée et charpentier dans le civil, de lui fabriquer un violoncelle artisanal selon des plans peu banals[6]. C'est ainsi que les premières notes de musique viennent se glisser dans chaque période d'accalmie avec une fréquence accrue, offrant un contrepoint original aux grandes offensives qui marquent cette guerre.

Cependant, tous les musiciens n'ont pas le moyen de reprendre la musique et certains continuent d'être totalement tenus à l'écart de celle-ci, soit qu'ils aient trop d'occupations comme Auguste Neff, infirmier d'artillerie qui déplore en 1916 n'avoir pas touché son « bignou » depuis deux ans et un mois[7], soit qu'ils se trouvent « socialement » isolés et que le milieu dans lequel ils évoluent ne soit pas propice au développement artistique : le compositeur Francis Bousquet[8] explique qu'il est « toujours un peu [douloureux] pour un artiste [...] de vivre avec des gens qui ne le sont pas[9] ». C'est en effet souvent le hasard d'une rencontre entre musiciens ou entre intellectuels au sein d'un régiment qui suscite l'envie de faire de la musique comme l'exprime Roger Pénau après avoir retrouvé en mai 1915 Laurent Cellier, un autre musicien :

> Depuis, nous sommes inséparables, et nos conversations sur la musique sont interminables, arrêtées parfois par les divergences d'idées de notre chef de musique, qui est au demeurant un excellent homme. Cellier est le meilleur garçon du monde. [...] Notre amitié réciproque adoucit beaucoup nos souffrances[10].

On connaît l'importance, pour la survie physique et mentale des soldats pendant la Grande Guerre, du lien de camaraderie et notamment du « groupe primaire[11] », petit groupe de trois à six soldats « [vivant] entre eux, avec leurs règles, leur hiérarchie propre, leur vie sociale, leurs distractions, leurs références et leurs souvenirs communs » et permettant de « susciter un sentiment puissant d'appartenance ou de solidarité[12] ». C'est autour de leur passion commune et de l'envie de reprendre leur

6 Le violoncelle de François Gervais est actuellement conservé dans les collections de l'Historial de Péronne. Pour une étude très précise de l'instrument et du contexte de sa création, voir : Gétreau, Florence, « Instruments de soldats : typologie, fonctions, transmission », in *La Grande Guerre des musiciens*, *op. cit.*, p. 41-61.

7 *Gazette des classes de composition du conservatoire*, n° 4, 27 novembre 1916, p. 26.

8 Charles-Francis Bousquet (1890-1942), élève d'Albert Roussel, prix de Rome en 1923 pour sa cantate *Beatrix* puis directeur du conservatoire de Roubaix.

9 *Gazette des classes du conservatoire*, n° 8, lettre du 27 avril 1916, p. 6. Cette gazette est officiellement parue en avril 1917, mais elle correspond à la gazette n° 3 qui aurait dû paraître pendant l'été 1916 et qui a d'abord été interdite par la censure.

10 *Gazette des classes de composition du conservatoire*, n° 1, décembre 1915, p. 22.

11 Audouin-Rouzeau, S., « L'épreuve du feu », in *L'Histoire*, n° 225, octobre 1998, p. 41.

12 *Id.*

activité d'avant-guerre, le concert, que les musiciens forment quand ils le peuvent leurs propres « groupes primaires » comme le relate Ernest Mangeret : « Ces temps-ci, nous avons trouvé un piano dans une maison à moitié démolie, nous l'avons descendu à la cave [...] et le soir venu, nous nous réunissons, quelques amis, pour faire un peu de musique[13] ».

À peine se sont-ils reconnus et ont-ils partagé quelques agréables moments musicaux que les artistes cherchent à faire partager leur plaisir retrouvé aux soldats qui les entourent. Il faut dès lors s'organiser avec peu de moyens pour aménager un « lieu » de concert, qu'il soit en plein air ou non, et faire face à des contraintes de dénuement matériel hors du commun. Maurice Besserve souhaitant monter avec deux camarades une revue affirme : « C'est amusant, mais que de mal pour se procurer le matériel et les accessoires ! Quant aux costumes et décors, ils étaient de notre fabrication[14] ». François Gervais, de son côté, évoque l'installation d'un concert : « Dans l'après-midi, on dresse une petite scène entourée de verdure, située en plein pré, éclairée de quelques lampions, quelques chaises pour les officiers, des bancs et... la pelouse pour le reste du public[15] ». L'expérience n'est pas toujours aisée et plus le projet est ambitieux, plus il paraît difficile à réaliser comme nous le montre l'exemple du concert organisé par André Caplet le dimanche 30 décembre 1917 à la cathédrale de Noyon[16]. Cet événement – qu'il baptise « concert spirituel » en raison du calendrier liturgique, du lieu et du répertoire interprété (en grande partie sacré) – demande au compositeur le déploiement d'une très grande énergie. Il consigne dans un carnet de notes tout ce qu'il doit prévoir pour la réussite de son projet : contact avec l'archiprêtre, question de la pension et de l'hébergement des musiciens civils[17] et militaires issus de différents régiments[18], obtention des laissez-passer, transport des instruments, accord du piano, copie du matériel d'orchestre, lieu et horaires des séances de répétitions, choix du programme et impression de ce dernier.

Certes, cet événement est assez exceptionnel, mais il montre combien l'organisation d'un concert représente une réelle occupation pour

---

[13] *Gazette des classes du conservatoire*, n° 5, janvier 1917, p. 22.

[14] *Ibid.*, n° 7, mars 1917, p. 3.

[15] Gétreau, F., art. cit., p. 63.

[16] *Concert dans la cathédrale de Noyon*, décembre 1917, document d'archives, BnF, Musique, Res Vm Dos-201 (1). Pour une analyse de ce document, voir : Durosoir, G., « L'irruption magnifique : deux grands violons au cœur de la guerre », in *La Grande Guerre des musiciens*, *op. cit.*, p. 75-84.

[17] Pour ce concert exceptionnel, il fait venir trois artistes lyriques de Paris : Rose Féart (soprano), Rodolphe Plamondon (ténor) et Félix Vieuille (basse).

[18] Il parvient à réunir 18 musiciens soldats issus du Quartier Général de Noyon, de la 5e division d'infanterie (DI) basée à Auroir et de la 6e DI implantée à Ham.

les musiciens pendant la guerre. L'activité même d'organiser un concert paraît être pour Maurice Maréchal une fin en soi :

> Drôle de samedi ! Hier, courses depuis le matin pour l'organisation de ma soirée ! Je vois Taihardat dont j'ai le concours ! Je trouve un piano, de la musique ! Répétons avec Mayer à 3 heures à Vrély. Je reviens à Caix, fais imprimer les programmes, vais inviter les Capronnier à ma petite soirée. [...] Enfin à 6 heures ½, j'arrive à la popote. Hattenville me remet le 1er programme, mais comme je m'asseyais à table : « Alerte, les plantons au bureau », crie Leurat qui ouvre la porte. C'est l'alerte, les allées et venues fiévreuses. Je boucle mon sac, redescends dire deux mots à Roger qui semble affolé, puis je pars avec le régiment sur la route noire[19].

Le détachement que semble afficher le violoncelliste à l'annonce de l'alerte qui vient brutalement annuler sa séance de musique est très surprenant au regard de l'énergie qu'il a déployée depuis le matin pour ce projet. Ne laissant paraître aucun signe de déception, il repart à ses fonctions militaires, satisfait d'avoir tué le temps et échappé à l'ennui pendant quelques jours.

L'une des fonctions de ces concerts est donc bien de s'occuper pendant les longues périodes d'inaction et d'échapper au cafard et à l'isolement que peut provoquer la vie dans les tranchées. Pourtant, avoir simplement une activité n'est pas la seule raison pour laquelle la pratique musicale est croissante et les différents types de représentations musicales que l'on peut rencontrer au front montrent que la musique vient aussi rythmer le quotidien des poilus et des officiers entre offices religieux, spectacles et veillées musicales.

Typologie des concerts à l'avant

Comme en témoigne le compositeur Albert Bertelin[20], c'est le plus souvent par le biais de la messe que les musiciens refont leurs premiers pas vers la musique :

> Quelques heures claires viennent pourtant de temps à autre illuminer le morne enchaînement des heures sombres. Ce sont celles où, durant les Offices, je laisse errer un peu à l'aventure mes doigts sur le clavier d'un très modeste harmonium dans l'église de St Ouen-l'Aumone. J'oublie alors pour un temps les soucis, les chagrins, les angoisses de chaque jour, j'ai l'illusion trop vite envolée, d'avoir repris le cours de la vie passée[21]...

---

19 Durosoir, L., Maréchal, M., *op. cit.*, p. 277-278.

20 Albert Bertelin (1872-1951), élève de Dubois, Pugno, Widor et Massenet, il est deuxième second grand prix de Rome en 1902. Il est l'auteur de plusieurs traités d'harmonie et de composition.

21 *Gazette des classes de composition du conservatoire*, n° 1, décembre 1915, p. 6.

Très fréquents, les offices religieux réunissent un grand nombre de soldats, d'officiers et parfois de civils. Dans ses correspondances, Anatole Castex[22], fervent catholique, fait assez souvent mention de messes : il s'y rend en moyenne deux fois par mois alors qu'il regrette de ne pouvoir assister à toutes et y observe régulièrement une forte affluence jusqu'à parler d'« église archicomble[23] ». On assiste en effet pendant la Grande Guerre à un regain d'intérêt des soldats pour les pratiques religieuses, regain dont les causes sont diverses. Entre autres raisons, « cette remasculinisation de la religiosité tire son origine de la peur des hommes et de leur appréhension de la mort[24] ». Organisées pour offrir aux soldats déracinés un soutien moral et un réconfort face aux horreurs de la guerre, les messes peuvent être portées par des interventions musicales qui leur donnent une dimension d'autant plus spirituelle qu'elles sont souvent mieux appréciées que de longs sermons.

> Voici la Noël passée. Comme je t'avais dit, je suis allé à la messe de minuit au village de L… La messe a été très bien. Un orchestre composé de : un violon, flûte, mandoline et trombone à coulisse, ont [*sic*] accompagné les chants et les joyeux noëls chantés par un prix de conservatoire de Toulouse. Jusqu'à un chœur qui s'est fait entendre pour terminer la cérémonie[25].

Nombreux sont les musiciens qui apportent leur contribution à ces moments de rassemblement. Ressentant la nécessité d'apaiser les âmes meurtries, c'est également pour eux un bon moyen de se faire remarquer par leurs supérieurs, comme le fait Jacques Pessard, et de se voir encourager à poursuivre dans cette voie musicale :

> Je tenais l'harmonium d'une petite église de Champagne, accompagnant le plain-chant. Était-ce mes accords fantaisistes qui me signalèrent au général Gouraud ? Toujours est-il qu'il me chargea de former un petit orchestre pour le cinéma théâtre qu'il fondait. Quelques jours plus tard, nous commencions des tournées fameuses dans des granges bondées […]. Je me tenais alors à la disposition de tous les poilus chanteurs (leurs chansons finissaient rarement dans la même tonalité !)[26].

Assez naturellement, les musiciens qui se font connaître sont encouragés à poursuivre dans ce sens afin d'occuper les soldats en cantonnement par des concerts et des spectacles distrayants. Il est fréquent que les dimanches d'inactivité soient rythmés par l'office dominical en

---

22 Castex, Anatole, *Verdun, années infernales : la vie du soldat au front d'août 1914 à septembre 1916*, extraits de lettres, Paris, Albatros, 1980.

23 *Ibid.*, p. 57.

24 Rousseau, Frédéric, *La guerre censurée. Une histoire des combattants européens de 14-18*, Paris, Le Seuil, 1999, p. 216.

25 Castex, A., *op. cit.*, p. 127.

26 *Gazette des classes du conservatoire*, n° 7, mars 1917, p. 31.

matinée puis par un spectacle dans l'après-midi. Les musiciens doivent alors s'adapter aux goûts de leur public : « La musique que nous jouons est tout à fait médiocre, mais elle fait beaucoup d'effet sur notre public de poilus[27] » précise Lucien Durosoir. Les interventions musicales sont souvent associées à d'autres types de prestations : courtes scènes théâtrales, démonstrations de gymnastique, revues inspirées de scènes du front. Les œuvres de musique savante sont alors proposées en première partie de spectacle pour laisser ensuite place à des divertissements plus populaires. Le programme de la séance avortée de Maurice Maréchal (du 29 janvier 1916) dont nous avons parlé plus haut était organisé en deux parties : dans la première partie étaient prévus la « Valse du pas des fleurs » extraite de *Manon* de Massenet, *Le cygne* de Saint-Saëns, la *Tarentelle* de Popper, des extraits de *Werther* de Massenet, d'*Aïda* de Verdi et de *l'Africaine* de Meyerbeer, alternés avec des chansons telles que *Plum, plum, pour la république*, *Mad'moiselle Rose, c'que tu m'as fait* au caractère beaucoup plus léger et populaire. La seconde partie était entièrement consacrée à la représentation d'une revue écrite par René Milliot sur le front : *Ils sont foutus*[28]. Certains musiciens tentent de s'adapter au caractère avant tout divertissant de ces séances et l'on peut voir de nombreux prix de conservatoire, ténors de l'opéra et premiers violons d'orchestres de renom chercher à se mettre à la portée de leur auditoire. Jacques de la Presle, futur prix de Rome[29], entreprend de monter une revue avec René Dorin, chansonnier, et Charles Chobillon, ancien chef d'orchestre du Bataclan, à la tête d'un orchestre à cordes au complet d'après le compositeur : *La vraie Marraine* remporte un immense succès et fait l'objet d'une trentaine de représentations[30].

Ces initiatives sont fortement encouragées quand elles ne sont pas initiées par les officiers[31] qui y voient un excellent moyen d'occuper les poilus en repos. Toutefois la possibilité de faire de la musique au front dépend avant tout des faveurs ou non des officiers. Quand de nombreux musiciens ont la joie d'être incités dans ce sens, d'autres ont parfois moins de chance. En majorité pourtant, les officiers et chefs d'état-

27 Durosoir, L., Maréchal, M., *op. cit.*, p. 178.

28 Maréchal, M., *Le violoncelle de guerre*, transcription critique des neufs carnets de guerre de M. Maréchal par Michèle Maréchal. Document inédit, BnF, Musique, Vma 6857, appendice non numéroté du carnet III.

29 Jacques de la Presle (1888-1969), prix de Rome en 1921 avec la cantate *Hermione*. Après la guerre, il garde de forts liens d'amitié avec René Dorin dont il met de nombreux textes en musique.

30 *Gazette des classes de composition du conservatoire*, n° 4, 27 novembre 1916, p. 34.

31 « L'initiative en revient à notre colonel qui a chargé M. Chantrier, chef d'orchestre à la Cigale, de trouver les éléments nécessaires. C'est ainsi que nous avons débuté avec une quinzaine de musiciens qui n'avaient pas travaillé depuis longtemps. » (Piard, Robert, in *Gazette des classes de composition du conservatoire*, n° 4, 30 août 1916).

major, mélomanes avertis voire musiciens amateurs, trouvent chez les artistes un bon moyen d'occuper leurs propres soirées et de réinstaurer une vie mondaine non loin des tranchées. Écoutons à nouveau le témoignage d'Anatole Castex, soldat non musicien : « Hier au soir, j'ai été en soirée. Tu vas t'étonner. Voici : [...] notre médecin-major [...] avait requis un mandoliniste de profession et deux fins diseurs épatants. On a passé une bonne soirée[32] ». Le témoignage de Pierre Tesson est encore plus explicite :

> Quelques gradés de ma compagnie : lettrés, artistes, même musiciens, me faisaient une agréable société. Mon gourbi fut un temps le dernier salon où on cause, aussi, dans un beau coin de nature, tranquille, à un niveau intellectuel élevé, ai-je pu aisément écrire quelques petites pièces musicales, pour piano à quatre mains, deux pianos et violoncelle, et même orchestre. Le dimanche, lorsque nous étions au repos, le médecin divisionnaire réunissait à son ambulance les musiciens d'alentour, et sur un beau Pleyel, nous faisions des bombances musicales de choix. C'est là que j'ai eu le plaisir de retrouver Cloez, que j'avais connu en classe d'accompagnement, et quelques autres, dans le civil musiciens des orchestres Colonne, Chevillard et de l'Opéra-Comique[33].

Le parallèle entre ce type de concerts « privés » et les salons d'avant-guerre est assez flagrant. On y joue de la musique entre musiciens professionnels et musiciens amateurs (le général Mangin lui-même se met parfois au piano), on y discute de littérature et d'art et c'est à qui réunira les meilleurs invités à sa « popote[34] ». Très souvent ces soirées ont lieu chez des civils chez qui logent les généraux de passage.

Ainsi se multiplient les expériences et les situations qui, dans des circonstances variées, placent les musiciens face à des publics diversifiés. Propulsés sur le devant de la scène, ces artistes ne sont pas toujours vus d'un bon œil. Comment justifier alors de telles pratiques en temps de guerre ?

Justifier la pratique de concerts au front

Un besoin personnel

C'est bien souvent avant tout par manque que les musiciens cherchent à revenir à la musique. Maurice Ravel qui dit pourtant faire des « corvées » de musique et ne semble pas particulièrement apprécier d'être

---

32 Castex, A., *op. cit.*, lettre du 6 mars 1916, p. 87.

33 *Gazette des classes de composition du conservatoire*, n° 2, février 1916, p. 22.

34 Popote : le terme désigne dans l'argot des poilus à la fois la cuisine mobile et le fait de cuisiner. Par extension, elle évoque le groupe de personnes qui prennent leur repas ensemble pendant la guerre.

sollicité pour l'organisation de soirées musicales[35] comme celles décrites plus haut, avoue tout de même : « Je me suis aperçu tout à coup que je ne pouvais pas vivre sans musique. [...] Il y a plus de deux ans que je croyais l'avoir oubliée, et ça revient à une douleur aiguë[36] ». N'oublions pas que les longues journées d'attente pendant la guerre de position mènent les hommes à chercher à transposer leur vie de civils dans les tranchées. Parce que la plupart d'entre eux sont des « civils en uniforme », ils restent pour l'essentiel très proches de leurs préoccupations de civils[37]. La préoccupation des musiciens étant la musique, les sensations de dénuement ne se font pas attendre. Maurice Maréchal, dès le 11 août 1914, affirme : « Une seule chose me manque : mon violoncelle et ma musique[38] ! ». Adolphe Borchard, affecté à l'hôpital temporaire d'Évreux, ressent la même carence : « De musique, il n'en est pas question et c'est bien là la plus grande privation[39] ». Pour ceux qui avaient l'habitude d'une pratique quotidienne de leur instrument, le mutisme imposé par la guerre peut vite paraître insupportable. Ajoutons-y que la crainte et la désolation de se voir régresser peuvent susciter de réelles angoisses : Roger Pénau relate qu'en Belgique, il lui est arrivé de découvrir avec beaucoup de plaisir un piano « pas trop mauvais » au milieu des décombres d'une maison. Mais son regret est d'avoir eu « les doigts complètement rouillés et la mémoire paralysée[40] ». Il est alors retourné seul chaque soir à ce piano pour retrouver ses sensations perdues.

Ce besoin de retourner à la musique a une seconde cause inhérente à la guerre qui touche tous les soldats. Ces derniers sont plongés dans un conflit dont la brutalité est sans précédent. Le grand nombre de soldats morts pendant les premiers mois de guerre dont il faut faire le deuil, l'atrocité des blessures causées par les éclats d'obus dont la barbarie est inédite et les conditions de vie dans la boue, dans le froid, au milieu des rats et des poux, tout contribue à déshumaniser les poilus qui pourraient tendre à banaliser toute cette violence. Comme l'expliquent Annette Becker et Stéphane Audouin-Rouzeau, cette violence extrême et ce

---

35 « Une soirée décidée pour le 3 juin m'a valu la seconde [corvée] : on m'a prié d'y participer comme accompagnateur – et même comme compositeur ». Lettre de Maurice Ravel, aux Armées, 20 mars 1916, manuscrit autographe, BnF, Musique, La-Ravel Maurice-40 (Bob 23242).

36 Lettre de Maurice Ravel, 2 juin 1916, manuscrit autographe, BnF, Musique, La-Ravel Maurice-49 (Bob 23242).

37 Audouin-Rouzeau, S., Becker, Annette, « Violence et consentement : la " culture de guerre " du premier conflit mondial », in Rioux, J.-P., Sirinelli, J.-F. (dir.), *Pour une histoire culturelle*, Paris, Le Seuil, 1997, p. 256.

38 Durosoir, L., Maréchal, M., *op. cit.*, p. 227.

39 *Gazette des classes de composition du conservatoire*, n° 1, décembre 1915, p. 7.

40 *Ibid.*, p. 22.

phénomène de « mort de masse » ne parviennent jamais à mener à « une disparition totale de toute norme ». Pour cause « le maintien au front d'une vie culturelle – voire artistique et littéraire –, la vigueur avec laquelle les pratiques de sociabilité du temps de paix furent transférées et entretenues au front par les combattants[41] ». Chacun tente de recréer un semblant de quotidien et de retrouver des occupations qui lui rappellent cette existence d'avant-guerre pour laquelle il se bat. Tout ce qui le raccroche à la vie qu'il a perdue – la correspondance avec sa famille et ses proches, l'aménagement d'un « gourbi[42] » personnalisé, les tournois sportifs – vient lui rappeler pourquoi il consent à se battre et à tenir moralement. Il en va de même pour les musiciens comme en témoigne Jean Henri Debrun : « Tout contribue à vous déprimer, la boue, le bombardement, la neige, le froid, *etc.* C'est alors qu'il faut réagir par tous les moyens. Celui qui ne peut avoir recours à des occupations intellectuelles telles que lire, écrire, ou bien certains dérivatifs comme la musique, est très à plaindre[43] ». La musique représente une échappatoire importante pour aider les musiciens à supporter leur condition. Elle leur rappelle sans cesse ce qui justifie leur présence dans ce contexte qui leur paraît parfois totalement absurde.

Ambiguïté de la position du musicien dans l'armée

Mais cette présence des musiciens sur le front n'est pas toujours vue d'un bon œil et ceux-ci sont souvent considérés comme des embusqués. Les insultes sont fréquentes comme celles subies par Fernand Cotté, engagé au sein des musiciens-brancardiers se faisant qualifier de « creuvasson de musicaux[44] » parce qu'ils ne combattent pas. Il est vrai que les musiciens, s'ils se sont fait connaître comme tels au moment de leur incorporation, ont souvent la chance d'être affectés à des postes moins dangereux que celui de combattant. Nombreux sont ceux qui sont nommés musiciens-brancardiers et dont le double emploi est dicté par l'alternance entre périodes de combats et périodes de repos. Dans un premier temps, leur tâche est de ramener les victimes au poste de secours à la suite des combats, puis de retour en cantonnement, ils reprennent répétitions, copies de partitions, cérémonies officielles et concerts. C'est en marge de ces deux activités officielles qu'ils peuvent s'adonner

41 Audouin-Rouzeau, S., Becker, A., *14-18, retrouver la Guerre*, Paris, Gallimard, 2000, p. 50.

42 Le « gourbi » est le nom donné aux abris très sommaires que s'aménageaient avec le plus de soin possible les poilus dès que le front se stabilisait. Frédéric Rousseau appelle ce phénomène « syndrome de Robinson » car il est révélateur du « fantasme de la vie normale du temps de paix » (Rousseau, F., *op. cit.*, p. 132).

43 *Gazette des classes du conservatoire*, n° 6, janvier-février 1917, p. 12.

44 *Ibid.*, n° 8, avril 1917, p. 9.

à la musique de manière choisie et personnelle, quand il leur reste un peu de temps. N'étant jamais vus au cœur des combats par leurs camarades poilus et par contre très pris par leurs activités musicales, ils sont considérés par certains comme des « planqués ». Heureusement, ce regard n'est pas systématique car leur arrivée sur le *no man's land* après la bataille représente aussi un ultime espoir pour les soldats blessés et esseulés. De plus, leur fonction est loin d'être sans risque car il leur arrive fréquemment d'être les cibles des tranchées ennemies (malgré leurs brassards apparents) ou de subir des tirs d'artillerie pendant qu'ils ramassent les blessés. L'expérience de Léopold Retailleau montre bien l'injuste regard qui est porté sur les soldats comme lui en dépit des risques qu'ils encourent :

> Le sergent Hérissé nous voyant arriver nous cria : « Ah ! Les voilà bien les fainéants, les froussards, les lâches, ils arrivent lorsque la besogne est finie ! Il y a des blessés qui vous attendent dans la ferme en face ! Au lieu de vous cacher vous feriez mieux d'aller les chercher ! » [...] Arrivés à 60 mètres de [la ferme], une musique se fit entendre, c'était une musique douce, agréable, faite de trois notes. Elle se fit entendre à deux reprises et aussitôt une autre musique frappa nos oreilles, celle des balles qui sifflaient à nos oreilles. On tirait sur nous et pourtant à 60 mètres on devait bien voir nos insignes de brancardiers. Tout à coup Braud qui marchait en tête s'affaissa une balle dans la cuisse. Nous le couchons et nous le pansons pendant que les balles continuent à pleuvoir autour de nous[45].

Assez nombreux sont donc les musiciens qui, comme Léopold Retailleau, endossent la double casquette de musicien et de brancardier. Citons parmi eux Jacques de la Presle, Louis Fourestier, Philippe Gaubert, Jacques Ibert, Louis Leleu, Roger Pénau, Pierre Tesson ou encore Henry Vasseur. D'autres sont affectés au « petit état-major » dans des tâches telles qu'agent de liaison, colombophile, secrétaire ou encore intendant et sont souvent assez loin du front et du danger. On remarque également que plusieurs musiciens, comme Lucien Durosoir ou Georges Becker[46], combattants au début de la guerre, sont ensuite éloignés du danger dès qu'ils ont fait connaître leur qualité de musicien. Il semble d'ailleurs que plus leur renommée est grande, plus ils s'éloignent du front et sont l'objet de traitements de faveur de la part de leurs supérieurs. Maurice Ravel n'est-il pas affecté – à son grand regret – à la conduite des véhicules poids lourds, bien en retrait du front ? Ainsi

---

45 Retailleau, Léopold, *Musicien-brancardier... Carnets de Léopold Retailleau, du 77e R.I., 1914-1918*, retranscrits par Claude Retailleau et commentés par Éric Labayle, Parçay-sur-Vienne, Anovi, 2003, p. 40.

46 « [J']ai participé aux premiers assauts contre le fameux "fortin de Beauséjour". Vers la fin janvier, ma vie devait changer, j'étais nommé musicien. » (*Gazette des classes de composition du conservatoire*, n° 1, décembre 1915, p. 4).

transparaît une véritable politique de protection et de préservation des musiciens de l'époque au sein de l'armée. Les artistes sont en effet ceux qui, en temps de paix, continueront de défendre la « grandeur » de la France à travers leur art.

Pourtant, la position des musiciens reste assez ambiguë au milieu de leurs camarades. Bien que ces artistes suscitent parfois des jalousies, ils donnent aussi le sentiment de soulager par la musique bien des souffrances et pour cela ont une place particulière dans l'armée. Au-delà du seul rôle d'occuper les soldats fourbus, les concerts ont la tâche de panser les âmes et d'offrir aux soldats un peu d'évasion. Le cadre des églises notamment, associé à la musique, semble avoir un effet apaisant sur les soldats meurtris, les aidant à accéder plus aisément à la foi et à faire le deuil des camarades tombés au champ d'honneur. Plus généralement, les séances musicales sont l'occasion pour les poilus de mettre un moment de côté leurs difficultés quotidiennes. Comme nous l'avons dit plus haut, les officiers le comprennent très vite et encouragent ces pratiques pour lutter contre l'abrutissement des hommes. C'est au nom de cette mission qui leur incombe que les musiciens consentent la plupart du temps à proposer un répertoire assez accessible bien que celui-ci ne les contente pas suffisamment en tant que musiciens. En témoigne Jean Henri Debrun qui affirme que le rôle des musiciens est de soulager les misères morales :

> Aujourd'hui, ce sont *La Petite Mariée*, *La Fille de Madame Angot*, *Lakmé*, *Carmen*, *Mignon*[47], *etc.* qui font les frais du programme, et toutes ces pauvres figures amaigries, fatiguées s'éclairent involontairement ; les yeux deviennent rieurs. Assurément ces exécutions sont insuffisantes pour nous, musiciens professionnels, mais comment, devant le résultat toujours atteint, ne pas être satisfait et prêt à recommencer[48] ?

Les musiciens montrent une certaine fierté à être capables de distraire les soldats en leur faisant oublier un moment les souffrances endurées. Ils ont le sentiment que même s'ils ne combattent pas et qu'ils risquent moins leur vie, ils participent activement à l'effort de guerre. Roger Norbert, qui regrette de n'avoir pas encore pu s'illustrer militairement, essaye « de compenser cette léthargie militaire en donnant [son] concours à des œuvres pies ! Messes militaires, concerts pour sés[49] ». Par cet engagement original, ils justifient pleinement la présence

---

[47] *La Petite Mariée* et *La Fille de Madame Angot* sont deux opéras-bouffes de Charles Lecocq. *Lakmé*, opéra de Léo Delibes. *Carmen*, opéra de Georges Bizet. *Mignon*, tragédie lyrique d'Ambroise Thomas.

[48] *Gazette des classes du conservatoire*, n° 6, janvier-février 1917, p. 12-13.

[49] *Ibid.*, p. 38.

de la musique sur le front et ressentent une grande légitimité à la pratiquer autant qu'ils le peuvent.

La défense de la Nation ? Musique et patriotisme ?

Ainsi les musiciens se sentent assez vite investis d'une mission dans cette guerre qui leur permet d'oublier l'image d'embusqué qu'ils renvoient parfois, au bénéfice du sentiment de participer d'une manière originale à l'effort de guerre.

Certains musiciens prennent ce rôle à cœur et tentent d'apporter leur concours et leur engagement dans le conflit en composant des œuvres de circonstance qui peuvent revêtir un caractère patriotique. Des marches sont écrites pour les musiques militaires de leurs régiments par des compositeurs habituellement peu enclins à cet exercice. Reynaldo Hahn compose pour le 31e régiment d'infanterie *Les Jeunes Lauriers* en 1915 lorsqu'il est en Argonne[50], André Caplet compose à la demande du général Mangin en 1916 une *Marche de la 5e division*, Florent Schmitt, la même année, une *Marche du 163e régiment d'infanterie*[51]. Édouard Flament écrit un recueil intitulé *Marche des zouaves pendant la guerre*[52], Marcel Lattès, un *Hymne aux morts de la 13e division*[53].

Ces pièces, bien qu'empreintes du langage de leurs compositeurs, restent très conventionnelles et s'inscrivent dans les codes traditionnels de la musique militaire : sonnerie de cuivre en introduction, mélodies arpégées, mesure binaire très marquée, formules rythmiques caractéristiques, *etc.* Elles ne passeront pas à la postérité et seront peu éditées, mais elles témoignent de la volonté des compositeurs d'aller dans le sens de l'effort de guerre, d'exacerber le sentiment patriotique des soldats et de flatter leurs supérieurs en remerciement du bon traitement dont ils ont le privilège. Il semble que, par cette démarche, les compositeurs cherchent davantage à faire plaisir qu'à apporter une pierre musicale aux discours patriotiques et nationalistes de l'arrière qui tendent à héroïser leur présence musicale dans la guerre, voire à en faire l'instrument de leurs propos germanophobes comme le fait ici Vincent d'Indy : « Vous, artistes, vous avez l'admirable mission de débarrasser notre art latin de la pernicieuse influence de la pseudo-kultur-allemande. Et ce ne sera pas un mince résultat que de raviver notre Musique à la flamme de

---

50 Voir l'article de Stéphan Etcharry dans le présent ouvrage.

51 Ces trois marches ainsi que d'autres œuvres concernant la Première Guerre mondiale ont fait l'objet d'un enregistrement par la Musique principale de l'Armée de Terre à l'occasion du 90e anniversaire de l'armistice : *Mémorial, La Grande Guerre en musique*, Sorlin, J.-M. (dir.), Corélia, 2008.

52 *Gazette des classes de composition du conservatoire*, n° 2, février 1916, p. 9.

53 *Ibid.*, n° 4, 27 novembre 1916, p. 20.

nos vieilles qualités françaises : clarté, concision, sentiment de proportions[54]. »

La question de la défense d'une esthétique française face à l'engouement pour la musique allemande était déjà d'actualité avant la guerre, mais l'éclatement du conflit semble rendre le sujet encore plus légitime aux yeux de compositeurs comme Claude Debussy ou Camille Saint-Saëns. L'idée d'interdire l'exécution publique en France de la musique germanique contemporaine mise en avant par la « ligue nationale pour la défense de la musique française » créée en 1916 rencontre des avis partagés sur le front. Maurice Ravel s'oppose fermement à cette proposition dans une lettre qu'il adresse au comité de la ligue :

> Je ne crois pas que pour la « sauvegarde de notre patrimoine artistique national » il faille interdire d'exécuter publiquement en France des œuvres allemandes et autrichiennes contemporaines, non entrées dans le domaine public. [...] Il m'importe peu que Schönberg, par exemple, soit de nationalité autrichienne. Il n'en est pas moins un musicien de haute valeur, dont les recherches pleines d'intérêt ont eu une influence heureuse sur certains compositeurs alliés, et jusque chez nous. Bien plus, je suis ravi que M. Bartok, Kodaly, et leurs disciples soient hongrois et le manifestent dans leurs œuvres avec tant de saveur[55].

En effet, tout comme les autres soldats, les musiciens au front tiennent peu de discours anti-germanistes, que ce soit à l'égard des hommes qu'ils ont en face d'eux, ou que ce soit à l'égard de la musique allemande. Quelques musiciens, toutefois, adhèrent aux discours germanophobes. Lucien Niverd le fait sur un ton humoristique : « [il faudrait] créer une classe 75 au conservatoire : grâce à elle, on détruirait le bochisme musical et les musiciens français pourraient enfin s'imposer chez eux d'abord, et ailleurs ensuite, comme ils en ont le droit[56] ». Il nuance ensuite son propos en affirmant qu'il ne prétend pas exclure des programmes « les immortels Bach, Beethoven, Mozart et autres grands classiques[57] ». De fait, les diatribes visent souvent les compositeurs contemporains et encore davantage les représentants de l'héritage romantique tels que Mahler, Strauss ou Wagner, jugés par Georges Grisez « trop bruyants[58] ». Mais si quelques musiciens engagés se

---

54 *Ibid.*, n° 3, septembre 1916, p. 1.

55 Lettre de Maurice Ravel, aux Armées, 7 juin 1916, manuscrit autographe, BnF, Musique, La-Ravel Maurice-50 (Bob 23242). À cette lettre, dont le destinataire n'est pas identifié, Ravel joint une copie de la lettre qu'il prévoit d'envoyer à la ligue nationale pour la défense de la musique française.

56 *Gazette des classes de composition du conservatoire*, n° 4, 27 novembre 1916, p. 29.

57 *Id.*

58 *Gazette des classes du conservatoire*, n° 7, mars 1917, p. 20.

positionnent par rapport à cette querelle, ils restent une minorité à s'en soucier. Tous sont conscients de l'absurdité de la situation.

Ainsi, par un engagement moral et musical au sein de leurs compagnies, les musiciens réussissent à se faire une place particulière au sein de l'armée. Place parfois décriée par les autres soldats parce qu'elle leur permet d'accéder à une vie un peu meilleure, mais qu'ils tentent de justifier comme une participation active à l'effort de guerre. Il nous semble toutefois que bien que ces intentions soient louables, elles restent une justification de façade cachant des visées beaucoup plus personnelles.

La place des concerts et de la création au front dans la vie musicale française

Continuer d'exister artistiquement à distance

À la lecture des correspondances de guerre de certains compositeurs de l'époque, on remarque l'incessant souci de se tenir au courant de ce qui se passe artistiquement à l'arrière. Ils lisent la presse parisienne autant que faire se peut, commentent les programmations et sont nombreux à se précipiter dans les salles de spectacle dès qu'ils reviennent à Paris, voire à demander des permissions afin d'assister à certains concerts. Maurice Maréchal se rend aux spectacles dès qu'il en a l'occasion. Le 24 avril 1916, il est en permission pendant seulement deux jours mais prend le temps d'aller à la Comédie-Française voir *Britannicus* et *Les Précieuses ridicules*[59]. Le 14 janvier 1917, lors d'un séjour un peu plus long, il va écouter les concerts Lamoureux interpréter une *Symphonie* de Vincent d'Indy, le *Prélude à l'après-midi d'un faune* de Claude Debussy et *Petrouchka* d'Igor Stravinsky[60]. Les musiciens ont besoin de continuer d'être au courant de ce qui se joue à Paris en leur absence et de garder le contact avec la vie artistique de l'arrière. Certains d'entre eux cherchent notamment, bien qu'éloignés de la vie parisienne, à continuer d'être joués en leur absence. Maurice Ravel indique que son *Adélaïde*[61] va être donnée à l'Opéra en mars 1917, mais regrette de ne pouvoir assister ni aux répétitions ni à la représentation car il s'est vu refuser la permission pour « motif pas assez militaire[62] ». André Caplet garde un contact très étroit avec Jane Bathori qui veille à programmer

---

59 Durosoir, L., Maréchal, M., *op. cit.*, p. 298.

60 Maréchal, M., *op. cit.*, p. 128.

61 Il s'agit de la version pour ballet des *Valses nobles et sentimentales* pour piano (1911) orchestrée par Ravel en 1912 sous le titre *Adélaïde, ou le langage des fleurs*.

62 Lettre de Maurice Ravel, aux Armées, 12 mars 1917, manuscrit autographe, BnF, Musique, La-Ravel Maurice-25 (Bob 23242).

des œuvres de son ami compositeur dans les concerts auxquels elle participe. Dans une de ses lettres, André Caplet lui en est reconnaissant : « un merci plus tendre – beaucoup plus tendre – pour avoir donné *Forêt*[63] et *Prières* à Lyon[64] ». En effet, comme de nombreuses musiciennes pendant la guerre, la mezzo-soprano participe régulièrement à des concerts de bienfaisance au profit de diverses œuvres de charité : le mardi 18 janvier 1916, elle est entendue lors d'un concert à Dijon au profit des « amis des soldats aveugles[65] », le 3 décembre 1916, c'est au profit de « l'Artiste Soldat » qu'elle interprète Satie, Pierné, Koechlin, Ravel, Granados, Chabrier et Debussy[66]. Dans ce cadre, elle donne à plusieurs reprises les *Prières* et *Le vieux coffret* de Caplet qui ne seront publiés qu'à la fin de la guerre. Il semble même que le 13 mars 1917, le compositeur lui-même soit venu l'accompagner pour *Le vieux coffret* lors d'un concert au profit des « orphelines de la guerre[67] ». Lui, de son côté, inscrit régulièrement ses œuvres aux programmes des manifestations au front comme le 1er novembre 1917 pour la grand-messe de la Toussaint à l'église de Ham dont Maurice Maréchal relate le programme[68]. Sont interprétés ce jour-là *Prières* de Caplet, *Litanie* pour violoncelle de Schubert, « Menuet » extrait d'*Orphée et Eurydice* de Glück, *La croix douloureuse* de Caplet et l'*Aria* de Bach[69]. À Mantes, le compositeur Marcel Bertrand, mobilisé dans un train sanitaire, fait connaître à l'organiste Jules Caffot ses propres œuvres comme *Ghyslaine* « qui a déjà été jouée à l'Opéra-Comique » et *La terre qui meurt*, « jouée à Monte-Carlo[70] ». La volonté de ne pas être oubliés est forte chez les compositeurs mobilisés qui cherchent à continuer de faire jouer leurs œuvres, que ce soit à l'arrière ou à l'avant du front.

Cette volonté des musiciens de garder le contact avec l'arrière cache à peine la crainte d'avoir laissé des places vides et d'être remplacés en leur absence. Il est vrai que les jeunes compositeurs, encore trop jeunes

---

63 *Forêt* est la quatrième pièce du cycle pour voix et piano *Le vieux coffret* qu'André Caplet compose sur des poèmes de Remy de Gourmont pendant la guerre et dont la partition paraît en 1918.

64 Lettre d'André Caplet à Jane Bathori, 1917, manuscrit autographe, BnF, Musique, Res Vm Dos-116 (8) (Bob 28660).

65 *Coupure de presse et programme*, Archives Jane Bathori, BnF, Musique, Res Vm Dos 116 (7), 1916.

66 *Ibid.*

67 *Ibid.*, Res Vm Dos 116 (8), 1917-18.

68 Maréchal, M., *op. cit.*, p. 162.

69 Vraisemblablement l'« Aria » de la *Suite n° 3* pour orchestre.

70 *Gazette des classes du conservatoire*, n° 7, mars 1917, p. 7. Marcel Bertrand (1883-1945), journaliste, chroniqueur et compositeur. *Ghyslaine* est sa première œuvre, créée à l'Opéra-Comique en 1908. Jules Caffot (1865-1941), organiste de la Collégiale Notre-Dame de Mantes.

pour être mobilisés et restés à l'arrière, peuvent « profiter » de l'absence de leurs aînés. Lorsqu'il écrit à Lili et Nadia Boulanger en 1915, Pierre Menu n'a que 19 ans. Dans l'attente d'être mobilisé, il continue de suivre des cours de composition et prépare le concours de Rome même s'il n'a provisoirement plus lieu[71]. De même Francis Poulenc, qui n'est mobilisé qu'à partir de janvier 1918, se soucie bien peu de la guerre et n'a en tête que de terminer ses études musicales d'une part et de pouvoir composer d'autre part :

> Aujourd'hui 1er octobre, jour de rentrée des classes, je patauge ma chère amie dans les boues de Champagne. [...] Quoique très occupé, je trouve encore le temps d'aligner quelques notes sur le papier. Mes *Jongleurs* s'augmentent de quelques mesures chaque jour, mon prélude pour instruments à percussion est fini. Je pense d'autre part à une nouvelle chose, une sonate pour piano et orchestre [...]. Vous voyez ma chère amie que malgré tout la guerre ne me coupe pas trop le sifflet[72].

D'autres compositeurs sont mobilisés mais affectés à des postes sans danger, proches de Paris, leur laissant le loisir de continuer d'écrire de la musique dans des conditions matérielles tout à fait décentes. Cela suscite quelques jalousies et certains musiciens comme Claude Barrier n'hésitent pas à avoir des propos acerbes envers ceux qui, bien portants, ne sont pas au front :

> Il faut espérer que ceux qui ne se cachent que depuis la guerre, ne sortiront pas de l'ombre lors de la Victoire à laquelle ils n'auront pas participé. Il est en effet inadmissible qu'en ce moment un homme jeune et valide troque un fusil, dont il pourrait se servir, contre un emploi de manœuvre dans un arsenal où il n'est bon à rien[73].

Les plus jeunes soldats, eux, montrent une grande inquiétude quant aux suites de la guerre. Georges Rueff, artilleur, s'inquiète de savoir si des mesures particulières seront prises pour les musiciens qui, au retour de la guerre, auront dépassé l'âge limite des concours d'entrée dans les classes d'instrument[74] et tente de se procurer un abrégé d'harmonie pour pouvoir travailler un peu et ne pas perdre trop de temps. Maurice Maréchal prend des cours d'harmonie avec Gustave Cloez au début de la guerre puis travaille avec André Caplet. Adrien Gaujac, très déçu de n'avoir pu terminer ses études avant d'être mobilisé, écrit : « bientôt le 3e concours de fin d'année passera et je n'aurai pu y figurer. C'est ce qui

---

71 *Gazette des classes de composition du conservatoire*, n° 1, décembre 1915, p. 18.

72 Poulenc, Francis, *Correspondance, 1910-1963*, réunie, choisie, présentée et annotée par Myriam Chimènes, Paris, Fayard, 1994, p. 68-69.

73 *Gazette des classes du conservatoire*, n° 7, mars 1917, p. 1-2.

74 *Ibid.*, n° 9, mai 1917, p. 38.

me tourmente quelquefois et chaque jour qui passe est un jour de du[75] ».

Ce sentiment de perdre du temps et d'être peu à peu éloignés voire exclus, de la vie artistique est de plus en plus récurrent dans les écrits des musiciens mobilisés qui redoutent de voir l'avenir musical se jouer peut-être sans eux. C'est certainement aussi pour cette raison qu'ils tentent à tout prix de faire vivre la musique sur le front afin d'instaurer une vie artistique en marge de Paris.

Une influence de ces pratiques sur l'évolution de la création ?

Les exemples d'œuvres interprétées au cours des concerts organisés près des premières lignes du front montrent des analogies avec les programmes de l'arrière : de grands compositeurs du passé d'une part (Lully, Bach, Haendel, Haydn, Mozart, Beethoven, Schubert), une place assez importante donnée aux compositeurs français du XIXe siècle et du début du XXe siècle déjà reconnus d'autre part (Berlioz, Franck, Lalo, Saint-Saëns, Delibes, Chabrier, Fauré, d'Indy, Debussy). La part laissée à des compositeurs français plus récents et encore assez jeunes (Florent Schmitt, Maurice Ravel, André Caplet) voire d'« avant-garde » (Francis Poulenc) reste assez mince, surtout dans les premières années de la guerre. En 1916, Charles Koechlin, trop âgé pour être mobilisé, déplore le manque de nouveauté dans les programmes parisiens et espère en voir bientôt venir. Il ne comprend pas le mutisme de la critique et incite les jeunes musiciens qui ne sont pas partis au front à se remettre à leurs travaux de création[76]. De concert, le musicographe Émile Vuillermoz, affecté au contrôle télégraphique, affirme que dans les théâtres français « la routine a repris ses droits. Nous n'explorons ni le passé, ni l'avenir. La musique est en léthargie[77] ». Il est vrai qu'à l'arrière comme à l'avant la création est quelque peu mise de côté. Les compositeurs restés à l'arrière semblent avoir presque honte de pouvoir composer : Lucien Chevaillier, déçu de n'être qu'un « vulgaire exempté », affirme que ses travaux « ne pourront présenter quelque intérêt qu'après la guerre[78] ». Toutefois, une petite part des programmes de l'arrière inclut des œuvres composées au front : Philippe Gaubert écrit pendant l'hiver 1915 un *Poème symphonique* dans lequel il explique avoir traduit ses impressions de guerre[79]. L'œuvre, très descriptive, est interprétée par l'orchestre Colonne-Lamoureux dirigé par Gabriel Pierné salle Gaveau

---

75 *Ibid.*, n° 6, janvier-février 1917, p. 25.

76 *Ibid.*, n° 8, avril 1917, p. 23.

77 *Ibid.*, n° 5, janvier 1917, p. 37-38.

78 *Gazette des classes de composition du conservatoire*, n° 1, décembre 1915, p. 9.

79 *Ibid.*, n° 2, février 1916, p. 11.

le 6 février 1916. Le journaliste Louis Schneider prête à l'œuvre « un gros et légitime succès », affirmant qu'« il y a dans cette œuvre une sincérité, une noblesse, que le public a fortement ressentie. L'orchestre est clair en sa complication apparente : M. Gaubert développe avec un art consommé les thèmes conducteurs qu'il a choisis[80] ». L'œuvre est redonnée à la fin de la même année à la Sorbonne par l'Orchestre de la Société des concerts du Conservatoire dirigé par André Messager.

Il arrive parfois que des concerts de l'arrière soient entièrement consacrés aux œuvres de compositeurs mobilisés comme en avril 1917 :

> Un très beau concert de musique française vient d'être donné au théâtre de Monte-Carlo. On n'a exécuté, au bénéfice des œuvres militaires de bienfaisance, que des œuvres de compositeurs militaires. [...] L'auditoire, nombreux et choisi, applaudit chaleureusement les œuvres de : MM. Fernand Halphen, lieutenant d'infanterie ; Ph. Gaubert, sous-officier d'infanterie ; Raymond de Pezzer, sous-officier d'infanterie ; Marcel Tournier, adjudant d'infanterie ; André Gailhard, chef de section au 1er génie ; Claude Delvincourt, sous-lieutenant d'infanterie. Ce dernier, qui se trouvait dans la salle, fut, de la part du public enthousiasmé, l'objet d'une chaleureuse ovation, pour son poème symphonique *Typhon* [sic]. En résumé, belle matinée d'art, doublée d'une grandiose manifestation patriotique[81].

L'enthousiasme soulevé par le poème symphonique de Claude Delvincourt – qui s'appelle en réalité *Typhaon* et que le compositeur finissait de composer en 1914 au moment de la mobilisation – et surtout par la présence du compositeur au théâtre de Monte-Carlo tient très certainement davantage à la figure de héros et de martyr de la guerre que représente le compositeur, grièvement blessé par des éclats d'obus en décembre 1915 sur le front d'Argonne, qu'à l'œuvre elle-même. Des autres artistes cités dans l'article de presse, nous savons que Gaubert a composé au front, ainsi que Gailhard qui indique avoir écrit « quelques mélodies, un *Pater*, un *Ave* et un prélude pour orchestre[82] ». Au contraire, Raymond de Pezzer affirme ne plus faire de musique depuis des mois[83]. Les pièces interprétées lors de ce concert sont donc, pour certaines, des œuvres composées au front, pour d'autres, des œuvres d'avant-guerre. Ce programme montre que l'arrière tente de ne pas oublier les musiciens engagés.

Sur le front également, en dehors des œuvres de musique militaire que nous avons citées plus haut, quelques créations sont également

---

80 Schneider, Louis, « Concert Colonne-Lamoureux », in *Le gaulois*, n° 13995, 7 février 1916, p. 4.

81 P. R., « Çà et là », in *Le gaulois*, n° 14440, 27 avril 1917, p. 2.

82 *Gazette des classes de composition du conservatoire*, n° 4, 27 novembre 1916, p. 17.

83 *Gazette des classes du conservatoire*, n° 6, janvier-février 1917, p. 40.

interprétées : Pierre Tesson compose une *Fantaisie pour piano et orchestre* et raconte qu'il en dirige lui-même « la lecture à l'orchestre symphonique entièrement constitué[84] ». Mais si l'on observe les témoignages, la création reste très minoritaire dans les programmes des concerts donnés à proximité du front, de même qu'elle semble quelque peu en léthargie à Paris où les programmes restent assez conventionnels et peu novateurs. Cependant les raisons, à l'avant, sont plutôt matérielles (fatigue, difficultés pour trouver du papier à musique, des crayons, du temps et un lieu pour travailler au calme) alors qu'à l'arrière, elles sont plutôt morales (crainte d'être mal vu si l'on continue de travailler pendant que les autres risquent leur vie).

Toutefois, même minime, la création au front a la particularité de pouvoir être jouée quasi instantanément car elle ne nécessite ni financeur, ni salle, ni musiciens professionnels. Par contre, il faut faire avec les moyens à disposition, ce qui entraîne des situations assez originales, notamment dans les distributions instrumentales. C'est pourquoi, on trouve en majorité des pièces écrites pour petites formations. La mélodie est le genre le plus composé sur le front. Très en vogue en France depuis la fin du XIXe siècle, elle présente l'intérêt pendant la guerre de ne nécessiter qu'un piano pour accompagner une voix. Cet instrument volumineux se trouve assez couramment dans les villages traversés, souvent abandonnés. Parmi les mélodies composées, citons celles de Pierre de Vellones[85], de Reynaldo Hahn[86], ou encore d'André Caplet[87]. C'est ensuite de la musique de chambre, des pièces pour deux, trois ou quatre instruments que l'on trouve le plus fréquemment dans les compositions des musiciens sur le front. Philippe Gaubert compose une suite pour flûte, violoncelle et piano[88], Adolphe Borchard,

> un fragment de messe pour orgue, chœur (femmes), ténor solo, quatuor et cor anglais qui a du reste été exécuté avec les chœurs de Mlle Fanny Lépine dans une jolie chapelle avoisinante. Une suite pour flûte (ou violon), une pastorale en trois parties pour cor anglais et quelques portraits musicaux de militaires[89].

84 *Gazette des classes de composition du conservatoire*, n° 2, février 1916, p. 23.

85 *Lettres du front*, *Aux gonces qui se débinent*, *Prière*, *Lettres de chez nous*. Voir l'article de Ludovic Florin dans le présent ouvrage.

86 *Cinq petites chansons*, *Le plus beau présent*, *Ma jeunesse*, *À nos morts oubliés*. Voir l'article de Stéphan Etcharry dans le présent ouvrage.

87 *Le vieux coffret*, *Les prières*, *Nuit d'automne*, *Solitude*, *Prière normande*, *Quand reverrais-je*, *Hélas !*, *La croix douloureuse*, *En regardant ces belles fleurs*, *Détresse !* Voir l'article de Georgie Durosoir dans le présent ouvrage.

88 *Gazette des classes de composition du conservatoire*, n° 8, avril 1917, p. 18.

89 *Gazette des classes du conservatoire*, n° 7, mars 1917, p. 4.

Lucien Niverd termine une sonate pour violoncelle et piano, et travaille sur un quintette avec piano[90]. Rares sont les pièces pour orchestre comme celle de Pierre Tesson ou de Philippe Gaubert citées précédemment et les musiciens soulignent l'exploit quand il a lieu. Les arrangements sont également très fréquents comme en témoigne avec humour Georges de Fontenay :

> Malgré ces dures journées, nous sommes heureux de nous délasser par la musique, la musique de « cagna » intermédiaire entre la musique de chambre et l'orchestre ; ce n'est pas brillant évidemment, mais nous ne pouvons pas être difficiles. Voyez-vous le Prélude de *Tristan* arrangé pour douze instruments ? C'est ainsi que je le dirigeai cependant avant-hier et ce fut un événement pour l'élite intellectuelle de la côte F[91].

La situation est prise avec humour par le musicien mais dévoile la capacité d'adaptation que vont acquérir les musiciens soldats pendant ces années de guerre et combien celle-ci pourra peser sur leurs choix musicaux au retour de la guerre. De même, la rencontre avec des chansonniers, des comédiens, des artistes populaires et avec un public de soldats peu habitués aux salles de concerts risque d'en encourager certains à aller vers des créations croisant les arts de manière moins conventionnelle que l'opéra ou vers une démocratisation de la musique. Pendant que Charles Cuvillier, compositeur d'opérettes, écrit de la musique pour une pièce d'ombre sur un poème de Jacques Bousquet – lui-même compositeur d'opérettes et réalisateur cinématographique – Maurice Maréchal affirme être devenu « à peu près saltimbanque[92] », recruté dans une troupe de théâtre aux armées dans laquelle « l'élément musical vient s'ajouter à l'élément comique et le Prélude du *Déluge* est encadré de la "Belle caissière du Grand café" ou de "mais elle est revenue[93] !" ». La Grande Guerre est le théâtre d'un brassage culturel important entre des soldats de très différentes conditions sociales. Les arts, pour les praticiens comme pour les spectateurs, se font fédérateurs. C'est l'occasion, inédite avant la guerre, pour des soldats de faible instruction, paysans, ouvriers, d'entendre et de rencontrer des musiciens émérites comme André Caplet, Reynaldo Hahn ou René Vierne. Le contexte de la guerre incite la musique savante à quitter les grandes salles de concert et les opéras pour aller à la rencontre du peuple. Jean Galland suggère à ce propos de réfléchir à « la création d'un Théâtre

[90] *Gazette des classes de composition du conservatoire*, n° 4, lettre du 26 septembre 1916, p. 30.

[91] *Ibid.*, n° 8, lettre du 28 mars 1916, p. 16.

[92] *Gazette des classes du conservatoire*, n° 6, janvier-février 1917, p. 34.

[93] *Id. Le Déluge* est un oratorio de Camille Saint-Saëns créé en 1876 au théâtre du Châtelet.

Lyrique d'intimité : à la mise en valeur des ressources de projection du développement de l'éducation musicale chez le peuple[94] ».

Par ailleurs, ces musiciens qui ont vécu la guerre et qui ont pu l'exprimer instantanément en concert ne pourront ressortir indemnes de cette expérience et ne pourront que marquer le paysage musical français à leur retour. Ils semblent d'ailleurs attendus en héros de la musique par leurs aînés comme l'exprime ici Gustave Charpentier :

> Que nous donnerez-vous alors ? Des œuvres robustes, profondes, violentes, hautaines, âprement pittoresques ? Des sensations ? De la musique pure ? Permettez-moi de souhaiter que le fracas des marmites et l'effroi des hécatombes ne tarissent pas chez nous la source du Sentiment, ne détruisent pas votre sensibilité, ne l'aiguisent au contraire[95].

Cette belle envolée lyrique ne saurait pourtant rassurer totalement les musiciens dont l'inquiétude reste grande quant à l'après-guerre. Ils savent qu'après avoir dû se faire une place dans la vie militaire ils auront à se refaire une place dans la vie civile.

Ainsi, la pratique des concerts qui s'est instaurée à proximité du front pendant la Grande Guerre a revêtu des fonctions variées. D'une simple occupation et d'un plaisir personnel et individuel, elle est devenue, malgré certains préjugés, vecteur de cohésion du groupe et de réconfort pour chacun. Pour cela, elle a progressivement pris une place particulière au sein de l'armée française, prêtant aux musiciens une forme originale d'engagement dans l'effort de guerre à laquelle ils ne s'étaient peut-être pas attendus. Profitant alors de conditions moins défavorables que prévu, ils ont pu tenter de recréer une vie musicale atypique en marge de Paris, certes entièrement dépendante de l'activité militaire, mais somme toute assez vivace, laissant une petite place à la création.

Cependant, si l'on replace cette expérience des concerts au front dans un contexte plus général et qu'on pose la question de la place réelle de la musique dans la Grande Guerre, une grande différence de point de vue apparaît, révélée par la divergence entre les témoignages des soldats musiciens et ceux des soldats non musiciens. Si pour la plupart des soldats musiciens la musique prend rapidement une place très importante dans le quotidien, elle ne semble pas aussi présente, voire inexistante pour les autres soldats qui n'y attachent parfois aucune importance. Peu d'entre eux relatent la présence de concerts dans leur environnement alors que nous les savons assez fréquents en période de cantonnement et lorsque certains en mentionnent l'existence, c'est avec beaucoup de

---

94 *Gazette des classes de composition du conservatoire*, n° 1, décembre 1915, p. 14.

95 *Ibid.*, n° 2, février 1916, p. 3.

détachement. Face à cette quasi indifférence, il semble que ce soit davantage par nécessité personnelle que par ardeur dans l'effort de guerre que les soldats musiciens ont ramené la musique aussi près du front : instinct de survie morale (rester des êtres humains), instinct de survie physique (sauver sa peau en se faisant remarquer et espérer ainsi s'éloigner du front), instinct de survie artistique (continuer d'exister en tant qu'artiste pendant et après la guerre).

Pourtant, même si la création permet aux musiciens engagés de continuer de faire entendre leur voix dans la vie musicale, ce n'est pas pour autant qu'ils profitent de leur statut de témoin et d'acteur de la guerre pour transcrire par la musique ce qu'est réellement leur expérience. La violence du conflit et l'atrocité de cette boucherie ne transparaît nulle part dans les œuvres composées au front. Lorsqu'ils puisent leur inspiration dans la guerre qu'ils vivent au quotidien – ce qui est loin d'être systématique – ils se contentent tout au plus de traduire quelques impressions (solitude, absence) ou d'écrire des œuvres plus descriptives qui dressent de la guerre une vision plutôt idéalisée et codifiée (imitation du canon, intensité de la bataille, citations de chants militaires). Comme dans les récits de soldats[96] et comme dans la peinture[97], il paraît impossible pour les musiciens de transcrire par la musique ce qu'ils vivent réellement. Ils semblent craindre l'incompréhension de ceux qui vivent le conflit à travers la désinformation servie par la presse de l'arrière. À l'image des témoignages des autres soldats, leur musique tait ce qu'ils endurent véritablement. De ce fait, rares sont les œuvres composées pendant la guerre qui seront défendues par leurs compositeurs dans l'après-guerre car ces derniers savent qu'elles ne sont pas le reflet de la guerre vécue. La plupart resteront à leurs yeux des œuvres mineures.

---

96 Audouin-Rouzeau, S., Becker, A., *op. cit.*, p. 21-59.

97 Dagen, Philippe, *Le silence des peintres, les artistes face à la Grande Guerre*, Paris, Fayard, 1996.

Le Quintette du général

Conditions matérielles et morales d'une pratique musicale au front (1915-1918)

Luc DUROSOIR

Association Musiciens entre Guerre et Paix (MEGEP)

Enfin je puis t'écrire... Voici 12 jours que nous étions à Neuville-Saint-Vaast ; quand nous sommes arrivés, la moitié du village seulement était occupée, à l'heure actuelle tout est enlevé... Ç'a été là de notre part un effort dont on ne peut donner idée. Il faut reformer le régiment car nos pertes sont lourdes. Notre colonel est tué, beaucoup de compagnies n'ont plus d'officiers, notre capitaine est tué, notre lieutenant et un adjudant blessés [...]. Le régiment a perdu 1000 hommes tués, blessés, disparus. Ce pays de Neuville est d'une horreur qui dépasse tout ce que l'imagination peut enfanter : il n'est pas détruit, il est écrasé, rentré sous terre [...]. Tu ne peux te faire une idée de cette guerre, je n'en perdrai jamais le souvenir. Il fallait arracher chaque ruine ; derrière chaque moellon un boche, des barricades partout avec des mitrailleuses et sur tout cela une pluie de bombes et de grenades lancées à la main, explosives et asphyxiantes. J'ai beaucoup tiré au fusil protégeant les lanceurs de grenades [...]. J'ai eu mon fusil brisé dans mes mains et tout cela avec les obus sifflant et éclatant sans arrêt jour et nuit, car nous sommes restés 7 jours sans dormir, des torpilles aériennes éclataient de temps à autre faisant des trous de dix mètres de diamètre et de 4 mètres de profondeur. La nuit était éclairée par l'incendie, car tout ce qui pouvait brûler, brûlait. On se battait au milieu d'une infection générale, car il y avait des centaines de morts gisant depuis plus de trois semaines et les blessés râlant et gémissant. Rien ne peut raconter ces scènes d'horreur [...]. Je ne sais comment je suis encore vivant, car je croyais bien ne jamais sortir d'un pareil enfer[1].

---

[1] Lettre du 7 juin 1915 (la simple mention « Lettre du » suivie de la date désigne, dans toutes les notes, les lettres de Lucien Durosoir à sa mère écrites pendant la guerre). Archives Durosoir, fonds privé conservé dans la demeure du compositeur à Bélus, dans les Landes (abrégé ALD pour les occurrences suivantes).

Initiative et genèse de l'ensemble dit « Les Musiciens du général »

C'est dans le contexte décrit par Lucien Durosoir (1878-1955) dans cette lettre qu'intervient l'étonnant et heureux hasard qui conduira le violoniste à regrouper quelques musiciens ; cette initiative donnera naissance à un ensemble vite dénommé « Les Musiciens du général ». Lucien Durosoir s'était fait remarquer lors d'un déplacement de son régiment de Champagne en Artois, en jouant sur un violon déniché chez un marchand ambulant. Souvent, il joua ainsi sur des violons de fortune, lors de divers services funèbres. C'est au sortir de cet enfer de Neuville, au cours d'une conversation en apparence anodine avec le colonel Valzi[2], que va se présenter l'extraordinaire « filon » qui fera écrire à Durosoir : « mon violon m'a sauvé la vie[3] ». Le colonel Valzi, grand amoureux de musique et lui-même violoniste amateur, dit à Durosoir : « Si nous devons passer l'hiver ici, je voudrais que vous formiez un quatuor à cordes[4] ». Durosoir sera bientôt muté dans les brancardiers et n'aura plus désormais à se battre les armes à la main.

> Voici comment je compte faire pour organiser le quatuor. Il est arrivé hier matin, dans un nouveau renfort, André Caplet, le prix de Rome, chef d'orchestre bien connu qui dirigeait à Boston depuis plusieurs années la saison d'Opéra. Je lui ai longuement causé hier et je l'ai même présenté au colonel. Il est sergent, on va lui trouver un filon, d'autant plus qu'il est malingre et a un œil abîmé ; il fait partie de ces renforts douteux que nous recevons maintenant. [...] Enfin bref, il jouerait l'alto dans le quatuor, inutile de dire qu'il sera intéressant comme musicien. Il paraît fort timide et neurasthénique, il faut dire qu'il était désorienté de se trouver au front, c'est la première fois qu'il y venait. C'est Dehuysser[5] qui tiendra le violoncelle et un autre musicien, qui joue paraît-il du violon assez convenablement, fera le 2e violon. [...] Il est fort question d'aller en service dans le secteur de Roclincourt, juste devant Arras. C'est un secteur bien plus tranquille que Neuville et nous ferions 10 jours de tranchées et 20 jours de repos, ce qui sera acceptable s'il faut passer l'hiver[6].

En attendant la constitution effective du quatuor, Durosoir ne perd pas de temps : il se fait envoyer son violon et des partitions. Il possède

---

2 Le colonel Valzi a remplacé le colonel Denis-Larroque tué à Neuville Saint-Vaast le 5 juin 1915.

3 Lettre de Lucien Durosoir à sa mère, 3 juin 1918 (ALD).

4 Lettre du 17 octobre 1915 (ALD).

5 Dehuysser est saxophoniste à la musique du 129e R.I. mais il s'est targué d'être aussi violoncelliste. Son niveau insuffisant ne lui permettra pas d'être le violoncelliste du quatuor. Le poste sera occupé successivement par Alexis Niverd jusqu'au début février 1916, puis par Maurice Maréchal.

6 Lettre du 17 octobre 1915 (ALD).

plusieurs violons, dont deux italiens qu'il réserve aux concerts. Celui qu'il réclame à sa mère est un violon d'origine indéterminée, qu'il appelle son « Genève », car il l'a acquis dans cette ville plusieurs années auparavant. Le changement majeur survenu dans sa situation de soldat est expliqué dans cette lettre :

> En date d'aujourd'hui, je suis rentré dans les brancardiers. Je vais pouvoir faire de la musique car il faut espérer que nous ne serons pas continuellement dans l'enfer comme ces temps derniers. La voiture de l'infirmerie me transportera mon violon. Je vais donc te prier de m'envoyer : / 1°, mon Genève dans la boîte dont je me sers continuellement, / 2°, l'archet de Serdet et la copie du Tartini faite par Merciolle, / 3°, 6 *mi*, 3 *la*, 2 *ré*, 3 *sol* dans une boîte métal, / 4°, colophane, sourdine ordinaire et sourdine en plomb. / Tu vas voir Cunault afin qu'il vérifie le chevalet et le collage du violon ; je suppose qu'il est en bon état. C'est lui qui en fera l'emballage car il a l'habitude. Tu enverras ce colis par le Havre, en le recommandant, bien entendu. J'espère avoir l'instrument dans une quinzaine de jours[7].

Quelques semaines plus tard, c'est encore de la musique qu'il réclame : quatuors de Haydn, de Mozart, de Beethoven, de Schumann et de Schubert, munis des parties séparées ; sonates pour violon et piano de Franck, Lekeu, Fauré, Schumann ; trios à cordes de Beethoven. Il remet à plus tard l'envoi des trios avec piano.

Développement et fonctionnement du groupe

Cette expérience est exceptionnelle mais pas unique ; en effet, des initiatives similaires ont eu lieu du côté allemand[8]. Elle fut exceptionnelle par les personnalités qu'elle a rassemblées, par sa durée, par la qualité des programmes constamment renouvelés, supposant des séances de travail intensives, mais aussi par la façon dont elle fut menée (exigences hautes, musique moderne, musique sans frontières).

Expérience exceptionnelle par les personnalités qu'elle a rassemblées

Très rapidement, va se former autour de Durosoir l'ossature d'un premier quatuor (Lucien Durosoir, 1er violon, Henry Lemoine[9], 2e violon,

---

7 Lettre du 27 juin 1915 (ALD).

8 On connaît notamment l'activité de Hindemith, mobilisé comme *Grosstambur* dans la fanfare de son régiment, près de Tagolsheim ; dans les périodes de repos, il pratiquait le quatuor à cordes (voir : Huybrechts, Dominique, *Les musiciens dans la tourmente*, Anseroeul (Belgique), Éditions Scaldis, 1999).

9 Jeune ingénieur chimiste de la faculté de Nancy, élève du conservatoire de cette ville et très bon violoniste (dates non connues).

André Caplet, alto, Alexis Niverd[10], violoncelle), jusqu'au jour où Niverd, souffrant d'importants rhumatismes aux mains, devra renoncer à jouer. Le jeune violoncelliste Maurice Maréchal[11] et le pianiste Henri Magne[12], élève de Diemer[13], appartenant à des régiments voisins, seront autorisés à rejoindre le groupe.

Le 24 février 1916, Maurice Maréchal écrit à ses parents :

> Mes chéris,
>
> Je suis arrivé presque dans un paradis ! Avons fait déjà de la musique chez le général. J'ai trouvé tout de suite en arrivant Durosoir, Caplet et Lemoine et avons joué ensemble un quatuor de Grieg que je ne connaissais pas[14].

Mais bientôt le général Mangin, commandant la 5e division, amateur de musique, pianiste lui-même et quelque peu grand seigneur pendant les périodes de repos, détournera à son profit le quintette dont la renommée est parvenue jusqu'à lui. La formation sera dès lors connue sous l'appellation « Quintette du général » ou « Musiciens du général ».

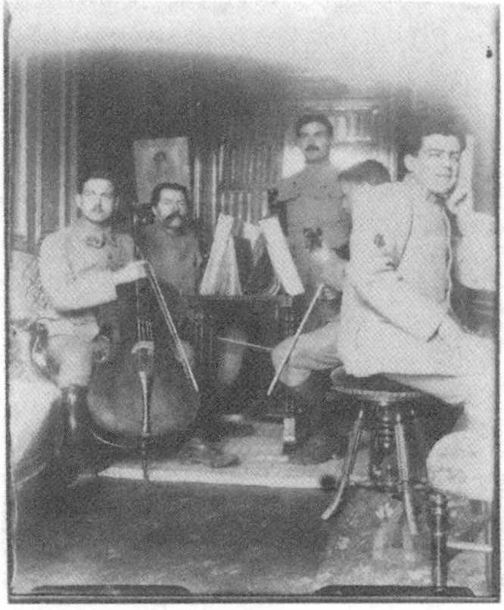

Fig. 1 – Le quintette du général : de gauche à droite, Maréchal, Durosoir, Lemoine, Caplet, Magne

---

10 Issu d'une famille de musiciens originaire d'Alençon, Alexis Niverd (1885-1969) est le frère de Lucien Niverd (1879-1967), violoniste et compositeur.

11 Maurice Maréchal (1892-1964), violoncelliste virtuose, professeur au Conservatoire de Paris de 1942 à 1963.

12 Henri Magne (1892-c.1990) appartient à la célèbre famille de marchands de pianos, initialement installée à Cherbourg puis à Paris. Henri Magne fut professeur de piano à l'école de musique de Caen.

13 Louis Diemer (1843-1919), pianiste et compositeur, professeur de piano au Conservatoire de Paris (1887).

14 Lettre de Maurice Maréchal à ses parents, 24 février 1916 (ALD). Maréchal ne précise pas de quel quatuor il s'agit ; cependant, la bibliothèque musicale de Lucien Durosoir comporte un seul quatuor de Grieg : *op.* 27 en *sol* mineur.

Plus tard, et occasionnellement, viendront s'adjoindre au groupe d'autres musiciens instrumentistes ou chanteurs amateurs ou professionnels tels que Gustave Cloez[15], Pierre Mayer[16], Delmas-Boussagol[17] et d'autres encore.

Expérience exceptionnelle par sa durée

Le projet se met en place rapidement, à la satisfaction de tous. Le 12 novembre 1915, déjà, soit à peine quelques semaines après leur première rencontre, Durosoir accompagné au piano par Caplet[18] joue la sonate de Franck en concert. Les deux hommes s'apprécient, et le violoniste juge André Caplet « un excellent garçon, une vraie nature d'artiste, simple et modeste. [...]. Il est heureux de pouvoir faire de la musique avec moi et de sortir un peu de la vulgarité des conversations de corps de garde[19] ». Pour l'heure, c'est encore le colonel Valzi qui bénéficie du bonheur de ces concerts privés ; le 13 novembre, il peut entendre la sonate de Lekeu, celle de Franck et celle de J.-S. Bach en *sol* mineur. Mais Mangin entend parler de ces musiciens dont le niveau artistique surprend dans un tel contexte. Il décide de les recevoir dans la très belle demeure où il a établi son quartier général, à Villers-Bretonneux, dans la Somme. La propriété est superbe et recèle, dans le salon, un beau piano Érard tout neuf. Le programme du 17 novembre est consacré à la sonate de Franck, la sonate en *fa* de Beethoven, *op.* 24, les *Airs bohémiens* de Sarasate, la *Berceuse* de Fauré, une *aria* de Bach et un caprice de Paganini. Caplet, quant à lui, a joué au piano *La Mort d'Isolde*[20]. Leur succès a été considérable. Outre le général, il y a là des colonels et leurs ordonnances, et tout l'état-major de la division.

Les musiciens sont vivement encouragés par ces premiers succès, aussi décident-ils d'élargir leur répertoire. Il leur faut des œuvres brillantes, et le colonel Valzi aimerait entendre des concertos. Durosoir demande à sa mère, dès le lendemain (soit le 18 novembre), les accompagnements de piano des concertos de Mendelssohn, de celui de Max

---

15 Gustave Cloez (1890-1970), élève de piano de Charles de Bériot puis de Lazare Lévy, chef d'orchestre de l'Opéra-Comique de 1922 à 1946.

16 Violoniste qui devint, après la guerre, chef d'attaque des seconds violons du Boston Symphony Orchestra (dates non connues).

17 Ce contrebassiste (1891-1958) devint, après la guerre, professeur au Conservatoire de Paris.

18 Caplet était un excellent pianiste ; comme il avait également appris le violon, il tenait l'alto dans les quatuors. Il était, pour les sonates, le pianiste privilégié de Durosoir.

19 Lettre du 12 novembre 1915 (ALD).

20 Les musiciens jouent alors en duos divers ; l'alto de Caplet n'arrivera que le 5 décembre et ce n'est qu'après cette date que commencera le travail du quatuor ; en novembre, seul Durosoir avait son violon.

Bruch et de la *Symphonie espagnole* de Lalo. Henry Lemoine, qui est sergent, a rapporté de permission un beau Vuillaume qui sonne très bien. On n'attend plus, pour commencer le travail du quatuor, que l'arrivée de l'alto de Caplet. Il arrive le 5 décembre : il est grand (42 cm) et lourd, fatigant à jouer, mais le son en est magnifique selon Durosoir. Il est donc possible maintenant de travailler des trios et des quatuors à cordes[21]. Les séances se succèdent à un rythme rapide et il faut travailler beaucoup pour mettre au point le 1er quatuor *op.* 18 de Beethoven et celui de Mozart en *ré* mineur (K. 421).

Le général Mangin ne boude pas son plaisir et instaure trois séances de musique par semaine, les mardi, jeudi et dimanche, pour son bénéfice et celui de ses invités. Le colonel Valzi n'a plus qu'à s'effacer, hiérarchie oblige.

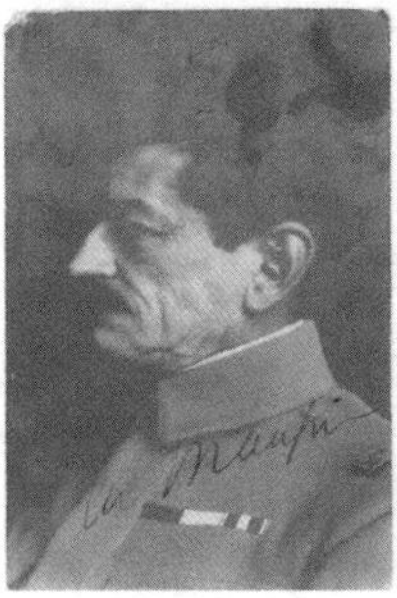

Fig. 2 – Portrait photographique du général Charles Mangin

Expérience exceptionnelle par la façon dont elle fut menée

Les programmes travaillés ont de quoi surprendre par leur diversité, leur modernité, leur difficulté. La rigueur professionnelle que ces artistes mettent dans la conception des programmes, dans l'agencement des œuvres, est impressionnante. Les deux personnalités dominantes sont évidemment Caplet et Durosoir, les plus âgés, mais aussi les plus renommés. Les choix résultent en majeure partie de leurs discussions et de la convergence de leurs vues musicales. Le militantisme debussyste de Caplet ne tarde pas à porter ses fruits ; Maréchal écrit à sa mère : « Que veux-tu, tout Beethoven, je le donnerais pour certaines pages de Debussy, c'est une profanation peut-être que je dis là, mais j'ose l'avouer[22] ! »

Caplet est un ardent défenseur de la musique contemporaine, tandis que Durosoir maîtrise tout le répertoire des XVIIIe et XIXe siècles. L'équilibre entre répertoire classique et répertoire moderne s'établit

21 Niverd travaille quant à lui sur un violoncelle prêté par un officier.

22 Lettre de Maurice Maréchal à ses parents, 21 mars 1917 (ALD).

assez naturellement, au bénéfice des œuvres les plus représentatives, fussent-elles les plus difficiles. Si les musiciens fuient la facilité, leur public est prié de s'adapter autant que faire se peut :

> Notre concert a donc eu lieu hier, dire qu'il a eu un grand succès ce serait mentir. Il a eu surtout un succès de stupeur car le quatuor de Chausson et surtout celui de Debussy ont laissé les auditeurs dans un état voisin de l'ahurissement. Évidemment, nous allons un peu fort vis-à-vis de gens qui n'ont jamais entendu de musique ou qui en ont entendu fort peu. Au milieu de ce programme, la *Chaconne*[23] tombait comme un grand coup de masse sur la tête de nos malheureuses victimes… L'ahurissement était général[24].

Musique contemporaine, œuvres d'accès difficile, musique allemande classique et romantique, aussi et sans vergogne. Loin des débats nauséabonds de l'arrière, où certains, rejetant le « génie allemand » en même temps que la « barbarie boche », s'interrogeaient sur l'opportunité de jouer de la musique allemande, les « Musiciens du général » jouèrent toutes les œuvres que leur permettaient leur formation à géométrie variable, pourvu que la musique fût belle et que leur exécution fût digne de leurs propres exigences.

Un programme, revêtu de la signature de tous les artistes et contresigné par Mangin témoigne de cet éclectisme, de cette affirmation d'un art sans frontières, d'un art qui ignore l'état de guerre et les prises de position haineuses auxquelles elle donne lieu en matière artistique.

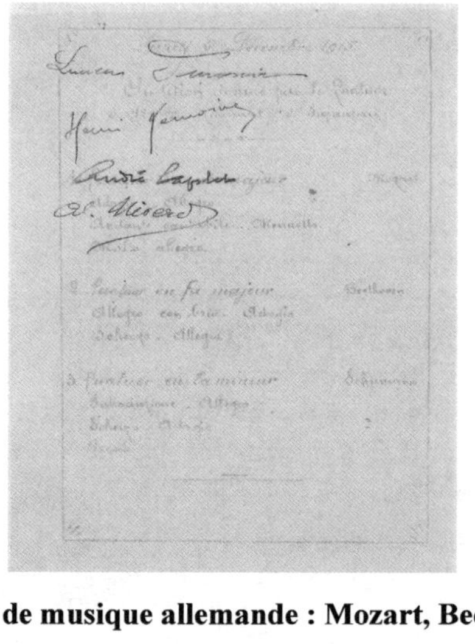

Fig. 3 – Programme de musique allemande : Mozart, Beethoven, Schumann

[23] Il s'agit de la 5e danse de la *Partita* n° 2 en *ré* mineur de J.-S. Bach.

[24] Lettre du 13 août 1917 (ALD).

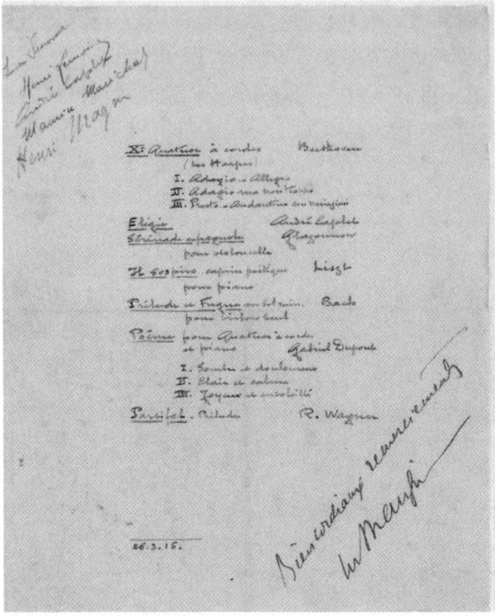

Fig. 4 – Programme du 26 mars 1916, signé par tous les musiciens et par Mangin

Les vives discussions entre les musiciens sont à la mesure de leur enthousiasme et de leur curiosité. Chacun s'étonne d'être venu à la guerre pour découvrir des chefs-d'œuvre de tous horizons. S'ils admirent sans réserve certaines pièces, il en est d'autres qu'ils trouvent seulement « bien écrites », ou « brillantes » ; ces dernières sont généralement perçues comme « creuses ». Initiés aux harmonies debussystes par Caplet, ils sont de plus en plus exigeants dans ce domaine et trouvent banales des choses qu'ils admettaient sans réserve auparavant. C'est au prétexte de leur banalité qu'ils renoncent, d'un commun accord, à travailler plus longtemps le quatuor de Smetana[25] et celui de Svendsen[26]. Dans la file d'attente, il y a le 7e quatuor de Beethoven, *op.* 59 n° 1 (qu'ils trouveront extrêmement difficile), et le quintette de Gabriel Dupont[27]. Le quatuor de Grieg ne résiste pas à la comparaison avec un Beethoven, quel qu'il soit : « Cette musique passera incontestablement, elle fait de l'effet sur le public, mais c'est là tout ce qu'il faut en attendre » décrète péremptoirement Durosoir[28].

25 Il s'agit probablement du 1er quatuor qui était bien plus connu que le second.

26 Johan Svendsen, violoniste et compositeur norvégien (1840-1911).

27 Gabriel Dupont (1878-1914) entra au conservatoire à 15 ans. Il y fut élève de Gédalge et de Massenet (contrepoint, composition). Il étudia l'orgue avec Guilmant et Widor.

28 Lettre du 16 juin 1916 (ALD).

La musique salvatrice

> Les militaires dont les noms suivent : Caplet sergent, Durosoir soldat sont désignés pour participer aux séances musicales qui auront lieu à Ambly au cours des commandants de compagnie[29]. Toutes facilités devront leur être données pour les déplacements nécessités par leurs répétitions[30].

Les privilèges acquis par les « Musiciens du général » ont tout changé pour eux, et tout particulièrement pour Lucien Durosoir, le seul du groupe qui ait porté les armes et combattu pendant plusieurs mois[31]. Peu après, en décembre 1916, le chef d'état-major de la 5e division d'infanterie rédigera une nouvelle note de service, visant un plus grand nombre de musiciens.

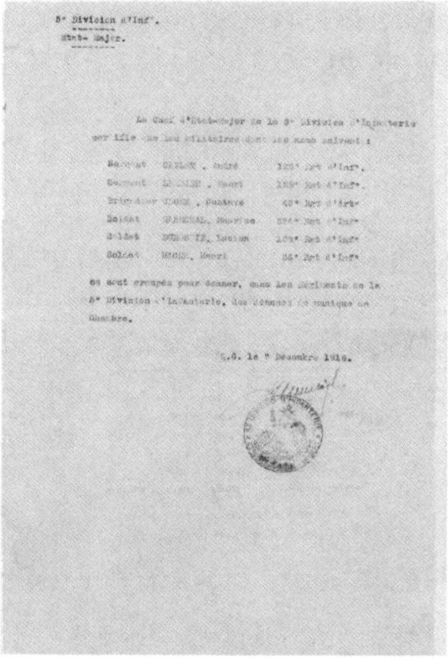
5e Division d'Infie.
Etat-Major.

Q.G. le 7 Décembre 1916.

Fig. 5 – Note de service désignant les soldats autorisés à faire de la musique

---

29 Les officiers commandant les compagnies sont périodiquement réunis pour des séances de formation. Les musiciens sont alors requis pour leur faire de la musique.

30 Durosoir recopie cette note de service dans sa lettre du 26 septembre 1916, sans dire de quelle autorité elle émane.

31 Durosoir est en effet le seul des hommes de ce groupe à avoir porté le fusil et participé directement aux combats comme « fantassin d'assaut » (novembre 1914-juillet 1915) avant d'être muté dans les brancardiers. Les autres musiciens-combattants occupaient divers emplois (plantons, cyclistes, agents de liaison, téléphonistes, *etc.* mais ne combattaient pas). En temps de paix, les musiciens faisaient en général leur service militaire dans les musiques des régiments ; à la mobilisation, ils gardaient leur affectation d'origine, c'est-à-dire infirmiers, brancardiers, plantons, *etc.* Durosoir, ne s'étant pas déclaré comme violoniste, fit son service militaire en tant que fantassin, ce qui lui valut d'être mobilisé comme simple homme de troupe dans un régiment d'infanterie.

Mais ce nouveau statut, valable – cela va sans dire – seulement pendant les périodes de repli ou de repos des unités, a très souvent été remis en question. Lors de ces temps de repli, la troupe était soumise à de nombreuses obligations, manœuvres ou corvées. Nos musiciens en principe y échappaient, mais leur situation était fragile, leur inquiétude constante. Comme le fort de Douaumont, sans cesse repris, puis reperdu, la « citadelle » musicale du quintette est constamment menacée de destruction ; aussi, elle fera l'objet de stratégies de reconquête, de conservation, d'entretien ; stratégies rusées, volontaristes et opiniâtres.

En échange de ces importants privilèges, il était demandé aux musiciens de participer aux divertissements conçus pour les soldats : « Cloez vient de nous avertir d'une note émanant du grand quartier général indiquant que cet hiver, des concerts, représentations et distractions multiples devraient être donnés aux poilus pour remonter et soutenir leur moral[32]. »

C'est à ces spectacles variés, réalisés avec les moyens du bord, les talents disponibles, mêlant la chanson, le théâtre populaire et des pitreries de toutes sortes que les « Musiciens du général » devaient apporter leur tribut. Ils ne le faisaient pas toujours de très bonne grâce, affichant tous un certain dédain pour la culture populaire. Néanmoins, ils s'appliquaient à trouver de beaux programmes, adaptés à leur nouveau public. Ils profitaient des larges possibilités offertes par les cordes et le piano pour imaginer toutes sortes de transcriptions ; voici les œuvres que cite Durosoir : « l'Arlésienne, Impressions d'Italie, Danses Hongroises de Brahms, bref un répertoire moins sévère et qui sera apprécié de beaucoup plus de gens, car il ne faut pas se dissimuler qu'à la division ils ne sont pas du tout musiciens [...] et nous les rasons profondément avec nos quatuors[33]. »

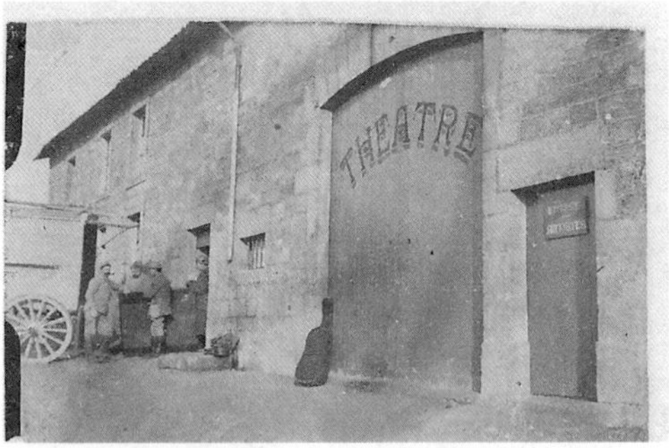

Fig. 6 – L'entrée d'une baraque du théâtre aux armées

---

32 Lettre du 16 septembre 1916 (ALD).

33 Lettre du 23 septembre 1916 (ALD).

Caplet qui, moins que tout autre, appréciait d'avoir à explorer des répertoires ressassés, tournait en dérision leur participation, appelant cela « faire nos petits tziganes[34] ».

Mais la musique fut, pour tous, bien plus qu'un moyen d'échapper au danger physique. Celui-ci, pour un artiste ou un intellectuel, n'est qu'un des dangers possibles ; il en est d'autres plus sournois, plus pernicieux, destructeurs de l'âme autant que du corps : le lent écoulement du temps, l'attente toujours trop longue des lettres, de la permission, la perception constante et confuse de l'éventualité cruelle de la mort. Maurice Maréchal, qui avait connu des périodes de découragement et se sentait très seul auparavant, écrit, en juin 1916, alors que le groupe des musiciens s'est à nouveau réuni, après une période de séparation :

> Si tu savais avec quelle joie profonde j'ai eu hier à refaire de la musique avec Caplet et Durosoir. Nous avons été dans la chambre de Caplet, une vieille chambre de campagne, un lit à armoire, des piles de linge mouillé sur la table. Nous avons joué des trios pour violon, alto et violoncelle, de Beethoven, presque ignorés en raison des instruments qui sont employés. C'est pourtant d'une sonorité exquise. L'absence de piano ne se fait pas regretter. Quelle douce atmosphère c'était dans cette chambre à demi obscure, ce trio qui se déroulait lentement, calmement. Cela m'a fait un très grand bien[35] !

C'est quand les hommes sont menacés de se laisser ensevelir sous la chape de plomb de l'ennui et du découragement que l'intellectuel ou l'artiste peut mesurer sa chance, par rapport au simple soldat. Celui-ci n'a guère de recours que dans les jeux de cartes, les conversations triviales, la boisson. Dès 1915, alors qu'il était encore fantassin et ne se doutait pas qu'un jour il ferait de la musique librement, Durosoir avait senti cette menace :

> J'ajoute un mot à ma lettre de ce matin pour te demander de m'envoyer quelques petites partitions de poche. La conversation des amis est bien gentille, mais outre que je commence à les connaître, ils sont un peu provinciaux et potiniers… ; leur conversation ne m'intéresse pas toujours, aussi envoie-moi deux partitions de Beethoven (musique de chambre), deux de Brahms (musique de chambre) et une symphonie de Beethoven et une de Brahms, toujours en petite partition ; cela me désabrutira (si je puis parler ainsi) et je te les renverrai quand je les aurai étudiées sérieusement. Les journaux sont idiots et l'ennui gagne en fin de compte. L'envoi de ces partitions me permettra de m'isoler et d'avoir une distraction utile et je m'entretiendrai avec des maîtres, ce qui vaut mieux[36].

---

[34] Lettre du 2 octobre 1916 (ALD).

[35] Lettre de Maurice Maréchal à ses parents, 9 juin 1916 (ALD).

[36] Lettre du 13 mai 1915 (ALD).

Cette nécessité de se confier à l'art est ressentie jusque chez certains officiers, tel ce lieutenant Poumier, élève de Polytechnique, qui déniche Gustave Cloez, infirmier au 43e d'artillerie et lui demande de jouer pour lui, avec ses amis[37]. Quant au général Mangin qui, très tôt, a voulu savourer les séances musicales du repos, il les décrit ainsi dans une lettre à son épouse :

> Ce soir, première séance de musique. Au piano le sergent Capelet [*sic*], prix de Rome, chef d'orchestre à Boston et Covent Garden, en pourparlers avec Rouché pour le bâton de l'Opéra ; au violon Durosoir, violoniste international de Königsberg à Porto. César Franck, Bach, quelques variétés de Sarasate et de Paganini, une sonate de Beethoven et la mort d'Iseult pour finir. Qu'en dites-vous ? Nous recommencerons tous les deux jours de 5 à 7[38].

Après l'épreuve, le danger et l'horreur, faire de la musique acquiert une force indicible, sans comparaison avec un simple moment de musique de chambre entre amis. Ainsi un soir d'août 1916, la division est au repos à la ferme d'Amblomville sur les hauteurs de Verdun. Tous ces soldats ont participé, chacun à son poste, à l'attaque du fort de Douaumont. Le ciel est serein et on entend encore des détonations, de l'autre côté de Verdun car la guerre ne connaît pas de repos. Après le repas, les musiciens sont restés autour de la table et Durosoir a pris son violon :

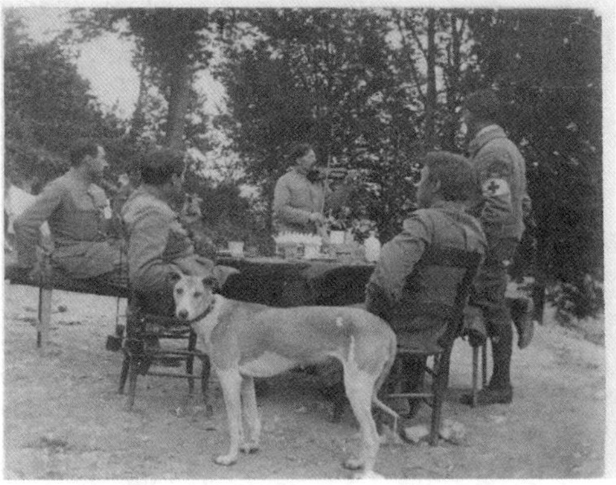

Fig. 7 – À la ferme d'Amblonville

> Après le dîner, Durosoir a joué des airs de Bach et nous écoutions assis un peu à l'écart. Devant nous, le ciel se fondait en couleurs diverses : une gamme s'étendait du rouge au vert orangé. Une saucisse qu'on rentrait semblait s'attarder au-dessus des arbres, comme une grosse mouche noire im-

---

37 Il s'agit toujours du même petit groupe ; Durosoir et Cloez iront souvent jouer à la « popote » des officiers du 43e d'artillerie.

38 Mangin, Charles, *Lettres de guerre 1914-1918*, Paris, Librairie Arthème Fayard, 1950, p. 65 (16 novembre 1915).

mobile. Et les vieux airs de Bach étaient salués par des coups de canon. La décharge énorme de l'arrivée faisait songer au massacre possible. Mais, tranquille et douce, une Gavotte du vieux Bach continuait calmement[39]...

Plus inattendu fut l'usage de la musique comme acte de résistance, d'affirmation d'un autre monde possible, face à la barbarie de la guerre. Sur une idée de Caplet, les musiciens organisent à Noyon, le 30 décembre 1917, un concert spirituel dans la cathédrale[40]. Cet événement, considérable dans l'esprit des musiciens, fait bien figure d'acte de résistance. Caplet veut se venger de la hiérarchie qui envisage de dissoudre leur groupe. Curieusement, ces musiciens semblent tous, maintenant, considérer comme un droit imprescriptible ce qui n'est pourtant qu'une faveur, une tolérance et qui peut très bien être contesté. Cependant, le concert de Noyon nous rappelle que, dès l'instant qu'il est resté lui-même dans la guerre, qu'il n'a cédé ni au découragement, ni à la médiocrité ambiante, ni aux vaines querelles qui naissent d'un contexte aussi défavorable et dévalorisant, l'artiste revient à son art comme à sa source de vie. Rien ne peut l'empêcher de le pratiquer comme il l'entend.

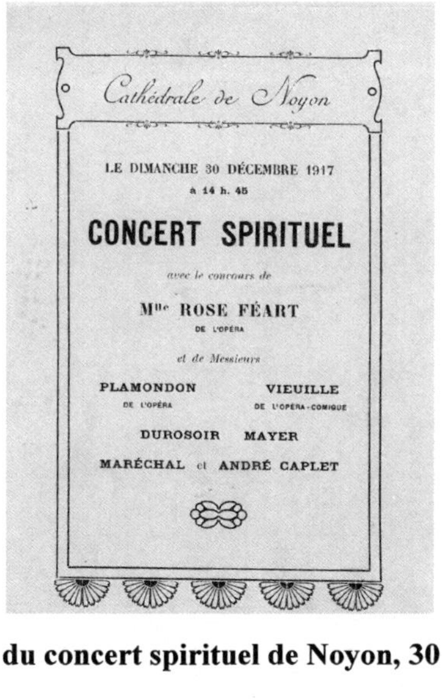

Fig. 8 – Affiche du concert spirituel de Noyon, 30 décembre 1917

---

39 Maréchal, Maurice, Carnets de guerre (carnet V, à la date du 6 août 1916). Cité dans : *Deux musiciens dans la Grande Guerre. Lucien Durosoir, Maurice Maréchal*, Paris, Tallandier, 2005, p. 306.

40 Sur ce sujet, voir : Durosoir, Georgie, « L'irruption magnifique : deux grands violons au cœur de la guerre », in Audoin-Rouzeau, S., Buch, E., Chimènes, M., Durosoir, G. (dir.), *La Grande Guerre des musiciens*, Lyon, Symétrie, coll. « *Perpetuum mobile* », 2009, p. 75-84.

Les « Musiciens du général » ont ainsi une dette envers la musique ; ils lui doivent non seulement d'avoir vécu la guerre comme des êtres humains, mais aussi d'en être revenus sains et saufs. Dans les derniers mois du conflit, Lucien Durosoir rendait hommage à son violon, ami fidèle et porte-bonheur, qui avait forgé sa vie d'homme et, finalement, bouleversé son destin de soldat :

> Et puis, il y a mon violon et ce dernier très réellement m'a sauvé la vie. C'est la fable antique d'Apollon qui apprivoise les bêtes fauves. J'ai certainement obtenu davantage avec mon instrument que si j'avais eu de puissantes interventions. Les chanteurs et les poètes sont aimés des Dieux[41] !

[41] Lettre du 3 juin 1918 (ALD).

Annexe

MUSIQUES AU FRONT

Lieux, dates, œuvres, public

Document établi d'après les lettres de Lucien Durosoir à sa mère

Avertissement :

1/ Les noms de lieu sont rarement cités directement dans les lettres car le règlement interdisait aux militaires d'indiquer à leur famille l'endroit précis où ils se trouvaient. Ces indications sont parfois données *a posteriori* ou bien restituées par des recoupements.

2/ En attendant l'arrivée des instruments du quatuor, Durosoir est le seul, depuis septembre 1915, à avoir son violon. Dans les positions de repli, petites villes ou villages de l'arrière, des pianos en plus ou moins bon état sont souvent dénichés. Les états-majors ou officiers de haut rang sont logés dans des propriétés réquisitionnées où se trouve parfois un piano. Les séances musicales sont également données dans des églises qui disposent souvent d'un harmonium, quelquefois d'un petit orgue.

3/ Les œuvres sont citées avec les seules indications données dans les lettres et on s'est interdit toute interprétation hasardeuse de titres incomplets ; il existe donc de nombreuses imprécisions, mais Durosoir s'adresse à sa mère qui, ayant envoyé les partitions, peut savoir très exactement ce dont il s'agit. Pour plus de lisibilité, des italiques ont été mis pour les titres précis (*1re Sonate* pour violon et piano de Beethoven, *Rondo capriccioso* de Saint-Saëns, *etc.*) et des caractères droits pour les autres (choral de Bach, sonate de Lolli, *etc.*).

4/ Chaque entrée indique la date, le lieu, la circonstance du « concert », les musiciens participants[42] et le programme (tel qu'il est connu, non forcément exhaustif).

3/11/1915, église de Mareuil, à l'office
DUROSOIR (vl), ROLLAND (org)
Bach, *Aria*
Haendel, *Largo*
Bach, choral

3/11/1915, château de Chaussoy à Ailly, Etat major de la brigade
DUROSOIR (vl), CAPLET (pn)
Cools, *Piesna* et *Pieska*
Beethoven, *Sonate n° 1 en ré majeur*

[42] Abréviations des instruments : vl (violon), vlc (violoncelle), pn (piano), org (orgue).

5/11/1915, chez le colonel [sans doute Valzi]
DUROSOIR (vl), CAPLET (pn)
Beethoven, *Sonate n° 5 en fa majeur*
Beethoven, *Sonate n° 7 en ut mineur*
Saint-Saëns, *Rondo capriccioso*
Sarasate, *Airs bohémiens*

6/11/1915, au théâtre d'Ailly, deux séances de musique, l'une pour la troupe, l'autre pour les officiers
Sarasate, *Airs bohémiens*

10/11/1915, chez le colonel Viennot
DUROSOIR (vl), MAGNE (pn)
Beethoven, *Sonate n° 5 en fa majeur*
Beethoven, *Sonate n° 1 en ré majeur*

12/11/1915, chez le colonel
DUROSOIR (vl), CAPLET (pn)
Lekeu, *Sonate*
Franck, *Sonate*

14/11/1915, à la brigade chez le colonel Viennot
DUROSOIR (vl), MAGNE (pn)
Beethoven, *Sonate n° 5 en fa majeur*
Franck, *Sonate*
Sarasate, *Airs bohémiens*

16 /11/1915, chez le général Mangin
DUROSOIR (vl), CAPLET (pn)
Franck, *Sonate*
Beethoven, *Sonate n° 5 en fa majeur*
Sarasate, *Airs bohémiens*
Fauré, *Berceuse*
Bach, *Aria*
Paganini, un caprice
CAPLET (pn)
Wagner, *La mort d'Isolde*

21/11/1915, office funèbre pour la mort du capitaine Chanvelot
DUROSOIR (vl)
Bach, *Aria*
Haendel, *Largo*

Un violoncelle ayant été déniché à Villers, les séances en trio commencent.

22/11/1915, chez Mangin en présence de nombreux officiers
DUROSOIR (vl), MAGNE (pn), DEHUYSSER (vlc)
Haydn, *Trio en n° 39 en sol majeur*
DUROSOIR (vl), MAGNE (pn)
Corelli, *La Folia*
Bruneau, *Romance*
Cools, *Piesna*
Lacroix, *Berceuse*
Wieniawski, premier mouvement du concerto [probablement n° 1]
Fauré, *Berceuse* (en *bis*)
DUROSOIR (vl)
Paganini, un caprice

DEHUYSSER déclare forfait ; il est remplacé par un autre violoncelliste : Alexis NIVERD.

25/11/1915, concert chez le général Mangin ; débuts du quatuor
DUROSOIR (vl1), LEMOINE (vl2), CAPLET alto, NIVERD (vlc)[43]
Mozart, *Quatuor n° 19 en ut majeur*
DUROSOIR (vl), NIVERD (vlc), MAGNE (pn)
Haydn, *Trio en n° 39 en sol majeur*
DUROSOIR (vl), CAPLET (pn)
Beethoven, *Sonate n° 7 en ut mineur*
NIVERD (vlc), MAGNE (pn)
Grieg, *Sonate*

29/11/1915, chez le général Mangin et devant environ 20 à 25 officiers
DUROSOIR (vl), MAGNE (pn)
Lolli, *Sonate*
Haendel, *Sonate n° 1 en la majeur*
DUROSOIR (vl), CAPLET (pn)
Lekeu, *Sonate*

6/12/1915, à l'école de garçons, environ 300 personnes dont une centaine d'officiers
Le QUATUOR
Mozart, *Quatuor n° 19 en ut majeur*
Beethoven, *Quatuor n° 1 en fa majeur*
Schumann, *Quatuor n° 1 en la mineur*

43 Sauf changement de titulaire, l'ensemble sera désigné sous le vocable : le QUATUOR.

(programme signé au dos par les 4 musiciens)

7/12/1915, chez le général Mangin
Le QUATUOR
Mozart, *Quatuor n° 19 en ut majeur*
Schumann, *Quatuor n° 1 en la mineur*
Le QUATUOR et MAGNE (pn)
Caplet, *Adagio* du *Quintette pour piano et cordes*[44]

8/12/1915, chez le général Mangin
DUROSOIR (vl), CAPLET (pn)
Lekeu, *Sonate*
Saint-Saëns, *Rondo capriccioso*
DUROSOIR (vl)
Bach, *Chaconne*
Le QUATUOR
Mozart, *Quatuor n° 19 en ut majeur*

9/12/1915, chez le colonel Valzi,
DUROSOIR (vl), MAGNE (pn)
Fauré, *Berceuse*
Bruneau, *Romance en fa majeur*
Sarasate, *Airs bohémiens*
Le QUATUOR
Beethoven, *Quatuor n° 1 en fa majeur*
Schumann, *Quatuor n° 1 en la mineur*

10/1/1916, à la « Popote » du lieutenant Poumier
DUROSOIR (vl), CLOEZ (pn)
Beethoven, *Sonate n° 5 en fa majeur*
Beethoven, *Sonate n° 9 en la majeur*
Bach, *Chaconne*

18/1/1916, à la « Popote » des officiers du génie
DUROSOIR (vl), CLOEZ (pn)
Lekeu, *Sonate*
Fauré, *Sonate*
Sarasate, *Airs Bohémiens*

25/2/1916, chez le général Mangin
Le QUATUOR
Schumann, *Quatuor n° 1 en la mineur*
DUROSOIR (vl), MAGNE (pn)
Franck, *Sonate*
Wieniawski, *Airs Russes*

2/3/1916, à Gournay sur Aronde chez le marquis de Capellis où se trouve le général Mangin
Le QUATUOR
Schumann, *Adagio* et *final* du *Quatuor n° 1 en la mineur*
MAGNE (pn)
Chopin, un prélude
MARECHAL (vlc), MAGNE (pn)
Saint-Saëns, *Le Cygne*
DUROSOIR (vl), MAGNE (pn)
Fauré, *Berceuse*

5/3/1916, chez le général Mangin
CAPLET (pn), DUROSOIR (vl), MARECHAL (vlc)
Beethoven, *Trio n° 1 en mi b majeur*
DUROSOIR (vl), MAGNE (pn)
Fauré, *Berceuse*
MAGNE (pn)
Beethoven, *Sonate n° 23 en fa mineur*
Le QUATUOR[45]
Grieg, *Quatuor*

14/3/1916, chez le général Mangin
DUROSOIR (vl), MARECHAL (vlc)
Fairchild, *Duo*
MARECHAL (vlc), MAGNE (pn)
Popper, *Danse des Elfes*
Fauré, *Romance*
MAGNE (pn)
Grieg, *Marche nuptiale*
DUROSOIR (vl), MAGNE (pn)
Beethoven, les deux *Romances*
Le QUATUOR
Grieg, *Quatuor*

14/3/1916, chez le colonel Valzi
DUROSOIR (vl), MAGNE (pn)
Dvorak, *Humoresque*
Fauré, *Berceuse*
Sarasate, *Airs bohémiens*

---

[44] Œuvre non connue. Peut-être la version initiale du Quintette pour pn, fl, hb, cl et bn. Durosoir note simplement « œuvre de jeunesse ».

[45] Désormais Maurice Maréchal remplacera Niverd souffrant de rhumatisme.

DUROSOIR (vl), MARECHAL (vlc), MAGNE (pn)
Haydn, *Trio n° 39 en sol majeur*
Le QUATUOR
Grieg, *Quatuor*

19/3/1916, chez le colonel Viennot
DUROSOIR (vl), MARECHAL (vlc), MAGNE (pn)
Haydn, *Trio n° 39 en sol majeur*
DUROSOIR (vl), MAGNE (pn)
Dvorak, *Humoresque*
Fauré, *Berceuse*
Sarasate, *Airs Bohémiens*

23/3/1916, chez le colonel Valzi
Le QUATUOR
Beethoven, *Quatuor n° 7 en fa majeur*
Schumann, *Quatuor n° 1 en la mineur*

26/3/1916, chez Mangin
Le QUATUOR
Beethoven, *Quatuor n° 10 en mi b majeur*
MARECHAL (vlc), CAPLET (pn)
Caplet, *Élégie*
Rimsky Korsakov, *Sérénade espagnole*
MAGNE (pn)
Liszt, une pièce
DUROSOIR (pn)
Bach, *Prélude et fugue en sol mineur*
Le QUATUOR et MAGNE (pn)
Dupont, *Quintette*
CAPLET (pn)
Wagner, Prélude de *Parsifal*

2/4/1916, messe en musique avec le chanteur LAFONT [les noms des autres musiciens ne sont pas connus]
Franck, *Panis Angelicus*
Gounod, *Ave Maria*
Thomé, *Andante religioso*
Vieuxtemps, *Andante* du *Concerto en fa # mineur*

27/4/1916, au Théâtre aux armées pour le régiment
DUROSOIR (vl), MAGNE (pn)
Leclair, *Musette*
Rameau, *Tambourin*
Paganini, un caprice

30/4/1916, chez le commandant Pourrel
Le QUATUOR
Schumann, *Quatuor n° 1 en la mineur*
NIVERD (vlc), MAGNE (pn)
Boëllmann, *Sonate*
DUROSOIR (vl), MAGNE (pn)
Franck, *Sonate*

9/5/1916, chez le colonel Viennot
DUROSOIR (vl), MARECHAL (vlc), MAGNE (pn)
Beethoven, *Trio n° 5 en ré majeur*
MARECHAL (vlc)
Boëllmann, *Variations symphoniques*
CLOEZ (pn)
Franck, *Prélude, choral et fugue*
DUROSOIR (vl), CLOEZ (pn)
Beethoven, *Sonate n° 9 en la majeur*

13/5/1916, chez le colonel Valzi
Le QUATUOR
Schumann, *Quatuor n° 1 en la mineur*
DUROSOIR (vl), CLOEZ (pn)
Fauré, *Sonate*
MARECHAL (vlc), CLOEZ (pn)
Boëllmann, *Variations symphoniques*

14/5/1916, messe
DUROSOIR (vl), MAGNE (org)
Bach, *Air de la Pentecôte*
Saint-Saëns, *Prélude* du *Déluge*
Leclair, *Adagio* en *mi mineur* de la *Sonate n° 1*

14/5/1916, chez officiers du 36e R.I.
DUROSOIR (vl), MARECHAL (vlc), MAGNE (pn)
Haydn, *Trio n° 39 en sol majeur*
Leclair, une sonate en trio
MARECHAL (vlc), MAGNE (pn)
Boëllmann, *Variations symphoniques*
DUROSOIR (vl), MAGNE (pn)
Lolli, *Sonate*
Bruneau, *Romance en fa majeur*
MAGNE (pn)
Chopin, un nocturne

11/6/1916, église
CAPLET, DUROSOIR, LEMOINE et MAGNE
Bach, *Aria*

Boëllmann, *Prière* transcrite avec orgue

14/6/1916, départ du général Mangin, service funèbre aux morts du régiment
DUROSOIR (vl)
Bach, *Aria*
Le QUATUOR
Beethoven, *Adagio* du *Quatuor n° 10 en mi b majeur*

14/6/1916, en soirée pour officiers et poilus (environ 150 personnes)
Le QUATUOR
Beethoven, *Quatuor n° 10 en mi b majeur*
DUROSOIR (vl), MAGNE (pn)
Franck, *Sonate*
Le QUATUOR et MAGNE (pn)
Dupont, *Quintette*

15/6/1916, messe pour la mort de Descusse
DUROSOIR (vl)
Bonporti, *Lamento*
Bach, *Adagio* du *Concerto en mi majeur*

19/6/16, concert au château de Dannemarie à l'état-major de la Brigade
Le QUATUOR
Beethoven, *Quatuor n° 10 en mi b majeur*
DUROSOIR (vl), CLOEZ (pn)
Franck, *Sonate*
Le QUATUOR et MAGNE (pn)
Dupont, *Quintette*

21/6/16, concert pour les poilus [sans doute au théâtre aux armées de Génicourt]
Le QUATUOR
Grieg, *Quatuor*
Le QUATUOR et MAGNE (pn)
Franck, *Quintette*
MARECHAL (vlc), MAGNE (pn)
Boëllmann, *Sonate*

5/8/1916, chez colonel de Monbrisant
DUROSOIR (vl), MARECHAL (vlc), MAGNE (pn)
Beethoven, *Trio n° 5 en ré majeur*
DUROSOIR (vl)
Paganini, deux caprices
DUROSOIR (vl), MAGNE (pn)
Dvorak, *Humoresque*
MARECHAL (vlc), MAGNE (pn)
Saint-Saëns, *Le Cygne*
Dunkler, *Caprice hongrois*

12/8/1916, dans le gourbi de tranchée (en première ligne) du colonel Valzi
DUROSOIR (vl)
Bach, *Gavotte* de la *Partita en mi majeur*
Paganini, un caprice

25/8/1916, popote des officiers à Génicourt
DUROSOIR (vl), CAPLET (pn)
Lekeu, *Sonate*
Fauré, *Berceuse*
DUROSOIR (vl), MAGNE (pn)
Dvorak, *Humoresque*
Wieniawski, *Andante* et *final* du concerto
DUROSOIR (vl)
Paganini, un caprice

9/9/1916, messe anniversaire de la bataille de la Marne
DUROSOIR (vl)
Bach, *Andante* de la *Sonate en la mineur*
Gounod, *Ave Maria*

29/9/1916, pour les officiers du 108e R.I.
DUROSOIR (vl), CAPLET (pn)
Lekeu, *Sonate*
Saint-Saëns, *Rondo capriccioso*
Leclair, *Sonate en ut*

12/10/1916, concert à Rupt pour la troupe
DUROSOIR (vl), MARECHAL (vlc), MAGNE (pn)
Beethoven, Premier mouvement du *Trio n° 5 en ré majeur*
DUROSOIR (vl), MAGNE (pn)
Cools, *Piesna* et *Pieska*
Sarasate, *Airs bohémiens*
MARECHAL (vlc), MAGNE (pn)
Boëllmann, *Variations symphoniques*

Popper, *Tarentelle*

20/10/1916, pour la troupe
DUROSOIR (vl), MARECHAL (vlc), MAGNE (pn)
Beethoven, Premier mouvement du *Trio n° 5 en ré majeur*
Haydn, *Andante* et *Final* du *Trio n° 39 en sol majeur*
MARECHAL (vlc), MAGNE (pn)
Boëllmann, *Variations symphoniques*
Popper, *Tarentelle*
DUROSOIR (vl)
Corelli, *La Folia*

21/10/1916, chez le colonel [sans doute Valzi]
DUROSOIR (vl), MARECHAL (vlc), MAGNE (pn)
Beethoven, *Trio n° 5 en ré majeur*
Schumann, *Trio n° 2 en fa mineur*
MARECHAL (vlc), MAGNE (pn)
Ropartz, *Sonate*

22/10/1916, à la messe
DUROSOIR (vl), MAGNE (org)
Leclair, *Sarabande* de la *Sonate n° 8 en ré majeur*
Bach, *Air de la Pentecôte*

6/11/1916, à Ambly pour la troupe
DUROSOIR (vl), CLOEZ (pn)
Beethoven, un mouvement de la *Sonate n° 9 en la majeur*
Sarasate, *Airs Bohémiens*

9/11/1916, à Sommedieue pour les poilus
DUROSOIR (vl), CLOEZ (pn)
Fauré, *Sonate*
DUROSOIR (vl), CLOEZ (pn), NIVERD (vlc) qui remplace MARECHAL, absent
Schumann, *Trio n° 2 en fa mineur*
Haydn, *Final* du *Trio n° 39 en sol majeur*
DUROSOIR (vl), CLOEZ (pn)
Sarasate, *Airs bohémiens*

12/11/1916, chez le colonel Dumesnil
DUROSOIR (vl), MARECHAL (vlc), CLOEZ (pn)
Beethoven, *Trio n° 5 en ré majeur*
MARECHAL (vlc), MAGNE (pn)
Florent Schmitt, *Chant élégiaque*
Schumann, *Quatuor n° 1 en la mineur*

8/12/1916, chez le payeur
DUROSOIR (vl), CAPLET (alto), MARECHAL (vlc), MAGNE (pn)
Chausson, *Quatuor avec piano*

10/12/1916, à la messe
DUROSOIR (vl), MAGNE (org)
Gounod, transcription *« Le ciel visite la terre »*
DUROSOIR (vl), MARECHAL (vlc)
Leclair, *Sarabande*

17/12/1916, pour les soldats
DUROSOIR (vl), MAGNE (pn)
Bruneau, *Romance en fa majeur*
Rameau, *Tambourin*
MARECHAL (vlc), MAGNE (pn)
Popper, *Tarentelle*
Bréval, *Sonate*

31/12/1916, séance à Sommedieue pour les soldats
DUROSOIR (vl)
Bach, *Aria*
DUROSOIR (vl), MAGNE (pn)
Rameau, *Tambourin*
DUROSOIR (vl), MARECHAL (vlc), MAGNE (pn)
Fairchild, *Andante* du *Trio*

2e séance pour les soldats
DUROSOIR (vl), MAGNE (pn)
Saint-Saëns, *Prélude* du *Déluge*
Rameau, *Tambourin*

7/1/1917 à Sommedieue
Le QUATUOR et MAGNE (pn)
Dupont, *Poème*
Le QUATUOR et CLOEZ (pn)
Franck, *Quintette*

18/1/1917, messe pour la mort de l'aumônier du régiment, Henri Martel tué par un obus
Les musiciens et un chanteur non précisé.
Bonporti, *Lamento*

Bach, choral
Stradella, *Pie Jesu*

17/2/1917, concert à Gondrecourt
DUROSOIR (vl), CLOEZ (pn)
Beethoven, *Sonate n° 9 en la majeur*
MARECHAL (vlc), CLOEZ (pn)
Boëllmann, *Variations symphoniques*
DUROSOIR (vl), MARECHAL (vlc), MAGNE (pn)
Schumann, *Trio n° 2 en fa mineur*
Le QUATUOR et CLOEZ (pn)
Dupont, *Quintette*

23/2/1917, château d'Abainville
DUROSOIR (vl), CLOEZ (pn)
Franck, *Sonate*
Wieniawski, *Mazurka*

27/2/1917, Houdelaincourt pour le 74e R.I.
DUROSOIR (vl), MARECHAL (vlc), MAGNE (pn)
Beethoven, *Trio n° 5 en ré majeur*
MARECHAL (vlc), MAGNE (pn)
Fauré, *Élégie*
DUROSOIR (vl), CAPLET (alto), MARECHAL (vlc), MAGNE (pn)
Chausson, *Quatuor avec piano*

4/3/1917, concert pour les malades à l'ambulance de Bar-le-Duc
DUROSOIR (vl), MARECHAL (vlc), MAGNE (pn)
Beethoven, *Trio n° 5 en ré majeur*
DUROSOIR (vl), MAGNE (pn)
Franck, *Sonate*
Fauré, *Berceuse*
Wieniawski, deux mazurkas
MARECHAL (vlc), MAGNE (pn)
Fauré, *Élégie*
Glazounov, *Sérénade*

5/3/1917, pour les médecins et officiers
DUROSOIR (vl), MAGNE (pn)
Franck, *Sonate*
DUROSOIR (vl), CAPLET (alto), MARECHAL (vlc), MAGNE (pn)
Chausson, *Quatuor avec piano*

5/4/1917, à Crézancy pour une œuvre américaine (devant une centaine de personnes)
DUROSOIR (vl), CAPLET (pn)
Lekeu, *Sonate*
DUROSOIR (vl), MAGNE (pn)
Dvorak, *Humoresque*
DUROSOIR (vl)
Bach, *Chaconne*
Paganini, un caprice
MAGNE (pn)
Chopin, un prélude
Bach, *Toccata*

7/4/1917, chez le payeur
DUROSOIR (vl), MARECHAL (vlc), MAGNE (pn)
Haydn, *Trio n° 39 en sol majeur*
MARECHAL (vlc), MAGNE (pn)
Ropartz, *Sonate*
DUROSOIR (vl), MAGNE (pn)
Saint-Saëns, *Rondo capriccioso*
DUROSOIR (vl)
Bach, *Prélude* et *fugue*

7/4/1917, chez les Américains (devant 300 personnes)
DUROSOIR (vl)
Bach, *Prélude en sol mineur*
DUROSOIR (vl), CAPLET (pn)
Franck, *Sonate*
Fauré, *Berceuse*

9/4/1917, soirée d'adieu chez les Américains
DUROSOIR (vl), MARECHAL (vlc), MAGNE (pn)
Haydn, *Trio n° 39 en sol majeur*
DUROSOIR (vl), MAGNE (pn)
Cools, *Piesna* et *Pieska*
MARECHAL (vlc), MAGNE (pn)
Dupont, Pièces extraites de *La Maison des dunes*

27/7/1917, groupement d'aviation d'Arcy (officiers et pilotes)
DUROSOIR (vl), MAGNE (pn)
Franck, *Sonate*
Wieniawski, *Mazurka*

DUROSOIR (vl), MARECHAL (vlc), MAGNE (pn)
Haydn, *Trio n° 39 en sol majeur*
MARECHAL (vlc), MAGNE (pn)
Glazounov, *Chants russes*, *Danses*
Le QUATUOR (DUROSOIR, MAYER remplaçant désormais LEMOINE, CAPLET, MARECHAL)
Schumann, Premier mouvement du *Quatuor n° 1 en la mineur*
Le QUATUOR et MAGNE (pn)
Dupont, Premier mouvement du *Poème*

3/8/17, groupement d'aviation, état-major : CAPLET, DUROSOIR, MAYER, MARECHAL, MAGNE
DUROSOIR (vl), MAGNE (pn)
Fauré, *Berceuse*
Wieniavski, *Légende*
Fauré, *Sonate*
MARECHAL (vlc), MAGNE (pn)
Saint-Saëns, *Le Cygne*
Boëllmann, *Variations symphoniques*
Le QUATUOR
Beethoven, *Quatuor n° 10 en mi b majeur*

7/8/1917, concert pour les poilus (plus de 400 personnes)
DUROSOIR (vl), MAGNE (pn)
Wieniawski, deux mazurkas
Svendsen, *Romance*
DUROSOIR (vl), MARECHAL (vlc), MAGNE (pn)
Haydn, *Trio n° 39 en sol majeur*

12/8/1917, à la messe
DUROSOIR (vl), MAGNE (org)
Tartini, *Le Trille du diable*
Massenet, *La Méditation de Thaïs*

En après-midi à Fère-en-Tardenois (militaires et civils)
Le QUATUOR
Debussy, *Quatuor*
Chausson, *Quatuor*
DUROSOIR (vl)
Bach, *Chaconne*

17/9/1917, à l'ambulance (hôpital) 8/13
DUROSOIR (vl), MAGNE (pn)
Saint-Saëns, *Rondo capriccioso*
Dvorak, *Humoresque*
Fauré, *Berceuse*
Sarasate, *Airs bohémiens*

19/9/1917, au dépôt automobile devant environ 50 officiers
DUROSOIR (vl), MAGNE (pn)
Svendsen, *Romance*
Wieniawski, *Mazurka*
Saint-Saëns, *Rondo capriccioso*
Le QUATUOR
Chausson, *Quatuor*

2/11/1917, au théâtre de Ham
DUROSOIR (vl), MAGNE (pn)
Wieniawski, *Mazurka*
Dvorak, *Humoresque*
DUROSOIR (vl)
Bach, *Aria*
Le QUATUOR et MAGNE (pn)
Brahms, *Danses* [transcriptions]

11/11/1917, à l'ambulance de Ham
DUROSOIR (vl), MAGNE (pn)
Wieniawski, *Mazurka*
Dvorak, *Humoresque*
Le QUATUOR et MAGNE (pn)
Brahms, *Danses* [transcriptions]

30/12/1917 Cathédrale de Noyon, concert spirituel (cathédrale comble)
Participent à ce concert : DUROSOIR, MAYER et MARECHAL, des musiciens dont les noms ne sont pas précisés, une chanteuse, Rose FEART et deux chanteurs, VIEUILLE et PLAMONDON venus spécialement de Paris.
Haendel, *Largo* pour instruments à cordes et orgue
Rose FEART
Franck, *Rédemption* (air de l'Archange)
DUROSOIR (vl), MAYER (vl), MARECHAL (vlc)
Corelli, *Concerto grosso*
VIEUILLE
Caplet, *La croix douloureuse* (prière pour les âmes en deuil du R.P. Henri-Dominique Lacordaire)

L'ORCHESTRE
Bach, extrait de la *Suite en ré majeur*
Rose FEART
Fauré, *Pie Jesu*
PLAMONDON et VIEUILLE
Franck, *4e Béatitude* (« Bienheureux ceux qui ont faim et soif de la Justice »)
VIEUILLE
Haydn, *O Jesu Deus pacis*
Rose FEART et PLAMONDON
Caplet, *Tantum ergo*
Caplet, Prières (*Oraison dominicale, Salutation angélique, Symbole des apôtres*)

4/1/1918, séance de cinéma muet pour la troupe
CAPLET improvise au piano

7/1/1918, séance pour le général Humbert et les officiers du corps d'armée
Le QUATUOR et MAGNE (pn) en différentes formations
Saint-Saëns, fantaisie sur *Samson et Dalila* [arrangement non signé]
DUROSOIR (vl), MAGNE (pn)
Wieniawski, *Romance*
DUROSOIR (vl), CAPLET (pn)
Lekeu, *Sonate*

21/1/1918, séance pour les poilus
Le QUATUOR et MAGNE (pn) en différentes formations
Brahms, *Danses*
Léoncavallo, Airs de *Paillasse* avec le chanteur LAFONT
Wienawski, *Final* du *Concerto*
MARECHAL (vlc), MAGNE (pn)
Boëllman, *Variations symphoniques*

3/2/1918, château de Dampierre
DUROSOIR (vl), CAPLET (pn)
Lekeu, *Sonate*
Sarasate, *Airs bohémiens*

13/2/1918, état-major de la Division
DUROSOIR (vl), CAPLET (alto), MARECHAL (vlc) et MAGNE (pn)
Massenet, fantaisie sur *Manon* [arrang.]
Saint-Saëns, fantaisie sur *Samson et Dalila* [arrang.]

DUROSOIR (vl), MARECHAL (vlc), MAGNE (pn)
Haydn, *Trio n° 39 en sol majeur*
DUROSOIR (vl)
Fauré, *Berceuse*

19/3/1918, chez le médecin-chef de l'ambulance
DUROSOIR (vl), CAPLET (pn)
Franck, *Sonate*
Sarasate, *Airs bohémiens*

12/4/1918, pour un groupe d'officiers et d'amis
DUROSOIR (vl), CAPLET (pn)
Debussy, *Sonate*

25/4/1918, au colombier de Suippes, pour un groupe d'officiers et d'amis
DUROSOIR (vl), CAPLET (pn)
Debussy, *Sonate*
Vierne, *Sonate*

29/4/1918, au colombier de Suippes, pour un groupe d'officiers et d'amis
DUROSOIR (vl), CAPLET (pn)
Debussy, *Sonate*
Pierné, *Sonate*

3/5/1918, toujours au colombier et pour ce groupe d'amis
DUROSOIR (vl), CAPLET (pn)
D'Indy, *Sonate*
Debussy, *Sonate*

8/5/1918, à l'ambulance 5/4
DUROSOIR (vl), CAPLET (pn)
Pierné, *Sonate*
Fauré, *Berceuse*
Debussy, *Sonate*

C'est sur cette toute nouvelle sonate de Debussy pour violon et piano – qu'Emma Debussy avait envoyée à Caplet et que Durosoir, accompagné de Caplet, avait été un des premiers violonistes à découvrir – que va s'achever l'aventure musicale et amicale de notre groupe de musiciens.

Bientôt les événements vont se précipiter et Durosoir et Caplet se sépareront le 15 octobre 1918 :

> 15/10/18 Je n'ai reçu aucune lettre hier et en même temps est parvenue une nouvelle qui m'a causé, ainsi qu'à Caplet, une grosse émotion. Ce qui nous a produit cet effet, a été l'arrivée d'une note du Grand Quartier Général qui envoie Caplet à Chaumont comme directeur de l'école technique de musique militaire. Caplet ne comptait plus sur cette chose, puisque j'ai lu les lettres de ses amis parisiens, qui lui disaient carrément que la chose était ratée, et qu'il n'y fallait plus compter. Il est probable que de nouvelles démarches qu'il ignorait furent faites, car l'ordre de mutation arrivait hier vers midi. Ce matin après avoir trié toutes ses affaires, j'ai conduit Caplet jusqu'à une auto qui devait l'emmener jusqu'à Calais. Ce n'est pas sans émotion que nous nous sommes séparés, après deux années de vie commune et de tous les instants. Je ne puis oublier tous les bons moments de musique et les mille souvenirs qui s'attachent aux lieux parcourus ensemble dans cette vie misérable et pittoresque. Caplet aussi était fort ému, bien que visiblement il cherchait à dominer son émotion. [...] / Me voici donc le dernier survivant de l'ancien groupe musical, car Mayer est toujours au CID. Mais de l'ancien groupe Caplet, Lemoine, Maréchal, Magne, Cloez, sont maintenant partis. J'avoue que je vais me trouver bien isolé, car de tous ceux qui m'entourent et qui sont certes de bons camarades, il n'y avait que Caplet avec lequel je pouvais causer de choses élevées et avec lequel je sympathisais. Heureusement pour moi j'espère que la guerre tire maintenant à sa fin et que dans quelques mois nous pourrons, enfin !! respirer librement. Que Dieu le veuille, car cette épreuve est si lourde, que les cœurs les plus résistants ont parfois de terribles angoisses [...][46].

[46] Durosoir, Lucien, Maréchal, Maurice, *Deux musiciens dans la Grande Guerre*, Paris, Tallandier, 2005, p. 209-210.

Naissance d'un chef : Louis Fourestier en Grande Guerre, 1914-1925

David MASTIN

Université Paris Ouest Nanterre la Défense

À la question posée par une journaliste belge en 1963[1], le discret Fourestier (1892-1976) répondait ainsi :

> Il est malaisé de déterminer le plus grand moment d'une vie. Une carrière, cela se fait par chevauchements. La réussite ne vous tombe pas dessus du jour au lendemain. On est toujours l'artisan de sa vie, aussi a-t-on le temps de se préparer à tout. [...] J'ai l'impression que si vous demandiez à tous mes contemporains de leur parler de leur « grand » moment, ils n'auraient tous qu'une réponse : La guerre de 14-18[2]. C'est notre lot à nous, de nous souvenir toujours des capotes bleu horizon, même à l'ère de Gagarine[3].

Si Fourestier ne détaille pas quels sont précisément ses souvenirs, il fait bien de son expérience de guerre – expérience à la fois individuelle et collective – le point de départ de sa carrière : « Le reste ne fut qu'une succession » précise-t-il.

---

1 Martyn, Anne-Marie, *Ils ont bonne mémoire*, Strasbourg, Istra, 1965, p. 128-131. Cet ouvrage rassemble des entretiens de personnalités aussi diverses que Georges Duhamel ou le Maréchal Juin. Ils ont été réalisés au début des années 1960, toujours sur le même modèle qui imposait aux personnalités interrogées de n'évoquer qu'un souvenir marquant dans leur carrière. Si la sincérité des propos de Fourestier, enregistrés en 1963, ne peut être mise en cause, à cette réserve près que l'exercice de mémoire doit être lui aussi questionné, leur présentation journalistique appelle à la prudence. L'auteur fait par exemple de Fourestier un Toulousain alors qu'il est né à Montpellier. D'autre part, la notation de l'entretien laisse entendre que la journaliste a évoqué, au préalable, l'entrevue qu'elle avait eue avec Georges Duhamel : « Vous me disiez que Georges Duhamel n'avait pu oublier la guerre de 14-18. Il l'a vécue avec son âme et moi aussi » (p. 128).

2 La majuscule de « La guerre » est dans le texte. Elle indique combien la Grande Guerre revêt aux yeux de Fourestier, et sans doute de Martyn, un caractère primordial au XXe siècle.

3 Martyn, A.-M., *op. cit.*, p. 128-129.

Fourestier a vécu une guerre particulièrement longue. Ayant contracté, en 1912, un engagement de trois ans[4], il reste sous l'uniforme jusqu'à la fin du mois d'août 1919. En 1921, il rejoint la Sarre, sous occupation française, pour poursuivre sa guerre musicale[5]. Il ne la quitte qu'au moment où il doit rejoindre Rome après l'obtention de son premier grand prix[6].

Ce temps long de la mobilisation combattante et musicale fait naître un compositeur mais surtout un chef d'orchestre. Les lignes qui suivent ambitionnent de montrer comment le « guerrier[7] » a accouché du musicien, et peut-être aussi l'inverse. Certes, la documentation disponible[8] ne permet pas d'avoir une vue précise, au jour le jour, de l'activité de Fourestier en guerre. Cependant elle met en valeur les horizons d'attente d'un artiste qui construit un réseau de relations d'une part, et un projet musical d'autre part. Car le plus surprenant chez Fourestier est qu'il ne s'abandonne pas à la déréliction et pense son activité en guerre, autant qu'il crée son avenir. Les liens épistolaires mais aussi les rencontres faites au front mettent le brancardier du 22e Régiment d'Artillerie de

---

4 L'engagement permettait de choisir son arme et son affectation, mais rallongeait la durée du service. Le choix des élèves du Conservatoire national qui entendent poursuivre leurs études se porte sur les régiments proches de Paris.

5 Placé en congé illimité le 23 août 1919, à Montpellier, il est « réaffecté » au 6e Escadron du Train de Metz pour être placé en sursis, « au titre des houillères de la Sarre ». Ce qui signifie qu'il est sous statut militaire, largement aménagé. Il réside à Sarrebruck dès le 27 mai 1921 (Archives départementales de l'Hérault, 1R 1254, matricule 1640).

6 Le prix est obtenu en 1925, mais Fourestier est encore en Sarre en janvier 1926.

7 Le mot est employé par Louis Fourestier en 1963 : « [...] je n'avais qu'un rêve : composer. Je n'étais pas pour cela un mauvais guerrier. » (Martyn, A.-M., *op. cit.*, p. 129). Fourestier distingue dans cet entretien son activité combattante et son activité musicale en guerre, mais, à la fois, insiste à deux reprises sur son activité combattante, comme si en 1963 il était encore question de se justifier, de protester de sa foi patriotique de combattant comme en 1915 ou 1918.

8 En l'absence de documents personnels tels qu'un carnet de guerre ou une correspondance privée, il faut se fier à une correspondance collective, des élèves et anciens élèves du Conservatoire de Paris, réunie dans la *Gazette des classes du Conservatoire*, créée par Lili et Nadia Boulanger en 1915 avec le soutien financier de Blair Fairchild. Dix numéros sont disponibles à la BnF, Musique, Res Vm Dos 088-1. Plus de détails dans : Laederich, Alexandra, « Nadia Boulanger et le Comité franco-américain (1915-1919) », in Audoin-Rouzeau, S., Buch, E., Chimènes, M., Durosoir, G. (dir.), *La Grande Guerre des musiciens*, Lyon, Symétrie, coll. « *Perpetuum mobile* », 2009, p. 161-173. À cette documentation, à manier avec prudence, se sont ajoutés les documents plus strictement militaires, extraits des Registres Matricule (Archives départementales de l'Hérault) ou des Journaux de Marches et d'Opérations (JMO) des régiments auxquels Fourestier a appartenu. La presse s'ajoute à ces sources. Par ailleurs, Michel Decoust, Alain Margoni et Jacques Taddei qui, à des titres divers, ont été proches de Fourestier, se sont soumis à des entretiens qui ont enrichi notre étude. Qu'ils trouvent dans ces lignes l'expression de notre gratitude.

Campagne (RAC) au cœur d'un réseau de jeunes musiciens qui ont, dans la guerre et au sortir de la guerre, mis en œuvre ce que leur culture combattante de musicien pouvait apporter au monde musical.

Un élève du Conservatoire

Louis Fourestier est né en 1892[9] à Montpellier. Il y étudie le violoncelle et « un peu d'harmonie[10] ». Doté de son premier prix de violoncelle, il se rend à Paris en 1908[11] : il a seize ans.

Fourestier n'est pas inscrit sur les registres du Conservatoire de Paris avant octobre 1909[12]. On peut supposer qu'il a suivi des cours en tant qu'auditeur et/ou pris des leçons privées qui ont pu faciliter son admission dans la classe d'harmonie de Xavier Leroux. Il y est le plus jeune des douze élèves de la classe. Quoiqu'il faille en matière de notation de pédagogues toujours être conscient du caractère astreignant de la tâche autant que du degré variable de liberté que tel ou tel des professeurs voulait bien s'accorder, Fourestier est signalé au bout de trois mois d'enseignement comme possédant une « Nature fine, personnelle […][13] ». Sous la plume de Xavier Leroux, une nature fine et personnelle équivaut à une indépendance d'esprit. Après le premier prix d'harmonie, obtenu en deuxième année[14], il fréquente la classe de contrepoint d'André Gedalge (1911-1912) qui le considère comme un « assez bon musicien[15] » et l'autorise à concourir malgré un avis relativement réservé : « travaille bien mais sans réflexion[16] ». À l'issue du concours lors duquel il remporte le premier prix, Fourestier signe un engagement de trois ans à Versailles, le 31 août 1912. Il rejoint le 11e Régiment d'Artillerie stationné à Rouen le 2 septembre. Il est envisageable que cet engagement ne le satisfait qu'en partie puisqu'il continue d'assurer des suppléances aux pupitres des violoncelles de l'Opéra-Comique et de

---

9 Le 31 mai. Né d'André Fourestier, commis, et Jeanne Blanquefort, sans profession. En 1906, le recensement indique qu'André est « professeur ». Rien n'indique que les parents aient eu un rapport professionnel à la musique.

10 Expression employée par Fourestier pour son *Curriculum vitae*, rédigé en 1925 (BnF, Musique, Vm Bob 20369).

11 Venir à Paris nécessite, si l'on veut réussir le concours d'admission, d'être au moins introduit. Il n'est pas impossible qu'Armand Granier, directeur du conservatoire de Montpellier, – dont une des filles (Léontine) étudie à Paris (notamment dans la classe de fugue de Vidal avec Lili Boulanger et Jacques de la Presle) – ait joué ce rôle de patronage.

12 Archives Nationales, Paris, AJ37 302.

13 *Ibid.*, examen du mercredi 5 janvier 1910.

14 Après avoir concouru une première fois en première année.

15 Archives Nationales, Paris, AJ37 302/2 : examen du vendredi 12 janvier 1912.

16 *Ibid.*, examen du vendredi 24 mai 1912.

l'Opéra et suit la classe de Vidal. Il est versé en janvier 1914 au 22e RAC stationné à Versailles. C'est de là que, le 2 août 1914, le brancardier Fourestier part pour le front.

Il n'est pas question de détailler la campagne de Fourestier. Si le JMO de sa batterie (la 6e) permet de le localiser relativement précisément, l'intérêt de la documentation réside bien plutôt dans la représentation que le musicien se fait de sa guerre[17]. La *Gazette des classes du Conservatoire*, organe de liaison qui publie les lettres reçues rue de Madrid par le Comité franco-américain, entre décembre 1915 et juin 1918, offre un panel pour lequel critiques internes et externes permettent de mieux cerner ce que Fourestier fait en guerre, ce qu'il pense de sa guerre et de la musique en guerre.

« Le plus de Wagner possible, naturellement[18] » : de la provocation au projet musical

Précisons d'emblée que Fourestier manie, comme d'autres, l'autocensure, l'autodérision et le cynisme qui nous empêchent en partie de connaître la réalité de son expérience de guerre. Persuadé comme nombre de combattants que l'expérience du front est indicible et surtout ne peut être comprise que de la communauté combattante, il est peu disert sur sa participation aux combats. N'étant pas fantassin, ni même véritablement artilleur, il ne peut se prévaloir d'être directement exposé au feu : « Je mène ici la très modeste existence de brancardier d'artillerie », précise-t-il en octobre 1915[19]. La « modestie » de cette vie de brancardier s'oppose à la grandeur supposée de celle des véritables combattants[20] autant qu'elle se réfère à la monotonie de l'existence maintes fois mentionnée par les soldats. Le secteur du fort de Vaux met par contre sa batterie à rude épreuve au printemps 1916[21]. Lorsque

---

17 Au reste, les brancardiers et infirmiers ne servent pas les pièces de 75 de la batterie. Ils n'apparaissent donc pas dans les rapports des officiers.

18 Lettre du 11 octobre 1915 (BnF, Musique, Res Vm dos 088-6) publiée sans date dans la *Gazette des classes de composition du Conservatoire* (BnF, Musique, Res Vm dos 088-1).

19 *Id.*

20 Louis Gasc, sous-chef de musique au 31e d'Infanterie, expose, dans une lettre du 10 avril 1917, cette position inconfortable voire méprisée des brancardiers-musiciens dans la hiérarchie combattante : « C'est un tour de force que de donner un tout petit concert, une perpétuelle résurrection dont peu de "poilus" savent gré à leurs camarades musiciens, trop rarement récompensés de leur bonne volonté, de leur courage dans l'accomplissement de leur tâche obscure, d'autant plus méritoire, souvent, qu'elle est moins vue, moins commandée… » (BnF, Musique, Res Vm dos 088-6).

21 Le JMO (http://www.memoiredeshommes.sga.defense.gouv.fr), précise que l'arrivée de la batterie sur le secteur de Verdun au début du mois d'avril est suivie de

Fourestier, en 1963, insiste sur son implication dans les événements violents, il ne le fait que de manière allusive pour préciser que, si les derniers mois de la guerre ont été consacrés à la musique, il n'en avait pas moins fait son devoir : « J'avais été au front, je savais que je n'avais pas été un lâche[22] ». Cette revendication de bravoure relève d'une obsession continue : concilier le double devoir de servir et la musique et la Patrie en guerre. Au milieu des années 1960, alors que la Grande Guerre n'intéresse plus, que la guerre d'Algérie a suscité nombre de remises en cause du sens de la guerre en général et de la validité du consentement en particulier[23], alors aussi que l'ancien poilu se souvient des reproches liés à sa direction d'orchestres sous l'Occupation[24], il lui faut continuer d'affirmer son appartenance à la communauté combattante de ceux de 14-18.

« Eux et nous »

On pourrait d'ailleurs être surpris de la « modestie » de Fourestier durant la guerre. Il refuse, en effet, de donner pour la *Gazette des classes du Conservatoire* des explications concernant sa citation et sa Croix de guerre. Cette modestie revendiquée est comme le pendant de l'immodestie supposée des embusqués.

C'est dans un contexte d'embuscomanie[25] que Fourestier est le premier à écorner l'édifice consensuel que la *Gazette* entendait bâtir et célébrer. Sa lettre du 11 octobre 1915 fait l'effet d'un brûlot :

> [...] On se remémore de belles œuvres, et... le plus de Wagner possible, naturellement.

---

bombardements extrêmement violents dans un secteur « abominable ». Blessés et morts sont relevés chaque jour : ce sont « les brancardages d'avril » qui valent à Fourestier une citation à l'ordre du Régiment le 25 mai 1916 et la Croix de guerre.

22 Martyn, A.-M., *op. cit.* p. 130.

23 Il est peu probable que Fourestier ait alors ignoré la polémique déclenchée lors de la sortie en 1961 de *La guerre de 14-18* de Georges Brassens. Faut-il voir dans les protestations de bravoure du Montpelliérain comme une réponse au Sétois ? De même l'affirmation de son « pacifisme » : « [...] moi qui avais passé des nuits à maudire ce temps perdu, à tuer, alors que j'étais pacifiste dans l'âme » (Martyn, A.-M., *op. cit.* p. 129). Fourestier adopte donc une position en apparence paradoxale : patriote et guerrier, il a pratiqué la violence quoique pacifiste. Est à l'œuvre ici tout un processus mémoriel de reconstruction qui rend le consentement passé à la guerre incompréhensible.

24 Au début des années 1960, Fourestier a évoqué avec Michel Decoust, son élève, les accusations de collaboration dont il avait été victime. Aux dires de Fourestier, rapportés par son élève, on lui aurait particulièrement reproché de savoir trop bien parler l'allemand, peut-être aussi d'être toujours resté fidèle à son wagnérisme. Voir ci-dessous, notes 58 et 71.

25 Sur ce point voir : Ridel, Charles, *Les Embusqués*, Paris, Armand Colin, 2007.

> Quelquefois un journal satirique ou un Mercure de France s'égare jusqu'ici, nous lisons comme à l'arrière sévit un esprit mesquin, et comme un Romain Rolland est attaqué vivement par les imbéciles et les méchants qui ont réussi à tenir, de haute lutte, le haut du pavé !
> Tout cela, nous l'espérons, sera balayé à notre retour. Il faudra dans votre publication nous en donner souvent l'assurance, nous vous en serons très reconnaissants[26]...

En janvier 1917, il récidive. Après avoir évoqué la monotonie de la vie au front, il ajoute :

> Aussi sommes-nous reconnaissants à ceux qui nous apportent de l'arrière –tel Monsieur Koechlin – un peu d'air sain que nos poumons puissent respirer sans contrainte. Les articles de Marnold[27] parus dans le Mercure – devraient en effet être vulgarisés ; cela nous changerait un peu des grands quotidiens[28] !

Double provocation consciente : d'une part, Fourestier conteste le bien fondé du débat sur la musique « boche », lancé à l'arrière, par Camille Saint-Saëns dans *L'Écho de Paris*[29] et, d'autre part, fait des

---

26 La lettre a été corrigée par les rédactrices de la *Gazette* : « imbéciles et méchants » ont été remplacés par « ceux ». Fourestier conclut sa lettre par une exclamation jubilatoire, qui restitue à la *Kultur* allemande, assimilée par l'arrière aux atrocités et à la barbarie, sa dignité : « [...] il paraîtrait que Noyon prisonnier fait de l'orgue à Bayreuth ! » Félix Taillardat confirme dans une lettre de 1918 (BnF, Musique, Res Vm Dos 088-1) qu'il ne dédaignait pas avec son ami Fourestier parcourir *Tristan* « d'un bout à l'autre » ou entendre la *Marche Funèbre* (de *Siegfried*) du *Crépuscule* (des dieux).

27 Jean Marnold rejette la *wagnérophobie* et achève un de ses articles par des mots qui n'ont pu que plaire à Fourestier : « Encore une fois, un génie de cette envergure appartient à l'humanité ; mais entre tous les peuples et plus qu'aucun, y compris le sien même, nous avons, nous Français, le droit et le devoir de glorifier Richard Wagner » (*Le Mercure de France*, 1er mai 1915, p. 128).

28 Lettre du 3 janvier 1917 publiée dans la *Gazette* n° 6. Bizarrement Fourestier fait référence à une lettre de Koechlin à la *Gazette* qui n'a été publiée que dans la *Gazette* n° 8, soit plus d'un an après avoir été écrite. Fourestier nous semble y répondre, lorsqu'il énonce qu'il faut « en effet » diffuser les articles de Marnold. On peut penser que Lili et Nadia Boulanger avaient transmis la lettre de Koechlin à Fourestier, en raison des encouragements et félicitations personnels qu'elle contenait. « À signaler aussi de beaux articles de Jean Marnold dans le Mercure de France. La forme, comme toujours, en est parfois un peu vive ; mais le fond en est très sensé. Et il y a réellement du courage à écrire aussi franchement ses opinions, alors que tant de gens parmi les civils ont l'air, aujourd'hui, d'avoir honte de l'art. Les combattants, eux, donnent la note juste et n'ont point de mesquineries féroces. Je lis dans votre premier numéro les lignes hardies de Fourestier. Bravo ! ». Feuillet daté du 2 février 1916 ajouté par Koechlin, à sa lettre du 26 janvier 1916. Il y fait le point sur la musique durant l'hiver 1915-1916 (BnF, Musique, Res Vm Dos 088-7).

29 « Germanophilie », in *L'Écho de Paris*, samedi 19 septembre 1914. Voir : Buch, Esteban, « "Les Allemands et les Boches" : la musique allemande à Paris pendant la Première Guerre mondiale », in *Le Mouvement social*, 2004/3, n° 208, p. 45-69. Voir

seuls musiciens combattants les véritables détenteurs de la vérité musicale. Le « nous » ou le « on » qu'il emploie lui permettent moins de se cacher derrière une identité collective supposée, que d'affirmer qu'elle existe. On en est convaincu lorsqu'on recense les occurrences de son nom dans les correspondances des élèves publiées par la *Gazette du Conservatoire*. S'est mis en place un groupe de « jeunes[30] » qui se sont fréquentés peu ou prou au Conservatoire et qui font de la musique au front.

Créer en guerre : « c'était ma façon à moi de faire mon devoir[31] »

Lorsque Fourestier revient sur son « grand moment », il met en exergue l'obsession qu'il avait durant la guerre de composer, de jouer, de diriger. Bien entendu, les souvenirs de Fourestier doivent être confrontés à la documentation dont on dispose. Or, il apparaît que fréquemment le groupe formé par Jacques de la Presle, Pierre Tesson, Félix Taillardat[32] et quelques autres a réussi à maintenir une pratique musicale exigeante :

> [...] nous tâchons de nous « survivre », par delà des brancardages, les corvées pénibles si atrophiantes pour la pensée, par delà la perpétration de quelque « fantaisie » sur la « Petite Mariée », de quelque « gavotte » exécutées sous les exigences de cette « esthétique militaire » dont Berlioz a dénoncé l'horreur, – et assénées impitoyablement à coups de saxophones – au nom de la musique[33] !

également : Saint-Saens, Camille, *Écrits sur la musique et les musiciens, 1870-1921*, présentés et annotés par Marie-Gabrielle Soret, Paris, Vrin, 2012, p. 894-984.

30 Charles Koechlin se fait fort dans la *Gazette des Beaux-Arts* et dans la *Gazette des classes du Conservatoire* d'œuvrer à la régénération de la musique française. Son refus du *diktat* nationaliste s'accompagne d'un désir d'éducation du public. « Et pourquoi pas, grands dieux, celle [la reprise] des *Noces de Figaro*, qui n'a jamais eu rien de Boche ? Il serait grand temps de refaire l'éducation du public [...] ». Celui-ci qui cède trop facilement au culte de Beethoven ne connaît pas l'École française : « [...] il n'y a presque pas de concerts à bon marché où l'on entende des œuvres de Rameau, de Couperin, de Berlioz, de Debussy, de Ravel et de nos jeunes. » Lettre de Koechlin du 13 avril 1917 à Nadia et Lili Boulanger, qui est le prolongement de celle de janvier-février 1916 (BnF, Musique, Res Vm dos 088-7). Concernant les positions musicales et politiques de Koechlin, on se reportera à l'article suivant : Caillet, Aude, « Défense et illustration de la musique française moderne. Les conférences de Charles Koechlin de 1915 à 1918 », in Cathé, P., Douche, S., Duchesneau, M. (dir.), *Charles Koechlin, compositeur et humaniste*, Paris, Vrin, 2010, p. 109-130.

31 Martyn, A.-M., *op. cit.*, p. 129.

32 Pierre Tesson, Félix Taillardat, Jacques de la Presle, Jules Bompeix, Jean Vaugeois, Maurice Sénard appartiennent à des unités différentes mais sont fréquemment dans le même secteur.

33 Lettre de Louis Fourestier, du 12 mai 1918 publiée dans la *Gazette des classes du Conservatoire* n° 10, avec la date du 16 mai (date de réception) et avec quelques

Plus que toute autre qualité, ses compagnons, musiciens au front, reconnaissent à Fourestier ce don qui en fait presque naturellement un chef, un chef d'orchestre : la mémoire[34]. Autant que du manque d'instruments, les musiciens souffraient de n'avoir pas de musique imprimée. Les envois de partitions réalisés par les sœurs Boulanger ne compensaient qu'en partie, et la mémoire de Fourestier palliait. Dans ce petit réseau[35] de musiciens-combattants, accru de ceux qui, par la *Gazette*, se sont reconnus des intérêts communs, non seulement on pratique la musique mais on compose[36]. Encore faut-il pouvoir être entendu.

Or ce groupe est soudé par deux caractéristiques : ses membres appartiennent à une même génération d'élèves d'une part, à la génération du feu d'autre part[37]. Face à un marché musical qui leur semble être occupé en leur absence, leurs appréhensions, en 1918, portent sur la réception qu'on leur réserve au sortir des tranchées. Si à l'arrière certaines initiatives[38] ont favorisé la diffusion des œuvres des combattants,

---

modifications orthographiques de détail. Ce dédain pour la musique militaire est un *topos* du discours de l'élite musicale savante. Mais il n'interdit pas qu'on s'accommode de la médiocrité supposée parce que les musiques militaires représentent un « filon ». Jacques de la Presle est pressenti en juillet 1915, après avoir vécu un enfer dans les tranchées d'Aix-Noulette, pour entrer à la musique du 119e RI. Il ne cache pas dans une lettre à sa fiancée, du 4 juillet, sa satisfaction : « et alors si je suis musicien, je resterai tranquillement dans un village… d'"arrière" et j'en profiterai pour travailler mon nouvel instrument. »

34 Michel Decoust confirme que, dans les années 1960 encore, Fourestier jouait et dirigeait de mémoire. Il met sur le compte de sa forte myopie l'amplification donnée par le musicien à son don. De la Presle évoque cet atout de Fourestier « dont la mémoire intarissable en face d'un piano nous fait passer des moments délicieux ». Lettre du 27 septembre 1916 (BnF, Musique, Res Vm dos 088-1).

35 Sur la constitution de réseaux musiciens au front, voir la thèse de : Sauda, Éric, *François Gervais musicien au Front de 1914 à 1919. Affirmation identitaire, sociale et artistique*, thèse de musicologie sous la direction de Michèle Alten, Paris-Sorbonne, octobre 2010, p. 256-257.

36 Certains s'essaient, parfois pour la première fois, en pleine guerre, à la composition, faute d'avoir les instruments nécessaires à la pratique.

37 D'autant plus soudé qu'il doit faire face, d'une part à la concurrence des musiciens de l'arrière qui occupent les places, et d'autre part aux critiques des combattants en ligne. Ajoutons que la suspicion d'embusquage à l'égard des musiciens perdure dans certains écrits des années 1930. José Germain, président de l'Association des Écrivains combattants, dans sa préface à *Une Heure de musique avec les chansons de la guerre* (Paris, Éditions cosmopolites, 1930, p. 9) assure, péremptoire : « Quand les musiques militaires que nous détestions comme des embusqués reçurent l'ordre de nous distraire officiellement et de nous remonter le moral au cantonnement, elles furent systématiquement boycottées ».

38 Notamment les « Festivals de musique française » mis en place par Francis Casadesus. Celui-ci précise dans un courrier du 6 juin 1916, au ministre de la Guerre : « L'œuvre que nous avons créée n'est pas absolument une œuvre de

si au front même certaines occasions permettent de donner sa musique[39], l'effort semble être insuffisant et Nadia Boulanger en novembre 1918 demande aux compositeurs d'adresser la liste des œuvres composées, les manuscrits ou les références des pièces qui auraient été éditées. La réponse de Fourestier prouve que la guerre n'a pas asséché la puissance créatrice de ces jeunes compositeurs :

> Mes compositions ? – 6 vocalises, avec un prélude (chant et piano) – 3 sonnets de Ronsard (Marie levez-vous – Vous méprisez nature – Une beauté de quinze ans enfantine), pour quatuor vocal. Le triomphe de « Bilitis » – pour mezzo (orchestré). Un « Sur Paradinum » (Baryton et orgue) – Un « Ave Maria » Mezzo (ou Ténor) et orgue (ou harmonium)[40].

Il est malheureusement impossible – parce que seul l'*Ave Maria* a été publié[41] et sans annotations – de savoir ce que ces compositions doivent à la guerre. Mais il est certain que Fourestier a composé en guerre[42] et il a, du reste, présenté la guerre comme le champ d'une création :

> J'attendais la fin des combats, avec une grande impatience car, jusque dans les tranchées, je n'avais qu'un rêve : composer. Je n'étais pas pour cela un mauvais guerrier, mais je ne pouvais pas m'empêcher de changer en notes de musique les bruits lointains des batailles ou les pas cadencés sur les routes et je griffonnais des portées sur chaque bout de papier qui me tombait sous la main. Le privilège de la jeunesse est de pouvoir faire de telles fo-

---

bienfaisance, c'est surtout une œuvre de *Réparation* et de *Fraternité* » (Service Historique de la Défense, 6N110).

39 Philippe Gaubert, engagé comme brancardier au 366e de ligne, compose sur ses « impressions de guerre » et dirige sa musique, dès 1915 à Verdun, avec « accompagnement plus ou moins fort de canon, le seul instrument qu'on n'ait pas là-bas de peine à se procurer. » (« Musiques sur le front », in *Le Figaro*, 11 août 1915). Pierre Tesson affirme dans une lettre du 29 janvier 1916 : « […] ayant écrit une *Fantaisie* pour piano et orchestre, j'ai eu la joie d'en diriger une lecture à l'orchestre symphonique complet. » (BnF, Musique, Res. Vm dos 088-1).

40 Lettre de Louis Fourestier à Nadia Boulanger, 19 novembre 1918 (BnF, Musique, Res Vm dos 088-5 : Réponses au questionnaire du CFA « Projets pour l'après-guerre »).

41 Chant et orgue, Paris, Heugel, 1928.

42 Comme l'atteste cette lettre, du 21 février 1915, du père de Fourestier à Armand Granier : « […] Louis est à Hermonville à dix Kil [*sic*] de Reims, secteur 81, depuis le 13 septembre. Son service de brancardier d'artillerie lui laisse de nombreux loisirs et son temps se passe à composer en la champignonnière qui l'abrite ainsi que ses camarades ou à faire du piano chez les gens du pays ou pour les officiers. Bien à vous A[ndré] Fourestier ». (Archives municipales de Montpellier, 1R7[97]). Louis Fourestier n'a pas eu de descendant. Ses sœurs, sans enfants, sont restées jusque dans les années 1990 les seules ayant-droits auprès de la SACEM. Nous sommes dans l'incapacité de savoir ce que sont devenus les papiers personnels de Louis Fourestier.

lies… Alors que j'aurais dû prier le ciel de me laisser la vie sauve, moi, j'écrivais de la musique[43] !

Plus loin, Fourestier note l'influence que les circonstances ont eue et sur son désir de composition et sur sa vocation de chef d'orchestre : « […] dans le silence des tranchées un sourd désir montait en moi : "Lorsque tout sera fini il faudra que je dirige un orchestre"[44]. »

Cette phrase suivant de peu ses réflexions sur le bruit des batailles ou des pas cadencés ne laisse pas de surprendre. La tranchée lieu métonymique du front et, dans les années 1960 comme à présent, emblématique de la guerre 1914-1918 est un lieu de confusion sonore et d'anonymat. Le musicien parle en réalité de son silence et d'une pulsion intérieure qui sourdrait de la terre des tranchées et le pousserait à la direction d'orchestre. Celle-ci serait comme la réintégration de lui-même au cœur de l'anomie, en même temps que le pendant de son besoin irrépressible d'organisation de l'espace sonore au cœur de la bataille.

> Ce désir finissait par tourner en obsession et il me fallait faire un grand effort de volonté pour me contraindre à penser à mon métier de soldat lorsque les circonstances l'exigeaient, et elles l'exigeaient bien souvent. Quand un camarade mourait, j'aurais voulu composer le plus beau requiem du monde en son honneur, et le diriger. C'était ma façon à moi de faire mon devoir[45].

Certes point de requiem dans la liste des œuvres connues de Fourestier. Invocation divine tout de même avec son *Ave Maria* qui laisse penser qu'il s'en est, au moins artistiquement, remis à Dieu, étant au front.

Le besoin qu'a Fourestier d'organiser l'univers sonore du front est concomitant de son besoin d'organiser ou d'influer sur l'organisation de la musique, sur un plan cette fois politique et économique.

Une mobilisation musicale durable : mai 1918-1925

Perspectives pour l'après-guerre : mai-novembre 1918

En mai 1918, Nadia Boulanger adresse un questionnaire aux élèves et anciens élèves du Conservatoire. Il s'agit alors de se prononcer sur ce que la musique devrait être pour la saison qui s'annonce, s'il faut privilégier dans les concerts les modernes ou les classiques, si la musique allemande (Wagner et Brahms en particulier) doit être exclue, enfin comment et par qui doit être menée la propagande artistique. Les 11 et 26 novembre 1918, elle envoie au nom du Comité franco-américain un

---

43 Martyn, A.-M., *op. cit.*, p. 129.

44 *Id.*

45 *Id.*

second questionnaire appelant les musiciens du front à évoquer leurs désirs pour l'avenir. Dans ses réponses, Fourestier ne se départ pas d'une certaine méfiance vis-à-vis des « privilégiés » et s'inquiète de ce qu'ils puissent oublier que les « musiciens-poilus[46] » ont acquis des droits. Il insiste notamment pour qu'il n'y ait pas de titularisation avant leur retour :

> Certes, nous admettons et même demandons que pendant que nous faisons la guerre, on vive autour de nous. Mais nous désirons cependant, que ces non-mobilisés, ces auxiliaires ou mobilisés en sursis d'appel n'oublient pas que – de toute façon – ils sont des heureux comparativement à nous. Notre assentiment est conditionné par le légitime souci que nos droits soient sauvegardés. – Et nous entendons que, partout où quelque chose de durable pourra être créé, il n'y ait de titularisations définitives qu'après la guerre, chacun revenu[47].

De nouveau, le 19 novembre 1918 :

> Il me paraîtrait souhaitable notamment que soient révisées les titularisations effectuées au cours de la guerre ; que l'on généralise en l'appliquant aux postes de chefs de chœurs, de chant, voire d'orchestre et même aux postes de directeur d'École de Musique, l'excellente tendance à décider des titularisations après concours. (Il serait excellent que ces vacances soient bien connues de tous, et nous saurions un gré infini à qui voudrait les retenir et les classer pour nous.) Enfin nous serions heureux qu'on nous obtint qu'aucun de ces concours n'aura lieu avant septembre afin que nous ayons le temps de nous préparer[48].

Mais il va aussi au-delà des récriminations et propose un véritable programme musical dont le maître mot est la « sincérité » : sincérité artistique, sincérité patriotique.

> [...] souhaitons que les puritains du nationalisme n'aient pas la fâcheuse idée de faire des distinctions entre leur patriotisme et le nôtre (!). [...] Pourquoi combattons-nous alors, sinon dans l'espoir de voir réalisées les idées qui nous paraissent les plus vraies, les meilleures – réalisation dont un patriotisme éclairé ne peut exclure l'amour de la musique, et de toute musique, pourvu que par sa beauté, par sa sincérité, elle soit digne de notre admiration[49].

---

46 L'expression est fréquemment employée par les correspondants de *La Gazette des classes du Conservatoire* qui sont au front. Elle est révélatrice de la double identité professionnelle des musiciens aux tranchées.

47 *Gazette* n° 10, dernier paragraphe de sa lettre du 12/16 mai 1918.

48 Lettre de Louis Fourestier à Nadia Boulanger, 19 novembre 1918 (BnF, Musique, Res Vm dos 088-5 : Réponses au questionnaire du CFA « Projets pour l'après-guerre »).

49 Lettre citée de Louis Fourestier du 12/16 mai 1918.

La promotion de la musique française par la propagande ne lui répugne pas, bien au contraire. Mais il voit dans les initiatives du temps de guerre un désordre qu'il attribue aux ambitieux, à ceux qui ont su utiliser l'atmosphère nationaliste à des fins personnelles : il n'est pas du reste le seul qui du front juge sévèrement les tournées de propagande[50]. Son point de vue est qu'un

> [...] concert est vite oublié ; et les institutions durables ont seules une action effective. Nos tournées seront trop évidemment les concurrentes de ces institutions pour que nous puissions espérer que celles-ci encouragent ou continuent nos efforts. Puisque le plus sage est de ne compter que sur nous-mêmes pour faire nos affaires, je pense qu'il faudrait créer, aussi souvent que possible, – chez les neutres comme chez les alliés – des centres musicaux nettement français, servant de débouché à nos artistes comme à notre musique. Nous n'oublierons pas que le public va plus volontiers vers les œuvres connues et les interprètes dont la réputation est déjà acquise. À ces œuvres donc le soin de révéler les jeunes talents, à nos célébrités le devoir de faire connaître les œuvres nouvelles dignes de la faveur du public[51].

Appelés ensuite dans le même courrier « colonies musicales », ces « centres musicaux nettement français » se doivent d'être autant au service de la patrie par le biais de la diffusion de la musique nationale, qu'à celui des musiciens. L'idée qui préside à ce que Fourestier met en œuvre quelques mois plus tard est celle de la nécessité de penser toute l'activité musicale comme un système de relations complexes entre les différents acteurs, musiciens et public, entraînant des conséquences dans les champs artistique, économique et politique. L'État ne doit pas intervenir : la guerre apporte cette certitude que les liens entre politique et musique sont inévitables mais que l'artiste sincère doit primer le politique. Question de sagesse, le mieux est de savoir s'organiser entre soi. Fourestier n'est pas le seul à penser qu'il faille effectivement ne compter que sur le monde musicien et en particulier combattant pour gérer ses propres affaires et cependant il ne cède pas tout à fait à l'illusion d'un corporatisme musicien-combattant autogestionnaire qui plairait à certains. Ses lettres à Nadia Boulanger laissent entrevoir un jeu de balance entre le « nous » de la collectivité combattante et le « je » de l'artiste,

---

50 Ainsi Maurice Faure en mai 1918 : « Quant à la dernière question, je n'ai pas d'hésitation ! Vous avez lu dans les journaux les succès de nos "Diables Bleus" en Amérique ?... quel dommage qu'il n'y ait pas (ou qu'il y ait peu) d'artistes *notoires* parmi les Diables Bleus, les Zouaves, les Fantassins, en un mot parmi ceux qui ont *fait la guerre* !... Si vous en connaissez, usez de toute votre influence pour les envoyer en tournée de propagande. Ils feront plus pour la France que tous les autres réunis. » (Lettre de Maurice Faure, 17 mai 1918, BnF, Musique, Res Vm dos 088-4. Soulignement de l'auteur).

51 Lettre citée, du 12/16 mai 1918.

préoccupé de son avenir propre. Opportuniste ou intrigant[52], il profite, à la toute fin de mars 1919, d'une tournée de la musique du 119e d'Infanterie au Palatinat, pour répondre aux ambitions symphoniques du Général Fayolle.

« Les trois plus beaux mois de mon existence » : naissance d'un chef, avril-août 1919

Fourestier est revenu au moins deux fois sur l'expérience vécue d'avril à août 1919 qu'il considérait comme déterminante dans le lancement de sa carrière. La possibilité offerte pour lui de former et diriger un orchestre symphonique, militaire certes mais quasi indépendant et sous sa seule direction ; quant au choix des musiciens, à la gestion financière et à l'élaboration des programmes des trois tournées. Au moment de sa libération en août 1919, Fourestier peut mesurer son succès à l'aune de quelques éléments qui formaient en mai et novembre 1918 les bases de son projet musical : le public allemand qui constitue entre les deux tiers et les trois quarts des salles mais aussi la critique sont conquis, l'œuvre de propagande[53] est donc valable :

> La Libération approchait. Nous donnions à Kaiserslautern un concert d'adieu où la musique russe était représentée par *Shéhérazade* et *Dans les steppes de l'Asie centrale*, la musique allemande par la *7e Symphonie* de Beethoven, le *Concerto* pour violon de Mendelssohn, l'ouverture et le *Preislied* des *Maîtres Chanteurs*. Mon ténor[54], bissé, rechantait le *Preislied* dans le texte allemand. L'état-major répartissait une somme de 6000 francs à mes 62 musiciens et à moi-même (soit environ 100 francs pour chacun) à titre de

52 Lettre du 31 mars 1919 de René Dorin à Jacques de la Presle : lettre amère dans laquelle Dorin accuse Fourestier d'avoir « savamment intrigué » pour obtenir du Général Fayolle la possibilité de créer un orchestre symphonique. La liste des musiciens dressée par Fourestier exclut Dorin : « Il arrive ceci : quelqu'un nouvellement venu s'installe à ta place toute chaude, prend juste le temps d'essayer si ton héritage est bon, l'emporte avec lui vers des Gloires nouvelles ! et me laisse, moi, sur le quai de la gare à regarder partir le train ! » Le 26 décembre 1918, Fourestier avait été affecté à la direction de la musique du 119e de ligne en lieu et place de Jacques de la Presle, gazé le 15 août 1918. Lettre aimablement communiquée par Alix Evesque-de la Presle, à laquelle nous devons d'avoir ces précisions. La version donnée par Fourestier en 1963 diverge : « Je fus appelé dans le groupe d'armée du Maréchal Fayolle. On me chargeait, c'était à n'y pas croire, de former un orchestre symphonique […] » (Martyn, A.-M., *op. cit.* p. 129).

53 Lors de ses tournées, certains programmes de l'Orchestre du Groupe d'Armées Fayolle sont précédés d'une conférence en allemand, prononcée par un officier, sur la musique et les musiciens français.

54 Félix Taillardat.

complément de pécule. La Libération d'août 1919 amenait la dissolution de cet orchestre et mon départ[55].

L'éclectisme[56] revendiqué en mai 1918 s'est imposé sans difficulté. D'autant plus que le projet est aussi porté par un orchestre de poilus-musiciens, intéressés au succès d'une entreprise, présentée comme répondant aux vœux de l'élite musicale combattante. Travailler pour se refaire une situation, voilà ce que Fourestier offre à ses musiciens avant leur démobilisation : le temps perdu au front est ainsi en partie rattrapé.

Remobilisation

Fort du succès de cette première expérience[57] et peut-être aussi parce que sa réinscription dans la classe de Paul Vidal ne débouche pas sur un premier prix, Fourestier repart pour l'Allemagne en 1921[58]. En Sarre, la France dispose, en vertu du traité de Versailles, du droit de fonder des écoles, dépendant des Mines domaniales, devenues propriétés françaises, tandis que le reste du territoire est administré sous mandat de la SDN. Là, Fourestier bâtit une « organisation musicale française[59] » en prenant appui sur les structures allemandes existantes. Des douze orchestres des mines (dits orchestre d'Inspection) – composés d'employés et d'ouvriers rémunérés pour leur « travail musical » par les Mines –, il extrait les meilleurs éléments pour former un orchestre symphonique de 45 à 50 musiciens allemands, auxquels sont adjoints entre 20 et 25 des meilleurs jeunes lauréats parisiens, essentiellement des instrumentistes à cordes, pour former l'Orchestre de la Direction. Fourestier n'hésite pas,

55 « Orchestre du groupe d'Armées Fayolle avril-août 1919 », sans date [1926] (BnF, Musique, Vm Bob 20369).

56 La notion est chère à Charles Koechlin. Voir : Caillet, A., art. cit., p. 124.

57 Pour Fourestier, le succès des concerts chez l'ennemi vaut ou prolonge celui des armes : « Partout où nous passions, nous étions couverts d'éloges. Les félicitations affluaient et cela prouvait donc que je faisais bien la guerre puisque les ennemis de la France appréciaient le travail des petits soldats français. » (Martyn, A.-M., *op. cit.*, p. 129-130).

58 Il est « chargé de créer un mouvement musical en Sarre », vraisemblablement par le Service d'Étude et d'action artistique à l'Étranger (Rapport non daté [1926] intitulé : « Organisation musicale française en Sarre ». BnF, Musique, Vm Bob 20369). Étrangement, lors de l'épuration des « professions d'artistes dramatiques, lyriques et de musiciens exécutants », ce service commandé n'est pas retenu en sa faveur. Le dossier d'instruction de l'automne 1945 note au contraire et à charge : « M. Louis Fourestier a d'ailleurs déclaré [...] qu'il aimait beaucoup l'Allemagne, et qu'il y avait fait des séjours avant guerre [*sic*]. » Notons que le même dossier nous apprend que c'est en 1919 – vraisemblablement lors de l'extension de la deuxième tournée à Sarrebruck – que Fourestier se lie avec une Sarroise qui deviendra sa femme dix ans plus tard (voir note 71). Le retour en Allemagne, en 1921, permettait probablement aussi de satisfaire des objectifs privés (Archives Nationales, F^{21} 8109, D2).

59 « Organisation musicale française en Sarre », rapport cité.

fort du soutien du ministère de la Guerre, à faire bonne publicité pour recruter des musiciens conscrits[60]. Parmi les avantages sur lesquels il insiste, celui d'être confronté à la vie musicale allemande : son expérience de guerre, en tant qu'élève du Conservatoire, l'a convaincu que le temps du service militaire pouvait n'être pas du temps perdu[61].

Fourestier se déclare satisfait pour plus d'une raison. La structure allemande qui existait « depuis très longtemps » est pérennisée et même renforcée, à partir de 1925, par un échelon intermédiaire, celui des trois orchestres de groupe (qui utilisent les meilleurs des musiciens des douze orchestres d'Inspection). À une époque où la présence française est fréquemment contestée, et en particulier en matière d'enseignement[62], les vertus pacificatrices de son organisation musicale se mesurent au succès des concerts symphoniques donnés dans les deux salles municipales de 1400 et 1300 places de Sarrebruck et de Neunkirchen. L'œuvre sociale est complétée par une chorale mixte de bénévoles dans chaque Inspection. Les objectifs politiques de francisation trouvent aussi à être remplis car la propagande culturelle y a été solidement pensée et construite : « *une bibliothèque de prêt gratuit* de musique française » forte de

---

60 Un article sous la rubrique « Correspondance » (in *Le Figaro*, 16 février 1922) reproduit une lettre de Fourestier datée du 31 janvier 1922. Il y encourage les jeunes musiciens français à rejoindre la Sarre assurés qu'ils seraient de n'avoir pas d'engagement à signer, de participer à un travail musical sérieux – concerts symphoniques bimensuels –, « pour les solistes de se faire entendre comme concertistes ». « Un avis aux conscrits » (in *Le Ménestrel*, 24 février 1922, p. 90) reprend les mêmes arguments. Fourestier recevait et traitait seul les candidatures. Ses choix étaient entérinés par les autorités militaires.

61 Cette dimension est si importante que lorsque Fourestier lance dans *Le Figaro* son appel aux musiciens, futurs conscrits, Pierre Blois (in *Le Figaro*, 22 février 1922) revendique la paternité des concerts symphoniques en Allemagne arguant d'une antériorité de quelques mois, qu'il amplifie en évoquant les premières expériences menées en 1917, « après l'affaire de Craonne ». Cette concurrence est assez symptomatique des liens que la mémoire musicienne entretient avec la violence de guerre. Plus la violence est avérée, plus l'effort musical en guerre a de valeur. Un long entretien dans lequel de la Presle justifie en 1930 son refus des modernités de la jeune musique française, se conclut ainsi : « "Mais il convient de tenir bon dans le sens de la culture française et de son incomparable Passé". [le journaliste, compositeur lui-même, achève] *Tenir bon !* M. de la Presle a qualité pour le dire : dans la bouche d'un revenant de Verdun, ce n'est pas un vain mot ! » (Chevaillier, Lucien, « Un entretien avec… Jacques de la Presle », in *Le Guide du concert et du théâtre lyrique*, 1er mars 1929, p. 631-633).

62 Voir : Archives Nationales, Paris, F^{14} 18166, Archives de l'administration des Mines de la Sarre, Écoles. Ce dossier comporte des analyses statistiques relatives à l'évolution des effectifs scolarisés dans les écoles françaises. Ceux-ci varient en fonction des crises politiques. Celle de 1923, consécutive à l'occupation de la Ruhr, est suivie de fluctuations très nettes du nombre des élèves sarrois fréquentant les structures françaises. Elles révèlent les difficultés d'une politique d'implantation de l'enseignement français en terre conquise.

deux cents ouvrages est fondée, ouverte à tout public. Elle complète l'œuvre éducative que trois professeurs français (qui font aussi partie de l'orchestre principal) accomplissent dans les écoles locales. Les concerts donnent deux fois par mois « les œuvres du répertoire[63] » qui font la part belle à la musique française. Si les symphonies jouées sont essentiellement « françaises » (Franck, Saint-Saëns, Gedalge, d'Indy, Chausson), si les poèmes symphoniques ou suites d'orchestre mettent également en valeur des compositeurs français (Franck, Saint-Saëns, Fauré, Rabaud, Dukas, Ravel, Vidal, Roger-Ducasse), Fourestier ne se détourne pas pour autant des fondamentaux wagnériens : la place des ouvertures des *Maîtres chanteurs*, de *Tannhäuser*, du *Vaisseau fantôme*, ou celle de la *Marche funèbre* du *Crépuscule des Dieux*, de *Siegfried-Idyll* témoignent de la nécessité pratique de concilier goût du public allemand, goût du chef et impératifs politiques[64].

Les programmes sont donnés, généralement, trois fois. On évite ainsi l'écueil de l'audition unique – toujours insuffisante pour faire l'éducation du public – et l'on permet aux musiciens de se familiariser avec les œuvres. La structure pyramidale des orchestres irradie alors : ce que l'Orchestre de la Direction joue est ensuite rejoué dans les formations de rang inférieur : « [...] les œuvres jouées à mon orchestre peuvent être rejouées dans les orchestres de groupe, le chef et une partie des musiciens les ayant déjà exécutées sous ma direction. Le cas est le même pour les orchestres d'Inspection considérés par rapport aux orchestres de groupe[65]. »

Sur un autre plan, celui de sa création musicale, la guerre est, en 1924, encore le sujet de Fourestier : il obtient le Prix Rossini, pour sa cantate *Patria* dont le thème est le deuil de guerre.

> Le conte lyrique *Patria* de MM. Beissier et Adenis comporte trois épisodes : La moisson, le départ, le rêve – qui constituent un sujet plutôt ingrat sans exclure toutefois le développement musical. Danses et chants populaires avivent la scène champêtre de *La Moisson. Le Rêve* oppose à la douleur du soldat mourant une marche irrésistible qui grandit, s'éloigne, cependant que s'éveille le chant lointain des chœurs que la coulisse semble munir de la plus expressive des sourdines[66].

---

63 « Organisation musicale française en Sarre, liste des œuvres exécutées à la date du 22 janvier 1926 (3e saison) », rapport cité.

64 Dès 1919, le général Andlauer avait demandé aux troupes de garnison en Sarre de « ne pas heurter l'habitant, ni le rechercher. » (Cité dans Pénicaut, Emmanuel, « L'armée française en Sarre, 1918-1930 », in *Revue historique des armées*, 254, 2009, p. 22). En somme, Fourestier participe musicalement à l'apaisement.

65 *Id.*

66 Hoérée, Arthur, « *Patria*, de Louis Fourestier (Prix Rossini) », in *Revue musicale*, 1925, 4 II, p. 175.

Les commentaires d'Arthur Hoérée, dans la *Revue Musicale*, insistent sur les qualités d'une œuvre « franche et sans prétention », valant « surtout par sa générosité et son instrumentation soignée ». « Trois ans de contact avec une masse chorale et soixante-dix musiciens qu'il dirige à Sarrebruck ont fait plus que les traités de Berlioz et de Widor[67] » et l'expérience prime même, dans cette réussite, l'enseignement de Paul Vidal. Ajoutons que si le sujet apparaît au commentateur comme « ingrat », il n'est pas impossible qu'il soit apparu, aux yeux de Fourestier, comme l'occasion d'écrire enfin le requiem en hommage aux camarades morts au Champ d'Honneur.

Conclusion

Moment où le nationalisme en matière esthétique connaît son acmé, la Grande Guerre est aussi pour Louis Fourestier, comme pour d'autres, l'occasion de dire son amour de l'art allemand autant que de mettre en œuvre ses rêves de direction[68]. L'un et l'autre dépendent de son statut de combattant[69]. Comme d'autres, il profite à la fin de la guerre de l'institutionnalisation de la propagande musicale[70]. Nul doute qu'il a apprécié au sortir des tranchées ses séjours allemands[71] et les responsabilités de chef

---

67 *Id.*

68 La guerre a vraisemblablement donné le goût de la direction d'orchestre à d'autres : Marcel Gennaro ajoute en note de bas de page à sa lettre du 15 décembre 1918 à Nadia Boulanger : « Personnellement, j'ai conscience d'avoir fait plus de progrès à ce point de vue en captivité avec mon petit orchestre de 25 musiciens amateurs (Oh très !) pendant un an, qu'avec tous les traités d'orchestration ! » (BnF, Musique, Res Vm dos 088-5). Cette opposition entre expérience pratique et connaissance théorique apparaît comme un *topos* du discours des musiciens-combattants à la recherche d'une certification de leurs compétences, qui ne pouvait plus passer par le circuit scolaire.

69 Hector Fraggi souligne dans *Le Petit Marseillais* (17 octobre 1933) que Fourestier conduit ses musiciens « en bon camarade et chef avisé », usant d'un vocabulaire que les poilus n'auraient pas renié.

70 Il n'est pas impossible qu'au moment de l'armistice, il ait renoncé à participer au projet d'École à Fontainebleau – le futur Conservatoire franco-américain qui devait prendre le relais de l'École des Chefs de Chaumont dirigée par Francis Casadesus et André Caplet – que Nadia Boulanger aurait évoqué avec lui : « L'armistice a interrompu mes projets au sujet de Fontainebleau » lui écrit-il (lettre du 19 novembre 1918). On peut envisager que Fourestier a alors préféré rester sur le front pacifié avec la musique du 119e d'Infanterie qu'il dirigeait plutôt que de souscrire à un retour hypothétique vers la capitale pour un second rôle. Pour plus de détails concernant la propagande musicale, nous renvoyons le lecteur à notre thèse : *Écoles de Musique en Grande Guerre*, Annette Becker (dir.), Université Paris Ouest Nanterre la Défense, 2012, chapitre VIII.

71 Il épouse, en juillet 1929, Ida Berl, chanteuse allemande wagnérienne, de dix-sept ans son aînée. La judéité de son épouse, infirme, au surplus, est un des deux arguments, peut-être le plus déterminant, qui évitent à Fourestier toute sanction au moment de

qu'on lui confie alors, lui simple soldat[72]. Sa fierté de servir ses trois patries, la musique, ses camarades, la France, se comprend si l'on estime qu'il a été capable, au front, de ne pas se renier : c'est avant la guerre et probablement en assistant aux concerts donnés chez Colonne[73], alors qu'il est élève à Paris, qu'il est gagné à la musique wagnérienne et allemande. Son patriotisme généreux, non exclusif, antithèse de la mesquinerie des « puritains du nationalisme », son goût pour les œuvres modernes, si mal compris par Théodore Dubois[74], si apprécié par Koechlin, triomphe en fin de guerre et lui ouvre les portes d'une carrière nationale et internationale brillante. Et néanmoins la Grande Guerre continue de porter son ombre : lorsqu'en mai 1938, il pose sa candidature à la direction de l'Orchestre de la Société du Conservatoire après la démission de Philippe Gaubert, il conclut ainsi son *curriculum vitae* :

> Enfin pour en terminer avec les références diverses, j'ajoute que je suis français [*sic*], né français, d'ascendants français ; que j'ai été sans interruption 7 ans sous les drapeaux, que j'ai fait toute la guerre aux armées comme

l'épuration. On lui reprochait d'avoir dirigé, entre autres, l'orchestre Colonne puis celui de l'Opéra pour plus de cent émissions à Radio-Paris. Pour sa défense, il minimise son pouvoir de décision à plusieurs niveaux : refuser aurait pu mettre en danger sa femme. Enfin, avait-il réellement le choix ? L'essentiel de sa défense consiste à montrer qu'il était un simple exécutant : « Le chef d'une association n'est chef que la baguette à la main. […] Le chef d'orchestre ne peut donc être considéré comme socialement responsable. Il pourrait encore moins être pris comme bouc-émissaire. Il est, très exactement, le "lampiste" c'est-à-dire l'agent d'exécution amené, entraîné, à participer, en exclusive activité technique, à des exécutions dont d'autres (assemblée générale, commissions ou comité d'orchestre) ont pris l'initiative et encouru la responsabilité. » Cette assertion illustre l'ambiguïté pratique et/ou juridique du statut de chef d'orchestre (Archives Nationales, F^{21} 8109, D2. Tapuscrit constituant la défense de Louis Fourestier).

72 « Je me sentais plus important que mes chefs » souligne-t-il en 1963 (Martyn, A.-M., *op. cit.* p. 129). En réalité, Fourestier a été promu brigadier en mai 1919, puis maréchal des logis en juillet de la même année. Sans doute ces promotions, toutes militaires, n'avaient que peu d'intérêt pour lui. Il demeure significativement attaché, en 1945, à cette idée de n'avoir appartenu qu'à la plèbe des combattants de 1914-1918. Le discours est alors destiné à conforter sa défense contre l'accusation de collaboration : il n'a été qu'un exécutant ; en 1914-1918 et, de nouveau, en 1940-1945.

73 Voir : Caullier, Joëlle, « Les chefs d'orchestre allemands à Paris entre 1894 et 1914 », in *Revue de musicologie*, 67-2, 1981, p. 191-210.

74 Singulièrement courroucé par sa lettre d'octobre 1915 et qui lui retourne l'accusation de sectarisme : « Celui-là, la guerre ne lui aura rien appris, et il restera après ce qu'il était avant ; un sectaire […] » (Lettre de Théodore Dubois à Nadia Boulanger, 8 janvier 1916, après la parution de la *Gazette* n° 1. BnF, Musique, Res Vm dos 088-7).

brancardier à la batterie du 22e Rég. [*sic*] d'artillerie de campagne. Croix de guerre en 1916 à Verdun[75].

Alors que durant la guerre, taire sa bravoure allait de soi pour faire vivre l'artiste, le contexte politiquement tendu de 1938 ramène Fourestier à Verdun[76], lieu de mémoire par excellence, comme si la valeur de l'artiste était accrue par celle du guerrier.

75 Lettre dactylographiée du 3 mai 1938, adressée au secrétaire général de la Société des Concerts du Conservatoire (BnF, Musique, Vm Bob 20369). Il y pose sa candidature au poste de premier chef d'orchestre. Holoman, D. Kern, *The Société des Concerts du Conservatoire 1828-1967*, University of California Press, 2004, p. 441-442, remarque que tous les candidats devaient justifier de leur nationalité française. Le cas de l'Alsacien Charles Münch fut âprement débattu. Roger Désormière (1898-1963) explique dans une lettre à Paul Collaer « qu'il y avait toute une combine avec Munch [*sic*] (le chef d'orchestre avec dot comme l'appelle Inghel[brecht]). J'espérais un moment que Fourestier soutenu par Rabaud aurait triomphé de la combine d'argent, ç'aurait été plus honnête, Fourestier est un autre musicien que Munch et il était indispensable d'avoir à ce poste *un chef de culture française.* » (Lettre du 17 juin 1938, transcrite dans Wangermée, Robert (présentation et commentaires), *Paul Collaer, Correspondance avec des amis musiciens*, Liège, Mardaga, 1996, p. 349). Cette remarque terminale, que nous soulignons, surprenante sous la plume d'un chef d'orchestre communiste, s'explique par le contexte international. Il s'agissait, pour satisfaire aux exigences de Front Populaire, d'insister de nouveau sur la radicalité de l'opposition des cultures française et allemande, surtout devenue nazie. Münch, suspect de germanisme atavique, ne pouvait ou ne devait pas l'emporter face à celui qui avait exporté la musique française en Sarre.

76 C'est aussi sur ces mots « Verdun en 1916 » qu'il conclut la cinquième et dernière page de son dossier de défense destiné au Comité d'épuration : Fourestier a bien fait une « guerre de trente ans ».

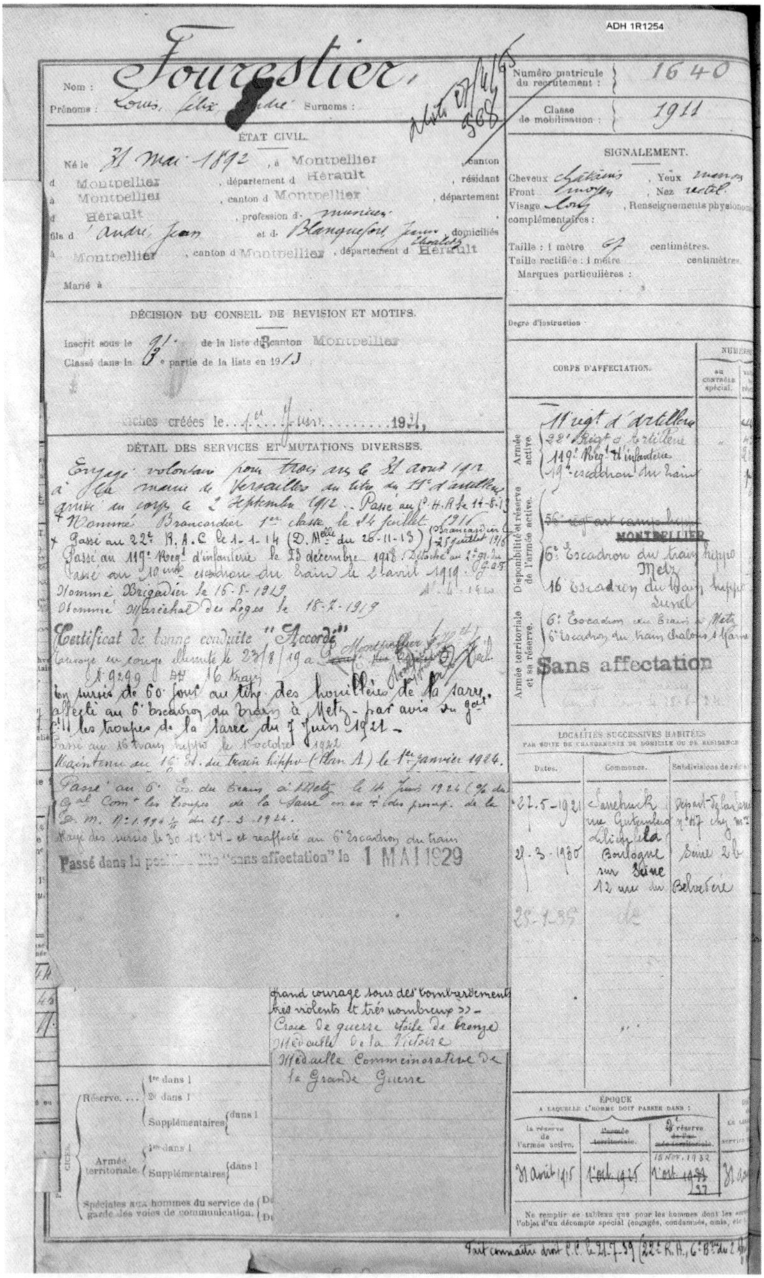
ADH 1R1254

Nom : Fourestier

Prénoms : Louis, Félix, André   Surnoms :

Numéro matricule du recrutement : 1640

Classe de mobilisation : 1911

ÉTAT CIVIL.

Né le 31 mai 1892, à Montpellier, canton d Montpellier, département d Hérault, résidant à Montpellier, canton d Montpellier, département d Hérault, profession d musicien, fils d André, Jean et d Blanquefort Jeanne, domiciliés à Montpellier, canton d Montpellier, département d Hérault

Marié à

SIGNALEMENT.

Cheveux châtains, Yeux marrons, Front moyen, Nez rectil., Visage long, Renseignements physionomiques complémentaires :

Taille : 1 mètre 67 centimètres. Taille rectifiée : 1 mètre centimètres.

Marques particulières :

Degré d'instruction

DÉCISION DU CONSEIL DE REVISION ET MOTIFS.

Inscrit sous le n° 91 de la liste du canton Montpellier

Classé dans la 1re partie de la liste en 1913

Fiches créées le 1er juin 1921

DÉTAIL DES SERVICES ET MUTATIONS DIVERSES.

Engagé volontaire pour trois ans le 31 août 1912 à la mairie de Versailles au titre du 11e d'artillerie arrivé au corps le 2 septembre 1912. Passé au 5e H.A. le 14-8-13

Nommé Brancardier 1re classe le 14 juillet 1916

Passé au 22e R.A.C le 1-1-14

Passé au 119e Régt d'infanterie le 23 décembre 1918

Passé au 10e escadron du train le 2 avril 1919

Nommé Brigadier le 16-5-1919

Nommé Maréchal des Logis le 18-7-1919

Certificat de bonne conduite "Accordé"

Envoyé en congé illimité le 23/8/19

Passé au 6e Esc. du train à Metz le 14 juin 1926

Passé dans la position "sans affectation" le 1 MAI 1929

CORPS D'AFFECTATION.

Armée active : 11e Régt d'artillerie ; 22e Régt d'artillerie ; 119e Régt d'infanterie ; 10e escadron du train

Disponibilité et réserve de l'armée active : MONTPELLIER ; 6e Escadron du train hippo Metz ; 16e escadron du train hippo

Armée territoriale et sa réserve : 6e Escadron du train à Metz ; Sans affectation

LOCALITÉS SUCCESSIVES HABITÉES PAR SUITE DE CHANGEMENTS DE DOMICILE OU DE RÉSIDENCE

Dates. / Communes. / Subdivisions de région

27.5.1921 — Saarbruck — n° 47
21.3.1930 — Boulogne sur Seine, 12 rue du Belvédère — Seine

grand courage sous des bombardements très violents et très nombreux" –

Croix de guerre étoile de bronze

Médaille de la Victoire

Médaille Commémorative de la Grande Guerre

ÉPOQUE A LAQUELLE L'HOMME DOIT PASSER DANS :

la réserve de l'armée active.	l'armée territoriale.	la réserve de l'armée territoriale.
31 août 1915	1er oct. 1925	1er oct. 1931

Ne remplir ce tableau que pour les hommes dont les services font l'objet d'un décompte spécial (engagés, condamnés, omis, etc.)

Fig. 1 – Fiche matricule de Louis Fourestier, extraite du Registre matricule, Archives départementales de l'Hérault, 1R 1254

Deuxième partie

Création et esthétiques musicales durant la Grande Guerre

Faire œuvre de musique en guerre

André Caplet altiste, pianiste, arrangeur, compositeur et pédagogue[1]

Georgie DUROSOIR

Université Paris-Sorbonne

L'expérience de guerre vécue par André Caplet, compositeur, prix de Rome et chef d'orchestre, documentée par ses lettres à Lucien Durosoir[2] et par les lettres de ce dernier à sa mère[3], a intégré une grande variété d'activités musicales : altiste de quatuor, pianiste soliste, pianiste accompagnateur, arrangeur, chef d'orchestre, pédagogue, compositeur[4].

Cette expérience si riche renvoie à quelques questions essentielles qui ont fondé la problématique de ce texte : l'artiste en guerre est-il un soldat comme les autres ? Le compositeur peut-il se voir comme un soldat ? La vie quotidienne au front permet-elle de penser à autre chose qu'à la guerre ? Y a-t-il une place pour la musique, et laquelle ? Comment résoudre le conflit de culture et d'intérêts entre l'attente des mili-

---

1 Ce texte est à mettre en parallèle avec mon article « Le sergent Caplet », qui décrit précisément le contexte dans lequel le musicien exerça ses différentes fonctions de sergent : in Herlin, Denis (dir.), *André Caplet*, Lyon, Symétrie, à paraître.

2 Lettres d'André Caplet à Lucien Durosoir (in *id.*).

3 Lettres de guerre de L. Durosoir à sa mère (Archives Durosoir, fonds privé [abréviation ALD pour les occurrences suivantes]). Les archives Durosoir comportent, outre les lettres de guerre de Lucien à sa mère et les réponses de celle-ci, divers papiers familiaux auxquels s'ajoutent les lettres d'André Caplet à Durosoir, les lettres de Maurice Maréchal à ses parents et une épreuve du polycopié de ses Carnets de guerre réalisé par Michèle Maréchal-Trudel ; ce fonds est conservé dans la maison des Landes où Durosoir vécut jusqu'à sa mort. Voir aussi : *Deux musiciens dans la Grande Guerre. Lucien Durosoir, Maurice Maréchal*, Paris, Tallandier, Radio-France, 2005.

4 Le cas de Caplet est évidemment indissociable de l'histoire des autres musiciens avec lesquels il partage son aventure (voir l'article de Luc Durosoir dans le présent ouvrage). En outre, sa réputation internationale impressionne la hiérarchie et il saura parfaitement en tirer tous les bénéfices possibles.

taires et les aspirations des artistes ? Comment André Caplet a-t-il pu composer dans le contexte de la guerre ?

L'artiste en guerre est-il un soldat comme les autres ?

Lors de la mobilisation générale, l'armée ne regarde pas à l'identité des hommes. Les plus grands artistes sont amenés à rejoindre la troupe anonyme et à combattre l'arme au poing. Ainsi, il n'existe pas de statut particulier de l'artiste ou de l'intellectuel au front. Braque, Kisling, Céline sont simples soldats. Apollinaire est officier, Cendrars, légionnaire, Dorgelès, caporal d'infanterie, Alain-Fournier lieutenant d'infanterie, Genevoix, officier d'infanterie, Duhamel, officier et chirurgien. Ce statut est affaire de chance individuelle, de choix antérieurs (être ou non officier, sous-officier ; appartenir ou non à la musique militaire), de protections civiles ou militaires : on peut être mobilisé à l'arrière, versé dans les services (arrière du front), ou bien affecté dans l'infanterie combattante. Affaire de hasard, également, que d'être remarqué comme artiste, puis retiré du front actif et versé dans les services de la division.

En somme, lorsque Barbusse écrit « Il n'y a presque pas d'intellectuels, d'artistes ou de riches qui, pendant cette guerre, auront risqué leurs figures aux créneaux, sinon en passant, ou sous des képis galonnés[5] », il est dans l'erreur. Les écrivains, intellectuels et artistes de toutes sortes sont pléthore au front de la Grande Guerre.

Le compositeur peut-il se voir comme un soldat ?

André Caplet, compositeur prix de Rome, pianiste et chef d'orchestre, arrive au front avec le grade de sergent ; on ignore dans quelles circonstances il l'a obtenu, mais il est possible que des personnalités du monde musical parisien aient œuvré pour que ce grand artiste ne soit pas mobilisé comme simple soldat. Durant la guerre, les quelques tentatives qu'il fera pour obtenir un poste de chef de musique n'aboutiront pas car le grade de chef de musique est un titre officiel, décerné par le ministre à la suite d'un examen. S'il existe des exemples de chefs de musique ayant dérogé à cette obligation, ils sont exceptionnels.

L'exemple de Caplet montre que l'artiste ne se perçoit pas comme un soldat comme les autres. Il veut rester l'architecte de son destin, en guerre autant que dans la vie civile et sa volonté sera constamment tendue vers l'accomplissement de son propre projet[6]. Si la participation

---

5 Barbusse, Henri, *Le Feu. Journal d'une escouade*, Paris, Flammarion, 1917, p. 19.

6 Rien ne permet de savoir – étant donné la rareté des témoignages d'artistes en guerre – si cette posture est courante ou exceptionnelle. Caplet étant affecté aux services auxiliaires, sa guerre reste en marge des combats, ce qui l'autorise à prendre

du compositeur à la guerre est indéniable, elle se révèle habitée par le doute le plus fondamental :

> Mon cher Durosoir,
>
> [...] Je continue à vivre en reclus – ne sortant pour ainsi dire pas – et travaillant beaucoup. J'ai achevé les deux derniers poèmes de Remy de Gourmont qui constituent un recueil intitulé « Le vieux coffret » [.] Malgré les conditions physiques (presque mauvaises) influant désagréablement sur le moral je suis obligé de reconnaître (et je n'aurai aucune peine à vous convaincre) que ma vie a plus d'intérêt pour moi – en ce moment – que lorsque je me promène sur les routes avec un panier de pigeons sous chaque bras. / C'est la guerre – je le sais – et chacun – bien que simplement – modestement – doit apporter son obole de contribution, mais je me demande si vous – si moi *là-bas*, rendons *d'appréciables* services ? / Question puérile car, quand bien même nous pourrions la résoudre ce n'est pas cela qui changerait la face des événements[7].

Soucieux de maintenir de bonnes relations avec la hiérarchie militaire, Caplet travaille souvent dans une optique de rentabilité : il compose, arrange, joue ou transcrit dans le but d'obtenir quelques jours de permission, de meilleures conditions d'hébergement ou de travail.

Les officiers se montrent d'ailleurs souvent déférents envers lui et le traitent plus comme un artiste que comme un subordonné :

> Dans le train qui m'emmène vers la grasse Normandie
>
> Mon cher Durosoir. J'ai pu gagner Bar dans des conditions de confort et de rapidité plus que satisfaisantes. À Gén[t] [Génicourt] où la voiture d'ambulance m'avait déposé, j'ai pu profiter de la limousine du Général qui se rendait à la rencontre d'officiers permissionnaires. Le lieu[t]. Lainé a même poussé l'obligeance jusqu'à précipiter le départ pour que je puisse attraper le train de 5 heures 14[8].

Ses lettres prouvent que ses préoccupations musicales ont été constantes, quelles que soient les circonstances. En permission au Havre, voici ce qu'il écrit :

> Vous serez bien gentil mon cher Durosoir de me faire envoyer, ou m'envoyer vous-même, si cela ne vous ennuie pas trop : / 1° Les études de Debussy – 2° Le brouillon du Morceau pour violon seul – puis une petite boîte ovale, (celle qui contenait le pâté,) [derniers mots ajoutés au-dessus] en fer blanc que vous trouverez sur mon lit. / Merci d'avance. / N'oubliez

---

une attitude distanciée vis-à-vis du statut de soldat, luxe que peu de combattants peuvent se permettre.

7 Lettre d'A. Caplet (c'est Caplet qui souligne) à L. Durosoir, Le Havre, 3 septembre 1917 (ALD).

8 Lettre d'A. Caplet à L. Durosoir, écrite à « Ételan, par N. D. de Gravenchon, Seine inférieure », sans date [août ou septembre 1916] (ALD).

pas la promesse que vous m'avez faite de m'envoyer *quelques* lignes le plus souvent possible. / En affectueuse sympathie à vous. André Caplet[9]

Plus tard, au cours d'une permission, il s'interroge sur les semaines à venir :

Que préparerons-nous ? Il faudrait y songer si nous ne voulons pas nous retrouver à court des matériels qui peuvent nous être nécessaires. En passant par Paris je verrai s'il ne m'est pas possible de trouver, à fleur de malle, (car mes malles à musique sont profondes et difficilement accessibles) les quelques suites d'orchestre que nous pourrions utiliser[10].

Enfin à Chaumont, où il vient d'arriver comme directeur du conservatoire militaire : « Je ne désespère pas de pouvoir organiser ma vie pour consacrer quelques bonnes heures à mon travail personnel[11]. »

La vie quotidienne au front permet-elle de penser à autre chose qu'à la guerre ?

Déplacements et travaux

Nous avons connaissance, grâce aux archives de Lucien Durosoir, de la vie quotidienne des « Musiciens du général » pendant trente-trois mois de guerre parfaitement documentés, qui révèlent que la 5e Division effectua quatre-vingt-seize déplacements sur la ligne de front[12]. Nous connaissons, en outre, les différentes fonctions militaires auxquelles le compositeur fut affecté : d'octobre 1915 à octobre 1916, il fut agent de liaison du commandant dans le 3e bataillon ; d'octobre 1916 à avril 1917, responsable de la coopérative ; d'avril 1917 à juin 1918, sergent colombophile responsable du pigeonnier de Suippes et enfin, de juin 1918 à sa démobilisation, professeur au conservatoire de musique militaire de Chaumont. Les journées (et parfois les nuits) sont donc consacrées prioritairement aux tâches militaires.

S'ajoute à ces constants déménagements la nécessité, pour les musiciens, de chercher leur hébergement. Détachés à l'arrière du front, les musiciens affectés aux services de la division ne sont pas logés avec les soldats et la recherche de logement ne va parfois pas sans difficulté. En juin 1916, à Stainville, Durosoir écrit :

---

9 *Id.*

10 Lettre d'A. Caplet à L. Durosoir, 20 août 1917 (ALD).

11 Lettre d'A. Caplet à L. Durosoir, 29 octobre 1918 (ALD).

12 Les déplacements furent bien plus nombreux, la guerre s'étendant sur cinquante-cinq mois. Les périodes dépourvues de témoignages s'expliquent en partie par les permissions (au cours desquelles le soldat n'écrit évidemment pas), en partie par les quelques dizaines de lettres perdues.

> Je n'ai pas de lit car il y a à Stainville cette fois, beaucoup plus d'officiers qu'au premier repos et eux-mêmes courent après les chambres. Caplet n'a pas de chambre, il est obligé de travailler un peu partout. Il est particulièrement furieux, car en ce moment il orchestre sa marche de la division, pour être jouée à la garde et cela lui donne, avec nos répétitions[,] un travail suffisant[13].

Parfois, la chance leur sourit : en janvier 1918, Caplet et Durosoir arrivent à Valenciennes ; deux dames leur offrent l'hospitalité, mais dans un baraquement très inconfortable. Tandis que Caplet part au camp pour faire répéter sa marche[14] par plusieurs musiques réunies, Durosoir explique à tous leurs hôtes rassemblés qui est ce locataire hors du commun :

> En apprenant que c'était un prix de Rome, ils ont poussé des cris, car ils sont très intimes avec Puech le sculpteur et d'autres prix de Rome contemporains du séjour de Caplet à la Villa. Aussi quand j'ai dit à cette dame que c'était pour Caplet que je lui avais demandé un petit coin, elle nous a montré un petit coin froid et assez sombre, mais qui tout de même est mieux que la chambrette qui se trouve dans un baraquement. Elle nous a indiqué une personne qui pourrait nous louer un lit-cage et voilà mon Caplet installé dans la maison[15].

Le compositeur, très sensible au confort, doit apprécier sa condition momentanée : « Ses propriétaires lui ont apporté ce matin du café au lait avec des tartines beurrées et de l'eau chaude pour sa toilette, ainsi il est heureux comme un enfant[16]. »

Pendant six mois, l'emploi de gérant de la coopérative auquel Caplet est affecté lui donne un travail intensif, ingrat et bien éloigné de ses compétences. Selon le témoignage de son ami Lucien Durosoir, il passe des journées entières dans le local de la coopérative que, souvent, il ne quitte qu'à minuit. Il maigrit, se trouve très fatigué et, en outre, il a un peu l'impression que l'on s'est moqué de lui. La fonction suivante, au pigeonnier de Suippes en Champagne à partir d'avril 1917 sera moins lourde, mais d'une plus grande responsabilité militaire et humaine. Il lui faudra, pour commencer, aller suivre un cours pendant trois jours à Crugny, village situé à 25 kms et qu'il doit gagner à pied[17].

---

13 Lettre de L. Durosoir à sa mère, 17 juin 1916 (ALD).

14 *Marche héroïque de la 5e division*, composée en mars 1916 et éditée par Durand en 1918. Voir Annexe II.

15 Lettre de L. Durosoir à sa mère, 26 janvier 1918 (ALD).

16 Lettre de L. Durosoir à sa mère, 27 janvier 1918 (ALD).

17 Caplet n'est que sergent et ne peut prétendre à un véhicule de l'armée pour ses déplacements de service.

Dangers

Bien que les services de l'arrière du front se situent à plusieurs kilomètres des lignes des tranchées, la vie n'est pas dépourvue de risques. En janvier 1916, la division est dans la Somme, à Cappy ; Caplet est alors agent de liaison. L'endroit vient de connaître des jours très agités et Durosoir écrit : « J'ai vu ce matin Lemoine et Caplet, ce dernier surtout est méconnaissable après ces 4 jours d'épreuves [...]. Nous étions heureux de nous revoir tous en bon état[18]. »

Lorsque le fort de Douaumont est enlevé par le 129e R.I., Durosoir témoigne :

> C'est un gros succès pour Mangin et sa division ; malheureusement nos pertes sont grandes et le régiment a au moins 1500 hommes hors de combat, il y a beaucoup d'officiers tués. Je n'ai encore que des nouvelles peu précises. Caplet a été enfoui deux fois sous des éboulements, mais ce ne sera rien, il n'a que des contusions et se remettra en peu de jours[19].

Le 25 août 1916, alors que le repos se poursuit à la ferme d'Amblonville, Caplet et Durosoir sont en train d'étudier la partition des *Études* de Debussy qui vient d'être envoyée par Emma. Tandis qu'ils sont tout à leur affaire, il tombe, à quelques dizaines de mètres, sept obus qui, fort heureusement, ne blessent personne.

Y a-t-il une place pour la musique ?

Certes, et cette place est, avant tout militaire. La hiérarchie comprend vite qu'elle a intérêt à exploiter les potentiels artistiques du compositeur chef d'orchestre ; celui-ci est saisi de plusieurs demandes de composition de marches militaires : en février 1916, à la prière du commandant Pourel, Caplet écrit une marche pour le régiment[20]. Aussitôt sa demande satisfaite, le commandant Pourel accorde à Caplet une permission, ce qui fait écrire à Durosoir : « [C'est] un homme qui aime la musique et qui est un homme du monde[21]. » L'œuvre est simple, de peu d'intérêt (selon Durosoir), pour clairon, trompette, tambours et caisse claire. En mars 1916 à son tour, le général Mangin commande à Caplet une marche pour la division. Caplet n'est pas enthousiasmé, car ce travail ne l'intéresse pas ; cependant, il n'a pas le choix et s'exécute. Mais bientôt il saisit l'intérêt qu'il y a à accéder au désir des officiers quand ce n'est pas à le devancer : telle ou telle pièce peut, par le recours à certaines ruses d'écriture, se multiplier, prendre divers aspects appropriés à

---

18 Lettre de L. Durosoir à sa mère, 31 janvier 1916 (ALD).

19 Lettre de L. Durosoir à sa mère, 23 mai 1916 (ALD).

20 Cette œuvre n'est pas connue.

21 Lettre de L. Durosoir à sa mère, 13 janvier 1916 (ALD).

plusieurs circonstances ; c'est ainsi que la marche commandée par Mangin fera l'objet d'arrangements pour des formations diverses dont les exécutions, ajoutées à celles d'autres commandes par d'autres officiers, valurent à l'auteur quelques récompenses.

Caplet conçoit une nouvelle astuce pour valoriser cette marche pour la 5e division : il commande des paroles à Théodore Botrel, le plus en vue des paroliers du front, chanté par Mayol et déjà célèbre par ses chansons d'avant-guerre[22]. De sorte que la marche pourra s'adjoindre des chœurs, sans trop d'apprentissage espère-t-il, musique et paroles étant, selon lui, également accessibles[23]. Puis viennent d'autres réécritures : Caplet charge Durosoir de réaliser plusieurs matériels, en fonction des circonstances ; le 3 mai, ce dernier passe sa journée à copier des parties de violon et clarinette en vue d'une exécution par un sextuor (sans autre précision)[24] ; lui incombe ensuite la copie du matériel très important destiné aux musiciens des trois musiques de la division pour satisfaire une nouvelle demande de Mangin[25] :

> Je n'ai pu écrire hier, car j'ai passé toute la journée, à copier des parties de violon, clarinette, *etc.* de la marche écrite par Caplet pour la division. Nous en avons donné à 6 une exécution devant le général Mangin, le colonel, et tous les officiers entourant ces personnalités. Le succès a été grand. Maintenant il reste à copier les parties et à faire apprendre cette nouvelle marche aux différentes musiques de la division, ce qui ne sera pas l'affaire d'un jour[26].

La nouvelle du départ du général Mangin tombe le 14 juin 1916, comme un couperet sur les musiciens qu'il protégeait si bien. Nommé commandant du 11e corps d'armée, gratifié d'une troisième étoile, il ne lui reste plus qu'à faire ses adieux à la 5e division. La séance au cours de laquelle Mangin reviendra saluer ses troupes s'annonce solennelle. Une exécution de la *Marche de la 5e division* a lieu le 13 juin, par les musiques des 129e, 36e et 74e R.I., réunies pour la circonstance sous la direction de Caplet. Voici le récit de cette journée par Durosoir :

> Le général Mangin est venu hier. Nous avons d'abord commencé la journée par un service funèbre pour le régiment, la messe était à 9 heures. J'ai joué l'*Aria* de Bach et le quatuor a joué l'adagio du 10e [quatuor de Beethoven]. Aussitôt après cette messe nous nous sommes rendus dans les jardins de la

22 Entre autres *La Paimpolaise*, *Le petit mouchoir de Cholet*.

23 Paroles que Durosoir estime « complètement idiotes » ; lettre à sa mère, 8 mai 1916 (ALD).

24 Le manuscrit autographe de Caplet à partir duquel Durosoir copia les parties instrumentales est conservé dans les archives Durosoir.

25 Les musiques des 129e, 36e et 74e R.I. appartenaient à la 5e division.

26 Lettre de L. Durosoir à sa mère, 3 mai 1916 (ALD).

Division, où les musiques des 129e, 74e, 36e, se massaient pour la répétition de la marche de Caplet. C'est à l'issue du déjeuner offert au général qu'a eu lieu l'exécution de la marche. Malgré un temps pluvieux et maussade, tout a marché à souhait. Mangin était très satisfait[27].

Le départ de Mangin ne va pas sans risques pour Caplet qui perd ainsi une importante protection. Aussi décide-t-il d'essayer de rencontrer le général ; il cherche un prétexte pour aller le voir, ce qui n'est guère aisé ! Dans ce but, il réalise la réduction de sa marche de la division pour piano qu'il offrira à Mangin, pianiste amateur, puis il décide, en octobre 1916, de faire jouer sa *Marche de la 5e division* à Paris par la Garde républicaine. Il nourrit en outre le projet d'une grande marche pour le corps d'armée où joueraient les six musiques[28] : il s'agirait de relier la *Marche de la 5e division* avec un mouvement lent à la mémoire de ceux qui sont morts.

Mangin n'est pas avare de récompenses qui ne lui coûtent guère ; il fait donner à Caplet la croix de guerre. Comme le motif de la composition d'une marche militaire ne semble pas suffisant, le libellé précise une blessure à l'oreille – sans doute reçue à Douaumont, en mai – (« dont un enfant de huit ans aurait ri », estime Durosoir[29]).

En avril 1917, la 5e division est placée sous l'autorité du général Lebrun, grand amateur de musique ; après avoir entendu la *Marche* de Caplet écrite pour Mangin, il passe commande d'une grande exécution de cette œuvre : « Le général souhaite que Caplet dirige sa marche au corps d'armée, le jour de Pâques avec le concours de toutes les musiques de la division. C'est donc signe que cela lui a plu[30]. »

En mai 1918, le général Lebrun s'intéresse à nouveau à la musique de Caplet auquel il demande d'orchestrer sa *Croix douloureuse* pour musique militaire[31].

---

27 Lettre de L. Durosoir à sa mère, 14 juin 1916 (ALD).

28 Le corps d'armée englobe plusieurs divisions ; il s'agit donc vraisemblablement de la réunion des trois musiques de la 5e division et de trois autres unités musicales géographiquement proches, appartenant à une autre division du même corps d'armée.

29 Lettre de L. Durosoir à sa mère, 3 juillet 1916 (ALD).

30 Lettre de L. Durosoir à sa mère, 6 avril 1917 (ALD).

31 Cette mélodie est initialement composée pour voix et orchestre.

Comment résoudre le conflit de culture et d'intérêts entre l'attente des militaires et les aspirations des artistes ?

Contraintes

Les officiers, la troupe, les gens des villes et des villages en guerre constituent autant de publics potentiels pour les musiciens. Inutile de préciser que ce sont autant de cultures et de sensibilités très éloignées les unes des autres, et sans doute souvent étrangères à la vision que les artistes eux-mêmes ont de la musique qu'ils pratiquent. Dans son rôle de compositeur ou d'arrangeur, Caplet est obligé de tenir compte – fût-ce à contrecœur – de ces contingences. La perspective d'avoir à composer une marche pour la 5ᵉ division ne fut sans doute acceptable (de toute manière, il ne pouvait pas se soustraire à cette obligation) que grâce à tous les avantages qu'il pouvait tirer de ses divers arrangements, car sa nature propre le mettait aux antipodes de ce genre de musique... Lorsqu'il va rencontrer Théodore Botrel, au mois d'avril 1916 à Bar-le-Duc, pour lui demander d'écrire des paroles pour sa marche, le compositeur remplit un devoir plutôt qu'il ne réalise un projet personnel. De même, lorsqu'il entreprend l'orchestration de *La Fileuse* de Mendelssohn pour musique militaire, il est peu probable qu'il cède à un impératif strictement artistique[32].

Si les occasions de sacrifier ses goûts artistiques furent multiples, on doit cependant admettre que certaines situations contraignantes lui permirent de faire des expériences qu'il n'aurait sans doute jamais faites sans la guerre. Telle cette messe du 15 août 1916, pour laquelle, ne disposant pas d'un harmonium, Caplet dut réaliser pour les instruments présents l'accompagnement d'un plain-chant de Henry Du Mont. Cette messe fut chantée par les hommes du 108ᵉ territorial, accompagnés par les cordes, deux clarinettes et un saxophone basse, l'exécution de la messe en plein air nécessitant une sonorité ample.

Pour Caplet et ses amis, musiciens de haut niveau, les musiques que l'on consent à jouer parce qu'elles sont accessibles à tous les publics sont autant d'entorses à leur idéal. En outre, il leur faut subir la collaboration d'instrumentistes médiocres, parce qu'ils sont recommandés par un officier, apporter de nombreux changements aux programmes pour intégrer des musiques « faciles ». On puise alors dans le fonds des œuvres les plus populaires de Saint-Saëns ou de Massenet que l'on aurait peut-être délaissées sans cela[33]. Toute l'année 1916 se passe ainsi

---

[32] On ignore les raisons qui, en septembre 1917, ont motivé ce travail.

[33] Le *Rondo capriccioso* et *Le Cygne*, de Saint-Saëns, sont des succès assurés, de même que les *Scènes alsaciennes* et la *Méditation de Thaïs*, de Massenet.

en efforts pour satisfaire l'attente de tous les publics, avec des succès mitigés. La culture des officiers et leur capacité à apprécier la musique sont très variables de l'un à l'autre. Caplet dut affronter le vexant refus d'un colonel (129e R.I.) d'entendre plus d'une fois sa *Marche de la 5e division* qu'il estime trop compliquée. Pourtant, le compositeur n'avait pas lésiné sur les répétitions, dans de mauvaises conditions, en plein air et par grand froid, avec des musiciens souvent peu attentifs et récalcitrants.

En octobre en revanche, le général Lebrun sort enthousiasmé d'un concert et il fait aussitôt diffuser une note de service ordonnant que soient immédiatement organisées des séances récréatives pour les poilus qui sortent des Éparges. Quelques jours plus tard, Caplet et ses amis sont embarqués dans un fourgon de la division, avec le piano, pour se rendre à Rupt où ils vont jouer ; il y a, dans une grange vaste et sonore, beaucoup de poilus du 36e R.I. ainsi que leur colonel. Les musiciens doivent prêter leur concours à un spectacle qui mêle des comiques, des chanteurs, des monologues de théâtre[34]. Ce n'est pas sans une certaine répugnance qu'ils consentent à jouer un répertoire n'intégrant que des œuvres accessibles au plus grand public et dont peu sont grandes à leurs yeux :

> Nous commencerons par une marche de Saint-Saëns bien banale, et ensuite « Sous les Tilleuls » et « Dimanche soir » des *Scènes Alsaciennes* de Massenet. Toute cette musique est bien vide d'intérêt, et je ne sais si elle produira un effet bien considérable, car c'est bien pauvre tout cela. Je crois qu'en choisissant certaines parties de nos œuvres classiques, nous aurions pu avoir autant de succès et un succès de meilleur aloi[35].

Un peu plus loin, Durosoir précise, comme s'il se résignait, la suite du programme : « Je jouerai donc la *Méditation de Thaïs* et les *Airs Bohémiens*. Maréchal jouera *le Cygne* [de Saint-Saëns] et la *Tarentelle* de Popper. Ce sont là des morceaux à succès et bien à la portée d'un public ordinaire[36]. »

Pendant toute la suite de la guerre, Caplet et ses amis traîneront comme un boulet la nécessité de s'adapter au goût du plus grand nombre. Encore en janvier 1918, Durosoir note avec amertume : « Sur 600 auditeurs, 550 […] préféreraient entendre un tango ou les refrains de la *Veuve Joyeuse*. Tu dois donc comprendre que Caplet n'est pas

---

34 On ignore tout du programme non musical de cette soirée.

35 Lettre de L. Durosoir à sa mère, 26 février 1916 (ALD). Dans cette même lettre, Durosoir ironise sur « la *Marche* de Caplet qui terminera le concert, et qui prend un aspect bastringue ».

36 *Id.*

enthousiaste et que s'il pouvait trouver un pianiste pour le remplacer, il donnerait gros pour l'avoir[37]. »

Aussi, dès que la pression hiérarchique se relâche un peu, en mai 1918, les « Musiciens du général » décident de ne plus faire de musique pour les poilus.

Libertés

Parallèlement à ces contraintes, un très grand espace de liberté s'ouvrit aux musiciens, notamment dans le choix des programmes destinés aux officiers réunis autour du général Mangin, environ deux fois par semaine en temps de repos durant l'année 1916. C'est dans ce contexte que Caplet exerça essentiellement trois fonctions d'instrumentiste : pianiste soliste, pianiste accompagnateur, altiste de quatuor. La liste fournie en Annexe I ne rend sans doute que partiellement compte de la richesse de ces activités, mais elle l'illustre sans doute avec une éloquence suffisante.

Le général Mangin, lui-même pianiste amateur, joua un rôle majeur en protégeant ses musiciens ; il aimait entendre Caplet lui jouer des réductions de partitions d'orchestre, de Wagner en particulier. Remarquable pianiste, Caplet avait très tôt également étudié le violon et il avait même tenu, à l'orchestre du Havre, un pupitre de violon à l'âge de 14 ans. Lorsque Durosoir est appelé à fonder un quatuor à cordes à la demande du colonel Valzi, à la suite des grands combats de Neuville Saint Vaast, il rencontre Caplet tout juste arrivé au front et lui propose de tenir la partie d'alto, ce que le musicien accepte volontiers. Il se fera envoyer, peu après, un alto de Paris, lequel est très grand et très lourd… Au début, l'enthousiasme de Caplet est réel, mais bien vite il se lasse de ce rôle et le fait de moins en moins de bonne grâce[38].

Néanmoins, il eut avec la petite formation des « Musiciens du général » de très riches heures de musique, de travail collectif, de débats sur la musique, de copie et de transcription, et il marqua grandement le petit groupe de sa forte personnalité.

Après l'épisode fâcheux de la coopérative, Caplet est donc nommé sergent colombophile, responsable du pigeonnier de Suippes en Champagne. D'après les témoignages dont nous disposons, il était logé dans une construction sommaire, proche du chariot roulant qui abritait la colonie des pigeons. Lorsque Durosoir devient son adjoint, en février 1918, ils logent ensemble et font venir un piano : « Il faudrait avoir

[37] Lettre de L. Durosoir à sa mère, 29 janvier 1918 (ALD).

[38] Ce qui fait écrire à Durosoir : « Caplet a horreur de jouer de l'alto, […] il n'en joue que par nécessité ». Lettre de L. Durosoir à sa mère, 11 novembre 1917 (ALD).

un piano fin et délicat, au lieu d'avoir la casserole tintamarresque que nous possédons. Enfin il faut bien s'en contenter c'est déjà bien joli d'avoir cet instrument au colombier[39]. »

Dès lors commencent, alternant avec les tâches imposées par la fonction, les longues et passionnantes séances musicales. Durosoir se fait envoyer les devoirs de contrepoint qu'il avait faits du temps de ses études, afin de s'y remettre. Caplet et lui déchiffrent quantité de sonates pour violon et piano (d'Indy, Vierne[40], Neymark[41], Franck, Pierné, Lekeu, Fauré, Magnard), discutent de leurs qualités, jugent certaines avec une extrême sévérité, jusqu'à affirmer qu'elles ne valent même pas le papier qui les porte ! Le 15 avril, Maréchal leur rend visite et ils en profitent pour lui faire entendre la sonate pour violon et piano de Debussy, que fort peu de gens connaissent alors et qui procure au violoncelliste une sorte de stupéfaction… On vient de loin pour leur rendre visite : « Aujourd'hui Mayer vient déjeuner. De plus, Petit et Coppet[42] viendront dans l'après-midi pour la correction des contrepoints qu'ils apporteront. Bien entendu ils voudront entendre la sonate de Debussy et aussi celle de Vierne[43]. »

Le bruit se répand alors très vite que Caplet, le compositeur et prix de Rome, se trouve non loin de là et tout ce que la Champagne proche compte de musiciens plus ou moins avertis veut profiter de ses conseils. C'est ainsi que le pigeonnier de Suippes se transforme en école de contrepoint, comme le raconte plaisamment Lucien Durosoir : « Petit, le trompette de chez Colonne est venu avec monsieur Coppet ; ils commencent tous deux le contrepoint et ils apportaient leurs premiers essais. Ce qui fait que notre colombier se change en classe de contrepoint[44]. »

Le trompette Petit éprouve de grandes difficultés à apprendre le contrepoint, même à deux parties ; quant au chef de musique Coppet, il supporte mal les critiques d'un sergent, fût-il grand prix de Rome :

> J'assiste toujours à la correction des devoirs de Petit, c'est surtout de cette correction que découlent toutes les discussions. Coppet avait un beau zèle, mais quand il a vu que les deux galons qu'il avait sur la manche, ne lui évi-

---

39 Lettre de L. Durosoir à sa mère, 15 avril 1918 (ALD).

40 Louis Vierne (1870-1937), dont le frère Henri était au front, proche des musiciens du général.

41 On ne sait presque rien de Jean Neymarck qui composa en 1908 sa sonate pour violon et piano, conservée à la Sibley Music Library de l'Université de Rochester, USA.

42 Pierre Mayer, violoniste, poursuivra après la guerre sa carrière à l'orchestre symphonique de Boston. Petit (prénom inconnu) était trompettiste chez Colonne juste avant la guerre. Coppet (prénom inconnu) était chef de la musique du 74e R.I.

43 Lettre de L. Durosoir à sa mère, 20 avril 1918 (ALD).

44 Lettre de L. Durosoir à sa mère, 17 avril 1918 (ALD).

taient pas les observations de Caplet, lequel y mettait cependant toute la délicatesse possible, il n'est pas revenu[45].

Un grand changement s'annonce, vers la mi-septembre 1918, lorsque Caplet est pressenti pour aller à Chaumont, prendre la direction du conservatoire de musique militaire[46], perspective qui ne le remplit pas d'enthousiasme. C'est le 15 octobre que la nouvelle officielle de sa mutation tombe au milieu de la sérénité du pigeonnier. Caplet restera à Chaumont jusqu'à la fin de janvier 1919. Cette école héberge des chefs américains auxquels Caplet aura à enseigner la direction d'orchestre.

> Tout est à faire – ou à refaire – depuis l'édifice (une ancienne filature que l'on aménage en ce moment en école) jusqu'au programme d'éducation que je suis en train d'élaborer. Il est bien probable que j'aurai fort à faire, toutefois je ne désespère pas de pouvoir organiser ma vie pour consacrer quelques bonnes heures à mon travail personnel. / J'ai été très bien accueilli au G.Q.G.[47] – trop bien, dirais-je, car l'on est déjà tombé sur moi pour me mettre – musicalement – à contribution. Par la suite il me faudra faire un effort pour me protéger de l'envahissement[48]...

Comment André Caplet a-t-il pu composer dans le contexte de la guerre ?

Ferme d'Amblonville, fin juillet 1916 : la division est au repos depuis près d'un mois, après les très lourds combats de Douaumont. Un tel repos, dans des conditions d'hébergement presque bonnes, est tout à fait exceptionnel. Cependant, le cœur n'y est pas, les hommes sont usés, Caplet ne parvient pas à composer : « Caplet est ici depuis un mois et pourrait travailler ; il ne fait absolument rien, l'esprit n'y est pas et les idées ne viennent pas, on est abêti, il faut bien le dire. On se précipite comme des imbéciles sur les journaux, attendant toujours la nouvelle qui ne vient pas : celle de la fin de la guerre[49]. »

Où trouver, ailleurs qu'au Havre, le calme et la concentration nécessaires à l'œuvre de création ? Caplet aura fait tout ce qui était en son pouvoir – quitte à prendre nombre de permissions clandestines et risquées[50] – pour se sauver du contexte de la guerre. Mais, même loin du

---

45 Lettre de L. Durosoir à sa mère, 10 mai 1918 (ALD).

46 L'école de musique militaire de Chaumont-sur-Marne a été créée en 1917 par Walter Damrosch, chef d'orchestre du New York Philharmonic (source : www.robertcasadesus.com/conservatoire.php).

47 Grand Quartier Général.

48 Lettre d'A. Caplet à L. Durosoir, 29 octobre 1918 (ALD).

49 Lettre de L. Durosoir à sa mère, 28 juillet 1916 (ALD).

50 Les musiciens du général avaient mis au point un système clandestin d'attributions de permissions illégales qui n'allait pas sans risque, mais qui fonctionna bien et dont

front, il reste hanté par la colère, la culpabilité ou le doute. Lorsque Durosoir peut le voir à l'œuvre, il l'observe hésitant, raturant, effaçant, procédant par tâtonnements et remises en cause de tout ce qu'il écrit[51]. Donc, un processus lent, une véritable maïeutique, qui nécessiterait tranquillité et silence absolus.

Le tableau présenté dans l'Annexe II[52], qui témoigne de la production de guerre d'André Caplet, ne comporte pas tous les arrangements qu'il fit d'œuvres symphoniques ou de musique de chambre, adaptées aux différentes formations auxquelles le compositeur dut fournir de la musique et dont il ne subsiste pas de trace ; on n'y trouve pas non plus les quelques tentatives sans lendemain, auxquelles cependant il accorda beaucoup de temps.

L'œuvre de guerre de Caplet est faite, pour l'essentiel, de mélodies et d'orchestrations, arrachées au temps et à la difficulté de vivre, fruit d'un vrai combat avec lui-même pour noter les idées fugaces et rebelles à leur fixation sur le papier[53]. Il avait passé les premiers mois de la guerre loin du front, puis ses démarches pour participer aux opérations aboutissent et il arrive au front en octobre 1915. Le tableau ne rend compte que des œuvres écrites pendant la guerre, que ce soit au front ou au profit de permissions. L'année 1916, qui marque sa première expérience de soldat, a été très peu productive, malgré les mois de repos de la 5e division à la ferme d'Amblonville. De *La croix douloureuse*, orchestrée durant le mois de novembre 1917 en vue d'une exécution chez Colonne, on sait que Caplet aurait aimé faire un accompagnement pour l'orgue et qu'il avait envisagé de rencontrer Charles Tournemire à Paris mais que cette rencontre ne put avoir lieu[54]. L'année 1917 voit naître ou terminer plusieurs mélodies, et notamment *Le vieux coffret*, sur des

---

Caplet fut le principal bénéficiaire (voir : Durosoir, G., « Le sergent Caplet », in *op. cit.*). Durosoir, qui a souvent « couvert » ces absences, écrit : « D'après ce que j'ai appris par Maréchal [...] Caplet a trouvé le moyen en douce (sous prétexte d'aller faire de la musique à Noyon) d'aller 48 heures à Paris. Il est impayable pour ce genre de liberté. Il se ferait prendre que cela pourrait lui coûter cher ». Lettre de L. Durosoir à sa mère, 4 octobre 1917 (ALD).

51 Le fonds des œuvres de Caplet conservé au département de la musique de la BnF témoigne, par ses nombreuses œuvres inachevées et ses brouillons abandonnés, de cette difficulté à écrire, à se satisfaire d'un état, ou même, tout simplement, à poursuivre une œuvre entreprise.

52 Ce tableau est à comparer à celui conçu et publié par Jean-Yves Bras sur le site www.andre-caplet.fr auquel il apporte quelques variantes.

53 Caplet se plaignait, même hors du contexte de guerre, de sa lenteur à composer ; il écrivait à Durosoir : « J'envie votre facilité de travail. Il y a une telle jeunesse, une telle fougue dans ce que vous faites, que je ne m'aperçois que d'autant plus de mon manque d'entrain ! ». Lettre d'A. Caplet à L. Durosoir, non datée [fin 1921] (ALD).

54 Lettre de L. Durosoir à sa mère, 15 mars 1918 (ALD).

poèmes de Remy de Gourmont[55], en septembre 1917. Caplet vient de passer un mois entier au Havre, chez sa mère, sous le couvert d'une mission fictive en Algérie, supercherie dont, seul, Durosoir est au courant[56].

La *Sonate* pour soprano, violoncelle et piano fut commencée en mars 1918 au pigeonnier de Suippes, continuée à Saint-Eustache-la-Forêt en 1919, mais jamais terminée. Caplet expliqua longuement à Durosoir comment il entendait traiter la voix, exactement comme un instrument, pour qu'elle articule des traits comme le ferait un archet[57].

Parmi d'autres compositions, il y a ces deux valses inédites pour quatuor à cordes (peut-être offertes au commandant Pourel qui organisait beaucoup de concerts en 1916[58] ?). Pour son nouvel ami Lucien Durosoir il commence, en février 1916, une sonate pour violon seul qu'il n'achèvera jamais. Le violoniste a espéré pendant trois ans le voir terminer cette œuvre. Pendant toute l'année 1916, Caplet y travaille souvent, mais jamais longtemps. En 1917, il n'en est presque plus question ; puis, de nouveau, au pigeonnier de Suippes en 1918, Caplet s'intéresse à cette œuvre. La pièce[59] est écrite sur des portées tracées à la main. Le premier mouvement « Modéré » en *ré* mineur, est à 3/2 et comporte trente mesures ; son écriture évoque, par l'abondance des doubles cordes et des accords de quatre sons, celle des partitas de J.-S. Bach[60]. Le deuxième mouvement, dans la même tonalité, est un « Très lent » à 3/4. Au cours des trente-cinq mesures lisibles, la difficulté technique va croissant, accumulant les accords sur quatre cordes, les positions acrobatiques de la main gauche et les vastes parcours mélodiques (du sol_2 au mi_5) en doubles croches. La dernière mesure n'est pas suffisamment lisible pour qu'on sache si elle conclut le mouvement ou le laisse en suspens. Le « *Vivo* », en *ré* majeur à 4/4, qui s'engage ensuite est très développé, mais non achevé. Caractérisé par des prouesses techniques destinées, semble-t-il, à défier le virtuose, il

---

55 Remy de Gourmont (1858-1915), écrivain français, poète, romancier et critique d'art. Voir la lettre de Caplet à Durosoir référencée en note 7.

56 Voir : Durosoir, G., « Le sergent Caplet », in *op. cit.*

57 Ce dont témoignent plusieurs lettres de Durosoir à sa mère (12 mars, 10 et 12 avril, 3 août 1918).

58 Le manuscrit de ces deux pièces est conservé dans les archives Durosoir. Une lettre du 9 septembre 1917 indique que ces deux valses ont été jouées, ce jour-là à Noyon, devant « 50 officiers dont plusieurs généraux ».

59 BnF, Musique, cote Ms. 20381 (6). Sur une feuille de musique prise dans le sens des portées verticales et pliée en deux, Caplet a écrit au crayon bleu « Pièce pour violon seul ». Le début d'une belle copie à l'encre, sur papier à musique imprimé, porte, entre parenthèses, la date 4/9/16.

60 Voir Annexe IV.

s'étend sur quatre-vingt-sept mesures, dont les dernières sont difficilement déchiffrables et s'arrêtent au milieu d'un parcours dont la logique se trouve brutalement interrompue. Durosoir narre la genèse de cette composition :

> J'ai reçu il y a quelques temps [...] des variations symphoniques pour violon seul de Pécoud[61]. Ces variations qui ont été éditées récemment, sont dédiées à Enesco et n'ont jamais été jouées en public. Ce Pécoud est un musicien dont des œuvres ont été jouées chez Colonne et Lamoureux [...]. Bref ces variations, qui sont très difficiles, sont intéressantes, très modernes. Je jouerai certainement cette œuvre plus tard, car elle en vaut la peine. Ayant donc un peu travaillé cette œuvre, Caplet l'a entendue et c'est après cette audition qu'il s'est mis lui aussi à écrire quelque chose pour violon seul[62].

En même temps que la pièce pour violon seul, Caplet avait commencé une œuvre pour deux violons et alto, car le violoncelliste Niverd était empêché de jouer par son rhumatisme aux mains. Selon Durosoir, elle aurait été achevée rapidement, mais elle n'est pas connue.

Caplet réalisa de multiples arrangements pour le groupe dont la configuration changeait au gré des déplacements, mutations, départs et permissions. De son *Élégie* pour violoncelle et piano, il fit un arrangement pour harmonium, piano, violoncelle et violon. De certaines danses de Brahms, il fit une transcription pour petit effectif (violon, alto, violoncelle et contrebasse), dans le but d'enrichir leur répertoire destiné aux poilus.

Sa dernière œuvre de guerre est la mélodie *Détresse*, sur un poème d'Henriette Charasson[63], commencée au front en août, poursuivie au Havre et terminée (sans doute à Chaumont) le 9 novembre 1918. C'est à Suippes, en août 1918, que Caplet avait reçu les trois textes que la poétesse avait écrits après la mort de son frère, en 1915. Tandis que le compositeur est en permission au Havre, Durosoir écrit à sa mère :

> J'ai reçu hier ta lettre du 28 et aussi un mot de Caplet. Tu verras que ce dernier est très occupé d'un poème d'Henriette Charasson. Il a reçu de cette dernière trois poèmes et ce tout dernièrement. Ces poèmes que j'ai lus sont vraiment très beaux. Ils ont été écrits par cette jeune fille, après la mort de son frère qu'elle aimait beaucoup. L'un d'eux a tellement touché Caplet qu'il a commencé à le travailler, il l'entend dit-il. Comme idée directrice, c'est un peu une réplique de *La croix douloureuse*, bien entendu moins reli-

61 Fernand Pécoud (1879-1940), élève de d'Indy, violoniste des concerts Hasselmans.

62 Lettre de L. Durosoir à sa mère, 11 février 1916 (ALD).

63 Henriette Charasson (1884-1972) poétesse française d'inspiration catholique influencée par Claudel ; épouse de René Johannet (1884-1972), essayiste, journaliste à la *Revue universelle* et à *La Croix* (Voir *Lettres de Paul Claudel à Jean Paulhan : 1925-1954*, correspondance présentée et annotée par Catherine Mayaux, Berne, Peter Lang, 2004, p. 68, note 4).

gieux et moins résigné que cette prière de Lacordaire. Quand Caplet sera revenu je lui demanderai de copier ces trois poèmes et je te les enverrai. Tu verras comme les idées sont belles et le langage noble[64].

Caplet n'a donc retenu qu'un seul des trois poèmes : « Détresse », qui dit toute l'immensité de la douleur de ceux qui restent :

La main qui serre le cœur s'est encore un peu refermée
Et l'on étouffe dans le silence en se regardant avec des yeux agrandis
Et l'on ose à peine prêter l'oreille tandis que les voix se taisent
De peur d'entendre glisser les pas feutrés de celle
Qu'il ne faut point nommer

Seigneur, de votre main trop lourde vous pesez sur nos têtes.
N'appuyez pas si fort ou ma tête penchée sur ma poitrine
Ne pourra plus se relever.
Seigneur, qu'est-ce qu'il faut que je vous donne
Pour que vous ayez pitié et que vous rendiez votre proie ?
Ô terrible chasseur éternel qui menez l'hallali
Au son des canons formidables
Et qui faites vos chiens aboyants de ces gueules de lourd métal
Sa vie est dans vos mains et mon bonheur est dans vos mains
Et je sais qu'il me faut par vous des miracles

Il me faut des miracles et je vous les demande
Avec la simplicité du désespoir comme les enfants tendent
Leurs petites mains tremblantes vers la lune d'or pâle dans le ciel rose,
Quand ils croient encore que leur père est tout puissant
Et qu'il dispose du ciel.

On notera l'absence totale d'effets littéraires – et ce malgré la force des images –, la sincérité absolue du ton et des sentiments ; aucune rhétorique dans ces strophes qui se veulent essentiellement vraies, tissées d'un désespoir sans fond et d'un doute aussi cruel que la perte.

Caplet « sentait » cette œuvre. Il lui a consacré environ deux mois de travail. Le manuscrit musical porte la mention : « Poème écrit pour un soldat blessé et "porté disparu" après les combats de Neuville-Saint-Vaast en Artois, le 28 septembre 1915 », suivie de la signature d'André Caplet[65]. Captivé par l'intensité de ces lignes, il n'a, dès lors, de cesse de terminer sa composition :

Mon cher Durosoir, je suis navré de vous savoir en période de mouvement, surtout que ce déplacement peut être le prélude de nouvelles agitations ! Et pendant ce temps-là je travaillerai bien tranquillement (aussi bien je l'espère, que mes deux premiers jours de liberté) et ce sera parfaitement in-

[64] Lettre de L. Durosoir à sa mère, 1er septembre 1918 (ALD).

[65] BnF, Musique, Ms 19904. Manuscrit de 6 feuillets de musique grand format (24 portées), portant la date du 9 novembre 1918.

juste. Mais qu'y puis-je n'est-ce pas ? / Mon poème d'Henriette Charasson est en bonne voie[66]...

Profondément ancrée dans la guerre, *Détresse* montre Caplet authentiquement engagé dans la compréhension intime de la poésie, dans le partage sincère des émotions qu'elle provoque. La ligne de chant, d'une conception raffinée et subtile, obéit à une parfaite prosodie ; la moindre intention expressive est soulignée par un mouvement rythmique ou harmonique, par une inflexion vocale plus ou moins appuyée. La partie de piano participe à cette peinture de sentiments avec des outils variés : très longues pédales d'octaves graves sous-tendant un vaste espace sonore qui figure un paysage d'horizon plombé, de sourde douleur, d'enlisement du sentiment ; un registre aigu parfois exacerbé, une harmonie très altérée, des nuances extrêmes (*ppp*, *sf*), des irruptions de rythmes inattendus, l'accumulation des mentions agogiques et expressives[67] :

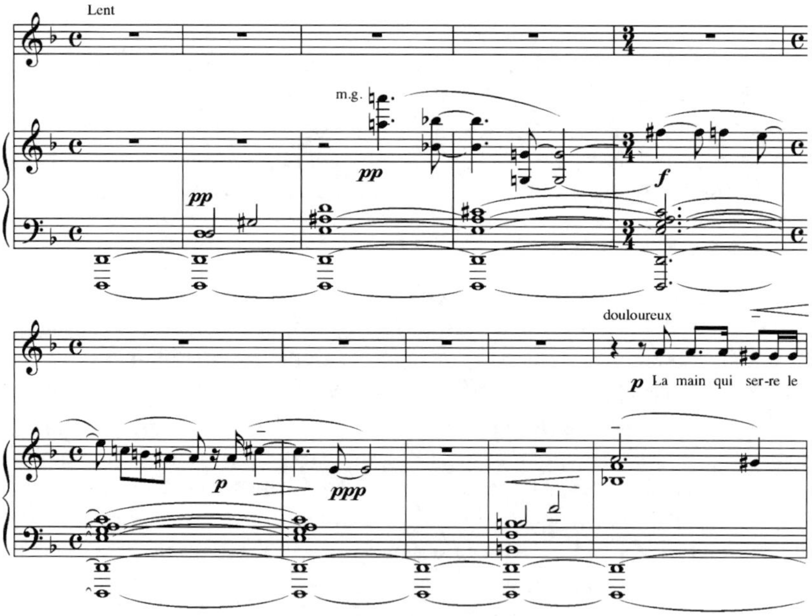

---

66 Lettre d'A. Caplet à L. Durosoir, 28 août 1918 (ALD).

67 Malgré l'intérêt qu'il manifesta pour ce poème, Caplet resta l'homme négligent qu'il avait toujours été et ne fit jamais envoyer sa mélodie imprimée à Henriette Charasson ; celle-ci protesta par deux fois par écrit, avec véhémence (avril 1920 et juin 1922) mais il semble que ces messages restèrent lettre morte (voir en Annexe III les deux lettres d'Henriette Charasson à Caplet).

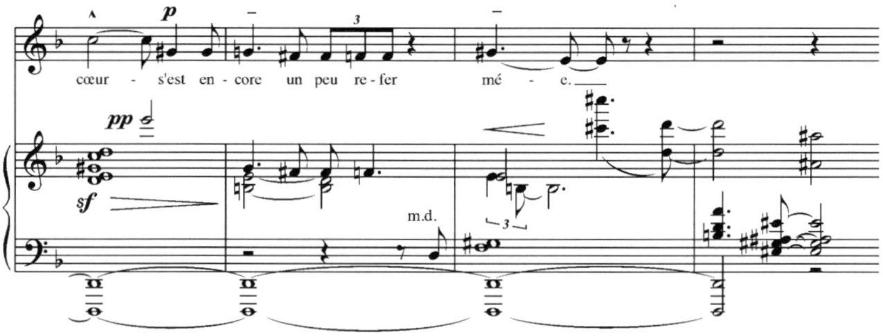

Ex. 1 – André Caplet, *Détresse*, mélodie pour voix et piano, mes. 1-14

Tout concourt – avec une notation musicale d'une minutie exemplaire, ciselant chaque intention avec une précision d'orfèvre – à révéler l'émotion personnelle du musicien, latente sous les notes :

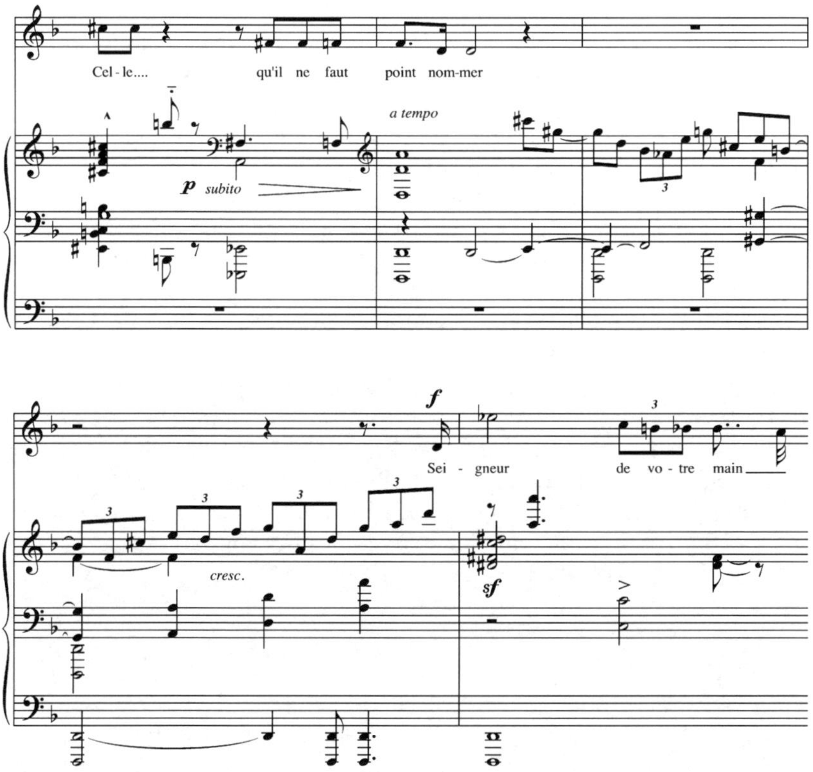

Ex. 2 – André Caplet, *Détresse*, mélodie pour voix et piano, mes. 25-29

Les mesures suivantes témoignent d'une recherche d'intimité totale entre la voix et le piano :

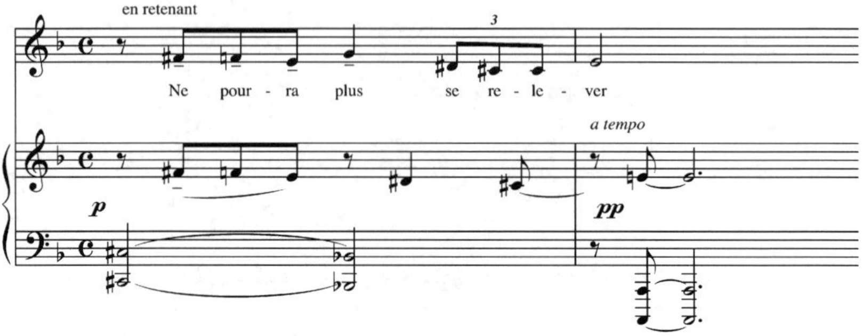

Ex. 3 – André Caplet, *Détresse*, mélodie pour voix et piano, mes. 26-27

***

Il est très difficile d'évaluer l'emprise de la guerre sur les œuvres écrites par Caplet durant ces quatre années. On peut en mesurer l'empreinte en creux, en négatif, puisqu'elle fut cause de lenteur, d'abandons, de déconcentration, de renoncements successifs. Sans doute un grand découragement a-t-il souvent présidé aux séances de travail amorcées dans les zones de repos, dans les logements de fortune, entre deux missions aux dangers latents ou imminents. La mélodie *Quand reverrai-je, hélas*... prend tout son sens dans le contexte de l'éloignement incommensurable, tant dans le temps que dans l'espace. Les *Prières*, si elles reflètent la spiritualité bien connue de Caplet, s'imposaient dans ce monde où tout était détruit, où tant d'hommes mouraient.

Le bilan de l'œuvre de guerre d'André Caplet est tout ensemble maigre et admirable. Il est le résultat d'un jeu subtil du compositeur avec le monde environnant, auquel il a opposé, pendant des mois, ses propres stratégies pour conquérir sa liberté d'être lui-même. Sa volonté d'écrire, jamais démentie, lui a dicté d'incroyables ruses, une opiniâtreté sans mélange, une ironie cinglante envers tout ce qui, autour de lui, était médiocre, et, partant, ses plus belles mélodies.

Annexe I

Caplet instrumentiste au front de 1914-1918

Liste approximative (établie à partir des quelques sources disponibles) des fonctions d'instrumentiste occupées par André Caplet

Pianiste soliste

Wagner, *Tristan et Isolde – Mort d'Isolde*

Wagner, *Parsifal – prélude*

Pianiste chambriste

Franck, *Sonate pour violon et piano*

Sarasate, *Airs bohémiens*

Fauré, *Berceuse*

Beethoven, *Sonate n° 5 en fa majeur pour piano et violon* ; *Sonate n° 9 en la majeur pour violon et piano*

Altiste

Mozart, *Quatuor à cordes n° 19 en ut majeur*

Beethoven, *Quatuors à cordes* nos 7, 10 et 11

Schumann, *Quatuor à cordes* n° 1 ; *Quintette avec piano*

Franck, *Quatuor à cordes* ; *Quintette avec piano*

Chausson, *Quatuor avec piano*

Grieg, *Quatuor à cordes* [n° 1 probable]

Debussy, *Quatuor à cordes*

Smetana, *Quatuor à cordes* [n° 1 probable]

Svendsen, *Quatuor à cordes*

Dubois, *Quatuor avec piano*

Fauré, *Quatuor avec piano*

Dupont, *Quintette avec piano*

Schmitt, *Quintette avec piano*

Annexe II

Titre œuvre et genre	Poète / auteur	Date et lieu	Éd. / ms.
Marche militaire, offerte au commandant Pourel		Février 1916, dans la Somme	Non conservé
Marche pour la 5e divi-sion : pour orch. militaire		Mars 1916, dans l'Oise	Durand, 1918
Marche pour la 5e divi-sion : version réduite pour 2 vls, 2 cl., 1 fl., 1 vlc.		Mai 1916, à Stainville, Marne	Ms. (ALD)
Accompagnement d'un plain-chant de Henry Du Mont pour cordes, 2 cl. et un saxo. basse		15 août 1916, dans la Marne	Non conservé
Quand reverrai-je, hélas ! : mélodie pour vx et hrp.	Joachim Du Bellay	Août 1916, à Amblonville, Marne	Durand, 1918
Marche de la 5e division : réduction pour pn		Août 1916, à Amblonville, Marne	Non conservé
Marche pour le 3e bataillon pour clairon, trp., tamb. et caisse claire		Septembre 1916, à Ambly, Marne	Non conservé
Le vieux coffret. 3 – In una selva oscura : mélodie pour vx et pn	Remy de Gourmont	Novembre 1916, à Amblonville, Marne	Durand, 1918
Elégie : arrangement pour pn, harmonium, vlc et vl	André Caplet	Novembre 1916, à Amblonville, Marne	Ms. (ALD)
Prière normande : mélodie pour vx et pn	Jacques Hébertot	1916, Le Havre	Durand, 1918
Deux valses offertes au comman-dant Pourel		1916	Ms. (ALD)
Deux derniers poèmes du recueil *Le vieux coffret* : mélodies pour vx et pn	R. de Gourmont	3 septembre 1917, Le Havre	Durand, 1918
La croix douloureuse : mélodie pour vx et pn	R. P. Henri-D. Lacordaire	Août 1917, Le Havre	Durand, 1918
La fileuse : orchestration pour musique militaire de la *Romance sans paroles op.* 67 n° 4 pour pn	Felix Mendelssohn	Septembre 1917	Non conservé
Orchestration de *La croix douloureuse*	R. P. Lacordaire	Novembre 1917	
Prières : *3 – Notre Père* (Symbole des apôtres). Vx et pn / Vx et quat. à cordes		1917	Durand, 1918
Sonate pour sop., pn et vlc		Commencée en mars 1918, inachevée	
Détresse : mélodie pour vx et pn	Henriette Charasson	Novembre 1918	Durand, 1919

Annexe III

Lettres d'Henriette Charasson à André Caplet

2 avril 1920 (extrait)

Cher Monsieur Caplet,

[...] *Savez-vous que je n'ai jamais*[68] *reçu le morceau de chant « Détresse »* ? Ce n'est vraiment pas chic, étant donné que moi, je vous ai envoyé mon livre « L'attente », et qu'enfin ce morceau est sur des paroles de moi ! Ne pouvez-vous me l'envoyer ?

J'ai reçu l'annonce de la mort de votre frère et vous adresse mes sincères condoléances.

Croyez à mon meilleur souvenir

Henriette Charasson (Henriette René-Johannet)[69]

3 juin 1922

Cher Monsieur Caplet,

De temps en temps, l'Argus m'envoie des coupures de journaux où il est question de concerts où l'on joue le morceau de piano et chant que vous avez écrit sur des paroles de moi « Détresse ». *Mais jamais je n'ai reçu ledit morceau de chant.* Et pourtant je sais qu'il a été édité depuis assez longtemps chez Durand. Ne croyez-vous pas qu'il serait au moins juste que l'auteur des paroles reçût, ne fût-ce qu'en justificatif, le morceau de musique que son poème a inspiré ?

Je ne puis imaginer que vous soyez au courant de la désinvolture avec laquelle m'a traitée votre éditeur et c'est pourquoi je vous demande de me faire adresser votre lied pour que je puisse enfin connaître par moi-même et faire connaître à mon mari votre œuvre.

Agréez, je vous prie, mon meilleur souvenir

Henriette Charasson-Johannet[70].

---

[68] Ce mot est doublement souligné.

[69] Charasson, H., Lettre à A. Caplet, 2 avril 1920, ms. Autographe, BnF, Musique, Nla 269 (119), p. 155.

[70] Charasson, H., Lettre à A. Caplet, 3 juin 1922, ms. Autographe, BnF, Musique, Nla 269 (120), p. 156.

Annexe IV

André Caplet, *Pièce pour violon seul* (titre et première page)

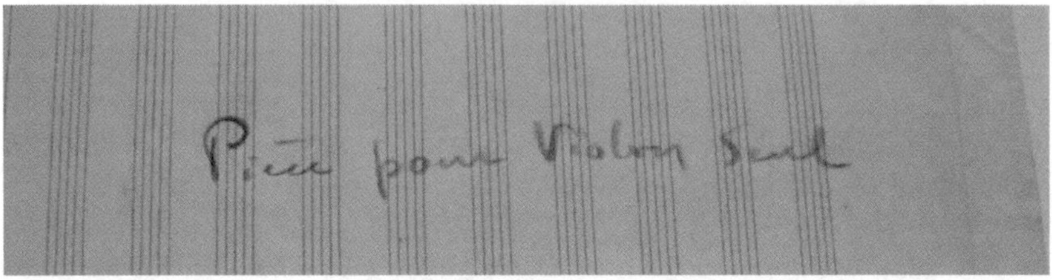

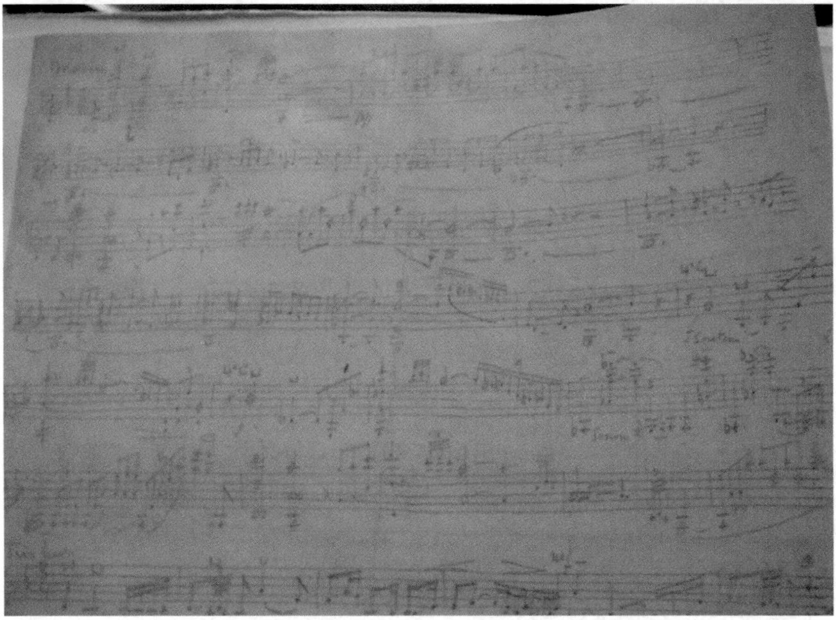

Fernand Halphen (1872-1917), un musicien au service de la France

Laure SCHNAPPER

EHESS

Fernand Halphen n'est plus guère connu aujourd'hui que des historiens d'art, grâce au portrait que Renoir fit de lui, aujourd'hui au Musée d'Orsay. La mort prématurée de ce compositeur, à l'âge de 45 ans, des suites d'une maladie contractée au front[1], n'a évidemment pas aidé à sa renommée. Né en 1872, au lendemain de la défaite de Sedan, cet héritier de la grande bourgeoisie parisienne était en effet l'un des représentants de cette « génération du feu », dont la courte existence fut bornée par deux guerres. Nommé chef de musique dans un régiment d'infanterie territorial dès la mobilisation, Halphen eut un rôle musical actif dont témoigne un riche fonds d'archives, versé par ses descendants à l'Institut européen des musiques juives (consultable en ligne). Mort dans un hôpital militaire à Paris, où il avait été rapatrié, il avait notamment pu rapporter le répertoire dans lequel figuraient les morceaux qu'il avait interprétés durant toute sa mission, d'août 1914 à décembre 1916, ainsi que les dates et le programme des concerts hebdomadaires, entre décembre 1915 et novembre 1916. Ce précieux document est conservé dans ses archives (indiquées ici par « Fonds Halphen »), qui comprennent en outre plusieurs manuscrits autographes de pièces composées pendant la guerre et ceux, parfois encore inédits, d'autres musiciens (comme un quintette avec piano de Georges Enesco, un *Petit nocturne pour violon et piano* de Reynaldo Hahn et *Deux pièces hébraïques* pour orgue d'Alexandre Tansman).

Avant d'évoquer l'activité musicale d'Halphen à l'arrière-front, il convient de présenter brièvement ce compositeur.

---

1 Il s'agissait d'une « angine diphtérique », d'après la lettre de F. Halphen du 26 mars 1917 écrite de l'Hôtel-Dieu d'Amiens à la *Gazette des classes du Conservatoire* n° 8 (avril 1917), p. 23.

Une famille de la grande bourgeoisie israélite

Cadet d'une fratrie de six enfants, Halphen était né dans une famille de la grande bourgeoisie d'affaires, mécène et philanthrope[2]. Les Halphen étaient représentatifs des « israélites », qui se voulaient des citoyens modèles, « en affirmant haut et fort leur patriotisme, en réinterprétant le judaïsme sur un mode d'abord spirituel et en intervenant dans la vie publique en tant que citoyens et non en tant que juifs[3] ». C'est ainsi que lorsque le jeune Fernand célébra sa *bar-mitzvah* (initiation religieuse) le 28 mai 1885 en présence du Grand rabbin de France Zadoc Kahn à la synagogue de la Victoire[4], il entendit, selon l'usage en vigueur depuis Napoléon, la prière à la France, dont le texte ponctue aujourd'hui encore la liturgie hebdomadaire et les grandes solennités :

> Regarde avec bienveillance depuis Ta demeure sainte, notre pays, la République française et bénis le peuple français. Amen. / Que la France vive heureuse et prospère. Qu'elle soit forte et grande par l'union et la concorde. Amen. / Que les rayons de Ta lumière éclairent ceux qui président aux destinées de l'État et font régner l'ordre et la justice. Amen. / Que la France jouisse d'une paix durable et conserve son rang glorieux au milieu des nations. Amen.

Les Halphen adoptaient aussi les principes de charité et de justice (*Tsedaka*) de cette religion et faisaient acte de mécénat. Fernand suivit cet exemple en étant l'un des principaux actionnaires du Théâtre des Champs-Élysées.

Son père, Georges (1832-1903), ingénieur et diamantaire, et sa mère, Henriette Stern (1836-1935), fille du fondateur de la banque du même nom, étaient passionnés d'art. Dans leur salon se produisaient nombre de musiciens, parmi lesquels Vincent d'Indy, qui dirigea sa *Suite dans le style ancien* le 13 mars 1893[5]. En 1880, ils commandèrent ainsi à Renoir le portrait de leur fils, tableau qu'ils offrirent à la gouvernante de l'enfant lorsque celle-ci quitta la famille[6]. Achetée par le marchand Jos Kessel, le tableau fut vendu au collectionneur Charles Pacquement,

---

2 Sur la biographie de F. Halphen, voir : Havard de la Montagne, Denis, « Fernand Halphen. Une vie, une œuvre », in *Fernand Halphen, Mélodies, pièces pour piano et musique de chambre*, double CD, n° 5 de la collection *Patrimoines musicaux des juifs de France*, produit en 2006 par Hervé Roten, Fondation du judaïsme français, Buda Musique 860138 (désormais désigné par CD *F.H.*).

3 Schnapper, Dominique, Bordes-Benayoun, Chantal, Raphaël, Freddy, *La condition juive en France*, Paris, PUF, 2009, p. 127.

4 Cette prière figure sur le programme de la cérémonie (Fonds Halphen).

5 Voir : Chimènes, Myriam, « Vincent d'Indy dans la société parisienne », in Schwartz, M. (dir.), *Vincent d'Indy et son temps*, Sprimont, Mardaga, 2006, p. 77.

6 D'après le témoignage de Georges Halphen, le fils du compositeur, que m'a transmis Myriam Chimènes.

qui l'offrit à la veuve de Fernand Halphen. C'est Georges Halphen, le fils de Fernand, qui l'offrit enfin en 1995 au Musée d'Orsay (voir reproduction sur le site du musée).

En outre, Louise, l'une des sœurs de Fernand, avait épousé en 1877 l'industriel Émile Deutsch de la Meurthe (1847-1924), auquel on doit la Cité universitaire internationale. Son frère et associé, Henry Deutsch de la Meurthe (1846-1919), passionné d'aviation et célèbre philanthrope, pratiquait lui-même la composition[7], et c'est peut-être par son intermédiaire que Fernand, qui étudiait le violon avec Martin-Pierre Marsick (1848-1924), reçut durant plusieurs années des leçons particulières de Fauré. Ami de la famille, ce dernier resta en relation affectueuse avec son protégé après que celui-ci eut intégré le Conservatoire en 1888. Un exemplaire de la *Romance* pour violon et piano (vers 1890), dédicacé à Fauré et conservé dans le Fonds Halphen, témoigne de l'attachement de l'élève à son maître. Halphen y a noté : « à mon cher maître Monsieur Gabriel Fauré, souvenir affectueux de son élève dévoué Fernand Halphen ».

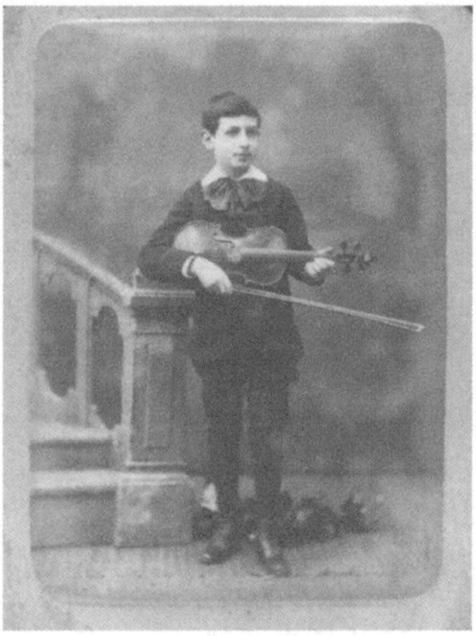

Fig. 1 – Photo d'Halphen enfant avec un violon (Fonds Halphen)

Les années au Conservatoire (1888-1896)

En 1888, après avoir obtenu le baccalauréat (dont témoigne le manuscrit d'une pièce pour piano intitulée *Après le baccalauréat*), Fernand Halphen est admis au Conservatoire dans la classe de contrepoint et

[7] Henry Deutsch de la Meurthe est l'auteur de romances (parmi lesquelles *Tes yeux*, 1913) et d'un opéra en un acte, dont le sujet est lié à son goût pour l'aéronautique, *Icare*, sur un poème d'Henri Cain. Il fut créé au théâtre de l'Opéra le 19 décembre 1911.

fugue d'Ernest Guiraud, puis dans la classe de composition de Jules Massenet. Il y côtoie alors Henri Rabaud, Florent Schmitt, Henri Büsser, Max d'Olonne, Charles Koechlin, Georges Enesco et Reynaldo Hahn[8].

L'amitié avec Enesco est attestée par la présence d'un manuscrit autographe inédit du jeune Enesco, *Nocturne Ville d'Avrayen* pour quintette avec piano, avec la mention « Ville d'Avray, 1898 ». Citée jusque-là comme esquisse non datée[9], la pièce fut sans doute composée dans la propriété appelée le « monastère » que possédait la mère de Fernand Halphen à Ville d'Avray[10]. En 1900, Halphen lui dédia à son tour sa *Sonate pour piano et violon*. De même, le manuscrit d'un petit *Nocturne* pour violon et piano en *la* majeur de Reynaldo Hahn, daté de 1889 alors que le compositeur n'avait que quinze ans, ainsi qu'un grand nombre de partitions dédicacées par celui-ci lorsque les deux musiciens étaient au Conservatoire, témoignent de leur amitié.

Halphen a pu compter sur le soutien indéfectible de sa famille. En 1890, son père lui offre un Stradivarius de 1727, connu encore sous le nom de « violon Halphen[11] » et, lorsque Fernand est « mis en loge » au Conservatoire pour passer les concours, il reçoit notamment des lettres quotidiennes de son père, de sa sœur Louise, d'Henry Deutsch de la Meurthe et même de ses jeunes neveux. L'une des lettres de Louise est particulièrement symptomatique de la place que la famille accordait aux arts et de leur fierté de compter un véritable professionnel dans leurs rangs :

> Mon cher Fernand, je pense constamment à toi dans ta petite chambrette, où la muse inspiratrice te suggère, j'en suis certaine, les mélodies les plus suaves destinées à fléchir le jury le moins bienveillant ! [...] J'ai la plus grande confiance en ta réussite, et je te demande comme service, de m'éviter l'amertume d'une déception. [...] Allons mon vieux, applique-toi bien, *l'avenir de toute une famille en dépend*[12].

Après avoir obtenu un premier accessit au Conservatoire en 1895, il est admis à la Société des compositeurs de musique en décembre, par-

---

8 Voir la photo de la classe de Massenet prise par Eugène Pirou pour le centenaire du Conservatoire en 1895 (reproduite sur le site Gallica de la BnF).

9 Voir : Bentoiu, Pascal, « Enesco », in *Die Musik in Geschichte und Gegenwart, Personenteil*, 2e éd., 1994-2007.

10 Fonds Halphen. À l'emplacement du « monastère » se trouve aujourd'hui l'école primaire Halphen, dont le nom rend hommage à la veuve de Fernand, qui avait offert le terrain à la municipalité.

11 Aujourd'hui propriété de la fondation Angelika Prokopp, il est mis à la disposition de Echkard Seifert de l'Orchestre philharmonique de Vienne.

12 C'est nous qui soulignons. Lettre de Louise Deutsch de la Meurthe à son frère, 21 mai 1896 (Fonds Halphen).

rainé par Massenet, son professeur, et, l'année suivante, obtient le second prix de Rome.

En digne élève de Fauré, et comme son ami Reynaldo Hahn, Halphen se consacre alors essentiellement à la mélodie. Il en composera plus de cent, tout en écrivant des pièces pour piano, des duos, un trio à cordes et un trio avec piano, des suites d'orchestre, une symphonie en *ut* mineur (1898) et *Le Cor fleuri*, féérie lyrique en un acte, créée au théâtre de l'Opéra-Comique le 10 mai 1904[13].

Fernand Halphen sous les drapeaux

Parallèlement, l'activité militaire se fait de plus en plus présente dans la vie d'Halphen : en 1893, à l'âge de vingt et un ans, il doit interrompre ses études au Conservatoire[14] pour effectuer à Fontainebleau son service militaire, réduit alors à un an – au lieu de deux – pour les étudiants. Il en ressort en septembre 1894 avec un certificat de bonne conduite[15], même si sa situation de soldat de 2e classe lui avait inspiré une pièce pour piano typique des pochades de conscrits intitulée *Marche funèbre pour un poulet décédé au 4e de ligne, 2e bataillon, 2e compagnie*[16]. Le manuscrit (daté du 15 mars 1894) est émaillé d'indications telles que : « Marche du 4e de ligne » (avec la citation de la *Marche funèbre* de Chopin), « Appel aux caporaux et aux sergents de la 2e », « On rappelle les malades », « Le poulet agonise » et « Marche du régiment ».

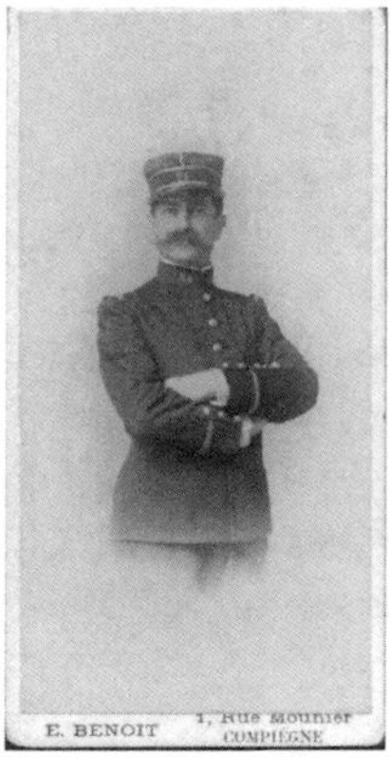

Fig. 2 – Photo d'Halphen comme réserviste au 54e régiment d'infanterie (Fonds Halphen)

13 Pour le catalogue complet de ses œuvres, voir le livret qui accompagne le CD *F.H.*

14 Lettre du Ministère de la guerre du 29 septembre 1893 (Fonds Halphen).

15 Certificat daté du 24 septembre 1894 (Fonds Halphen).

16 Cette pièce a été enregistrée dans le CD *F.H.*

Dans cette période incertaine, Halphen est à nouveau appelé sous les drapeaux comme réserviste. Rappelons qu'en 1899, alors qu'Halphen a 27 ans, est créée la réunion des officiers de complément du service d'État-major, puis, en 1901, une école d'instruction pour ces réservistes.

Après une période de réserve d'un mois en 1898, il en effectue une autre dans l'Aisne en septembre 1901, dans ce qu'on a appelé « les grandes manœuvres de l'Est », en tant que sous-lieutenant au 54e régiment d'infanterie, 8e compagnie, 4e division, en garnison à Compiègne (voir Fig. 2). Comme le montre la correspondance quasi quotidienne entre Halphen et sa femme Alice Koenigswarter (1873-1963), qu'il avait épousée deux ans plus tôt, l'heure n'est plus à la plaisanterie. Devant effectuer des marches qui atteignent parfois 40 kms, de jour comme de nuit, il souffre surtout d'être séparé de celle qu'il aime : « Pourquoi séparer deux êtres qui s'aiment pour faire plaisir à un empereur de Russie qui au fond s'en fiche pas mal » lui écrit-il ainsi[17].

C'est pourtant au cours de ces périodes qu'Halphen se fait connaître comme musicien auprès des autorités militaires, comme le montrent deux lettres conservées dans les archives. Il reçoit ainsi le 24 octobre 1898 une lettre d'un militaire lui demandant de lui indiquer un violoniste pour compléter un quatuor et le 1er mai 1900 une lettre du colonel du 14e régiment d'infanterie de ligne, grand amateur de musique, qui le remercie de lui avoir envoyé des partitions.

Un chef de musique dans la Grande Guerre

Lorsque la guerre est déclarée, le 1er août 1914, Halphen, âgé de 42 ans, est affecté comme lieutenant au 3e bataillon du 13e régiment d'infanterie territoriale (RIT). Cette formation se composait d'hommes de 34 à 45 ans, considérés – du moins au début de la guerre – comme trop âgés pour intégrer un régiment de première ligne d'armée active ou l'armée de réserve.

Dès son arrivée le 2 août 1914 à Compiègne[18], Halphen a la chance d'être chargé par le colonel de créer une harmonie régimentaire, dont la fonction principale était de maintenir le moral et le patriotisme de la population : « J'ai pu constater combien la musique a une heureuse influence sur le moral et [je suis très ?] reconnaissant au Lt Colonel

---

17 Lettre de F. Halphen à sa femme, 4 septembre [1901] (Fonds Halphen).

18 Lettre de F. Halphen du 11 janvier 1916, in *La Gazette des classes du Conservatoire* n° 2, 27 novembre 1916, p. 12. Je tiens à remercier Charlotte Genovesi de m'avoir généreusement procuré une copie des numéros dans lesquels étaient publiées les lettres d'Halphen.

commandant [illisible] territorial de m'avoir confié, dès le début de la mobilisation, de créer une harmonie régimentaire[19]. »

En effet, seuls les régiments d'infanterie active comptaient alors une formation, constituée ordinairement de trente-huit musiciens, dont le chef avait un grade de sous-lieutenant, de lieutenant ou de capitaine.

L'activité d'Halphen comme chef de musique est bien documentée, grâce aux lettres qu'il envoyait à la *Gazette des classes du Conservatoire*, créée en décembre 1915 par Lili et Nadia Boulanger, et surtout grâce aux documents conservés aux archives de l'armée et dans le fonds Halphen. Ces sources permettent de distinguer deux périodes d'activité d'un peu plus d'un an chacune, qui correspondent à deux orchestres différents : l'une qui s'étend d'août 1914 à décembre 1915, l'autre de décembre 1915 à février 1917, lorsque le régiment est réorganisé, de nombreux soldats étant envoyés au front pour compenser les pertes.

Août 1914-décembre 1915

Le 23 août 1914, deux semaines seulement après la déclaration de guerre, Halphen est déjà en mesure de diriger « un grand concert devant un parc comble[20] » à Compiègne. Après une interruption liée à la retraite des troupes, les concerts reprennent après la victoire de la Marne en septembre 1914. Halphen cherche à améliorer le niveau musical de son ensemble et à introduire des pièces du répertoire symphonique classique :

> Les progrès furent rapides, les programmes qui au début se composaient de pas redoublés, de marches et d'hymnes nationaux, devenaient peu à peu symphoniques et presque classiques. Les scènes alsaciennes [Massenet], Phaëton [Lully], l'ouverture de Patrie [Gounod] remplaçaient les Cadets et le Père de la Victoire [L. Ganne][21].

Halphen lui-même compose une marche militaire, intitulée éloquemment *Les Poilus* de 1915 et dédiée au colonel Le Moyne, à la tête de son régiment[22], qu'il jouera régulièrement tout au long de la guerre (voir Fig. 3).

---

19 *Id.*

20 Lettre de F. Halphen du 27 novembre 1916, in *La Gazette des classes du Conservatoire* n° 4, février 1916, p. 21.

21 Lettre de F. Halphen du 11 janvier 1916, in *ibid.*, n° 2, 27 novembre 1916, p. 12.

22 Cette pièce n'existe que sous la forme d'un conducteur manuscrit, conservé dans le fonds Halphen, mais a été enregistrée dans le CD *Mémorial. La Grande Guerre en musique* (Corelia, 2008) produit par Benoît Saulin, assistant au département musical du Musée de l'armée, qui en a réalisé la reconstitution.

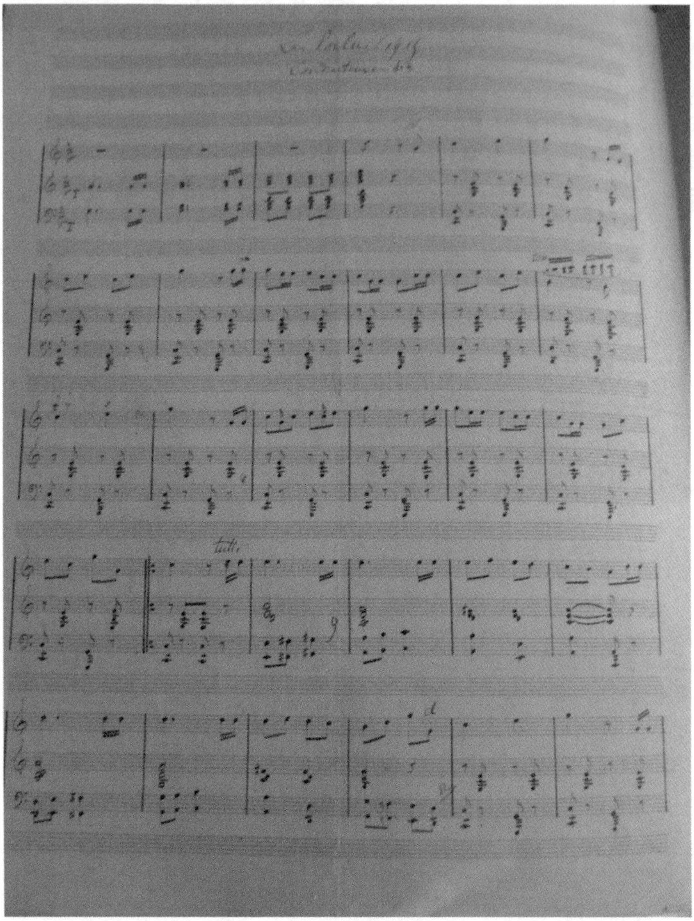

Fig. 3 – Fernand Halphen, *Les Poilus*, début du conducteur manuscrit (Fonds Halphen)

La réputation de l'ensemble dirigé par Halphen est telle qu'il est choisi pour jouer devant le président de la République : le 22 août 1915, lors d'une visite sur le front, Albert 1er roi des Belges est invité par Raymond Poincaré à un déjeuner, au cours duquel se produit la formation dirigée par Halphen dans un programme d'une heure environ (voir Fig. 4). Sur le programme manuscrit qui nous est parvenu, on trouve pêle-mêle des scènes de bal du *Roi s'amuse* de Léo Delibes, *Judex* de Charles Gounod et des marches militaires, comme la *Marche du temps passé* de Barnier.

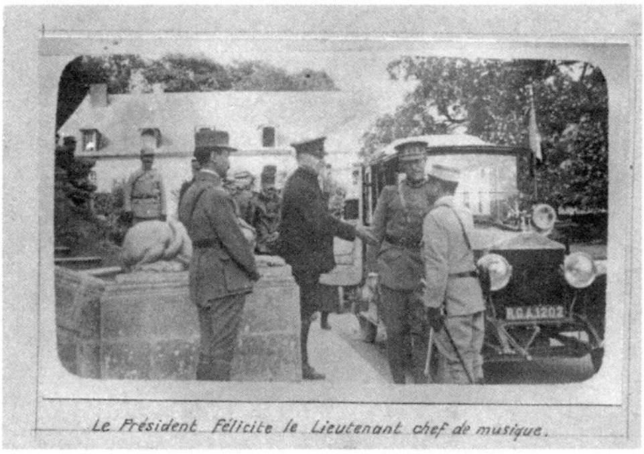

Fig. 4 – Le président Raymond Poincaré félicite le chef de musique F. Halphen le 23 août 1915 (Fonds Halphen)

C'est qu'Halphen avait réussi à s'associer d'excellents musiciens. Louis Fleury (1878-1926), qui avait créé *Syrinx* de Debussy le 1er décembre 1913, est cité sur le programme comme soliste à la petite flûte. Halphen lui avait d'ailleurs dédié un *Noël* pour flûte et harmonium, qu'il avait composé en 1914 à Brény (près de Soissons).

Halphen pouvait également compter, comme il l'écrivait à la *Gazette du Conservatoire*, sur la présence de Marcel Tournier (1879-1951), nommé professeur de harpe au Conservatoire en 1912 : « J'ai la bonne fortune de me trouver avec Marcel Tournier. Nous suivons le sort de notre régiment qui jusqu'à présent n'a guère souffert. Nous attendons avec confiance et patience le moment de célébrer la Grande Victoire finale, dont nous ne doutons pas[23]. » Tournier avait aussi composé une pièce pour flûte et harmonium, probablement pour Fleury, à Brény, cette fois le 2 novembre 1914, le Jour des morts[24].

Pourtant, en décembre, la troupe est réorganisée, sans doute parce que les membres les plus jeunes de la Territoriale sont intégrés dans les troupes actives pour compenser les pertes. L'orchestre est alors dissout et le texte, que les trente-deux musiciens adressent à leur chef à cette occasion, montre combien Halphen était apprécié :

> Les musiciens fondateurs de la musique du 13e régiment territorial d'infanterie présentent à M. le lieutenant Halphen, leur vénéré chef, l'expression de leur profond regret de le quitter. Ils conserveront toujours le souvenir ému et reconnaissant des sentiments de justice, de bonté et de dévouement qu'il n'a jamais cessé de leur témoigner[25].

---

[23] Lettre de F. Halphen (s.d.), in *op. cit.*, n° 1, décembre 1915, p. 15.

[24] Pièce vendue à l'Hôtel Drouot le 29 octobre 2009.

[25] Archives de l'Armée ; copie conservée à l'Institut européen des musiques juives (IEMJ).

Un mois plus tôt, un certain A. Lefèbvre, sans doute le Capitaine Lefèbvre de l'État-major de son régiment[26], avait composé un menuet dédié « à son camarade Halphen » comme « souvenir très amical ».

Décembre 1915-février 1917

Un nouvel orchestre est formé par Halphen, mais cette fois sans « les deux fleurons de sa couronne », Tournier et Fleury, qui viennent d'être affectés à d'autres formations[27]. Il revoit néanmoins souvent Marcel Tournier, envoyé au front, qui « est marmité [c'est-à-dire bombardé] assez sérieusement et s'y habitue[28] ». Ils restèrent d'ailleurs en contact, comme le montrent les lettres que lui envoya Tournier jusqu'en septembre 1916[29].

Si l'on ne connaît pas les noms des musiciens de cette nouvelle formation, on en connaît en revanche en détail les activités, grâce à un document conservé dans le fonds Halphen, le répertoire de tous les morceaux joués par son ensemble (voir Fig. 5). Un témoignage de cette nature est rare, l'Historial de la Grande Guerre de Péronne n'en possédant pas. Ce répertoire indique en outre la date des 47 concerts donnés entre le 19 décembre 1915 et le 26 novembre 1916. Le fait que certains titres n'aient pas été joués à cette période et le fait qu'on y trouve le nom de solistes comme Fleury prouvent bien qu'il s'agit du répertoire utilisé par Halphen depuis le début de la guerre, qu'il a simplement complété, pour la seconde période, par les dates des concerts. Un tableau à double entrée, avec d'un côté les titres des pièces, de l'autre les dates, permet de reconstituer le programme des concerts. Halphen gardait ainsi la trace des œuvres jouées aux concerts antérieurs, afin d'éviter les redites à des dates trop rapprochées.

On remarque aussi l'existence de deux pages de titre : la première, qui mentionne simplement « Répertoire des morceaux », a été recouverte par une page décorée et mentionnant les dates 1914-1916. Placée après la fin de ses activités, elle lui a été peut-être offerte à moins qu'Halphen n'ait tenu à orner lui-même ce témoin de sa participation à la Grande Guerre.

---

26 Il est mentionné pour ses hauts faits militaires dans Weill Marcel-Émile, Delacourt [lieutenant], *Les régiments d'infanterie de Compiègne pendant la Grande Guerre*, Amicale des anciens combattants, 1930, p. 161 (www.ancestramil.fr).

27 Lettre de F. Halphen du 11 janvier 1916, in *op. cit.*, n° 2, février 1916, p. 12.

28 Lettre de F. Halphen du 30 août 1916, in *ibid.*, n° 4, 27 novembre 1916, p. 21.

29 Archives de Tournier vendues à l'Hôtel Drouot le 29 octobre 2009.

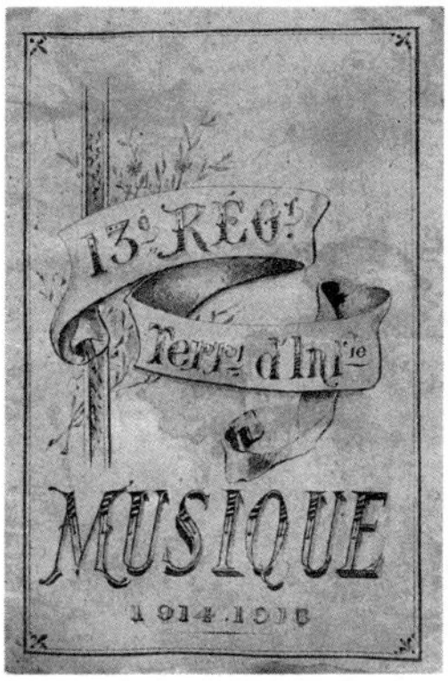

Fig. 5 – Page de couverture ornée du répertoire de musique du « 13e régiment territorial d'infanterie »

Parfaitement conservé, ce précieux document, de format A4, permet ainsi de connaître avec précision le répertoire des deux ensembles d'Halphen et l'activité de la nouvelle formation en 1916, année charnière au cours de laquelle se déroulèrent successivement la bataille de Verdun (de février à juin) et la bataille de la Somme (de juillet à novembre).

Voici la liste des pièces qui formaient le répertoire d'Halphen, dans l'ordre dans lequel elles apparaissent dans le document, les ajouts étant indiqués entre crochets :

Pas redoublés (tambours et clairons)	*Adieux au 63e*, *Paris-Belfort*, *Le tram*, *Sambre et Meuse*, *Marche du 1er* [Régiment] *des Zouaves*, *Vers la victoire*, *Marche du temps passé*, *Marche des bonnets à poils*, *Les Poilus*, *Marche du 13e Territorial*, *Marche consulaire de Marengo*, *Sidi Brahim*, *La St Cyrienne*, *Secteur postal 111*, *Bourgogne*, *Le Quesnoy*, *Marche des caméléons*
Marches, valses, mazurkas et divers [37 pièces]	*La cinquantaine* [P. Delmet], *Le Père la Victoire* [L. Ganne], *Condé*, *Marche lorraine* [L. Ganne, *Granada* [Albeniz], *La Czarine* [L. Ganne], *Chant du départ*, [*It's a long way to*] *Tipperary*, *Les cadets*, *Cavalleria Rusticana* [P. Macagni], *Amour et printemps* [Waldteufel], *Les cadets de Russie* [A. Sellenick], *Judex* [Gounod], *Chœur des Girondins* [A. Croisez], *Marche funèbre* de Chopin [...]
Ouvertures, airs de ballet, poèmes symphoniques	*Le voyage en Chine* [Bazin], *La Muette de Portici* [Auber], *Patrie* [Gounod], *Guillaume Tell* [Rossini], *La princesse jaune* [Saint-Saëns], *Étienne Marcel* [Saint-Saëns], *La Korrigane* [Widor], ballet de *Faust* [Gounod], *Le Roi s'amuse* [*Rigoletto*, Verdi], *Sylvia* [Delibes], 2 suites de *L'Arlésienne* [Bizet], *Peer Gynt* [Grieg], *Scènes alsaciennes* [Massenet], *España* [Chabrier], *Phaeton* [Lully], *Rédemption* [Franck ?],

	Rapsodie norvégienne [Lalo], *Danses norvégiennes* [Grieg, *Rapsodie enthousiaste* [Karren], *Symphonie* en *ut* m. [5e] de Beethoven, *Philemon et Baucis* [Gounod], *La Flûte enchantée* [Mozart], *Le roi d'Ys* [Lalo]
Fantaisies	*La fille du tambour-major* [Offenbach], *Véronique* [Messager], *La Vivandière* [B. Godard], *Faust* [Gounod], *La fille de Mme Angot* [Lecocq], *Mireille* [Gounod, *Carmen* [Bizet], *Samson et Dalila* [Saint-Saëns], *La folie de Pierrot* [P. Vidal, 1900], *Werther* [Massenet], *Les cloches de Corneville* [R. Planquette], *Hérodiade* [Massenet]
Solis [*sic*] avec orchestre [avec l'indication de l'instrument solo et éventuellement du soliste]	*Une soirée près du lac, Idylle bretonne* (htb. et cl.), *La tourterelle* (fl.), *L'oiseau tapageur* (fl.), *La volière* (fl./Fleury), *Carnaval de Venise* (fl.), *Rondeau de Donjon* (fl.), *Orphée* (gde fl.), *Bergères Watteau* (htb./Robert), *Saltarelle* (htb.)
Morceaux avec chant	*Le rêve passe* [Helmer et Krier, 1906], *Auprès de ma blonde* [trad.], *Les tranchées* [Halphen], *Le chant du combat, Le Père la Victoire* [L. Ganne]
Hymnes nationaux	*La Marseillaise*, *La Brabançonne*, Hymnes anglais, russe, serbe, japonais, *Marche royale d'Italie*, Hymne espagnol, Air national portugais Indiqués sans date d'exécution : *Air national roumain, air national suédois, air suisse, airs nationaux américain et hollandais*

Tableau – Répertoire musical du 13e RTI, 1914-1916 (Fonds Halphen)

Les concerts mêlaient plusieurs genres, selon la typologie présentée dans ce cahier. Ils se composaient le plus souvent de deux pièces purement militaires (pas redoublés), deux pièces de la deuxième catégorie (marches, valses, *etc.*), une fantaisie sur un air d'opéra, une œuvre symphonique et souvent, pour finir, la *Marseillaise*, soit six ou sept pièces pour une durée d'environ une heure.

Les 47 concerts du 19 décembre 1915 au 26 novembre 1916

Durant cette période, Halphen continue de donner chaque dimanche un concert d'une heure devant les civils, soit 47 concerts en à peine un an : une série de cartes postales illustre ainsi l'un de ces concerts, celui qui eut lieu le 23 avril 1916 sur la place de Longueville à Amiens (voir Fig. 6). Grâce au registre, on sait que l'orchestre a notamment exécuté à cette occasion les pas redoublés *Sambre et Meuse* et *Vers la victoire*.

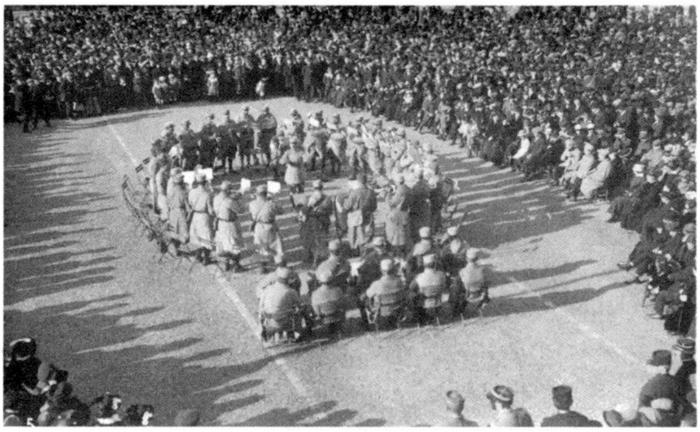

Fig. 6 – Concert dirigé par Halphen à Amiens le 23 avril 1916 (Fonds Halphen)

Halphen, qui s'était flatté au début de la guerre d'introduire de la musique « sérieuse », continue d'en jouer avec son second orchestre, au sein d'un programme qui reste néanmoins dominé par de la musique militaire (marches) et de la musique légère (fantaisies, valses, mazurkas, opérettes). Le répertoire symphonique, qui comprend presque exclusivement de la musique française, rend compte des succès de l'époque. Les pièces les plus souvent jouées en 1916 sont ainsi la 2e suite de *L'Arlésienne* de Bizet, créée en 1872 (6 fois) puis *Peer Gynt* de Grieg, créé en 1876 et l'une des seules pièces étrangères (6 fois), *Sylvia*, un ballet de Léo Delibes créé en 1876 et *Patrie*, sans doute le chœur *Hymne de la patrie* (1886) de Gounod (respectivement 4 fois).

Le dernier concert mentionné est celui du 26 novembre 1916. Ce n'est pourtant que le 13 février 1917 que le 3e bataillon est dissout, chaque soldat étant désormais réquisitionné pour la défense active. Le chef de bataillon tient à cette occasion à exprimer sa gratitude aux musiciens et au chef de musique :

> Les nécessités impérieuses de la défense nous font un devoir à tous de nous incliner avec sérénité devant ces ordres ; mais le Commandant ne doit pas laisser dissoudre cette musique sans dire à tous les exécutants combien ils ont rempli grandement leur devoir et assurer M. le Lieutenant Halphen, qui pendant 30 mois l'a si magistralement et utilement dirigée, de toute la reconnaissance des Officiers et des hommes du Bataillon[30].

Peut-être Halphen était-il déjà malade en décembre. Le 18 février, cinq jours après cette dissolution, il était en effet hospitalisé à l'Hôtel-Dieu d'Amiens.

---

[30] 13e régiment territorial d'infanterie, 3e bataillon. Extrait de la décision du mardi 13 février 1917, art. 7 « Musique » (double conservé dans le Fonds Halphen).

Les compositions d'Halphen pendant la guerre

On peut se demander si un chef de musique aussi actif qu'Halphen avait le temps de composer. Il n'est pas étonnant que sa production (qui comprenait environ 150 œuvres pour une période d'un peu plus de vingt ans avant-guerre) ait chuté à partir du mois d'août 1914. Pourtant, elle ne s'interrompt pas totalement. Pendant les trois ans où il se trouve sous les drapeaux, Halphen compose de la musique de circonstance, comme la pièce *Les Poilus* et le *Noël* pour flûte et harmonium déjà évoqués. Il compose aussi – peut-être lors de ses permissions – de petites pièces pour piano à l'intention des enfants de sa famille, comme ce *Noël pour deux petites mains* (1915) dédié à son neveu Gaston Mayer, ou *À une poupée*, datée du 2 mai 1916.

Il revient enfin à son genre favori, la mélodie, avec ses deux dernières compositions. La plus éloquente est une mélodie pour baryton et piano, *Les tranchées*, dont le manuscrit porte la date du 25 mai 1916[31], et qui figure dans le répertoire décrit plus haut. Écrite à la gloire des combattants, sur un texte d'un certain capitaine de Léclure, l'œuvre porte la mention « À la mémoire du Lieutenant Paul Levylier tombé glorieusement au champ d'honneur ». Fils de sa sœur Alice[32], il s'était engagé volontairement comme aviateur à l'âge de vingt-deux ans et avait trouvé la mort le 6 octobre 1915[33].

Le poème se compose de trois strophes, dont chacune est ponctuée par le vers « Dans les tranchées » :

Ils étaient partis en chantant
L'esprit léger, le cœur content
Rêvant de folles chevauchées
Et voici que ce bel entrain
Est venu culbuter soudain
Dans les tranchées

Ils pensaient tomber au soleil.
Les gouttes de leur sang vermeil
L'astre d'or les aura séchées.

---

31 Publiée chez Maurice Sénart, cette pièce a été enregistrée par le baryton Jean-Christophe Benoît et le pianiste Jean Lemaire dans le coffret de trois disques LP intitulé *La Grande Guerre* (Guilde internationale du disque, 1963).

32 La sœur aînée de Fernand Halphen, Alice Levylier, portait le même prénom que son épouse.

33 D'après l'avis de décès envoyé par les autorités militaires (Fonds Halphen), ses derniers mots avaient été : « Dîtes à mon père que c'est pour la France que je meurs ». Notons que la mère de ce héros, Alice Levylier (née Halphen), a payé un lourd tribut à la patrie puisqu'elle perdit aussi son mari, militaire de carrière, Roger Levylier, lieutenant au 19e régiment de chasseurs à Lille lors de son mariage. Ajoutons qu'Alice elle-même sera assassinée à Auschwitz en 1944, à l'âge de 79 ans.

C'est la nuit au fond d'un fossé
Que ce sang pur sera versé
Dans les tranchées

Mais qu'importe où, comment, pourquoi
Si pour la France et pour le droit
Jeunesse vous êtes fauchée.
La gloire la même pour tous
La gloire descend jusqu'à nous
Dans les tranchées

Musicalement, la structure suit la forme traditionnelle du *Lied* (ABA'), qu'Halphen avait souvent utilisée dans ses mélodies antérieures. On y retrouve aussi l'influence forte de Fauré, qui se manifeste notamment dans l'utilisation de la « cadence fauréenne », ponctuant la fin du deuxième vers de chaque strophe (dans l'exemple 1, mes. 5-6).

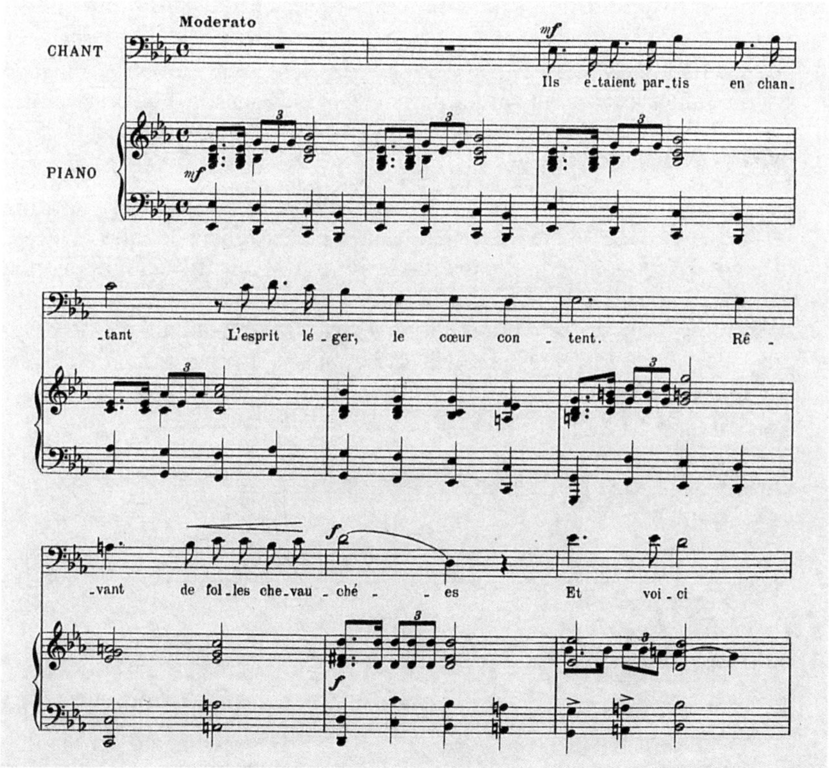

Ex. 1 – Fernand Halphen, *Les tranchées*, mes. 1-9, Paris, Maurice Senart

La musique suit de près le texte : dans la première partie, l'enthousiasme initial des soldats partant au combat est exprimé par l'arpège ascendant en *mi b* majeur à la main droite du piano, évoquant l'appel d'un clairon. En revanche, dans la partie centrale en *fa* mineur, l'espoir d'une fin glorieuse a laissé place à l'abîme des tranchées, représentées par des chutes de quartes augmentées à la voix sur les mots « c'est la nuit » et « fossé ». Ces intervalles tendus contrastent avec une ligne mélodique jusque-là relativement conjointe, dans un *ambitus* restreint.

Pendant toute la pièce, la répétition lancinante d'un tétracorde descendant en octaves à la basse, idiome typique des lamentations, rappelle la profondeur lugubre des tranchées. Cet ostinato ne s'interrompt que pour illustrer les derniers vers qui évoquent la gloire des soldats. La reprise de la ligne mélodique ascendante du début, dans une nuance cette fois *forte*, cite le début de *la Marseillaise* et conforte l'idée qu'il n'y a pas de mort inutile. Le compositeur ne veut pas céder au découragement et écrivait d'ailleurs, peu de temps après et non sans humour :

> J'espère que le front roumain se resserrera en même temps que le nôtre et que j'aurai le plaisir d'y voir Enesco. Quelle belle ronde folle des alliés on pourra un jour danser autour des pays boches encerclés ! Voilà un beau travail pour un contrapuntiste. La ronde des alliés sur tous les thèmes, des hymnes nationaux amalgamés[34].

La dernière œuvre d'Halphen, datée du 18 novembre 1916, s'intitule *Vieille chanson*, sur un texte nostalgique de l'essayiste Jacques Hébertot (1886-1970), avec lequel sans doute il se trouvait. Le poème évoque le terroir, c'est-à-dire la patrie, et le moissonneur qui attend son amoureuse semble une transposition de la France attendant la victoire, de même que, dans le Cantique des cantiques, l'amour humain reflète l'amour de Dieu pour son peuple.

> Tout au fond de la plaine
> J'ai entendu pleurer
> O moissonneur dis-moi ta peine
> Je m'en irai te consoler
> [...]
> Ici dans la chaumière
> J'ai entendu prier
> On exaucera ta prière
> Je viens vers toi mon bien-aimé.

Le compositeur meurt le 16 mai 1917 à l'hôpital auxiliaire 62 (Paris XVIe), après avoir été transféré de l'Hôtel-Dieu d'Amiens, où il avait exprimé le regret d'être à l'écart des combats : « Depuis le

---

[34] Lettre de F. Halphen du 30 août 1916, in *La Gazette des classes du Conservatoire*, n° 4, 27 novembre 1916, p. 21.

2 août 1914 je n'avais pas été arrêté un instant, ce n'est vraiment pas de chance d'être obligé de remiser au moment où tous les plus beaux horizons semblent s'ouvrir[35] ! » écrivait-il le 26 mars. Dans son testament, il exprime le désir de poursuivre son œuvre de mécénat. Sa veuve, Alice, crée la fondation Fernand Halphen, dont l'une des actions est d'aider les lauréats des classes de composition à faire jouer leurs œuvres[36]. Maurice Duruflé, qui obtient 1200 francs en 1927, et la compositrice Yvonne Desportes[37] bénéficieront ainsi de cette bourse.

Avant de tomber dans l'oubli, quelques œuvres d'Halphen sont jouées dans des concerts organisés en hommage à des compositeurs mobilisés ou morts pour la France, tels le 4e Festival de musique française qui a lieu dans la salle du Conservatoire le 17 juin 1917[38]. En décembre de la même année, le concert du Comité franco-américain du Conservatoire débute par un mouvement de sa *Sonate pour piano et violon*[39]. Enfin, l'orchestre des élèves du Conservatoire, dirigé par Vincent d'Indy, exécute les deux premiers mouvements de la *Symphonie en ut mineur* de Halphen et le *Chant funèbre* d'Albéric Magnard à la Comédie-Française, lors d'un gala consacré à la gloire des poètes morts pour la patrie[40].

La guerre a ainsi transformé un compositeur issu de la fine fleur parisienne en chef de fanfare. Or, on sent, à travers ses lettres et les relations qu'il entretenait avec les musiciens qu'il dirigeait, qu'Halphen avait non seulement pris sa tâche à cœur mais qu'il l'accomplissait aussi avec un certain plaisir. Paradoxalement, s'il avait survécu, cette expérience lui aurait peut-être donné le statut d'artiste, que sa position de mécène rendait ambigu. Elle lui aurait aussi peut-être permis de surmonter ses propres doutes, que l'on devine à travers les encouragements répétés que lui prodiguaient ses proches.

---

35 Lettre de F. Halphen du 26 mars 1917, in *op. cit.*, n° 8, avril 1917, p. 23.

36 On trouve aussi un prix Fernand Halphen de 3000 francs pour un quatuor à cordes lors du concours de composition de la Société des compositeurs de musique de 1939. La fondation Fernand Halphen créera, entre autres, en 1926, 50 appartements sociaux au 10-12 rue des Deux-Ponts, sur l'île Saint-Louis.

37 Voir lettre de remerciement (Fonds Halphen).

38 Voir compte rendu dans *Le courrier musical*, juillet-août 1917. Les œuvres ne sont pas mentionnées.

39 *Ibid.*, 1er décembre 1917.

40 *Ibid.*, 1er janvier 1918.

Prière : une mélodie inédite de Pierre Vellones[1]

Ludovic FLORIN

Université de Toulouse Le Mirail

Ses pièces les plus importantes, Pierre Vellones (1889-1939) – de son véritable nom, Pierre Rousseau[2] – les a écrites après la Première Guerre mondiale. Au sujet de sa *Danse indienne*[3] pour solistes, chœur de femmes et piano, il précisait en effet dans une lettre adressée à sa famille : « Je n'apprécie plus beaucoup ce qui est antérieur à cette œuvre[4] ». Cependant, cette *Danse indienne* résulte d'un long processus de maturation enclenché dès sa prime jeunesse. À cet égard, les années de guerre ont, d'une manière toute particulière, consolidé non seulement son attirance pour la composition musicale, mais peut-être même orienté son esthétique. Pendant le conflit, il consacra ses moments de repos en grande partie à écrire de la musique, échappatoire plus qu'essentielle pour s'extraire du terrible quotidien. Ainsi, entre 1914 et 1918, Pierre Vellones confia-t-il plusieurs fois son inspiration aux portées musicales. Au cours de l'année 1916, il mit en musique quatre textes de Marcel Manchez (1880-1962). Seule *Prière* ne fit pas l'objet d'une publication. Sans doute parce qu'une partie du manuscrit avait disparu, peut-être égarée lors d'un changement de garnison ? Les lignes suivantes vont pourtant s'attarder sur ces quelques pages, reproduites en fin d'article, et

1 Remerciements à Madame France Rousseau-Vellones et à Monsieur Rousseau-Vellones pour l'aide précieuse apportée durant la réalisation de ce travail.

2 Paul Rogey fut l'un de ses autres pseudonymes, celui que l'on retrouve sur ses toutes premières partitions publiées (aux éditions Roudanez), quatre valses lentes intitulées *Désillusion*, *Crépuscule*, *Espoir* et *Joie* (1907). L'idée de son autre pseudonyme, Vellones, lui est venue en traversant le village de Velosnes, le 21 août 1914, dont le nom attira son oreille.

3 Texte de Jean Lahor (1840-1909). Composée à la fin de l'année 1923 pour le concours « Mimi Pinson », cette pièce fut créée le 26 mai 1925 par Jeanne Eudes au Conservatoire de Paris. Associée à un *Prélude*, la *Danse indienne* (publiée chez Henry Lemoine) constitue le seizième *opus* du catalogue de Vellones.

4 Lettre citée dans : Vellones, Serge, *Pierre Vellones – Vingt années d'une vie musicale parisienne*, Genève, Éditions Slatkine, 1981, p. 41.

donc publiées ici pour la première fois, cent ans après leur conception. Il nous a en effet paru important d'en faire connaître l'existence afin de mieux rendre compte de l'activité artistique produite par l'un de ces « hommes du front ». Ce qui va suivre prendra donc les atours de l'édition critique d'une page inédite de Pierre Vellones, un compositeur à l'époque encore en devenir. Ces quelques lignes évoqueront la vie de l'appelé Rousseau durant cette sombre période ; elles resitueront la pièce dans la production « de guerre » du compositeur, et rendront compte, autant que faire se peut, des circonstances dans lesquelles *Prière* fut imaginée, pour ainsi contribuer à une meilleure appréhension de l'œuvre du compositeur français.

Premiers pas dans la musique

Dès l'enfance, Pierre Vellones entretient des relations étroites avec l'art musical. Issu d'un milieu cultivé, il pratique la musique de chambre en famille en tenant la partie de violoncelle, ou en exécutant des réductions pour piano à quatre mains avec sa sœur. Dès sa quatorzième année, il ressent le besoin de noter ses idées musicales. Serge Vellones[5] précise :

> Il s'était d'ailleurs rapidement rendu compte de la platitude et de la pauvreté d'invention de ses essais et il avait compris que s'il voulait arriver il devait travailler. Alors il s'était mis à étudier le contrepoint, la fugue et la composition avec Jean-Hugues Louvier, le plus ancien élève en même temps que le compatriote et l'ami de Charles-Marie Widor. Ces études avaient duré cinq années, cinq années pendant lesquelles il avait renoncé au dessin et à la peinture pour mener de front ses études médicales et musicales[6].

En effet, Pierre Vellones s'est engagé dans des études de médecine depuis 1908, carrière plus à même de subvenir à ses futurs besoins familiaux, convaincu en cela par l'autorité paternelle (le père de Pierre Vellones, Gabriel Rousseau, étant lui-même médecin).

De cette période pré-Première Guerre mondiale, il reste surtout des mélodies et quelques pièces de musique de chambre, certaines de ces pages ayant eu les honneurs d'une impression à la Société Coopérative des Compositeurs de Musique[7].

Les années de guerre

Le 8 janvier 1913, Pierre Vellones est incorporé à la 7e compagnie du 117e Régiment d'Infanterie, en garnison au Mans, pour y effectuer

---

5 Serge Vellones est le premier des trois enfants de Pierre Vellones.

6 Vellones, S., *op. cit.*, p. 20.

7 Le *Green* de Verlaine pour chant et piano, et *Musique sur l'eau* pour chant, violoncelle et piano sur un texte d'Albert Samain.

ses trois années obligatoires de service militaire[8]. Il ne sait pas alors qu'il servira dans l'armée jusqu'en 1919[9]. Le 20 février, il est affecté à l'infirmerie. Entraîné dans la Grande Guerre, Pierre Vellones décide de consigner dans un journal – inédit encore à ce jour – les mouvements de sa compagnie, ses états d'esprit, ses moments de repos… Nous apprenons ainsi que le 5 août 1914, le premier bataillon de son régiment, dont il est devenu médecin auxiliaire, quitte le Mans en direction du Nord-Est de la France. Le 8 août, le bataillon a rejoint Consenvoye (55). Dès le 10 août, Vellones assiste à sa première bataille, celle de Mangiennes (55), depuis un poste d'observation. Enfin, le 22 août, à Virton, en Belgique (région de Gaume), Vellones se retrouve sur le champ de bataille à secourir les blessés. Il inscrit dans son journal :

> « Brancardiers », « ambulances », « infirmiers » crions-nous de tous côtés. Nos voix résonnent dans la nuit… L'oreille tendue, nous percevons des cris isolés, plus ou moins rapprochés sur le champ de bataille. « Ici », « à nous », « les infirmiers », hurlent les malheureux… Leur voix nous paraissent lointaines, se perdent en murmure confus qui nous remplit d'horreur. Je pense à *L'aiglon* et à la scène de Wagram, qui avait tant frappé mon imagination d'enfant, elle n'avait rien d'exagéré. Je pense à toutes ces misères, à toutes ces angoisses et à toutes ces souffrances et je voudrais à moi seul, les ramasser tous, nos frères souffrants, beaux, grandioses. J'ai le cœur serré à en pleurer et je refoule des larmes, des sanglots qui ne demandent qu'à éclater. Toute ma nuit, toutes mes forces, tout ce que je pourrai leur donner, ces pauvres amis. Que la guerre est donc une chose horrible[10]…

Sur un plan plus strictement musical, le journal témoigne d'événements ayant égayé ses rares moments de détente. Ainsi, pour le 13 août : « Encore aux Mureaux. Toujours rien. Le soir, café-concert en plein air à Damvilliers. Un véritable cirque d'hommes entoure quelques titis qui chantent ou font le boniment. C'est fort amusant cette insouciance, cette franche gaîté, et l'ennemi qui n'est pas à vingt kilomètres de là[11]. »

Chaque fois qu'il le peut, Vellones s'abandonne à la musique, comme en témoigne cet événement du 14 septembre 1914 :

> […] le seul survivant de ce carnage est un superbe Pleyel demi-queue ouvert sur le pupitre duquel traîne une valse viennoise. J'entrevois dix minutes de bonheur dans cette maison que je crois vide et je me mets à improviser avec rage. Il sonne comme un piano de concert, c'est une vraie volupté. Soudain,

8 En 1913, le service militaire obligatoire passe en effet de deux à trois années.

9 Il sera démobilisé le 31 juillet 1919.

10 Le *Journal de Campagne* de Pierre Vellones a été mis au net par son épouse, Marie-Louise Vellones (née Jouel). En deux liasses brochées, le tapuscrit réalisé à la machine à écrire est aujourd'hui conservé chez Monsieur Rousseau-Vellones, l'un des petits-enfants du compositeur. Le texte cité ici se trouve page 25.

11 Tapuscrit de Marie-Louise Vellones, p. 13.

derrière moi, à ma gauche, une porte s'ouvre, une tête passe, non de D... ! C'est le général de brigade ! Et derrière lui, Cessé-Brissac. J'ai à peine le temps de me mettre au garde à vous, mais, très aimable, il me prie de continuer car il déjeune à côté et me donne la permission de jouer chaque fois que j'aurai un piano[12].

Ou, le 24 septembre :

J'ai la chance de repérer un petit harmonium qui n'est pas trop mauvais et pendant une heure, je joue sans discontinuer. Je finis par entraîner Georges Lefèvre qui, plein d'esprit et d'à-propos, se met à jouer, à chanter et à mimer un sketch improvisé. Il se montre tout à fait amusant et nos deux tempéraments se rencontrent à merveille dans tous les changements, il paraît que c'était fort drôle[13].

Parfois la composition est même évoquée, le 25 octobre par exemple lorsqu'il conçoit sa première « œuvre de guerre » : « Je compose un *cantabile* pour violon et piano pour être joué à une messe en musique de dimanche prochain dans l'église à moitié démolie d'Arvilliers. C'est Husson, du génie, qui va me jouer sur un violon d'enfant[14]. »

Hélas, le journal s'interrompt à la fin de l'année 1914. Et comme la correspondance pourtant fort importante que Vellones adressa à ses parents ne révèle aucune information sur *Prière*, la genèse de la mélodie reste jusqu'à aujourd'hui bien difficile à saisir. Cependant, à travers les quelques passages cités précédemment, on saisit ce que la musique pouvait représenter pour Vellones, et on comprend mieux pourquoi elle s'affirmera après la guerre comme bien davantage que le violon d'Ingres d'un médecin parisien.

C'est dans cet état d'esprit qu'entre 1914 et 1916 le jeune homme écrivit une petite dizaine de pièces, du *solo* d'orgue jusqu'à un opéra-ballet[15].

En 1916, Vellones se trouve au front, à la Main de Massiges[16], avec le 2e bataillon du 115e Régiment d'Infanterie, où il a été envoyé comme médecin auxiliaire après avoir réussi son examen de troisième année de médecine. Lorsqu'il est au repos, il loge dans le village de Courtémont (51). En février, la guerre s'embourbant un peu plus dans l'immo-

12 *Ibid.*, p. 71.

13 *Ibid.*, p. 90.

14 *Ibid.*, p. 109-110.

15 Voir partie suivante pour plus de précisions.

16 La Main de Massiges est le nom donné à une colline située au nord du village de Massiges (51) en raison de la disposition géographique du terrain. Elle marque la limite est du front de Champagne.

bilisme des tranchées, Vellones trouve davantage de temps pour se consacrer à la musique. C'est ainsi que le 8 février 1916, il écrit à sa mère :

> Nous sommes revenus à l'ambulance de H. où il y a un piano, c'est tout te dire. Il y avait là un médecin chanteur et bon musicien et nous avons déchiffré ensemble une partie de *Parsifal*. Je me voyais transporté bien loin, bien loin. C'est si beau. J'étais parfois, en jouant, prêt à pleurer, d'abord parce que c'était beau, et ensuite parce que je pensais que cette chose qui tient tant de place dans ma vie j'en étais privé[17].

Il peut paraître étonnant qu'en pleine guerre un militaire français avoue son amour inconditionnel pour la musique d'un compositeur allemand, aussi génial soit-il. Il faut cependant se rappeler que durant le conflit mondial, de nombreux musiciens – français et allemands – firent clairement une distinction entre les décisionnaires militaires ou politiques et les productions intellectuelles et artistiques de leur nation respective. Il suffira de citer l'attitude de Maurice Ravel à l'égard de Schoenberg pour s'en convaincre, s'opposant ainsi au boycott de la musique germanique lancé par Camille Saint-Saëns dès 1914.

Les œuvres avec voix de la période de guerre

Ce même mois de février 1916, Vellones reçoit par courrier quatre poèmes évoquant les tourments de la guerre écrits par un autre appelé, Marcel Manchez[18], que le compositeur se fit un devoir de mettre en musique. Les textes reflètent les aspirations et les angoisses du moment : une épouse attendant le retour de son mari (*Lettre de chez nous*), une critique acerbe adressée aux gradés restant loin du front (*Aux Gonces qui se débinent*), le désespoir qui, toujours plus, gagne le soldat (*Lettre du front*). Quant au texte de *Prière*, il évoque un athée s'adressant de façon familière à un dieu hypothétique.

Le manuscrit[19] de *Prière* porte les mentions « *Opus* 6. Main de Massiges, février 1916 ». Contrairement aux trois autres mélodies, aucune indication ne précise le jour exact de composition. Toutefois, il est envisageable d'en situer sa genèse autour du 24 février, date de composition de la *Lettre de chez nous*.

---

17 Lettre citée dans : Vellones, S., *op. cit.*, p. 45.

18 L'ouvrage de Serge Vellones (*op. cit.*, p. 38) nous apprend que Marcel Manchez (1880-1962) était « littérateur et dilettante » et qu'il « avait épousé la fille de l'architecte Scellier de Gisors, cousine éloignée de P. Vellones. »

19 Le manuscrit (2 pages, 35 x 27 cm, écrites à l'encre noire) est conservé au département Musique de la BnF, sous la cote MS-25991. Recopié au net, sa lecture ne pose aucun problème particulier. Il est consultable à l'adresse Internet suivante : http://gallica.bnf.fr/ark:/12148/btv1b520003791/f1.image (consultée le 26 septembre 2012).

En dehors de sa *Musique sur l'eau* (poésie d'Albert Samain) de 1909, toutes les mélodies retenues par Vellones dans son catalogue auront été écrites pendant la guerre. Mis à part les quatre textes de Manchez – et excepté un *Clair de lune* de mai 1916, sur des paroles de Leconte de Lisle –, toutes s'appuient sur des paroles d'André Birabeau (1890-1974)[20] : une série d'abord, en 1915 (*Amour*, *Nuit sur le parc*, *Baiser*, *Notre amour et trois roses*) ; puis quatre *Rondels de Birabeau* entre 1916 et 1917 (révisés puis édités en 1924), et enfin une mélodie isolée, *Les années mortes* (*opus* 4, de juin 1918).

À cela s'ajoutent trois opérettes : *Le prix des dames* (*opus* 5, texte de Georges de Wissant et René Jeanne) en juin 1917, *Le beau ténébreux* (*opus* 10, texte de Birabeau et Hervieux) en août 1918 et *Hilda* (*opus* 11, texte de Birabeau), sans doute (comme le suggère le livre de Serge Vellones) en septembre-octobre 1918. Une grande partie de son activité musicale entre 1917 et 1918 sera aussi accaparée par le projet d'un opéra-ballet, *Grenade assiégée* – toujours en collaboration avec Birabeau.

Ce *corpus* dévoile une relation toute particulière à la voix, les textes se révélant de bons points d'accroche pour l'imaginaire d'un jeune compositeur. Outre deux pièces religieuses (*Ave Maria* de 1914 et *Tantum ergo* de 1918), Vellones ne se tournera vers la musique « pure » qu'à quatre reprises : *Cantabile* (pour violon et piano, octobre 1914), *Romance* (*opus* 4 bis, pour flûte et guitare, juin 1915), *Pièce brève pour Pâques* (orgue, 1918) et une *Marche de la victoire* (*opus* 13, transcription pour orchestre de sa *Marche triomphale* pour piano, composée en juillet 1915).

Les trois mélodies de Manchez éditées

Seules trois des quatre « Mélodies de Manchez » furent éditées chez Roudanez[21] l'année même de leur composition, en 1916. Publiées séparément et non sous la forme d'un recueil, aucun ordre d'exécution ne semble imposé. Les numéros de matrice suggèrent éventuellement la succession suivante : *Lettre du front* (R. B. 522), dédiée au Commandant A. du Boisrouvray, *Aux Gonces qui se débinent* (R. B. 524), « à mon chien Kim » et *Lettre de chez nous* (R. B. 528), « à Madame Félia Litvinne ».

La partition imprimée conservée par la Bibliothèque nationale de France de la *Lettre du front*, qui a appartenu à Vellones, porte les traces

20 Écrivain et dramaturge français, auteur d'une cinquantaine de pièces de théâtre, de plusieurs romans, d'essais, de souvenirs, *etc.* Appelé à effectuer son service militaire à la 7e compagnie du 117e Régiment d'Infanterie au Mans, Birabeau restera un camarade proche de Vellones.

21 9, rue de Médicis, dans le VIe arrondissement de Paris.

au crayon d'une version amplifiée, sans doute pensée pour un grand ensemble instrumental[22]. De nouvelles lignes mélodiques sont ajoutées à plusieurs endroits, ainsi que des doublures d'accords. Si Vellones a envisagé un développement orchestral pour cette mélodie, c'est donc qu'elle avait une certaine valeur à ses yeux. Il faut de ce fait la considérer au moins comme l'une des pierres d'achoppement de l'année 1916. Elle atteste en tout cas des deux grandes sources d'influences auxquelles le musicien a puisé : le debussysme et le romantisme tardif. C'est entre ces deux pôles principaux qu'oscille alors le style de Vellones. Outre une certaine dimension figuraliste (le *tempo* « lent et expressif », avec de longs accords tenus étagés sur plusieurs octaves renvoyant en effet au calme et aux grands espaces ravagés des champs de bataille évoqués par le texte), et au-delà du thème de la nuit (sujet romantique s'il en est), l'extrait suivant suffira à démontrer l'empreinte proprement musicale de ces influences :

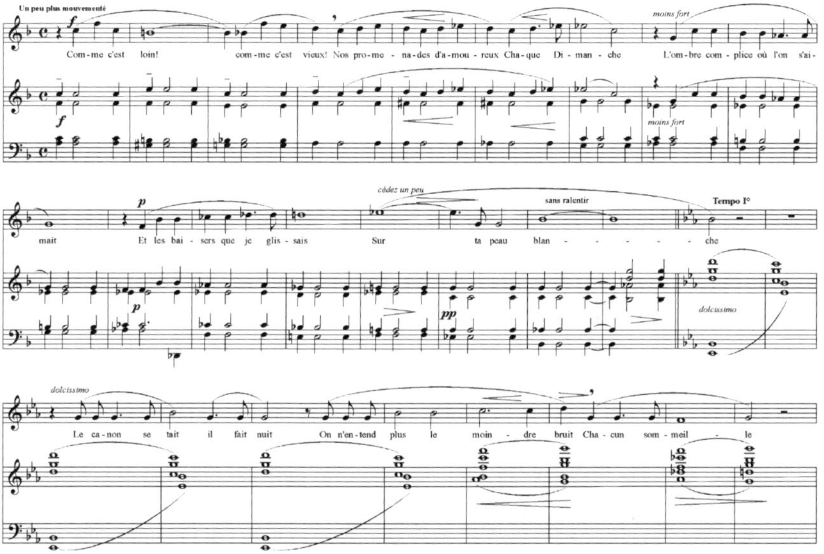

Ex. 1 – Pierre Vellones, *Lettre du front*, mes. 87-113, Paris, Éditions B. Roudanez, 1916, p. 4

C'est essentiellement sur le plan de l'harmonie qu'elles se manifestent. L'écriture à quatre voix des mesures 5 à 8 de l'exemple musical, la

22 Les ajouts de Pierre Vellones ne comportent que quelques rares précisions d'instrumentation : violons, altos, violoncelle. Les nouvelles lignes contrapuntiques et les doublures de certains accords insérées au texte existant laissent supposer une formation du type petit ensemble à cordes et à vents.

sixte française (mes. 6), l'arrivée sur l'accord de quarte et sixte s'enchaînant au sixième degré de *do* mineur (sous forme d'accord de septième majeure), tout cela renvoie à des signatures harmoniques du XIXe siècle. En revanche, les accords enrichis (apparentés à une treizième de dominante, mesure 9 par exemple), les enchaînements d'accords issus des deux gammes par tons (mes. 13 et 14) se réfèrent directement au monde harmonique de Claude de France. La cadence terminale de cet extrait qui, par son mouvement de basse, confère à l'enchaînement une couleur phrygienne, aurait également pu être écrite par Debussy (voire par Fauré). D'autres enchaînements témoignent d'une réalisation plus relâchée, trahissant un compositeur parfois dilettante. Il est cependant tout aussi envisageable d'entendre dans l'enchaînement harmonique usuel ci-dessous (I-[I^6]-ii-V-I) le Pierre Vellones qui ne rechignera pas, dans la suite de sa carrière, à produire quelques chansons.

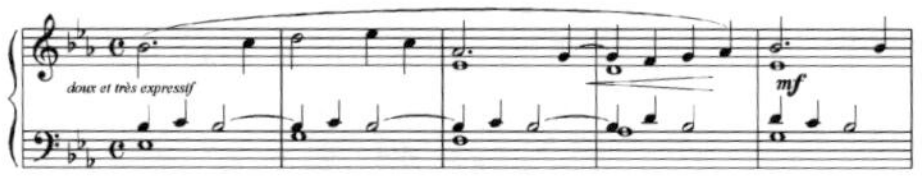

Ex. 2 – Pierre Vellones, *Lettre du front*, mes. 43-47, Paris, Éditions B. Roudanez, 1916, p. 2

C'est ce que préfigure, d'une certaine manière, *Aux Gonces qui se débinent*, par son accompagnement simple et efficace, digne des chansons réalistes de l'époque. Un caractère assez similaire rapproche cette courte partition du répertoire interprété, entre autres, par un Bérard[23] ou une Fréhel[24], ce que semblait commander la quasi-gouaille des paroles initiales, ici introduite par les sonneries d'un clairon :

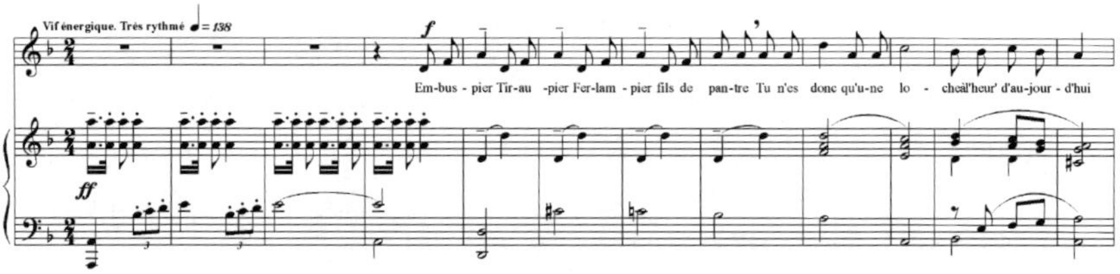

Ex. 3 – Pierre Vellones, *Aux gonces qui se débinent*, mes. 1-12, Paris, Éditions B. Roudanez, 1916, p. 1

Vellones se rapproche également de la chanson de son époque par son goût pour la ligne mélodique. Dans ce drame en miniature, il tente d'équilibrer idéalement l'intérêt harmonique (dissonances du chromatisme descendant de la basse, soin dans la conduite des voix, hésitation

23 Adolphe Bérard (1870-1946).

24 Née Marguerite Boulc'h en 1891, disparue en 1951.

pour un mode avec ou sans sensible) à l'immédiateté de la ligne mélodique (fondée sur l'arpège de la tonalité principale, avec un *ambitus* restreint, prolongée d'une ligne plus conjointe au diatonisme pur). Il s'agit d'un trait stylistique qui caractérise par ailleurs toutes les œuvres de Vellones, même si la musique de cette pièce-ci n'est pas encore représentative de son style définitif.

La *Lettre de chez nous* confine davantage à la romance fin-de-siècle, avec son accompagnement en triolets égrenés à la main gauche, la douceur des sixtes initiales ou le contrechant joué au piano dans le registre de l'alto au milieu de la pièce (mes. 12 à 19). Ou encore par ce grand soufflet sentimental qui marque le sommet expressif de la partition, vite resserré dans un *pianissimo* ouaté :

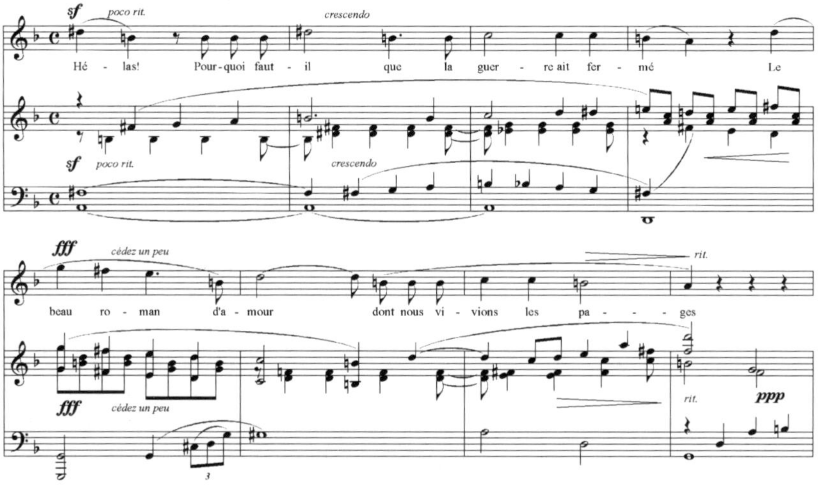

Ex. 4 – Pierre Vellones, *Lettre de chez nous*, mes. 20-27, Paris, Éditions B. Roudanez, 1916, p. 2

La dédicace placée en tête de la partition propose cependant un éclairage différent pour ce passage expressif qui peut paraître quelque peu grandiloquent. En effet Félia Litvinne[25] était une grande wagnérienne, la première à avoir joué Isolde à Paris (en 1895), de même qu'elle fut la Brünnehilde de la création parisienne de 1911. Quoi qu'il en soit, la dédicace révèle de nouveau en creux l'admiration du jeune Pierre Vellones pour Richard Wagner.

25 Françoise Jeanne Schütz, dite Félia Litvinne (1860-1936), mariée au Docteur Dupoux (une connaissance de la famille Vellones ?), se retira de scène justement en 1916, l'année de composition des mélodies ici étudiées.

La musique de *Prière*

Dans le genre précis de la mélodie, les influences de Pierre Vellones sont donc tout à fait décelables. Elles puisent à quatre sources principales : Wagner, Debussy (voir encore *Notre amour et trois roses*) mais aussi aux genres de la chanson et de la romance fin-de-siècle. On retrouve ainsi des principes harmoniques hérités de l'époque romantique comme les modulations à la tierce, le chromatisme et l'enharmonie dans *Prière*. Les effets obtenus par l'emploi syntaxique d'accords tels que ceux de quinte augmentée ou de neuvième se réfèrent davantage quant à eux à Debussy.

L'intégralité de la première partie repose sur une sonnerie dans l'aigu du piano, sans doute pour évoquer une cloche au loin, dans un climat de recueillement. Chaque mesure fait entendre une harmonie spécifique. Vellones passe d'un accord à l'autre par une logique de conduite des voix, tantôt par chromatisme, tantôt par enharmonie. Contenu dans un petit *ambitus* de sixte, le chant récite les paroles en des figures rythmiques simples et lentes, quasiment de façon psalmodiée.

Lorsque le texte devient plus familier (« les petits gars de Paris »), la musique se transforme en valse lente. La ligne mélodique ne comporte quasiment plus de silences, et ses contours simples, sa sentimentalité (mes. 35-37 par exemple, et le saut expressif dans l'aigu, en *ossia*), sont à mi-chemin de la romance et de la chanson. Ailleurs, certains enchaînements attestent un métier en construction, comme aux mes. 32-33 où la transformation de l'accord de *si* mineur en dominante n'est pas des plus heureuses. Peut-être est-ce parce qu'il avait une pleine conscience de ces petites « maladresses » que Vellones se décida à ne pas publier *Prière* (voire à ne pas en réécrire la fin perdue) ?

Quoi qu'il en soit, cette pièce ne se démarque en rien des trois autres mélodies de guerre sur des textes de Manchez : on y retrouve une même évidence rythmique[26] (tandis que le piano pose la pulsation en exécutant pratiquement une note sur chaque temps, la voix scande des figures rythmiques simples), un identique souci pour la conduite des voix et pour la ligne vocale sobre (syllabique), plutôt conjointe (propice à la compréhension du texte), enfin un goût porté aux harmonies fines sans sophistications excessives (mes. 4, 7, 15, 26, *etc.*).

Perspectives

Il est bien évident que *Prière* n'est ni un chef-d'œuvre absolu, pièce supérieure de Pierre Vellones. Cependant, elle témoigne de certaines aspirations de ces âmes artistiques confrontées aux réalités de la

[26] La *Lettre de chez nous* étant sans doute la plus recherchée sur ce plan.

guerre : l'art est le domaine de l'évasion, et non celui de la recherche esthétique pour elle-même. Évasion de l'esprit tout d'abord, pour oublier la guerre ; onirique ensuite ; mais aussi évasion dans le sens quasi militaire du terme : l'art est un exutoire où les hiérarchies semblent s'abolir. C'est d'homme à homme que le soldat de *Prière* s'adresse à Dieu. C'est d'égal à égal que le « planqué » est considéré dans *Aux gonces qui se débinent*. Cette dimension des textes de Manchez n'a pu que résonner en Vellones.

D'un autre côté, le texte de *Prière* que le musicien s'est approprié rend bien compte du questionnement métaphysique saisissant tout homme face aux horreurs dont l'humanité se montre capable. En 1918, le doute manifesté par le Pierre Vellones de 1916 aura disparu. Pour autant, après la guerre, il vivra sa foi en son for intérieur uniquement. De ce fait, en dehors d'un *Cantique des cantiques* (*opus* 18, 1925), son inspiration ne se tournera plus vers le religieux entre 1919 et sa disparition. C'est bien à l'expression de la vitalité (*Vitamines* pour ondes Martenot), des beautés du monde en paix (*Au pays tendre* de 1931, *Neiges de France* en 1938, *etc.*) et aux purs plaisirs du divertissement (*Danses modernes*, 1931 ; *Le théâtre des marionnettes*, 1933 ; *Une aventure de Babar*, 1936 ; les chansons, les musiques de film, *etc.*) qu'il consacrera désormais son art musical. Est-ce parce qu'il avait observé *in vivo* deux civilisations raffinées, cultivées, s'entre-déchirer et ses classes dirigeantes conduire à la perte leur peuple respectif que Pierre Vellones se détourna toujours plus de leurs représentants en musique les plus essentiels (Wagner et Fauré, ainsi que, dans une certaine mesure, Debussy) – et pas uniquement pour être de son temps ? Car, outre qu'il « prendra la roue » des compositeurs français importants de l'après-guerre, Vellones va se passionner de plus en plus pour la musique d'autres civilisations. Il incorpore par exemple des instruments de percussion asiatiques ou africaines à son orchestre (*Exposition de 1937*), il s'intéresse au jazz qui l'influence (*Prélude et Fables de Florian*, *op.* 28 de 1936, pour voix et big band). Il n'hésite pas non plus à plonger dans la recherche sonore, ce dont témoignent *Split* et *Vitamines* (1934), les premières pièces jamais écrites par un compositeur français pour les ondes Martenot. En ce sens, on est en droit d'avancer que l'expérience de la guerre a eu pour conséquence de changer les orientations stylistiques initiales de Pierre Vellones.

n° 1 : Prière

Pierre Vellones
Texte : Marcel Manchez

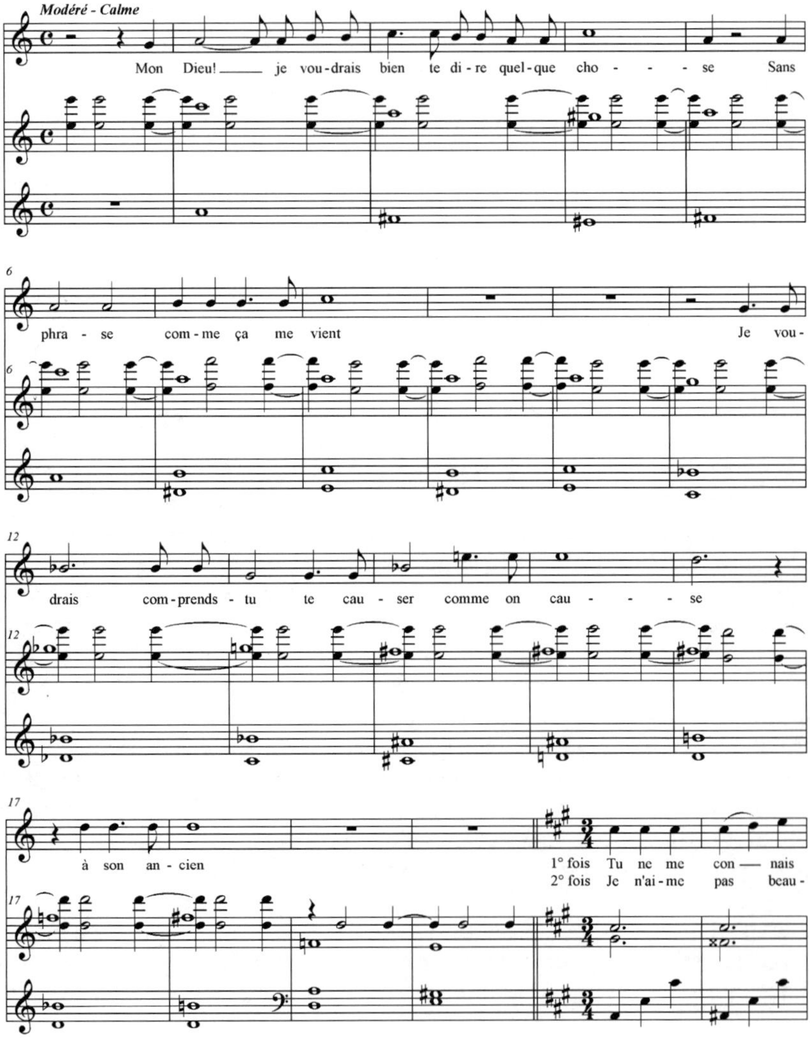

Prière

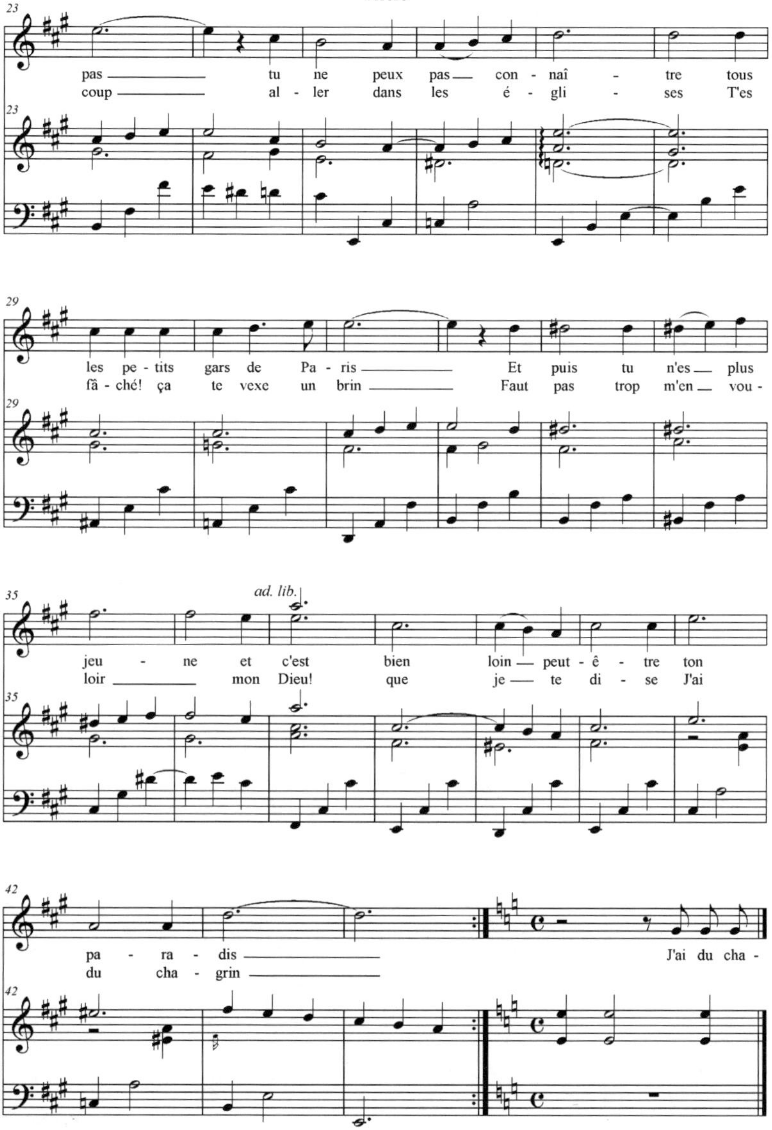
23
pas tu ne peux pas con - naî - tre tous
coup al - ler dans les é - gli - ses T'es
29
les pe - tits gars de Pa - ris Et puis tu n'es plus
fâ - ché! ça te vexe un brin Faut pas trop m'en vou -
35
ad. lib.
jeu - ne et c'est bien loin peut - ê - tre ton
loir mon Dieu! que je te di - se J'ai
42
pa - ra - dis J'ai du cha -
du cha - grin

Reynaldo Hahn, compositeur en guerre

Pour une poétique de l'apaisement

Stéphan ETCHARRY

Université de Reims Champagne-Ardenne

Toute la masse d'arôme de ces fleurs pour rendre sereine la nuit qui tombe sur nos larmes[1].

« Musicien de la Belle Époque ». « Musicien salonard ». « Musicien de Proust »... Autant d'étiquettes qui collent irrémédiablement à la peau de Reynaldo Hahn (1874-1947), telles des ombres de lui-même. Étiquettes bien pratiques qui permettent de classer le compositeur dans une catégorie pérenne, figeant à jamais son image dans l'histoire de la musique. Même si elles ont le mérite de replacer le musicien dans un contexte tout à la fois chronologique, sociologique et, d'une certaine manière, esthétique que peuvent refléter parfois certaines de ses propres œuvres musicales, ces formules à l'emporte-pièce n'en demeurent pas moins simplificatrices et caricaturales à l'excès, laissant de côté ou passant complètement sous silence des pans entiers de son existence dont la connaissance permettrait pourtant d'enrichir ou de nuancer la perception que l'on a de sa personne et, par-dessus tout, de sa musique.

Ainsi ne sait-on pas toujours, par exemple, que Hahn, Vénézuélien de naissance, a directement pris part à la Grande Guerre, après avoir obtenu la naturalisation française – « à laquelle [il] tenai[t] plus qu'à toute autre[2] » – par décret du 8 décembre 1907[3]. Quatre années durant,

1 Char, René, *Feuillets d'Hypnos*, n° 109, in *Fureur et mystère*, Paris, Gallimard, coll. « Poésie », 1967, p. 113.

2 Archives nationales, base Léonore, dossier LH/1258/19, pièces 7/100 et 81/100.

3 Hahn, Reynaldo, lettre à « Monsieur le Grand Chancelier » de la Légion d'Honneur, datée « Marseille, le 3 janv. 1911 », f. 3, Archives nationales, base Léonore, dossier LH/1258/19, pièce 48/100 (voir également pièce 81/100). De nombreux autres documents – appartenant notamment à ce même dossier (voir, par exemple, pièce 19/100) – laissent négligemment apparaître que Hahn n'aurait été naturalisé qu'en 1909.

l'élégant costume trois pièces du dandy tiré à quatre épingles qui prend la pose, affublé des indispensables accessoires du raffinement (cravate impeccablement nouée, élégante pochette à la veste, montre à gousset, chapeau et gants de cuir[4]), fait donc place à l'uniforme militaire assorti, selon les circonstances, du calot ou du képi de troupe. Seule demeure la cigarette au bec, fragile mais néanmoins emblématique dénominateur commun de ces deux images qui apparaissent pourtant à mille lieues l'une de l'autre. En conséquence, ce changement radical d'apparence physique et de statut social s'accompagne inévitablement, dans le même temps, d'une série de questionnements concernant son activité de compositeur durant ce sombre épisode de l'histoire : qu'advient-il donc de l'art de Hahn qui faisait jusqu'alors les délices de la haute société parisienne dans les salons au tournant du siècle[5] ? Se tarit-il, laissant ainsi place à des activités plus triviales – mais néanmoins nécessaires – dictées par l'urgence des combats ou, au contraire, redouble-t-il d'inspiration ? Dans ce cas-là, le compositeur subit-il alors de plein fouet les soubresauts du conflit mondial ? Son langage et son esthétique enregistrent-ils des changements significatifs ? Son art se contente-t-il de poursuivre celui qu'il avait jusqu'ici pratiqué ou s'engage-t-il, au contraire, sur les voies d'un renouveau qui matérialise en quelque sorte une fracture entre « l'avant » et « l'après » 1914 ? Note-t-on chez Hahn une remise en cause radicale de son art afin d'être en mesure de répondre à la brûlante question d'actualité de la compatibilité entre engagement et évolution du langage artistique, question qui suscite alors sur le sol français – et principalement « à l'arrière » – de nombreux et tumultueux débats ?

Un compositeur en guerre

Naturalisé français en 1907 puis déclaré apte au service militaire, Hahn se voit finalement affecté au 31e régiment d'infanterie (1er bataillon) à la fin de l'année 1911. Désormais en règle avec l'administration militaire, il est mobilisé, comme ses compatriotes, le 1er août 1914. Dès le 4 août, à tout juste cinq jours de son quarantième anniversaire[6], le soldat

---

4 On pourra notamment se reporter à la photo de couverture de l'ouvrage de Depaulis, Jacques, *Reynaldo Hahn*, Biarritz-Paris, Atlantica-Séguier, coll. « Empreinte », 2007, au carnet de photos inséré dans le livre de Gavoty, Bernard, *Reynaldo Hahn. Le musicien de la Belle Époque*, Paris, Buchet/Chastel, 1976, ou encore à l'album photos du très beau site consacré au compositeur : http://reynaldo-hahn.net/.

5 Voir, par exemple : Chimènes, Myriam, *Mécènes et musiciens. Du salon au concert à Paris sous la IIIe République*, Paris, Librairie Arthème Fayard, 2004.

6 Malgré les erreurs récurrentes fixant son année de naissance en 1875, erreurs qui circulent encore dans nombre de documents et de publications, Hahn est bien officiellement né le 9 août 1874.

Hahn rejoint donc, au dépôt de Melun, son régiment d'origine placé sous le commandement de Cuny. Il est alors chargé de porter des plis d'un bureau de recrutement à un autre, à la mairie, à la préfecture, d'inscrire les noms des hommes mobilisés sur des lettres de convocation ou d'accueillir par centaines les nouveaux arrivants dont il se souviendra tristement, une vingtaine d'annés plus tard, en ces termes : « Quels visages ! Quelles défroques ! Pauvres troupeaux voués à la misère, à la tuerie, à toutes les iniquités ! Et Edmond Sée et Marcel Boulanger et Robert Dreyfus et Glaser[7] ! » Au bout d'un mois, les Allemands approchant dangereusement, le régiment est alors envoyé dans le Tarn, à Albi. Hahn y séjourne du début du mois de septembre à la fin de l'année 1914. Ce sont là quatre mois d'attente, de monotonie, d'incidents divers où Hahn doit constamment se justifier, se défendre de n'être pas protégé, sempiternellement réitérer sa ferme intention de se rendre au front. Il devient ainsi une cible facile – ne serait-ce que par ses attaches sociales et confessionnelles –, véritable bouc émissaire exposé à la jalousie ou à la haine parfois de jeunes soldats et d'officiers :

> D'autres déclarent que si je n'étais pas « juif » et protégé par les « juifs », je serais depuis longtemps au front. Je ne suis pas le seul à déchaîner cette haine immonde ; deux ou trois autres ont comme moi ce privilège… mais eux, étant *inaptes* à faire campagne, s'en fichent. Moi, je *me suis* depuis longtemps déclaré apte et j'ai refusé de passer devant des commissions médicales, ayant une excellente santé. Et, enfin, écœuré par tout ce que je vois et entends depuis 4 mois, je saisis avec ivresse une occasion qui m'est offerte de sortir des coulisses de ce mauvais théâtre et d'aller sur le plateau où je verrai, évidemment, les décors de très près, mais où au moins je n'assisterai pas à des querelles de machinistes et à des conjurations de concierges[8].

Marcel Proust (1871-1922) dissuadera son ami de prendre une telle décision et mettra son réseau de connaissances à contribution – médecins, hommes politiques, *etc.* – pour tenter d'enrayer le processus – démarche qui irritera Reynaldo au plus haut point. En vain. Hahn est déterminé. Il écrit à son ami le pianiste Édouard Risler (1873-1929), dans une lettre en date du 21 décembre :

> Moi, je pars samedi prochain pour le front. C'est décidé. […] Je regretterai quelques bons et chers camarades que j'ai ici et deux ou trois officiers qui sont charmants pour moi. Mais je retrouverai mon cher commandant Cuny (qui me comprend et m'approuve), Paul Baschet (le fils de Marcel) et d'autres amis que j'aime beaucoup. Entre nous, je peux te confier que je

7 Hahn, R., « Journal d'un musicien. Nouveaux souvenirs inédits de Reynaldo Hahn (VII) – Versailles », in *Candide*, n° 602, jeudi 26 septembre 1935, p. 3.

8 Hahn, R., lettre à Édouard Risler, « Grand Hôtel du Vigan, Albi [en-tête], 21 déc. [1914] ». BnF, Musique, L. a. Hahn (R.) 415.

vais *probablement* être employé à l'État-Major du général Gouraud. Voilà… Je n'ai, cher Édouard, *aucune* influence ici ; d'abord parce que le [seul] sur qui j'eusse pû en avoir est le Ct Cuny qui est reparti pour le front (et encore ! il hait les « embusqués » !) – et ensuite parce que je me suis systématiquement recroquevillé dans un silence ironique vis-à-vis de la plupart des officiers, depuis que je les ai vus ou sentis ligués avec la canaille contre tout ce qui sort du *médiocre dans lequel ils croupissent en temps de paix*. […] « Rejoindre son corps », être « sur le front ». Quel drôle de style ! Enfin ; il faut espérer qu'après la guerre nous recommencerons à parler français[9] !

À la toute fin de 1914, Hahn se retrouve ainsi en Argonne. Il ne prend pas directement part aux combats dans les tranchées ou sur les champs de bataille mais s'applique à servir l'État-Major du général Henri Gouraud (1867-1946), commandant de la 10e division, puis du général Henri-Charles Valdant (1860-1939) qui prend la relève de ce dernier le 22 janvier 1915. Hahn occupe principalement les fonctions de cycliste-secrétaire – assurant notamment la liaison entre le P. C. de la division et celui du régiment, commandé par le colonel Coudein puis par Cuny –, d'interprète – pour traduire, par exemple, les échanges lors des interrogatoires de prisonniers allemands[10] – ou encore d'envoyé spécial effectuant des missions de reconnaissance pour les services du renseignement.

Basé à Clermont-en-Argonne, l'État-Major connaîtra de nombreux déménagements tout au long de ces interminables quatre années et demi de conflit, déménagements auxquels Hahn participera activement[11]. Entre les mois de février et d'août 1915, il contribue, à sa manière, à l'encadrement logistique des terribles combats de Vauquois[12]. Du 12 septembre au 12 novembre 1916, le 31e prend part à la bataille de la Somme, dans la région de Bouchavesnes et de Rancourt, au nord de Péronne, avant de gagner, en décembre, le secteur du Chemin-des-Dames (région d'Ailles). Soldat fidèle, Hahn accompagne toujours son régiment dans les nouvelles missions qui lui sont confiées. Durant l'année 1917, le P.C. s'installe à Concevreux, dans l'Aisne, non loin du

9 *Id.*

10 Hahn relate par exemple l'interrogatoire d'un « petit Polonais qui s'est rendu » dans son journal de guerre : Hahn, R., [*Journal de guerre*], [18 juin 1915 au soir], manuscrit autographe, f. 54-55 (numérotation d'une autre main), Archives de la famille Hahn.

11 Hahn, R., [*Journal de guerre*], 15 juin [1915], *op. cit.*, f. 42-43.

12 Avec une parenthèse entre les 9 et 25 septembre 1915 pour effectuer, en Seine-et-Marne, sa deuxième période de service militaire (il avait effectué la première avant la guerre, du 12 juillet au 3 août 1912 ; voir : Hahn, R., lettre tapuscrite à [Monsieur le Grand Chancelier de la Légion d'honneur ?], s. d., Archives nationales, base Léonore (http://www.culture.gouv.fr/documentation/leonore), dossier LH/1258/19, pièces 53-56/100) et une semaine autour du 10 novembre, à Paris, pour sa première permission.

secteur du bois des Buttes qui sera le théâtre de très rudes combats entre le 5 février et le 2 avril. À l'issue de cette bataille, Hahn est d'ailleurs promu caporal le 15 avril[13]. Le 31e régiment restera dans ce secteur jusqu'au tout début de l'année 1918[14]. Enfin, le 24 janvier 1918, Hahn passe à la 20e section du secrétariat de l'État-Major, avant d'être détaché six mois au cabinet du ministère de la Guerre, au bureau du Chiffre qui a pour mission de transmettre et de recevoir les messages secrets[15]. Le 5 avril 1918, en reconnaissance des services qu'il a rendus à la nation, Hahn recevra la Croix de guerre avec étoile de bronze, citation à l'ordre du régiment[16]. Une quinzaine de jours plus tard, le 22 avril, ce sera une seconde citation, celle-ci avec étoile d'argent, et cette fois à l'ordre de la division[17]. Mais derrière ce rapide passage en revue des principaux jalons de son itinéraire de guerre, comment le soldat Hahn vit-il, de l'intérieur, la Grande Guerre ?

Même si l'on sait qu'il n'a jamais eu à se battre directement en première ligne, il ne demeure pas moins touché au plus profond de son être par ce violent traumatisme. Angoisse, peur, « bruit *effroyable* de la canonnade[18] », souffrances liées à la perte d'un camarade de régiment, tristesse font ainsi désormais partie de son quotidien. Au cœur de l'été 1915, Proust informe ainsi la sœur de Reynaldo, Maria de Madrazo : « La tristesse de Reynaldo me désespère ; je ne l'avais pas comprise jusqu'ici, maintenant je crois qu'elle ne tient pas à des causes particulières mais à la bonté adorable de son cœur qui ne peut supporter la vue de ces souffrances[19]. »

13 Archives de Paris, *Registre matricule du recrutement militaire*, recrutement 1907, « Hahn, Reynaldo. Matricule 266 » : D4R1 1437.

14 Il reste dans le même secteur de la vallée de l'Aisne jusqu'en janvier 1918 au bois des Buttes, puis en réserve au bois de Beau-Marais, à proximité de Pontavert. En octobre, lors de l'offensive de Champagne, le régiment reviendra dans la plaine à l'est du Chemin des Dames (Pignicourt, Menneville, Proviseux-et-Plesnoy, Nizy-le-Comte, *etc.*) et sera alors augmenté du 34e.

15 Archives de Paris, *Registre matricule du recrutement militaire*, recrutement 1907, « Hahn, Reynaldo. Matricule 266 » : D4R1 1437.

16 « Citation », *Extrait de l'ordre général n° 351 (Citation à l'ordre du Régiment)*, 5 avril 1918, Bureau central d'archives administratives militaires, Caserne Bernadotte, Pau.

17 « Citation », *Extrait de l'ordre général n° 253 (Citation à l'ordre de la Division)*, 22 avril 1918, Bureau central d'archives administratives militaires, Caserne Bernadotte, Pau.

18 Hahn, R., [*Journal de guerre*], [6 juin 1915], *op. cit.*, f. 11-12.

19 Proust, Marcel, lettre à Madame de Madrazo, [début de juillet 1915], in Proust, M., *Correspondance*, t. XIV, texte établi, présenté et annoté par Philip Kolb, Paris, Plon, 1986, p. 164 (lettre 79).

Dès que le calme se réinstalle dans le cantonnement – éphémère moment de répit au-dessus duquel plane la sourde menace de la reprise toujours plus violente des bombardements –, l'ennui vient à son tour miner, de façon insidieuse, le moral des troupes. Cet ennui deviendra ainsi l'un des grands ennemis de Hahn régulièrement en proie à de sombres pensées, parfois morbides[20], qui, bien souvent, le mèneront à des phases de dépression. Durant l'hiver 1916, il se livre ainsi à son ami Risler :

> Quel cimetière nous pourrons contempler, après la guerre, en dehors même des champs de bataille ! Je suis, moi, bien heureux que tu sois *là-bas* et non par ici. La vie qu'on mène sur le front est tantôt horrible, tantôt *mortelle d'ennui*. Je n'ai pas « souffert » et n'ai fait que côtoyer le vrai danger. Mais j'ai vu, senti et deviné bien des choses. Pourtant je n'ai apporté nul concours à l'action et quant à la tristesse morne et ravageante qui est devenue mon état d'âme habituel, qui m'en saura gré ? Enfin, la stupidité humaine a voulu tout cela[21] !

Et, dans une lettre non datée, il écrit à son amie Jeanne Gouzien[22] :

> Je ne suis plus qu'un gâteux bon à mettre au rancart ou, pour parler sans exagération, qu'un être vide et sans mécanisme intérieur, dénué de tout ressort et de tout intérêt. Des détails sur ma vie, ne m'en demandez pas, je n'ai ni le courage, ni la patience de vous en donner. Tout cela est si morne ! Si comique ! Si profondément imbécile ! Après une période d'agitation nerveuse très pénible, je suis dans une phase de prostration, de « cafard comme nous disons, nous autres » militaires, plus douloureuse encore. Mais il n'y a rien à faire ; trop de raisons accumulées ont produit cet état d'âme pour qu'on puisse y résister. Surtout qu'on ne me parle pas de patience, d'optimisme et de victoire finale, ni de toutes les stupidités sordides dont nous sommes saturés et qui me donnent la nausée[23].

Les conditions de vie sont souvent bien précaires et le pianiste-chanteur des salons parisiens doit désormais s'habituer au manque général d'hygiène, à la présence de souris dans les habitats de fortune, à

---

20 Voir par exemple : Hahn, R., [*Journal de guerre*], 15 juin [1915], *op. cit.*, f. 43-44.

21 Hahn, R., lettre à Edouard Risler, [janvier 1916]. BnF, Musique, L. a. Hahn (R.) 416.

22 Jeanne Tripier-Gouzien est « une amie musicienne de longue date ». Elle est notamment la dédicataire de la mélodie « Lydé » extraite du recueil des *Études latines* sur des poésies de Leconte de Lisle (recueil imprimé chez Heugel en 1900). Voir : Labartette, Sylvain Paul, *Inventaire des mélodies imprimées de Reynaldo Hahn*, mémoire de maîtrise de musique (option musicologie), Frédéric Billiet (dir.), Université de Paris-Sorbonne (Paris IV), UFR de Musique et Musicologie, 2005, p. 48.

23 Hahn, R., Lettre à Jeanne Gouzien, « Guerre 14-18 » [non datée], manuscrit autographe (recopié d'une autre main), archives de la famille Hahn.

la saleté répugnante des lieux[24]. Cependant, apprécié par certains officiers de l'État-Major, Hahn est régulièrement invité à des soirées où il est notamment convié à faire partager ses talents musicaux : « on y respire – enfin ! – un air *non-militaire*. Après, sur le piano d'Ignace Pleyel que je réduirai peu à peu en cendres, nous faisons un peu de bruit[25] ». Il n'hésite d'ailleurs pas à faire connaître d'anciennes mélodies qu'il a lui-même composées. En juin 1915, il consigne par exemple dans son journal de guerre : « Dîner assez agréable avec des officiers aviateurs : gens bien élevés, cordiaux, jeunes et renseignés. Ensuite, chez le Cap. M., un peu de musique assez emballante. Vieilles mélodies de moi qui réveillent des souvenirs dans ces jeunes cœurs[26]. »

Malgré cette chance qui lui est offerte de s'évader un peu, grâce à sa chère musique, de l'atmosphère pesante, le cœur n'y est décidément pas, ainsi qu'il le note le 4 juillet 1915 : « Après le dîner, je me mets au piano, froid et morose malgré la gaieté du Colonel, et je tapote en chantant, sans plaisir et sans flamme, jusqu'à minuit[27] ».

En revanche, si le cœur n'est pas à la fête, bien loin de détourner Hahn de la muse inspiratrice et de la composition, cette sombre période de l'histoire – et de la vie du musicien – voit l'achèvement ou l'éclosion de plusieurs œuvres. C'est à son neveu Coco de Madrazo qu'il explique : « j'écris mes petits morceaux dans l'espace de deux ou trois heures, le soir, au bureau, sur mes genoux, dans l'attente du courrier[28]... ».

Le tableau synoptique qui suit, assorti de précisions diverses, propose un classement chronologique de ces « œuvres de guerre »[29].

---

24 Hahn, R., [*Journal de guerre*], [3 juin 1915], *op. cit.*, f. 7 et 15 juin [1915], f. 43-44.

25 *Ibid.*, [2 juin 1915], f. 3-4.

26 *Ibid.*, [26 juin 1915], f. 59. On ne connaît en revanche pas les titres des mélodies interprétées par Hahn lors de ces soirées. De nombreux autres passages de son journal font référence à de telles soirées où la musique occupe une certaine place ; voir notamment : Etcharry, Stéphan, « Reynaldo Hahn et la Grande Guerre », in Blay, Philippe (dir.), *Reynaldo Hahn, un éclectique en musique*, actes du colloque de Venise, Palazzetto Bru Zane – Centre de musique romantique française, 11-12 mai 2011, Lyon, Symétrie, Palazzetto Bru Zane, à paraître.

27 Hahn, R., [*Journal de guerre*], 4, 5 et 6 juillet [1915], *op. cit.*, f. 72.

28 Cité par Gavoty, B., *op. cit.*, p. 228.

29 Ce tableau reprend celui que j'ai réalisé et publié dans mon article : Etcharry, S., « Reynaldo Hahn et la Grande Guerre », *op. cit.*

Date de composition	Lieu de composition	Titre	Genre/ Effectif	Dédicace	Édition
Janvier 1915	Clermont-en-Argonne	*Pour bercer un convalescent*	2 pn	« à Henri Bardac, Sergent au 306e d'Infanterie, grièvement blessé à la bataille de l'Aisne »	Heugel, cop. 1916
1915	Argonne	*Aux morts de Vauquois / À nos morts ignorés*	Mélodie Vx/pn	« à Monsieur le Général Valdant, commandant la 10e division d'Infanterie »	Cop. R. Hahn, 1915 Heugel, cop. 1918
[Hiver-] printemps 1915	Clermont-en-Argonne	*Five Little Songs*	Mélodie Vx/pn	« à Jacques Parly »	Heugel, cop. 1916-1917
1915	Argonne	*Les Jeunes Lauriers*	Marche militaire Pn	« à Monsieur le Lieutenant-Colonel Cuny »	Heugel, cop. 1916
Terminé en 1915	Aux Armées	*Le Ruban dénoué*	12 valses à 2 pn et une mélodie Vx/pn		Heugel, cop. 1917
5 janvier 1917		*À Chloris*	Mélodie Vx/pn		Heugel, cop. 1916
18 mai 1917		*Le Plus Beau Présent*	Mélodie Vx/pn		Heugel, cop. 1917
25 mai 1917		*Puisque j'ai mis ma lèvre* (Intégré au *Ruban dénoué*)	Mélodie Vx/pn		Heugel, cop. 1917
6 et 7 septembre 1917	Concevreux	*Noctem quietam*	Motet Ténor solo et chœur, org ou pn	« à Mademoiselle Hélène de Charné »	Heugel, cop. 1925

Tableau – Œuvres de Reynaldo Hahn composées durant la Grande Guerre

À côté de ces pièces, il convient de faire figurer l'opéra en trois actes *Le Marchand de Venise*, sur un livret de Miguel Zamacoïs (1866-1940) d'après la comédie de William Shakespeare – créé à l'Opéra de Paris le 25 mars 1935 – et celui en deux actes, *Nausicaa*, sur un livret de René Fauchois (1882-1962) – créé à l'Opéra de Monte-Carlo le 13 avril 1919 : des pages du premier ont en effet été ébauchées pendant le conflit[30] et,

[30] Voir notamment : Blay, P., « "Affronter l'opéra avec une grande œuvre" : *Le Marchand de Venise* de Reynaldo Hahn », in Blay, P. (dir.), *Reynaldo Hahn, un éclectique en musique*, *op. cit.*

pour le second, *Le Ménestrel* nous rappelle que « le fin musicien était au front de Vraincourt lorsqu'il l'acheva, lorsqu'il en écrivit toute la seconde partie[31] ».

Bien entendu, les titres évocateurs donnés par le compositeur à ses œuvres – mais aussi les sous-titres, les hommages, les dédicaces, les préambules, les avant-propos, les lieux et les dates – affichent la ferme volonté d'inscrire celles-ci dans un contexte historique, celui de la Grande Guerre. Tout cet habillage péritextuel – ou encore, plus directement, le texte poétique de la mélodie *Aux morts de Vauquois / À nos morts ignorés* – porte ainsi en lui les stigmates du conflit mondial[32] et place d'emblée l'auditeur face à un horizon d'attente qui oriente inévitablement son écoute.

Au-delà de la simple présentation chronologique de ces différents *opus*, afin de tenter de sonder l'influence qu'a pu avoir le conflit sur son style musical, il convient d'établir une distinction entre les compositions débutées avant le déclenchement des hostilités et achevées au beau milieu des combats (*Le Ruban dénoué*) et celles qui ont été exclusivement écrites au front. À l'intérieur même de cette dernière catégorie, il faut, là encore, discerner la musique « fonctionnelle » commandée à Hahn par la hiérarchie militaire (*Les Jeunes Lauriers*) des œuvres de « circonstance » qui naissent de sa propre initiative, qui lui sont dictées par une inspiration tout à fait personnelle (*Pour bercer un convalescent, Aux morts de Vauquois / À nos morts ignorés, Five Little Songs, Noctem quietam*). Note-t-on alors des changements significatifs dans le geste compositionnel de Hahn ? Parvient-on ainsi à discerner et à mettre en évidence une « esthétique de guerre » dans son langage musical ?

À la recherche du temps perdu…

Même si l'étude génétique reste à ce jour bien difficile à établir dans ses moindres détails, la plupart des douze valses pour deux pianos du *Ruban dénoué* ont été composées avant la guerre mais le recueil complet a bien été achevé au cours de l'année 1915. Le recours à la valse[33]

31 Curzon, Henri de, « La Semaine musicale », in *Le Ménestrel*, 22 juin 1923.

32 J'ai particulièrement développé cet aspect-là des choses dans mon article précédemment cité : Etcharry, S., *op. cit.*

33 Hahn avait déjà illustré cette danse dans *L'Inspiration* (1883), pour piano – composition de jeunesse dédiée « à [ses] chers parents » – et *Premières valses* (1898) – recueil de dix valses pour piano précédées d'une *Invitation à la valse*. Il reviendra à cette danse dans ses œuvres lyriques de l'entre-deux-guerres : *Ciboulette* (1923), *Une Revue* (1926), *Brummel* (1931), *Ô mon bel inconnu* (1933), *Le Marchand de Venise* (1935) ; voir : Étienne, Jean-Christophe, *L'œuvre pour piano de Reynaldo Hahn*, mémoire de maîtrise d'Éducation musicale (Madame J. Gachet, dir.), Université Toulouse-Le Mirail, avril 1981, p. 38.

– danse désormais quelque peu désuète, ou tout au moins emblématique d'un certain milieu social, à la fois prisée par la noblesse et la bourgeoisie – vient-il symboliser chez Hahn l'adieu mélancolique au monde des salons ou, de façon plus générale, le crépuscule d'un monde en voie de délitement ? Cet incessant tournoiement à trois temps qui évolue sur lui-même (douze valses s'enchaînent entre elles), telle une spirale infinie, ne crée-t-il pas une certaine sensation d'étourdissement qui vient tragiquement s'abîmer dans les convulsions de l'inévitable conflit mondial qui vient d'éclater ?

En dénouant son ruban, le musicien semble en tous les cas libérer toute une série de souvenirs intimes enfouis au plus profond de son être, autant de cartes postales qu'il livre au public en les accompagnant de légendes suggestives : « 1. *Décrets indolents du hasard*, 2. *Les soirs d'Albi*, 3. *Souvenir... Avenir...*, 4. *Danse de l'amour et du chagrin*, 5. *Le demi-sommeil embaumé*, 6. *L'anneau perdu*, 7. *Danse du doute et de l'espérance*, 8. *La cage ouverte*, 9. *Soir d'orage*, 10. *Les baisers*, 11. *Il Sorriso*, 12. *Le seul amour*, *Puisque j'ai mis ma lèvre* (poésie de Victor Hugo)[34] ». Si la deuxième pièce (*Les soirs d'Albi*) évoque – seulement pour qui connaît quelques éléments de la biographie hahnienne – les quatre premiers mois de la mobilisation, aucun autre sous-titre ne vient rappeler que le compositeur est arrivé, en cet hiver glacial de 1915, sur le front de l'Argonne où il terminera ce cycle pianistique. Pourtant, Hahn tient à le faire savoir haut et fort en rédigeant, en exergue de sa partition, un avant-propos fort développé :

> Cette série de valses a occupé quelques-uns de mes mornes loisirs en ces derniers mois. Je ne m'en exagère pas la valeur musicale. Mais j'ai tenté d'y recéler des émotions et d'y fixer des instants qui auront compté dans ma vie. Si j'osais reprendre le mot d'un grand maître, je dirais que cette musique a été écrite pour moi et quelques amis. Écrite où et comment ? Tantôt la nuit, au bureau de l'État-Major, tantôt au milieu des bois, dans une cabane ébranlée par le canon, tantôt durant les interminables journées d'hiver, angoissantes et moroses. Le n° 11, qui retrace une image et résume des souvenirs, fut composé en un lieu où le claquement perpétuel des balles a fait taire les oiseaux. Entre les n°s 8 et 9 s'est écoulée une période douloureuse. Une étape reposante sépare les n°s 11 et 12. Pour le n° 12, je sollicite une grande indulgence. Je sais tout ce qu'on peut reprocher de « facilité » à l'idée mélodique de ce morceau. Mais elle méritait d'être notée à cause de sa spontanéité, de sa sincérité profonde, de la fidélité avec laquelle elle exprime un état d'âme et surtout à cause de la persistance impérieuse avec laquelle elle s'est imposée à moi. C'est pendant

---

[34] Hahn, R., *Le Ruban dénoué*, douze valses à deux pianos et une mélodie, Avant-Propos, Paris, Au Ménestrel, Heugel et Cie, 1917.

un trajet en automobile, entre V… et le poste de commandement du Général, à B…, que ce motif a surgi en moi et m'a, pour ainsi dire, envahi. On me parlait et je répondais. Mais, pas un instant, cet air ne cessa de chanter dans ma tête, comme si mon cœur s'épanchait en un flux intarissable. Cette valse, datée de la fin d'octobre (époque où je l'ai écrite) date, en réalité, du milieu de septembre[35].

Si l'on s'en tient à quelques-uns des numéros évoqués ci-dessus qui sont, à en croire leur auteur, directement reliés au contexte de la guerre, on a bien du mal à se représenter cette « cabane ébranlée par le canon » ou même ces « interminables journées d'hiver, angoissantes et moroses ». Musicalement en effet, les pièces empreintes de douce et rêveuse mélancolie (n°s 1, 3, 4, 5, *etc.*) alternent avec des tableaux plus légers, voire enjoués pour certains (n°s 2, 6, 8, *etc.*). Déjà, la deuxième pièce, « *Les soirs d'Albi* » – faisant écho, on l'a vu, à la biographie militaire du compositeur – n'enregistrait aucune atmosphère laissant entrevoir – ou plutôt entendre – de vagues échos de la guerre, même si le soldat Hahn n'avait pas encore rejoint le front de l'Argonne à ce moment-là. Aucune tristesse, aucune angoisse, aucun sentiment d'appréhension ou de peur ne viennent perturber le déroulement du brillant *fa* # majeur « vif et leste (à un temps) ». La joviale structure, qui s'apparente à un rondo, fait alterner les trois couplets avec le retour régulier du refrain. Celui-ci est porteur d'une vigueur rythmique caractéristique qui joue, dans sa phase d'élan, sur deux cellules ïambiques et des déplacements d'accents jusqu'au point culminant de la phrase (mes. 1-4) puis, lorsque la régularité de la valse se réinstalle grâce à des croches alertes dans la phase de désinence, c'est au tour du second piano de déhancher l'assise rythmique par l'introduction d'hémioles (mes. 5-8). Autant de choix compositionnels qui viennent dépeindre un climat d'une espièglerie et d'une gaieté bien insouciantes (voir ex. 1)…

---

[35] *Id.*

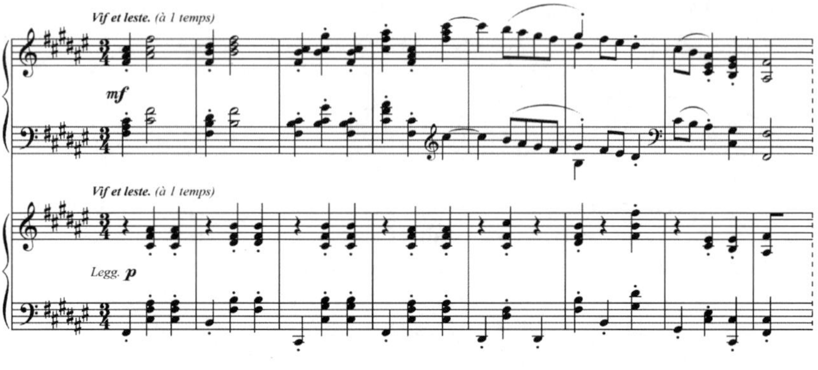

Ex. 1 – Reynaldo Hahn, « *Les soirs d'Albi* » (n° 2), mes. 1-8, *Le Ruban dénoué*, Paris, Heugel, 1917, p. 3 (avec l'aimable autorisation des éditions Heugel S.A.)

Même en tendant attentivement l'oreille dans les moindres recoins de la pièce n° 11 (« *Il Sorriso* »), il apparaît impossible de se représenter ou de reconstituer la lourde et dangereuse atmosphère qui l'a vu naître. Aucun stigmate des violents combats qui se déroulaient alors ne vient interférer la séduisante courbe mélodique[36], en *mi* majeur et à 2/4, regorgeant d'appogiatures et de broderies se superposant au cadre métrique à 3/4 du second piano. La section centrale B de cette forme tripartite A-B-A' vient suggérer, aux tons adoucis de *la b* majeur puis de *mi b* majeur, une atmosphère poétique et dénudée où les très longues pédales de dominante ne sont pas sans évoquer le caractère pastoral de la musette. La musique semble avoir transporté l'artiste dans son monde intérieur, le protégeant ainsi de l'horrible « claquement perpétuel des balles » dont il nous fait part dans l'avant-propos de sa partition (voir ex. 2).

[36] « C'est de ce thème que Reynaldo se servira pour accompagner, au premier acte du *Marchand de Venise*, le duo de Lorenzo et Jessica (cf. duo de l'enlèvement, p. 118 et suivantes, dans la partition piano et chant) » : Étienne, J.-C., *op. cit.*, p. 54.

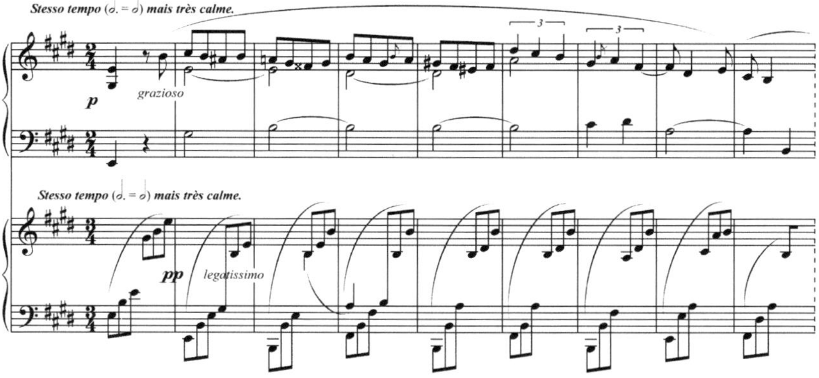

Ex. 2 – Reynaldo Hahn, « *Il Sorriso* » (n° 11), mes. 1-9, *Le Ruban dénoué*, Paris, Heugel, 1917, p. 40 (avec l'aimable autorisation des éditions Heugel S.A.)

Un décalage symptomatique est ainsi créé entre une musique qui s'inscrit dans la continuité esthétique d'avant-guerre et l'avant-propos de la main du compositeur qui vient rappeler le sombre et tragique contexte dans lequel ce cycle de valses a été achevé. Comme si Hahn prenait lui-même pleinement conscience de ce hiatus et tenait malgré tout à se positionner comme compositeur au front, son style n'enregistrant en effet aucun soubresaut significatif, aucune rupture avec le passé. Comme si Hahn tenait à s'excuser d'avoir « commis » un tel recueil autobiographique et introspectif, complètement déconnecté de l'arrière-plan de l'histoire en marche. En convoquant le souvenir et la réminiscence affective, l'œuvre représente finalement pour Hahn une sorte de refuge salutaire, de tour d'ivoire, pour tenter d'oublier – pour un moment au moins – le bruit assourdissant des bombes et des canons ainsi que l'horreur des combats. À propos de cette œuvre, Jacques Depaulis ne parle-t-il justement pas d'« exutoire romantique, afin d'oublier les nuits passées sous le fracas des bombes, la boue, la peur et… les camarades fauchés autour de lui, au fil des jours[37] » ? En faisant ainsi remonter le passé à la surface, Hahn souhaite retrouver ce temps perdu, celui de la paix, le temps de la bien nommée Belle Époque. C'est d'ailleurs dans le salon parisien d'Angèle Duglé (1848-1929), dans le quartier de la plaine Monceau, que seront créées ces valses, ainsi que le rappelle Myriam Chimènes : « En novembre 1915, avec le concours d'Édouard Hermann et en présence de Marcel Proust, Reynaldo Hahn, profitant de sa première permission, donne chez Angèle Duglé, désormais installée

[37] Depaulis, J., *op. cit.*, p. 92-93.

169 boulevard Malesherbes, la première audition des *Valses* qu'il vient de composer à Vauquois[38]. »

Un an et demi plus tard, *Les Annales Politiques et Littéraires* du 25 mars 1917 annonceront :

> M. Reynaldo Hahn, qu'on n'avait pas vu à Paris depuis de longs mois, en permission de quelques jours, a fait entendre à quelques intimes douze morceaux composés au front, écrits pour deux pianos, et qui vont être édités incessamment. Mme Engel-Bathori lui donna la réplique. Ces morceaux, dans lesquels on retrouve l'émotion, l'imagination, la volupté et le rythme d'un Chopin, ont la forme ailée et les rubato de ses valses. Ils s'appellent : Secrets indolents du Hasard…, Souvenir Avenir…, l'Anneau perdu…, Soir d'orage…, L'Insomnie…, Le seul Amour, *etc.* Ces compositions originales, délicates, très personnelles, seront bientôt classiques comme les mélodies de Reynaldo Hahn[39].

Encourager les soldats, soutenir le moral des troupes

Probablement écrite au printemps 1915, en Argonne, et dédiée « à Monsieur le Lieutenant-Colonel Cuny », la marche militaire *Les Jeunes Lauriers* est la seule pièce que l'on peut classer dans la catégorie des œuvres « utilitaires » appartenant aux musiques régimentaires. Il semble que, de ce répertoire bien éloigné de ses goûts et de ses préoccupations, Hahn ait tiré quelques leçons, notamment en matière de rythme. Dans sa 5e conférence de l'Université des Annales qu'il donnera à Paris le 16 décembre 1918[40], un petit mois après la fin de la guerre, et qui aura justement pour thème « De l'interprétation dans le chant : le rythme et la prosodie », Hahn déplore le non respect du rythme par nombre de chanteurs :

> Malheureusement, le respect du rythme est une vertu peu fréquente chez les professionnels. Quant à l'instinct du rythme, il existe, chez bien des gens, mais d'une façon grossière, embryonnaire, et il suffit, pour s'en convaincre, d'écouter dans la rue, des passants qui fredonnent ou sifflotent un air. Vous entendez fréquemment des choses comme celles-ci[41]…

Et, à titre d'exemple, comme si l'expérience vécue durant ces dernières années le hantait encore, notre conférencier se met à siffler

---

[38] Chimènes, M., *op. cit.*, p. 280.

[39] *Les Annales politiques et littéraires*, n° 1761, 25 mars 1917, p. 275.

[40] Pour les quatre premières séances, l'article précise en note de bas de page : « voir les numéros des 15 décembre 1918, 1er janvier, 1er et 15 février 1919 » (Hahn, R., « De l'interprétation dans le chant : le rythme et la prosodie », in *Journal de l'Université des Annales*, Paris, 13e année, tome I, n° 7, 15 mars 1919, p. 320).

[41] *Ibid.*, p. 321.

Sambre-et-Meuse[42] dans un rythme approximatif, chanson d'ailleurs reproduite dans la version publiée de cette conférence. Un peu plus loin dans son discours, il fait part – avec le talent poétique qu'on lui connaît – d'un souvenir tout à fait surprenant de sa vie de militaire :

> Ce don [le rythme], le plus précieux de tous ceux qu'un musicien doive convoiter, se rencontre parfois, pourtant, chez des êtres simples, à qui la vie ne s'est révélée que d'une façon incomplète. Je connais, au 46e régiment d'infanterie, un jeune tambour nommé Lefort, petit, d'allure assez chétive, timide et n'ayant de la musique que des notions élémentaires. Ce garçon est une espèce de génie rythmique. Il lui suffit de ceindre son tambour et d'en jouer pour devenir attachant, car le rythme l'habite tout entier ; je ne connais pas de musique plus belle que le bruit mat ou ronflant, le bruit sans couleur, le bruit blanc et noir que font ses deux baguettes de bois sur la peau de sa caisse roulante, car ce bruit a la ponctualité sublime des astres. En Argonne, sur la petite place d'Auzéville où le régiment faisait musique chaque jour devant la maison de notre général, je me plaçais près du tambour Lefort et prenais quotidiennement, en écoutant ce jeune ignorant, une leçon de rythme incomparable[43].

La marche militaire de Hahn est composée pour piano avant d'être transcrite pour orchestre d'harmonie par le chef de musique du 31e R.I. Léonce Chomel (1861-1935)[44] et son style musical atypique et primesautier se distingue nettement de celui des autres compositions de la même période. En effet, afin de répondre à la commande de la hiérarchie militaire, Hahn doit y respecter un cahier des charges qui s'inscrit dans une tradition bien éprouvée du genre et ne peut s'y livrer aussi librement que dans ses autres pièces, même s'il n'hésite pas à en poétiser le titre. Hahn présente lui-même sa marche miltaire comme un « morceau pompier écrit (sur commande) en souvenir des victimes du combat de Vauquois[45] ». Afin de soutenir le moral, le courage et la détermination des troupes, au-delà des formules rythmiques consacrées dans ce genre musical (rythmes pointés vigoureux, dactyles dynamiques, syncopes, *etc.*), Hahn privilégie un langage éminemment tonal (*si b* majeur et *ré* mineur) affirmé par les degrés piliers de la tonalité – principalement des toniques et des dominantes entourées, à doses homéopathiques, de IVe ou de VIe degrés, de quelques dominantes secondaires (V/V et V/VI) et d'une petite marche harmonique descendante en trois paliers

42 *Le Régiment de Sambre et Meuse* (1879) de Robert Planquette (1848-1903), composé sur un poème écrit en 1870 par Paul Cezano. François-Joseph Rauski (1837-1910) en fit un arrangement pour musique militaire.

43 *Journal de l'Université des Annales*, art. cit., p. 320.

44 Ce dernier avait notamment réadapté pour les harmonies modernes, en 1910, la *Grande Symphonie Funèbre et Triomphale* de Berlioz.

45 Hahn, R., lettre à Jane Bathori, [1915], BnF, Musique, NLA 10 (149).

(*sol* mineur, *fa* majeur, *mi b* majeur[46]). La stabilité du discours harmonique est encore soulignée par des carrures absolument régulières de huit mesures, les nombreuses reprises de phrases musicales et la juxtaposition de deux sections thématiques principales encadrées par un prélude et un postlude où résonne la stylisation d'une sonnerie militaire de clairon (voir ex. 3).

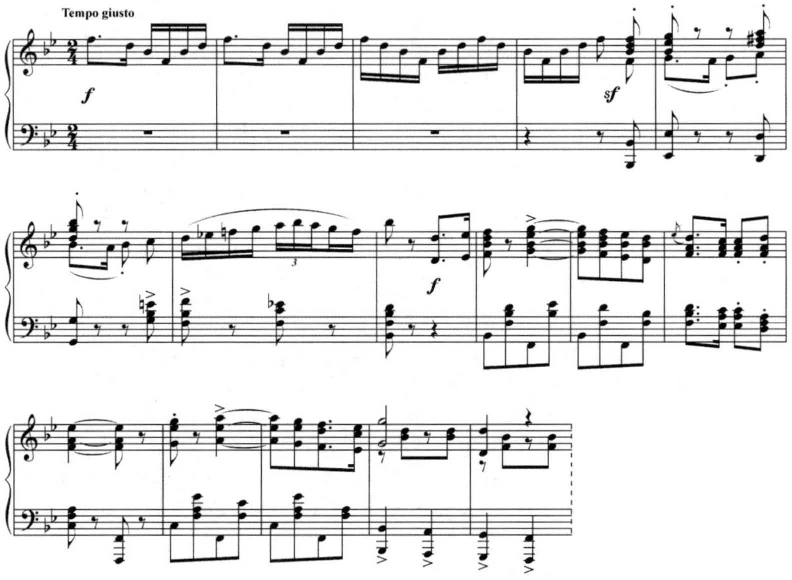

Ex. 3 – Reynaldo Hahn, *Les Jeunes Lauriers* (marche militaire), mes. 1-16, Paris, Heugel, 1916, p. 2 (avec l'aimable autorisation des éditions Heugel S.A.)

Si le ton de la section A, en *si b* majeur, est solennel et souvent grandiloquent, la modulation à la tierce supérieure (*ré* mineur), la confrontation rapprochée des modes majeur / mineur (tonalités relatives – *ré* mineur / *fa* majeur – puis homonymes – *ré* mineur / *ré* majeur) et les doublures à la tierce confèrent à la partie contrastante B un caractère beaucoup plus mélodique et intimiste qui n'est pas sans évoquer, avec une certaine élégance, quelques traits stylistiques schubertiens ou même de vagues échos mahlériens. C'est ce que note Reynaldo dans son *Journal* : « Cette marche est d'une gaité qui m'étonne moi-même,

[46] Hahn, R., *Les Jeunes Lauriers. Marche militaire*, pour piano, « À Monsieur le Lieutenant-Colonel Cuny », Paris, Au Ménestrel, Heugel et Cie, 1916, p. 5 (3e système).

malgré son petit milieu à la Schubert, un peu “Boche” de l’ancien régime [...][47] » (voir ex. 4).

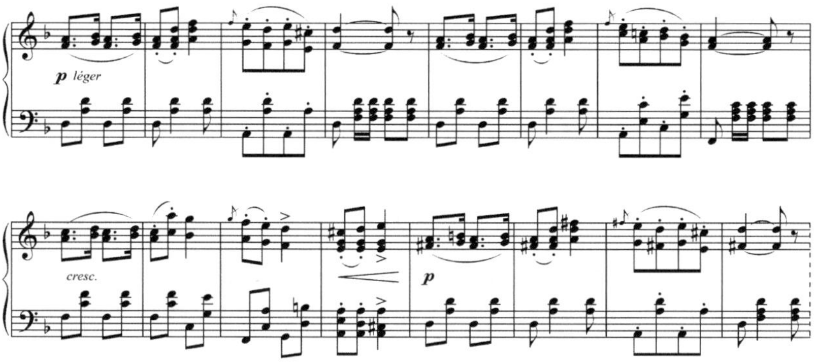

Ex. 4 – Reynaldo Hahn, *Les Jeunes Lauriers* (marche militaire), mes. 41-56, Paris, Heugel, 1916, p. 3 (avec l’aimable autorisation des éditions Heugel S.A.)

Il ne faut d’ailleurs voir dans ces propos concernant Schubert aucune aversion pour la musique d’outre-Rhin mais bien plutôt un clin d’œil narquois qui fait directement écho aux batailles idéologiques entre anti- et pro- musique austro-allemande qui animent les débats, notamment à l’arrière. Même s’il ne s’est semble-t-il jamais prononcé publiquement sur la question, on devine que Hahn fait partie de ces artistes qui prennent du recul à ce sujet et parviennent à dépasser ce clivage somme toute simpliste et réducteur, d’autant qu’il avait lui-même des origines allemandes par son père, Karl Hahn (1820-1897), natif de Hambourg. Rare témoignage de sa façon d’appréhender cette querelle esthétique, une lettre à son ami le chef d’orchestre et compositeur Désiré-Émile Inghelbrecht (1880-1965) dévoile un Hahn particulièrement ironique envers les prises de position tranchées de Vincent d’Indy et de ses disciples de la *Schola* à l’encontre de la musique « boche ». Il souligne ainsi le stupide rejet des chefs-d’œuvre consacrés par l’histoire et n’hésite pas à placer le maître de la rue Saint-Jacques face à ses propres compositions, les transformant en miroirs lui renvoyant son reflet, comme s’il l’invitait à faire son examen de conscience :

> J’apprends que « Dieu » fait des pieds et des mains pour que soit débaptisée l’avenue Meyerbeer (à défaut d’avoir pu faire baptiser ce dernier), sans doute pour la nommer rue Sérieyx ? Je propose que, du même coup, on boycotte le *Chant de la Cloche* (Schiller) et *Wallenstein* (Gœthe), *l’Étranger* (plus d’étrangers en France !), *Fervaal*, parce que désinence teutonne et

47 Hahn, R., [*Journal de guerre*], [10 juin 1915], *op. cit.*, f. 19.

> qu'il n'soit plus jamais question de Schütz, ni de Buxtehude. Quel débarras ! Mais surtout, et à jamais, que la *Messe en ré* soit bannie, avec son solo de violon accompagné par des trombones. Vive Botrel ! Gloire à Marcel Labey ! Hosannah pour Castera et un ban pour Franc-Nohain ! Tous unis dans la haine du Boche, tous frères, tous amis. Dzin, dzin, boum[48] !

Les Jeunes Lauriers – que le compositeur dirige parfois lui-même au cantonnement, sur la place du village – connaît très vite un vif succès auprès des soldats et Hahn précise d'ailleurs à Jane Bathori : « Je ne vous envoie pas la machine sur Vauquois. Je suis à court d'exemplaires car les officiers m'en demandent tous. Vous la verrez dans les *Annales* où elle paraîtra prochainement[49] ». À l'issue du conflit, en lui décernant la Croix de guerre, l'autorité militaire soulignera que Hahn « a mérité en outre la reconnaissance du 31e en glorifiant dans la musique qu'il a composée les morts du régiment[50] ». Conscient de ce succès et de l'impact de sa musique sur le moral des troupes, il confie à son amie Jeanne Gouzien, au tout début du mois de juillet 1915 :

> La marche joyeuse et vibrante, que joueront bientôt toutes les musiques militaires et qui est de moi, fera peut-être plus pour le moral des soldats que les déclarations des journalistes, confortablement logés à Paris, et (sans avoir le talent de Botrel et d'Eugénie Buffet !) il m'est arrivé de distraire un peu les uns et les autres en leur faisant de la musique. Je n'ai demandé nulle faveur, je recherche toutes les occasions de me rendre utile. J'ai la conscience tranquille[51].

Réconforter les blessés, honorer la mémoire des morts

Pour Bercer un convalescent – trois pièces écrites pour deux pianos en janvier 1915 à Clermont-en-Argonne pour « Henri Bardac, sergent au 306e d'infanterie, grièvement blessé à la bataille de l'Aisne[52] » – dévoile une esthétique typiquement hahnienne qui s'adresse une nouvelle fois à son instrument de prédilection mais qui accuse cependant les contours de la douceur afin de créer un paisible climat de berceuse[53] propice au repos du convalescent. Comment Hahn s'y prend-il donc pour offrir ce moment privilégié de calme à son camarade, pour l'accompagner dans

48 Hahn, R., Lettre à Désiré-Émile Inghelbrecht, « Pendant la guerre » [non datée], manuscrit autographe, Archives de la famille Hahn.

49 Hahn, R., lettre à Jane Bathori, [1915]. BnF, Musique, NLA 10 (149).

50 Archives de Paris, *Registre matricule du recrutement militaire*, doc. cit.

51 Hahn, R., lettre à Jeanne Gouzien, « Aux Armées, 5 juillet 1915 », Archives de la famille Hahn.

52 Hahn, R., *Pour bercer un convalescent*, trois pièces pour deux pianos, quatre mains, Paris, Au Ménestrel, Heugel et Cie, 1916.

53 En 1904, Hahn avait déjà composé sept *Berceuses* pour piano à quatre mains.

sa convalescence ? Dans un « *Andantino* sans lenteur », la première pièce en *si b* majeur propose de longues plages de pédales de tonique qui se colorent en fonction des harmonies qui se succèdent au-dessus, sur de moelleux phrasés par deux amortissant l'attaque des accords, pédales qui procurent une sensation de temps étiré, voire suspendu. Dès les trois premières mesures, Hahn évite d'emblée la sensible porteuse de tensions : le *la b* apporte ainsi une subtile coloration modale (mode de *sol* sur *si b*) qui donne un côté statique à la pièce. Ce statisme est d'ailleurs souligné par le pentatonisme anhémitonique de la ligne mélodique du premier piano (*fa-sol-si-b-do-ré*) (voir ex. 5).

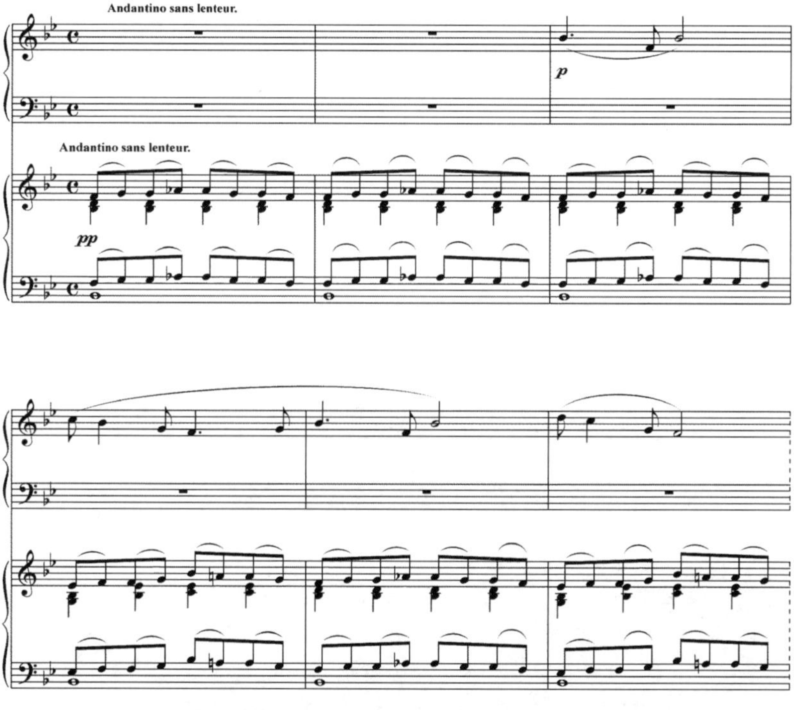

Ex. 5 – Reynaldo Hahn, *Pour Bercer un convalescent*, I. « Andantino sans lenteur », mes. 1-6, Paris, Heugel, 1916, p. 2 (avec l'aimable autorisation des éditions Heugel S.A.)

Dans le même ordre d'idées, on peut citer les accords de dominante qui ne se résolvent pas de façon « régulière ». Ainsi, par exemple, la neuvième majeure de dominante de *do* majeur s'enchaîne-t-elle sur un accord de *si b* majeur (mes. 8-9, p. 3) ; le *do* attendu à la basse arrive quelques mesures plus loin (mes. 11, p. 3)… mais il n'est pas harmonisé par l'accord de tonique attendu (mais bien par un IVe degré de *do* majeur, à l'état de deuxième renversement). Le compositeur semble donc favoriser les stratégies d'évitement des résolutions, comme s'il souhaitait étirer au maximum l'inexorable déroulement temporel. Enfin, toujours dans le but d'éviter l'enchaînement « tension-détente » – autrement dit, V-I – de la rhétorique tonale, Hahn conclut son morceau par deux cadences modales de type II-I, chaque IIe degré portant un accord « de dominante de couleur », cette harmonie n'ayant désormais plus aucune valeur fonctionnelle : $II^{« + 6 »}$ (mes. 20, p. 4) et $II^{« + 4 »}$ (mes. 24, p. 4), ces deux harmonies s'enrichissant de la résonance de 9e majeure (*ré*) (voir ex. 6).

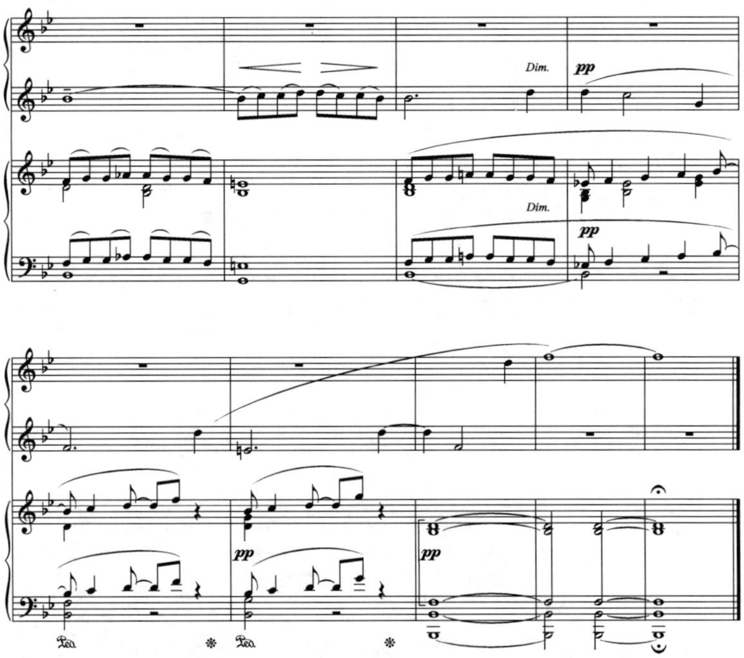

Ex. 6 – Reynaldo Hahn, *Pour Bercer un convalescent*, I. « Andantino sans lenteur », mes. 19-27, Paris, Heugel, 1916, p. 4 (avec l'aimable autorisation des éditions Heugel S.A.)

La deuxième pièce « *Andantino non lento* », dans la tonalité de *fa* # mineur, gomme elle aussi la sensible dès la deuxième mesure (*mi* bécarre) et joue sur les degrés mélodiques mobiles afin d'apporter de subtiles touches modales (allusion, par exemple, au mode de *ré* sur *fa* # avec le VIe degré haussé, *ré* #, mes. 3). La « stratégie d'évitement » qui permet d'étirer la phrase musicale est quant à elle mise en place dès la huitième mesure : alors qu'on attendait l'accord de tonique de *si* mineur sur le *si* à la basse, Hahn fait porter à ce dernier une harmonie de sixte napolitaine du ton principal, évitant ainsi la conclusion de la carrure de quatre mesures et relançant de fait un nouveau cycle cadentiel (II-V/V-V-I) qui prolonge ainsi la phrase musicale (la grande liaison d'expression placée au-dessus par le compositeur ne fait d'ailleurs que confirmer cet allongement temporel de la carrure) (voir ex. 7).

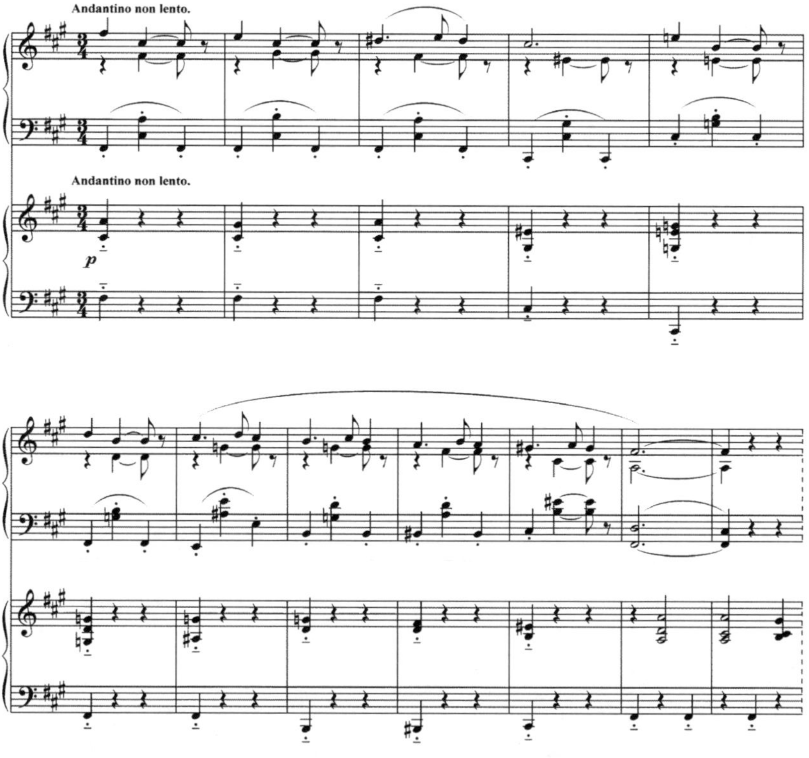

Ex. 7 – Reynaldo Hahn, *Pour Bercer un convalescent*, II. « Andantino non lento », mes. 1-12, Paris, Heugel, 1916, p. 5 (avec l'aimable autorisation des éditions Heugel S.A.)

Lors de la reprise avec variantes du volet liminaire de cette forme tripartite A-B-A', Hahn repoussera encore la cadence parfaite attendue – par la logique de sa progression harmonique mais aussi, tout simplement, parce qu'elle a déjà été entendue en A – en enchaînant l'accord de dominante à celui de sus-dominante, aboutissant à la progression II-V/V-V-VI-V/V (mes. 58-62, p. 8). Dans un ultime *ppp* pour lequel il demande le doux enrobage des deux pédales, Hahn rappelle une toute dernière fois le thème générateur de cette pièce en le figeant littéralement sur une pédale de tonique. L'éclairage au ton homonyme de *fa* # majeur apporte une sérénité des plus réconfortantes, encore adoucie par la négation de la sensible – c'est-à-dire de la tension – mélodiquement (*mi* bécarre de la mes. 64) et, surtout, harmoniquement (*mi* bécarre de la mes. 66) lorsqu'arrive l'accord de dominante marquant la césure de la carrure. Ainsi, ce mode de *sol* (sur *fa* #), mais aussi de *mi* (avec le *sol* bécarre, mes. 67-70) suivi du mineur mélodique ascendant (*ré* # et *mi* #, mes. 71-72) apparaissent-ils dans cette *coda* comme les garants d'une délicate tendresse favorisant le repos (voir ex. 8).

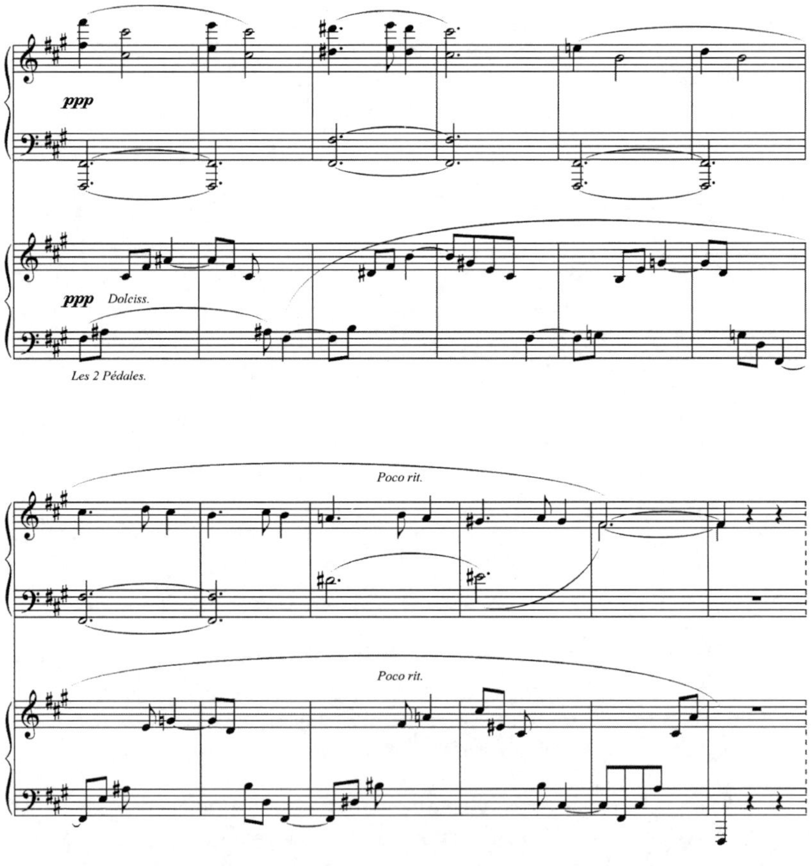

Ex. 8 – Reynaldo Hahn, *Pour Bercer un convalescent*, II. « *Andantino non lento* », mes. 63-74, Paris, Heugel, 1916, p. 8 (avec l'aimable autorisation des éditions Heugel S.A.)

Pour la troisième pièce « *Andantino espressivo* », en *la* majeur, on notera le caractère rassurant que dégage la permanence de la cellule mélodique génératrice qui se balance sur un rythme trochaïque berceur. L'écrin harmonique qui lui est offert sublime son caractère apaisant puisque il se pare d'irisations tout en nuances et toujours renouvelées où l'on retrouve notamment quelques dominantes non résolues et de fréquents enchaînements de type modal (iii-vi, mes. 2-3 – voir ex. 9 –, ou encore vi-I^6-ii^7-iii^6-V-I, mes. 24-26, p. 11).

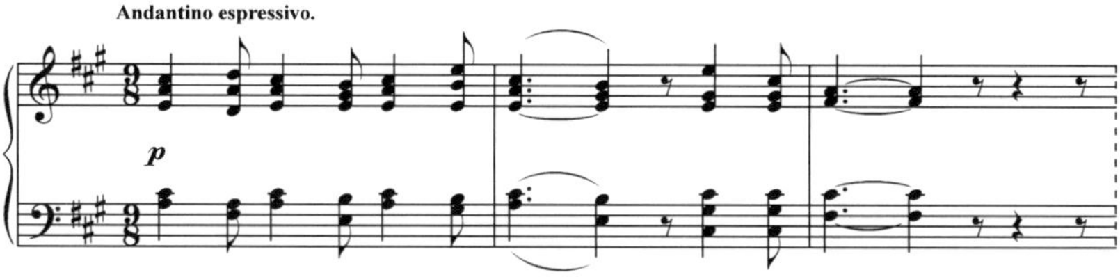

Ex. 9 Reynaldo Hahn, *Pour Bercer un convalescent*, III. « Andantino espressivo », mes. 1-3, Paris, Heugel, 1916, p. 9 (avec l'aimable autorisation des éditions Heugel S.A.)

> [Cette] esthétique des petites pièces [...] sera celle de pratiquement tous les autres recueils de Reynaldo ; elle est caractérisée par la primauté de la mélodie faite de charme et de simplicité, par le raffinement de l'harmonie et par l'écriture pianistique refusant systématiquement la virtuosité au profit d'un style de confidence intime[54].

De plus, par ces dimensions très réduites, Hahn se voit obligé de délaisser tout développement de type tensionnel pour privilégier plutôt des structures additives qui procèdent par succession de différentes sections musicales (A-B-A' ou A1-A2-A1' ou encore AA' + coda, *etc.*).

Dédiée « à Monsieur le Général Valdant, commandant la 10e division d'Infanterie[55] », la mélodie pour voix et piano *À nos morts ignorés* date elle aussi de cette année 1915[56]. Le poème de Louis Houzeau-Hennevé

---

[54] Étienne, J.-C., *op. cit.*, p. 70.

[55] Hahn, R., *À nos morts ignorés*, mélodie pour voix et piano, poésie de Louis Hennevé, « à Monsieur le Général Valdant commandant la 10e division d'Infanterie », datée « Argonne, 1915 », Paris, Heugel, 1918.

[56] Dédiées au monde rassurant de l'enfance, sorte de regard en arrière mélancolique sur l'insouciance, le rêve et le bonheur, et dédiées « à Jacques Parly », compagnon de guerre de Reynaldo depuis août 1914, les *Five Little Songs*, pour voix et piano, datent encore de 1915. Hahn précise à leur propos, sur la page de garde : « La première audition publique de ces chansons, écrites pendant le triste hiver de 1915 dans un village en ruines qu'ébranlait sans cesse le bruit de la guerre, a été donnée à Paris, le 14 janvier 1916, par Madame Jane Engel-Bathori, en l'absence de l'auteur, qui exprime ici, à l'éminente artiste et à la camarade fidèle, sa plus affectueuse reconnaissance. R. H. ». Puis, à la page 1, sous le nom du compositeur : « Printemps de 1915. Clermont-en-Argonne ». Elles mettent en musique des vers de Robert Louis Stevenson (1850-1894) extraits de son recueil *A Child's Garden of Verses* (1885) et

s'adresse, avec beaucoup de délicatesse, à la mémoire des soldats morts pour la France durant la Grande Guerre. Tout ici est calme, serein. Point de grandiloquence non plus, mais une simplicité des plus intimistes, des plus humaines et des plus touchantes.

Il n'est pas besoin d'une pierre
Aux lieux où reposent nos morts.
Notre cœur est leur cimetière,
Qui garde, vivant reliquaire,
Leur souvenir, comme un trésor.

Il n'est pas besoin de couronne
Pour fleurir leur dernier repos ;
La seule palme qu'on leur donne
Survit aux rouilles de l'automne
Et pousse à l'ombre du drapeau !

Il n'est pas besoin de prière
Pour leur ouvrir le paradis,
Car Dieu reçoit, en sa lumière,
Ceux qui l'ont bien servi sur terre
Et qui meurent pour leur pays !

Le portique harmonique qui encadre les deux extrémités du poème, empreint de noblesse et d'une certaine forme de religiosité (on a presque l'impression d'une harmonisation à l'orgue d'une ligne de plain-chant telle qu'on la pratiquait par exemple à l'école Niedermeyer), d'un caractère implacable et intime à la fois, apporte un extraordinaire sentiment de calme précédant et prolongeant la lecture poétique. Afin d'éviter toute tension, Hahn bannit les sensibles de sa progression d'accords, les remplaçant par des retards de quarte (*do* au lieu du *si* attendu dans les harmonies de dominante, mes. 2 et 4), sans jamais les résoudre (voir ex. 10). Dans le même ordre d'idées, la mélodie qui se dégage à la partie supérieure de la polyphonie génère un mode tétraphone anhémitonique (*sol-la-do-ré*) qui vient renforcer cette impression de détente propice au repos de ces « morts ignorés ». Enfin, les valeurs longues, syncopées, liées, les appuis rythmiques déplacés rendent particulièrement difficile la perception d'une pulsation régulière. Le temps musical est ainsi libéré de son inexorable marche en avant, comme si le compositeur souhaitait

---

adaptés en français par Maurice Léna (1859-1928) : Hahn, R., *Five little songs (Cinq petites chansons)*, « To Jacques Parly », Poems selected from « A Child's Garden of Verses » by R.-L. Stevenson, adaptation française de Maurice Léna [I. *The swing (La balançoire)* ; II. *Windy night (Nuit de grand vent)* ; III. *My ship and I (Mon petit bateau)* ; IV. *The stars (Les étoiles)* ; V. *A good boy (Un bon petit garçon)*], Paris, Au Ménestrel, Heugel et Cie, 1917, 19 p.

suspendre tout repère rythmique afin de suggérer un au-delà atemporel permettant de nous rapprocher de la mémoire des disparus.

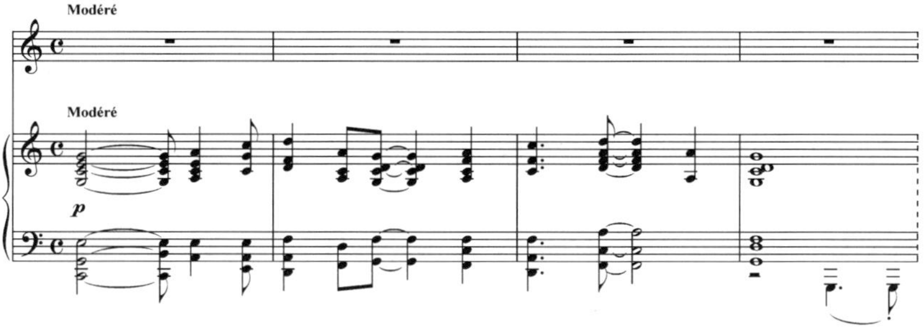

Ex. 10 – Reynaldo Hahn, *À nos morts ignorés*, mes. 1-4, Paris, Heugel, 1918 (avec l'aimable autorisation des éditions Heugel S.A.)

Ce calme résonne encore dès la première strophe poétique puisque le compositeur installe le chant sur une pédale de tonique à la basse, gomme d'emblée les traces de sensible (*si b* de la mes. 5) et évite les harmonies fonctionnelles de dominante : celle qui intervient à la mesure 6 est interférée par la pédale de tonique qui vient ainsi brouiller son affirmation tandis que la cadence plagale qui ponctue cette première phrase (mes. 7-8) – on en retrouvera une à la fin de la mélodie, juste avant le postlude pianistique (mes. 35-36) – permet d'évacuer ladite harmonie tensionnelle confortant, dans le même temps, le caractère *quasi* religieux qui émanait du prélude. Après une cadence « fauréenne » qui accompagne le souvenir des morts « comme un trésor » (mes. 13-14), la deuxième strophe poétique reprend l'*incipit* musical de la première en l'habillant aux couleurs du mode de *sol* (nouvel évitement de la sensible) avant de bifurquer vers *fa* majeur (nouvelle valorisation du IVe degré, à plus grande échelle). La cadence, elle aussi « fauréenne », aboutit sur une brillante harmonie de *mi* majeur à l'évocation « de l'ombre du drapeau » (voir ex. 11). Accompagné par un *crescendo* expressif, l'accord est tout d'abord répété, puis arpégé, de plus en plus largement et gagnant progressivement l'aigu du clavier, tandis que les doublures se multiplient aboutissant à une texture épaisse, riche, triomphante, la quinte de l'accord est alors soudainement augmentée (*do* bécarre = *si* # par enharmonie), laissant logiquement désirer un *do* # dans la conduite mélodique ainsi menée (*si-si #-do #*) : Hahn se laisserait-il gagner par un sentiment patriotique, voire nationaliste ?... Le *crescendo* incline pourtant sa courbe en sens inverse, le point d'orgue n'apparaît plus aussi sûr de lui et, à la reprise de l'*incipit* mélodico-harmonique au début de la troisième et dernière strophe, le compositeur décide finalement de « désarmer » pour retrouver soudain la sérénité du *do* majeur liminaire.

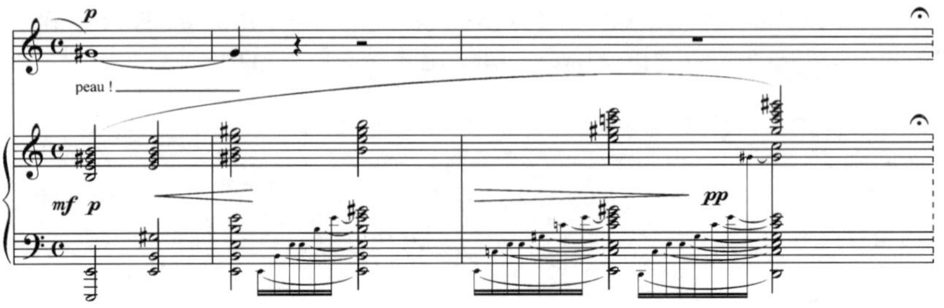

Ex. 11 – Reynaldo Hahn, *À nos morts ignorés*, mes. 24-26, Paris, Heugel, 1918 (avec l'aimable autorisation des éditions Heugel S.A.)

Deux années plus tard, les « 6 et 7 septembre 1917 », Hahn écrit un motet – *Noctem quietam*[57] – à Concevreux, petit village de la vallée de l'Aisne. Son régiment était alors basé dans le secteur du Bois des Buttes. Pour ténor solo et chœur avec accompagnement d'orgue ou de piano, ce motet est basé sur le texte latin correspondant à la prière finale de l'office des Complies, au temps de Carême, dans la liturgie des Heures, qui invite à une « nuit de quiétude » : « *Noctem quietam et finem perfectum concedat nobis, Deus omnipotens. Amen* » (Que Dieu tout-puissant nous accorde une nuit de quiétude et une fin parfaite. Amen). René Fauchois, librettiste de *Nausicaa*, explique :

> Toutes les nuits, de violents bombardements le privaient de sommeil, lui et ses compagnons, parmi lesquels se trouvait un jeune prêtre. Ils étaient tous exténués et, un jour, le 6 septembre 1917, le jeune prêtre ayant murmuré les paroles sacrées : « O Seigneur Tout-Puissant, donne-nous une nuit tranquille et une fin parfaite ! », Reynaldo Hahn les mit en musique. Quand il eut achevé, la nuit venue, en chœur, tout le groupe, une quinzaine d'hommes, chanta le motet. Miracle de la musique et de la foi : cette nuit-là, les Allemands ne bombardèrent pas l'abri où cette musique avait fleuri[58] !

Pour adresser sa prière à ce « Dieu tout-puissant », Hahn s'exprime dans la tonalité de *sol* majeur qu'il affirme très simplement, avec beaucoup d'humilité, d'un bout à l'autre de la pièce, sans quasiment aucune modulation (quelques brefs emprunts bien conventionnels aux tons des IIe, IVe ou V^e^ degrés). On remarque une nouvelle utilisation de longues notes pédales, de nombreux passages en caressantes sixtes

---

57 Hahn, R., *Noctem quietam*, pour ténor solo, chœur et orgue ou piano, « à Mademoiselle Hélène de Charné », daté à la fin « Concevreux, 6 et 7 septembre 1917 », Paris, Heugel, 1925.

58 Fauchois, René, « Au Salon des Musiciens Français. Une causerie sur Reynaldo Hahn, par René Fauchois », in [journal non identifié], p. 75. Paris, BnF, Arts du spectacle, Fonds René Fauchois, 4-COL-39/353.

parallèles à l'orgue et, avant le retour du thème initial au pupitre de ténor (p. 5), une écriture qui s'apparente à un faux-bourdon descendant sur pédale de dominante à l'orgue tandis que les voix – *pp* et dont certains pupitres sont diminués de moitié – s'adressent au Seigneur dans un *recto tono* tout intimiste empreint de douceur et de sincérité (voir ex. 12).

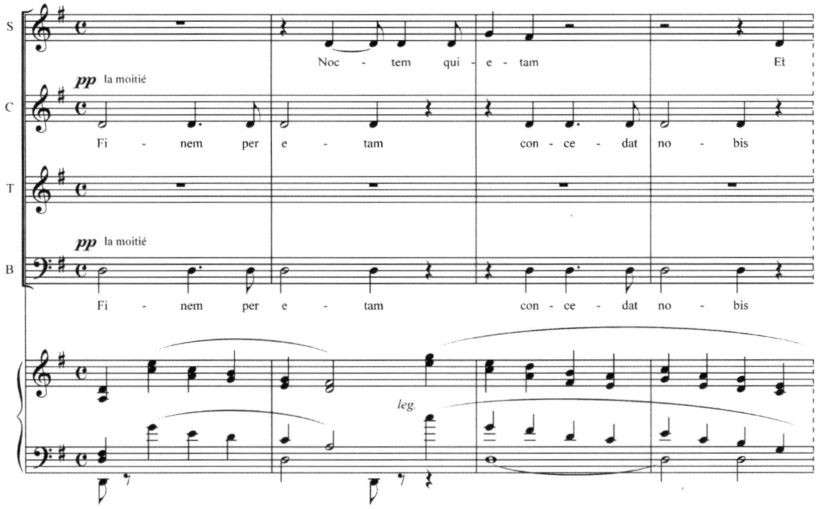

Ex. 12 – Reynaldo Hahn, *Noctem quietam*, mes. 29-32, Paris, Heugel, 1925, p. 4 (avec l'aimable autorisation des éditions Heugel S.A.)

À la page 7, une belle cadence modale, toujours dans le contexte tonal de *sol* majeur, enchaîne $ii^{6/5}$ à vi^{5}, accompagnant la fin de la phrase vocale sur « *omnipotens* ». Embourbé dans la réalité de cet interminable conflit qui dure depuis trois ans maintenant, le peuple (les soldats ?) qui chante – par l'intermédiaire de Hahn – laisse-t-il transparaître un doute dans sa foi ? La « toute-puissance » de ce Dieu qui semble complètement démuni face à l'ampleur de cette guerre serait-elle ainsi remise en cause ?... En *do* majeur, les quatre mesures qui suivent introduisent, par deux fois, une résolution exceptionnelle de l'accord V^{+4}. Avant de l'enchaîner au I^{6} attendu, Hahn le fait d'abord passer par un iii^{5}, comme si le doute résonnait encore en écho dans cette progression harmonique aux colorations modales non conformes à la rhétorique fonctionnelle. Le motet s'achève très sereinement sur une nuance *ppp* avec deux cadences modales de type II-I, chaque IIe degré portant un accord de « dominante de couleur » (9e majeure pour le premier, « +6 » pour le second).

Conclusion : préparer le temps retrouvé ?

Si le traumatisme causé par la Grande Guerre a profondément et intimement marqué Reynaldo Hahn – lui qui a absolument tenu à vivre le conflit au front, c'est-à-dire de l'intérieur[59] –, il ne paraît en revanche pas avoir affecté les rouages de son expression artistique. Les caractéristiques de son langage musical d'avant-guerre – prédilection pour le piano et l'expression vocale, grammaire éminemment tonale irisée de discrets emprunts aux modes naturels – demeurent en effet fidèles à elles-mêmes, traversant ces sombres années de conflit sans jamais enregistrer de virage esthétique significatif. Point de recours à une quelconque nouveauté touchant soit au vocabulaire, soit à la syntaxe harmonique, qui aurait ainsi pu traduire la tristesse, la peur, l'angoisse, l'horreur, la colère, la révolte, un rejet du Boche – et, par conséquent, de sa culture et de sa musique –, un positionnement patriotique face à l'envahisseur ou un impérieux besoin de faire table rase du passé pour inventer un monde nouveau plus que jamais nécessaire, autant de réactions proprement humaines face à l'ampleur des atrocités vécues.

Pourtant, à considérer les choses d'une façon un peu plus nuancée, il apparaît que Hahn semble privilégier le versant modal de son expression musicale dans ses « œuvres de guerre » où il se livre tout entier, sans faux-semblant. En gommant les rapports tensionnels de la syntaxe tonale – évitant notamment, dès qu'il le peut, les notes sensibles dans les accords de dominante ainsi que les enchaînements harmoniques par trop consacrés –, il désarme en quelque sorte son propre langage musical. Une remarquable sérénité transparaît dès lors dans ses partitions, véritable et surprenant paradoxe dans un tel contexte belliqueux. Doit-on y lire un contre-pied vital à l'extrême violence que génèrent les combats ? Une façon d'oublier cette réalité cauchemardesque ? De se souvenir du bonheur révolu et du temps passé ? De se réfugier dans une tour d'ivoire afin de se protéger ?... Même si l'on ne doit en aucun cas évacuer d'emblée ces suggestions quelque peu recentrées sur sa propre personne, il n'en demeure pas moins que, dans sa musique, Hahn s'adresse bel et bien à son prochain. Au milieu du tumulte de la mitraille et des tirs d'obus[60], le compositeur crée de nécessaires et précieux moments de calme, de recueillement et d'intimité durant lesquels il peut personnellement s'adresser au soldat blessé pour tendrement accompagner sa

[59] N'écrivait-il d'ailleurs pas, en août 1914 : « J'éprouve une impossibilité totale à laisser finir la guerre sans la voir de près et sans y prendre une part active » (cité par : Gavoty, B., *op. cit.*, p. 223).

[60] Sur cette question précise, on pourra se reporter à l'étude originale de : Trevisan, Carine, « Le bruit de la guerre », in Audouin-Rouzeau, S., Buch, E., Chimènes, M., Durosoir, G. (dir.), *La Grande Guerre des musiciens*, Lyon, Symétrie, coll. « *Perpetuum mobile* », 2009, p. 5-15.

convalescence, humblement chanter la mémoire des soldats anonymes fauchés dans les tranchées ou encore invoquer la clémence divine pour que la nuit retrouve son calme. Il s'adresse au peuple non pas en tant que masse abstraite, symbolique ou idéologique représentant l'esprit et la force de toute une nation, mais bien plutôt comme un ensemble d'individualités concrètes, un ensemble d'êtres humains palpables à qui il tente de redonner *personnellement et individuellement* une dignité. Il s'agit bien d'un face à face, d'un dialogue d'homme à homme, où chacun plonge son regard droit dans celui de l'autre. Ainsi, Hahn dessine-t-il les contours d'une véritable poétique de l'apaisement qui représente une certaine forme d'engagement artistique, quoi qu'en aient d'ailleurs pensé certains, le critique Émile Vuillermoz en première ligne, accusant le compositeur de « faire la guerre en dentelles[61] » ! Sa production musicale durant le conflit mondial n'est-elle justement pas à même de résoudre un paradoxe, de « suspendre la dichotomie – courante à l'époque et encore inscrite dans le sens commun – entre d'une part des œuvres politiques, engagées pour la cause collective et désintéressées du point de vue personnel, et de l'autre des œuvres non politiques, toutes vouées à la cause de l'art et à l'expression de soi[62] » ?

Tout en introduisant ces moments de temps suspendu et pacifié, la modalité hahnienne permet également d'afficher clairement son choix pour une esthétique typiquement française dans la veine de Fauré. Bien que Hahn ne se soit pas explicitement prononcé sur cette question, il n'en demeure pas moins que l'affirmation sans ambages de ce style musical – qu'il avait éprouvé bien avant le déclenchement des hostilités – représente finalement une nouvelle facette de son engagement artistique, jamais caricaturale ni démonstrative. Mais toujours en nuances. Toujours sincère. C'est d'ailleurs à la lumière de ces considérations qu'il convient de recontextualiser la première monégasque de *Nausicaa*, au sortir de la Grande Guerre, le 10 avril 1919, ainsi que l'a par exemple pleinement perçue Jules Méry dans son compte rendu du *Figaro* annonçant l'avant-première de la soirée à l'Opéra de Monte-Carlo où devaient être également donnés *Masques et Bergamasques* de Fauré ainsi que le *Mufti* de Terrasse :

> Au lendemain de la victoire française, S. A. S. le prince de Monaco a estimé que la grande manifestation artistique annuelle de l'Opéra de Monte-Carlo devait être consacrée à la musique française et réunir, dans un gala solennel,

61 [Vuillermoz, Émile], « Musique de guerre », in *Le Temps*, 25 janvier 1916. Il faut préciser que cette diatribe vise très précisément la « série de valses » pour deux pianos du *Ruban dénoué*. Voir l'article de Jean-Christophe Branger (annexe 2) dans le présent ouvrage.

62 Buch, E., « Composer pendant la guerre, composer avec la guerre », in *La Grande Guerre des musiciens*, *op. cit.*, p. 138.

les œuvres de trois musiciens français déjà célèbres et de qui les noms, fraternellement groupés sur l'affiche, offriraient comme la synthèse de ce que l'art français a de plus pure distinction, de délicatesse plus affinée, et de plus spirituelle élégance. C'est pourquoi, jeudi, M. Raoul Gunsbourg nous donnera trois premières : *Masques*, du maître Gabriel Fauré; *Nausicaa*, de M. Reynaldo Hahn, et *le Mufti*, de M. Claude Terrasse[63].

[63] Méry, Jules, « Courrier des théâtres. Avant-première Opéra de Monte-Carlo : *Masques*, *Nausicaa*, *le Mufti* », in *Le Figaro*, 8 avril 1919, p. 2. Pour de plus amples informations concernant *Nausicaa*, voir : Etcharry, S., « *Nausicaa* de Reynaldo Hahn : une évocation musicale d'Ulysse et de la Grèce antique durant la Grande Guerre », in Le Diagon-Jacquin, L., Fix, F. (dir.), *Le Paon d'Héra/Hera's Peacock*, Gazette interdisciplinaire thématique internationale, n° 9 (« Ulysse »), Neuilly-les-Dijon, Éditions du Murmure, 2012, p. 111-132.

Le Tambour d'Alfred Bruneau

Entre musique de guerre et bataille artistique

Jean-Christophe BRANGER

Université de Saint-Étienne

« Oh ! la guerre ! Héroïque leçon et fléau de la terre ! » Ainsi s'exclame la vieille servante Marcelline lorsque, accablée, elle jette à la face du public cette dernière réplique qui ramasse en une formule le message fondamental de *L'Attaque du moulin* d'Alfred Bruneau. En effet, composé sur un livret de Louis Gallet d'après la nouvelle éponyme d'Émile Zola, le « drame lyrique » met en scène l'histoire de Françoise et Dominique, deux jeunes paysans dont les fiançailles sont brusquement interrompues par l'entrée en guerre de leur pays. Le moulin du père de Françoise, Merlier, est ensuite assiégé et Dominique fait prisonnier. Mais celui-ci parvient à s'échapper en tuant une sentinelle. Merlier, qui s'était livré pour sauver son futur gendre, est alors exécuté en représailles par les ennemis, juste avant l'entrée en scène des troupes françaises dont le chant de victoire établit un contraste saisissant. Cette fin à la fois grinçante et tragique avait été en fait prédite par Marcelline au premier acte : dans un long monologue, elle s'était répandue en de terribles imprécations contre la guerre lorsque le tambour, venu annoncer la mobilisation générale, avait réveillé en elle le souvenir cruel d'une mère ayant perdu autrefois ses deux enfants sur le front. Créé à l'Opéra-Comique en 1893, *L'Attaque du moulin* affichait ainsi clairement, au lendemain de la défaite de Sedan, des ambitions pacifistes bien que, comme l'a souligné Vincent Giroud, la réplique ultime, « à la fois grandiloquente et ambiguë, peut être interprétée soit comme un aparté, soit comme un commentaire extradiégétique à l'attention des spectateurs, qui sont en somme invités à voir dans le sacrifice de Merlier une authentique leçon d'héroïsme mais à se souvenir aussi que la guerre est en soi un mal[1]. »

Ce message va être considérablement dénaturé après la mort de Zola lors de retentissantes représentations, données en 1907 au Théâtre de la Gaîté, où sont introduites plusieurs modifications substantielles au grand dam de la veuve du romancier. Bruneau ajoute une nouvelle scène pour le rôle de Marcelline, dont le sens des propos vacille légèrement : la guerre reste, certes, un « massacre » mais « dans l'ardeur d'un combat "pour défendre la patrie menacée."[2] » Les ennemis sont ensuite visuellement identifiés puisqu'ils portent un casque et un costume allemands tandis que la vieille servante, toujours incarnée par Marie Delna, est désormais coiffée en Alsacienne. Enfin, la mise en scène, qui situe clairement l'action en Alsace, épargne « le meunier *in extremis* de l'exécution, immolant à sa place le capitaine ennemi, que les troupes françaises arrivant sur scène réussissent à abattre avant qu'il mette sa menace à exécution[3]. » Autant d'éléments qui gauchissent la portée initiale de l'opéra et incitent Vincent Giroud à écrire fort justement : « La guerre n'est donc plus un mal absolu, mais un mal relatif… Nous voici bien, non plus dans une atmosphère d'après-guerre (1870) mais d'avant-guerre (1914)[4]. »

Une nouvelle étape est franchie avec *Le Tambour*, « poème lyrique » pour soprano et orchestre d'une dizaine de minutes qui constitue sans conteste un écho à la fois littéraire et musical du drame lyrique mais un écho ancré dans la réalité et pétri cette fois de sonorités patriotiques. Composé de mars à avril 1915[5], soit au début de la Première Guerre mondiale, et créé peu après à l'Opéra-Comique, le 20 janvier 1916, *Le Tambour* traduit avec force, un peu plus de vingt ans après *L'Attaque du moulin*, un revirement spectaculaire et un engagement patriotique sans faille de Bruneau. Mais, s'il fournit le témoignage d'un musicien français confronté à un événement majeur du XXe siècle, il répond aussi à la question – alors brûlante – de l'identité musicale d'une nation alors en plein conflit.

1 Giroud, Vincent, « Un compositeur et son interprète : Bruneau et Delna », in Branger, J.-C., Giroud, V. (dir.), *Aspects de l'opéra français de Meyerbeer à Honegger*, Lyon, Symétrie & Palazzetto Bru Zane, 2009, p. 91.

2 *Ibid.*, p. 107.

3 *Ibid.*, p. 114.

4 *Ibid.*, p. 107-108.

5 Les manuscrits de la partition chant et piano et de la partition d'orchestre portent respectivement les dates de « Paris 23 mars 1915 » (BnF, Musique, Rés. Vma ms 516) et « Paris 19 avril 1915 » (BnF, Musique, Rés. Vma ms 97).

Bruneau dans les premières années du conflit : genèse et création du *Tambour*

Lorsque la guerre vient le surprendre en août 1914 à Villers-sur-mer, Bruneau se montre dans un premier temps abasourdi puis animé d'une volonté de servir son pays[6] tout en faisant preuve de clairvoyance : « Nul ne doute de la victoire. J'y crois aussi fermement, mais je crains que la guerre ne soit bien longue et qu'elle ne nous coûte une effroyable quantité d'hommes[7]. » À la fois abattu et souhaitant réagir, il délaisse alors la composition pour se lancer dans des actions de bienfaisance avec la célèbre soprano Marthe Chenal qui séjourne souvent à Villers[8] :

> Ici, nous n'avons autour de nous que de pauvres êtres ravagés par l'angoisse et le chagrin ; des mères qui ont leur fils à la frontière ; des femmes qui sont sans nouvelle de leur mari. Que de larmes, que de douleurs, que de deuils, que de ruines se préparent ! / Retrouverai-je jamais la force de composer encore de la musique ? En ce moment du moins, tout travail m'est impossible. Durant une semaine, j'ai organisé avec Chenal, qui est ma voisine, un concert au bénéfice des blessés de la commune et nous avons fait une magnifique recette[9].

L'idée d'un engagement musical patriotique germe peut-être dès cette époque puisque Chenal sera à la fois la dédicataire et la créatrice du *Tambour* un peu plus d'un an après. Entre-temps, Bruneau a retrouvé la force d'écrire de la musique puisqu'il poursuit la composition du *Jardin du Paradis*[10] à Nantes chez son ami Étienne Destranges où il est hébergé avec sa famille du 6 septembre 1914 au 8 janvier 1915[11]. Lors de son séjour, il livre à un autre de ses proches, l'architecte Frantz

---

6 « Je ne voulais pas croire alors à la guerre. Dès qu'elle fut déclarée ou même inévitable, mon premier désir a été de retourner à Paris, afin de tâcher de m'y rendre utile. Mais ma femme et ma fille se montrant décidées à y venir avec moi, j'ai abandonné ce projet, n'osant les exposer aux atrocités d'un siège. Demain matin, cependant, j'userai de ma qualité de fonctionnaire pour monter dans un train militaire – il n'y en a plus d'autres depuis la mobilisation – et pour essayer d'aller chercher à Paris quelques objets précieux, des papiers utiles, mon manuscrit de *Lazare*, celui des *Quatre Journées* et de l'argent, car j'ai lieu de penser que la guerre sera très longue. » Bruneau, Alfred, Lettre à Étienne Destranges, 6 août 1914, in Branger, J.-C. (éd.), *Alfred Bruneau : un compositeur au cœur de la bataille naturaliste. Lettres à Étienne Destranges. Paris-Nantes 1891-1915*, Paris, Champion, 2003, p. 274.

7 *Ibid.*, 11 août 1914, p. 275.

8 Voir *ibid.*, p. 262.

9 *Ibid.*, 26 août 1914, p. 276.

10 *Ibid.* p. 75. Bruneau s'était lancé en 1913 dans la composition de ce conte lyrique en 4 actes, livret de Robert de Flers et de Gaston Armand de Caillavet d'après Andersen, créé à l'Opéra de Paris, le 29 octobre 1923. *Ibid.*, p. 262.

11 Voir *ibid.*, p. 277.

Jourdain, un témoignage étonnant mais aussi révélateur des sentiments contradictoires qui semblent encore l'animer à cette époque :

> Et je ne cesse d'être bouleversé par cette guerre qui va durer des années et des années et qui, si glorieusement qu'elle finisse, n'en aura pas moins fauché tant d'existences précieuses. [...] Je suis retourné récemment à Paris [...]. [...] j'ai trouvé notre pauvre ville aussi morne et sinistre que la précédente fois. L'obscurité où elle est plongée le soir a quelque chose d'affreusement pénible. Dès que la nuit vient, un silence de tombe pèse lourdement sur elle. On m'y a raconté une jolie et touchante histoire. Un de nos officiers mobilisés, chef d'orchestre en temps de paix, avait eu l'audace d'apprendre à ses hommes le chœur des Pèlerins de *Tannhäuser*. Après un combat, interrompu par le coucher du soleil, sa petite troupe s'abrita dans des tranchées creusées à vingt mètres des lignes ennemies. Ne pouvant s'endormir, subissant probablement l'influence de l'heure troublante, les soldats, sous les étoiles qui trouaient l'ombre, entonnèrent gravement le chant religieux. Et aussitôt, en face d'eux, le même chant s'éleva. Leurs voix se mêlèrent aux voix allemandes et, pendant un instant, les âmes furent réconciliées par la musique. Inutile de vous dire que ce n'est pas un journal qui a révélé ce fait[12].

Mais, définitivement de retour à Paris au début de l'année suivante, il met alors probablement en chantier *Le Tambour* à partir d'un poème[13] de son ami Saint-Georges de Bouhélier[14] que celui-ci a probablement écrit sur le coup de l'émotion provoquée par l'entrée en guerre[15], mais sans le

---

12 Bruneau, A., Lettre à Frantz Jourdain, Nantes, 8 novembre 1914, BnF, Musique, LA 30.

13 Voir annexe I. *Le Tambour* sera publié, précédé d'une dédicace à Bruneau et considérablement modifié, en tête d'un recueil de poèmes de circonstance, *Légendes de la guerre de France*, Paris, Charpentier, 1917, p. 3-9.

14 Proche de Zola, qu'il avait soutenu lors de l'Affaire Dreyfus, Stéphane-Georges Lepelletier de Bouhélier, dit Saint-Georges de Bouhélier (1876-1947), fonde avec Maurice Leblond-Zola le mouvement littéraire naturiste qui constitue une branche du naturalisme zolien. Après avoir déjà mis en musique certains de ses poèmes dans son cycle de mélodies *Les Chants de la vie* (1913), Bruneau a peut-être pris connaissance du *Tambour* au début de l'année 1915 : « Nous voudrions bien vous voir. [...] Et apportez vos nouveaux poèmes, que nous serons si heureux de connaître. » (Bruneau, A., Lettre à Saint-Georges de Bouhélier, Paris, 31 janvier 1915, BnF, Arts du spectacle, Mn 18/80-9 [1915-33]). *Le Cri de Paris* (« Les Théâtres », 20e année, n° 983, 30 janvier 1916) corrobore cette hypothèse : « M. Saint-Georges de Bouhélier lui apporta les paroles au printemps dernier. » Au début du conflit, le compositeur avait en outre écrit à l'écrivain : « Quant à travailler, je n'y songe même pas, tant mon esprit reste attaché aux tragiques événements qui se déroulent. Êtes-vous plus heureux que moi ? » (Villers, 14 août 1914, BnF, Arts du spectacle, Mn 18/80-28 [1912-14]).

15 *Les Annales politiques et littéraires* (34/ 1700 [23 janvier 1916], p. 111) reproduisent le poème précédé de la date du 1er août 1914 qui suggère une telle hypothèse.

concevoir expressément pour la musique[16]. Son sujet d'inspiration naturaliste a été fort bien résumé par Louis Schneider :

> Dans un paisible village, le tambour vient annoncer les hostilités : les vieux sentent d'abord leur sang se glacer dans les veines, les vieilles et jeunes femmes pleurent ; le tambour est comme l'avant-coureur de la mort. Mais voilà que chacun prend conscience de soi-même ; il s'agit d'écraser la horde allemande ; et tous sont pénétrés de la mission patriotique qui les attend ; tous iront défendre leur pays[17].

Ainsi, contrairement à *L'Attaque du moulin* où l'intervention du tambour semait la désolation et provoquait la colère de Marcelline, le poème de Saint-Georges de Bouhélier juxtapose deux sentiments : à un moment de stupeur et d'abattement succède un vaste mouvement pour vaincre l'ennemi désormais clairement identifié alors qu'il n'était pas nommé dans *L'Attaque* afin d'insister sur la dimension universelle de la guerre[18]. Quelques mois après la composition de son « poème lyrique », Bruneau exprimera d'ailleurs sa foi en une lutte héroïque et prioritaire dans un discours à la mémoire des étudiants du Conservatoire morts au combat qu'il prononce en présence notamment de Debussy, Saint-Saëns et Fauré[19]. Avec ferveur et lyrisme, il déclare : « Pleurons-les de toutes nos larmes mais ne les plaignons pas, car leur gloire d'à présent surpasse de cent coudées celles qu'ils ont pu ambitionner jadis. Les œuvres et les manifestations de l'esprit s'effacent trop vite parfois de la mémoire des hommes : le souvenir de leur acte demeure impérissable[20]. »

Cependant, Bruneau sera, semble-t-il, régulièrement en proie à des phases de découragement et de doute qui alternent avec des moments de sursaut. Ainsi, de retour à Villers, où il espérait « travailler beaucoup », il avait écrit à Frantz Jourdain le 12 août 1915 :

> Hélas ! il m'est de plus en plus difficile d'arracher mon esprit aux préoccupations qui l'étreignent. Je n'arrive décidément pas à prendre mon parti des tueries quotidiennes, et des deuils, tant de désastres me bouleversent. À peine suis-je installé devant ma table que mes yeux quittent mon papier ré-

---

16 Voir Henri Quittard (« À l'Opéra-Comique », in *Le Figaro*, 21 janvier 1916) et *Le Petit bleu* (21 janvier 1916, recueil factice de coupures de presse concernant Bruneau, BnF, Musique, Vmc 3091 [48]) dont le chroniqueur G. D. de Ch. écrit : « Le poète du *Carnaval des enfants* n'avait pas écrit *le Tambour* en vue d'être mis en musique. » Dans ses souvenirs (*À l'ombre d'un grand cœur*, Paris, Charpentier, 1931 ; reprints Genève, Slatkine, 1980, p. 230), Bruneau soutient toutefois le contraire.

17 Schneider, Louis, « À l'Opéra-Comique », in *Le Gaulois*, 21 janvier 1916, p. 4.

18 Le rôle exercé par la censure dans cette absence ne doit pas aussi être négligé.

19 Voir « Au conservatoire de musique », in *Le Temps*, 3 novembre 1915, p. 4.

20 « Au Conservatoire. Les morts pour la patrie », in *Journal des Débats politiques et littéraires*, 3 novembre 1915, p. 3.

glé pour aller se poser là-bas sur les ruines de ces cadavres amoncelés. À quoi bon faire de la musique en un pareil moment[21] !

Mais quelques mois après, en décembre, il adresse ces conseils à Saint-Georges de Bouhélier : « Ne vous laissez pas abattre par la continuité de cette maudite guerre. J'avoue que pour nous autres qui n'y prenons pas une part directe, le moment est terrible à passer. Mais il faut absolument réagir[22]. »

À cette époque, leur ouvrage, dont la destination est restée quelque temps incertaine[23], est accepté depuis peu par Pierre-Barthélémy Gheusi[24], directeur de l'Opéra-Comique où il sera représenté pour la première fois le 20 janvier 1916[25] avec un succès quasi unanime[26].

---

21 Archives Puaux-Bruneau. Nous tenons ici à saluer la mémoire de Lise Puaux-Bruneau, petite-fille d'Alfred Bruneau, qui, lors de la préparation du présent article, nous a de nouveau ouvert avec générosité les portes de ses archives familiales.

22 Bruneau, A., Lettre à Saint-Georges de Bouhélier, Paris, 7 décembre 1915, BnF, Arts du spectacle, Mn 18/80-2 [1915-33].

23 Peu après lui avoir fait entendre la musique de leur ouvrage, Bruneau écrit à son poète : « Certes, l'idée était séduisante. Je l'ai crue d'ailleurs, moi aussi, vous vous le rappelez. Mais mon expérience, déjà vieille, hélas ! des théâtres lyriques m'a tout de suite montré les difficultés insurmontables que ferait naître sa réalisation. Laissons donc *Le Tambour* au concert. Je ne sais si vos deux autres très beaux et très émouvants poèmes pourraient l'y accompagner. Je verrai cela quand j'aurai fini de l'orchestrer. J'ai été ravi d'en composer la musique et je suis enchanté que cette musique vous ait produit une bonne impression. Merci du plaisir que vous m'avez donné. » (Bruneau, A., Lettre à Saint-Georges de Bouhélier, Paris, 1er avril 1915, BnF, Arts du spectacle, Mn 18/80-6 [1915-33]). Puis, dans une lettre à Bruneau, datée de Paris, 22 juin 1915, Chenal fait allusion à un autre projet avorté : « Devant chanter le 4 juillet prochain pour le Refuge Saint-Sulpice avec l'orchestre de Pierné, j'ai pensé proposer votre magnifique *Tambour*. Mais Pierné me dit qu'il n'y aura pas de répétitions... Je ne crois pas qu'il soit prudent de donner la 1ère audition de cette œuvre dans ces conditions – cela me paraît bien scabreux ! / Qu'en pensez-vous ? » (archives Puaux-Bruneau).

24 À Bouhélier qui lui avait proposé d'accroître le nombre de vers (archives Puaux-Bruneau), Bruneau répond : « Notre *Tambour* est gravé [...]. On ne peut donc plus rien y changer. Gheusi étant généralement à 5 h ½ à l'Opéra-Comique, c'est à cette heure-là que je prendrai le rendez-vous auquel je tiens que vous assistiez, car nous conviendrons là de la meilleure façon de présenter cette brève pièce au public. » (Paris, 25 septembre 1915, BnF, Arts du spectacle, Mn 18/80-8 [1915-33]). Puis, le 7 octobre suivant, Bruneau, lui écrit : « C'est dimanche prochain, à 9 heures du soir, que nous ferons entendre à Gheusi notre *Tambour*. [...] Votre présence est indispensable. » (Paris, jeudi 7 octobre 1915, BnF, Arts du spectacle, Mn 18/80-3 [1915-33]).

25 L'œuvre, qui était précédée du *Juif polonais* d'Erlanger, sera redonnée le 29 janvier suivant, après *La Bohème*, au cours d'une soirée perturbée si l'on en juge par le livre de bord de l'Opéra-Comique (BnF, Opéra) : « à 10 h du soir avertissement signalant l'approche d'un zeppelin. Des mesures sont prises pour l'extinction des lumières apparentes etc. La représentation se poursuit et se termine sans incident. » La dernière exécution eut lieu en matinée le 5 mars 1916 bien qu'il soit possible qu'une

L'interprétation de Chenal, dirigée par Paul Vidal, produit une grande impression dans une mise en scène de Gheusi qui satisfait pleinement le compositeur[27] : « [...] échevelée, les bras nus, vêtue d'amples draperies brunes doublées de rouge[28] », la célèbre cantatrice personnifie « l'âme de la patrie[29] » sous « les allures d'une *Marseillaise* de Rude qui s'animerait[30] ». Nul doute que les spectateurs, mais aussi Bruneau[31], avaient en tête son interprétation de *La Marseillaise* que des photographies et le disque ont immortalisée : enroulée dans un drapeau tricolore et affublée de la coiffe alsacienne, Chenal prend régulièrement les traits d'une « muse patriotique[32] » qui galvanise le public en chantant à l'Opéra-Comique[33], et partout en France, l'œuvre de Rouget de Lisle qu'elle entonnera encore le jour de l'armistice sous le péristyle du palais Garnier[34].

---

autre ait vu le jour ultérieurement, sans doute à la Sorbonne, si l'on en juge par une lettre de Chenal à Bruneau datée du 24 octobre 1916 (archives Puaux-Bruneau).

26 Voir les comptes rendus de Schneider, art. cit., Quittard, art. cit., Ad. [Adolphe Aderer ?], « Théâtres », in *Le Temps*, 22 janvier 1916, ou d'Adolphe Jullien, « Revue musicale », in *Le Journal des débats*, 28 janvier 1916.

27 Lors de répétitions, Bruneau écrit à son collaborateur : « Nous ferons la lecture d'orchestre demain [...]. Vous serez content je crois. Chenal est admirable et Gheusi a mis cela en scène avec un soin et une ingéniosité extrêmes. » (Lettre à Saint-Georges de Bouhélier, Paris, [18 janvier] 1916, BnF, Arts du spectacle, Mn 18/80-12 [1915-33]). Toutefois, la mise en scène semble avoir en définitive évolué : « *Le Tambour* sera affiché pour le dimanche 5 mars en matinée. On le jouera cette fois dans un spectacle [?] et non plus à la fin de la représentation et l'on supprimera le décor si inutile. Chenal le chantera devant le rideau de manœuvre après que le rideau d'avant-scène aura été levé. Ce sera bien mieux et cela gardera le caractère qui seul convient à la forme de votre poème et de ma musique. » (Bruneau, A., Lettre à Saint-Georges de Bouhélier, Paris, 26 février 1916, BnF, Arts du spectacle, Mn 18/80-22 [1915-33]).

28 Jullien, A., art. cit.

29 *Le Cri de Paris* du 31 octobre 1915 évoque la création prochaine du *Tambour*, « récit lyrique, qui sera interprété sans décor, par un seul personnage : Mlle Chenal. À l'avant-scène, la lumière éclairera seulement l'artiste qui personnifiera l'âme de la patrie. »

30 Schneider, L., art. cit.

31 Au lendemain de la création, Bruneau manifeste publiquement son admiration pour Chenal « en qui semble, depuis que se déchaîna la Guerre, chanter l'âme de la France [...]. » (*La Musique pendant la guerre* 5, [10 février 1916], p. 73).

32 Voir Bretèche (de la), Nicolas, *La Diva flamboyante*, Paris, Esther Flon éditions, 2004, p. 39 et suivantes.

33 Voir les carnets de bords de l'Opéra-Comique, BnF, Opéra.

34 Une photo la représente dans la même tenue devant la maison de Bruneau à Villers. Voir Bretèche, N., *op. cit.*

Le Tambour : une partition engagée dans un conflit humain et artistique

Contrairement à ses habitudes, Bruneau ne s'exprime pas sur son ouvrage[35]. À *La Musique pendant la guerre*, qui lui avait demandé de livrer quelques réflexions, il adresse ce courrier lapidaire : « Je déteste parler de moi et de ce que je fais. Je ne vous dirai donc rien de la partition du *Tambour*. En ce moment d'ailleurs, la musique de nos canons est seule éloquente[36]. » L'intérêt musical du *Tambour* pourrait donc être *a priori* secondaire d'autant que les vertus littéraires du poème restent limitées. Or Bruneau a brossé une vaste scène qui, par sa facture, ne correspond pas à l'image traditionnelle que renvoient des ouvrages de cette nature. La partition n'offre, en effet, aucun thème mélodique saillant ou rythme de marche triomphante. La ligne vocale se cantonne dans un style déclamé, soutenu par un accompagnement soulignant étroitement les inflexions dramatiques du texte grâce à deux courts motifs de rappel. Tour à tour subtilement transformés, ces deux motifs forment la matière thématique d'une partition *durchkomponiert* : l'œuvre de Bruneau s'apparente en quelque sorte à un poème symphonique avec chant[37].

Le premier motif (ex. 1, mes. 1-4), qui évolue le plus souvent dans un cadre élargi de *sol* majeur et un mouvement lent à 4 temps, illustre la sérénité de la campagne et, d'une façon générale, les lueurs d'espoir entrevues.

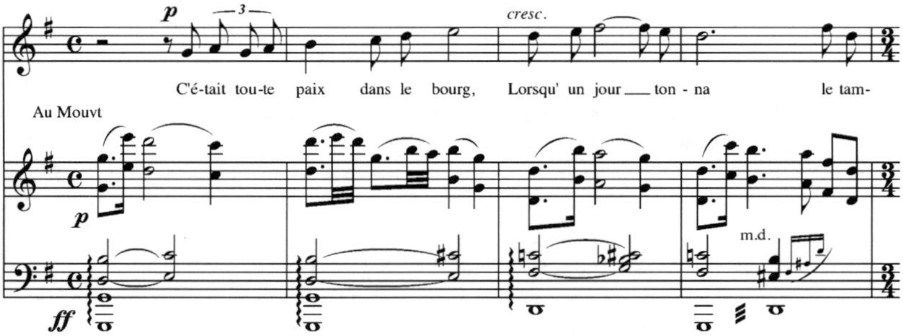

---

[35] Lors de la création de *Messidor*, il avait livré deux articles : « *Messidor* expliqué par les auteurs […] La musique », in *Le Figaro*, 20 février 1897, puis « Vers ou prose », in *Le Figaro*, 28 février 1897.

[36] *La Musique pendant la guerre* 5, [10 février 1916], p. 73.

[37] Bruneau avait appliqué cette dénomination générique à *Penthésilée* (1889) dont le poème de Catulle Mendès raconte l'amour de Penthésilée, reine des Amazones, pour le guerrier Achille. Après Lucienne Bréval ou Félia Litvinne, Chenal en fut une interprète privilégiée.

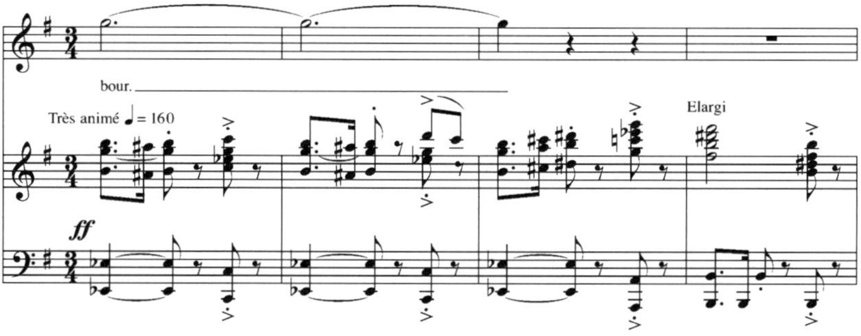

Ex. 1 – Alfred Bruneau, *Le Tambour*, partition chant et piano, Paris, Choudens, 1915, p. 2-3

Sa simplicité rythmique et son exposition initiale au hautbois évoquent le caractère pastoral du thème introductif de *L'Attaque du moulin*, mais sa courbe mélodique, plus expressive, rappelle aussi un thème important de *Lazare* (ex. 2), que Bruneau n'avait pas encore livré au public[38] : le compositeur semble donc avoir souhaité conférer une dimension spirituelle implicite à son ouvrage.

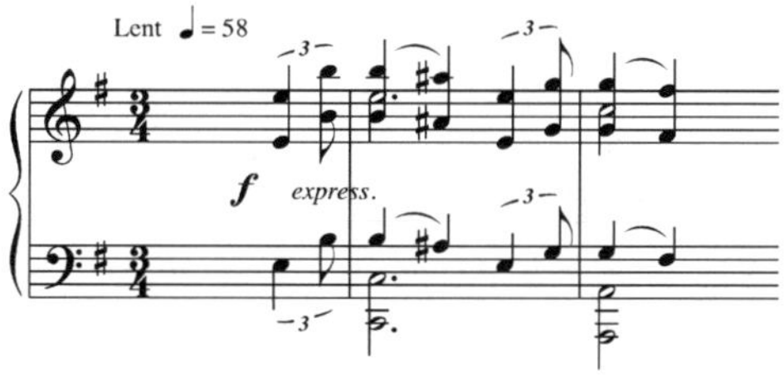

Ex. 2 – Alfred Bruneau, *Lazare*, réduction chant et piano, ms autographe, 1901-1903, folio 1, Archives Puaux-Bruneau

En revanche, « Très animé » et caractérisé par un rythme pointé incisif, le second motif (ex. 1, mes. 5-8) se glisse dans une mesure à 3 temps et ses harmonies, plus acides car souvent altérées, gravitent autour du ton relatif de *mi* mineur ou abordent parfois les régions de la gamme par tons (ex. 3, mes. 11 et suivantes) : réduit parfois à son rythme (ex. 3), il

---

38 Écrit sur un texte de Zola, librement inspiré du thème de la résurrection de Lazare, le drame lyrique, à mi-chemin entre oratorio et opéra, ne sera créé en définitive qu'après la mort du compositeur qui l'avait envisagé comme une sorte de *requiem* à la mémoire de Zola. Voir Cabanès, Jean-Louis, « Lazare, un évangile à rebours », in Branger, J.-C., Ramaut, A. (dir.), *Opéra et religion sous la IIIe République*, Saint-Étienne, PUSE, 2006, p. 87-101.

intervient avec l'évocation du tambour et illustre plus particulièrement les sentiments d'angoisse que génèrent l'instrument ou la situation[39].

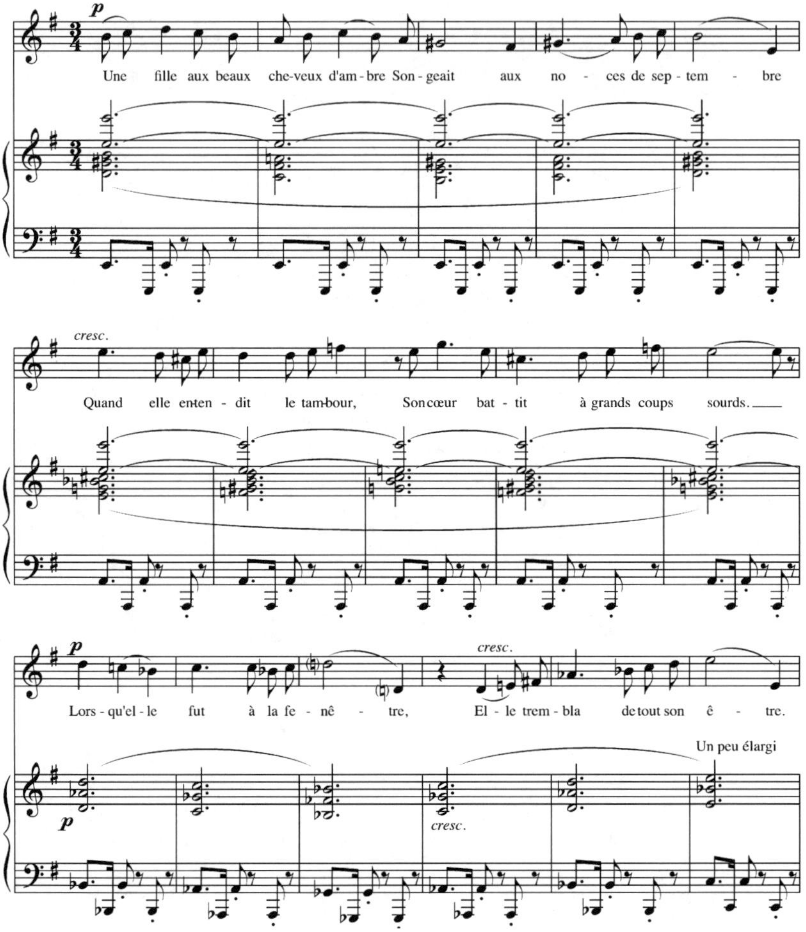

Ex. 3 – Alfred Bruneau, *Le Tambour*, *op. cit.*, p. 4-5

39 On ne peut s'empêcher de penser à certaines scènes de *Pelléas* où la même gamme accompagne des sentiments similaires bien que Bruneau en ait lui-même usé dès *Le Rêve* (1891) dans un esprit différent cependant. Voir notre article « *Le Rêve* d'Alfred Bruneau : un opéra pré-debussyste ? », in Branger, J.-C., Douche, S., Herlin, D. (dir.), *Pelléas et Mélisande cent ans après : études et documents*, Lyon, Symétrie, 2012, p. 177-194.

Notons à cet égard l'absence remarquable de l'instrument de percussion[40] au sein d'un important effectif orchestral[41] qui sert d'écrin à une ligne vocale plus ou moins respectueuse de la prosodie du texte avec, comme souvent chez Bruneau, de beaux élans lyriques typiques de sa manière (ex. 4).

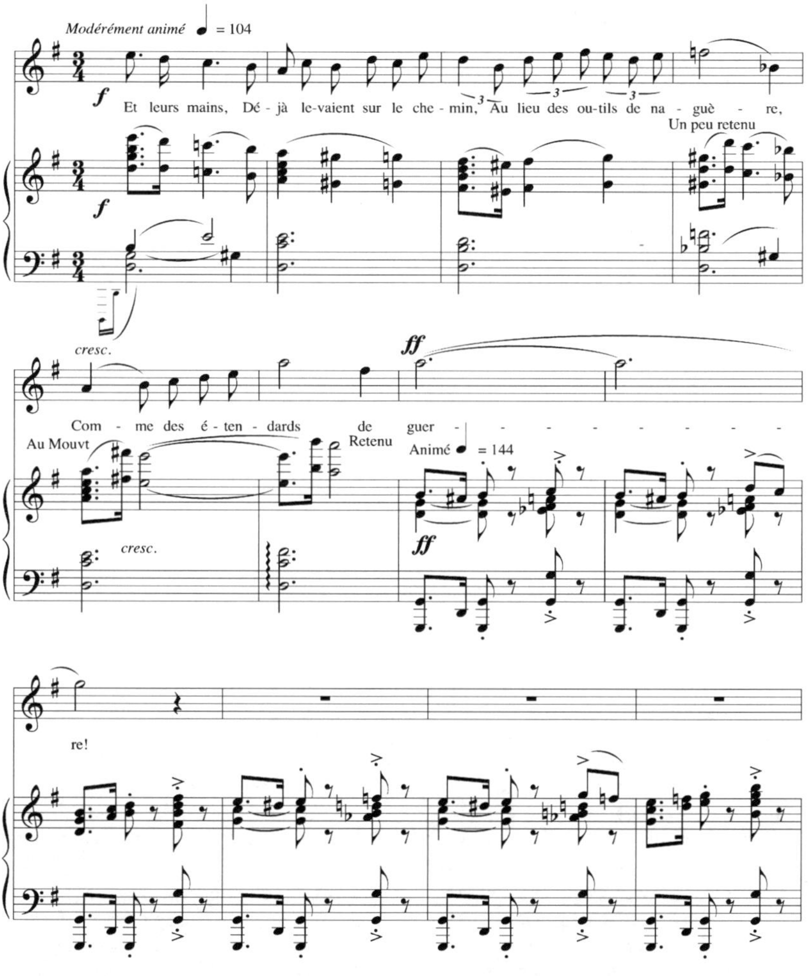

Ex. 4 – Alfred Bruneau, *Le Tambour*, *op. cit.*, p. 13-14

40 Adolphe Jullien (art. cit.) avait relevé cette particularité.

41 1 P[te]. Fl. / 2 Fl. / 2 Htb. / 1 C.A. / 2 Cl. / 1 Cl. b. / 2 Bn /1 C.Bn / 4 C. / 3 Trp. / 3 Trb / Tb. / 3 Timb. / gr. C. / Cymb. / Trg. / Hpe / Cordes. La partition d'orchestre, qui ne semble pas avoir été gravée, subsiste sous la forme d'un manuscrit (BnF, musique, *op. cit.*).

Le style naturaliste de la partition ne diffère donc en rien de celui de ses partitions antérieures, notamment *Messidor* (1897) où Koechlin distingue un « incomparable élan de vie et d'espérance[42] » qui, d'une certaine façon, s'exhale aussi de la partition de 1915 malgré un texte exhortant les citoyens à se sacrifier pour la patrie...

La nature stylistique et la facture du *Tambour* soulèvent ainsi une question centrale et complexe pour tout compositeur appelé à écrire une partition en prise avec l'actualité d'un conflit. Comme l'a noté judicieusement Esteban Buch, « il semble utile de suspendre la dichotomie – courante à l'époque et encore inscrite dans le sens commun – entre d'une part des œuvres politiques, engagées pour la cause collective et désintéressées du point de vue personnel, et de l'autre des œuvres non politiques, toutes vouées à la cause de l'art et à l'expression de soi[43]. » Prenant exemple sur Debussy, le musicologue remarque combien est large et subtil « le spectre qui va de la *Berceuse héroïque*, composée au début de la guerre pour "rendre hommage à sa Majesté Albert Premier [de Belgique] et à ses soldats", à la *Sonate pour violon*, achevée en 1917[44]. » Puis il cite deux aphorismes contradictoires que le compositeur formule au terme d'une lettre adressée le 25 janvier 1916 à Émile Vuillermoz, qui mérite d'être largement citée. Après avoir commenté sa *Berceuse*[45], Debussy réfute toute tentative d'inscription historique d'une œuvre musicale composée en temps de guerre :

---

42 Koechlin, Charles, « Alfred Bruneau. Conférence prononcée aux Concerts historiques Pasdeloup (Opéra, 10 mars 1921) », in *Le Ménestrel*, 83/33 et 34, 19 et 26 août 1921, p. 341.

43 Buch, Esteban, « Composer pendant la guerre, composer avec la guerre », in Audoin-Rouzeau, S., Buch, E., Chimènes, M., Durosoir, G. (dir.), *La Grande Guerre des musiciens*, Lyon, Symétrie, coll. « *Perpetuum mobile* », 2009, p. 138. Pour une réflexion concernant les liens complexes entre musique et engagement patriotique, lire aussi l'article de Carlo Caballero, « Patriotism or Nationalism ? Fauré and the Great War », in *Journal of the American Musicological Society*, 52/3, automne 1999, p. 616-622.

44 Buch, E., « Composer pendant la guerre, composer avec la guerre », art. cit., p. 138. Dans le cas de Bruneau, pareil constat s'impose puisque, pour s'en tenir au début de l'année 1916, *Le Tambour* précède de peu *Le Chant du Drapeau*, « hymne » de Maurice Boukay pour soliste, chœur et orchestre qui sacrifie aux poncifs du genre : moins personnelle et inspirée, la partition allie une écriture harmonique plus terne à des rythmes pointés obsédants qui lui donnent les allures d'une marche. Composée en mars 1916 (BnF, Musique, Vma ms 98), elle sera créée peu après au Trocadéro par Marie Delna (Voir *L'Information*, 27 mars 1916, recueil factice de coupures de presse concernant Bruneau, *op. cit.*). Voir *Le Chant du drapeau*, partition chant et piano, Paris, Choudens, 1916, en annexe IV.

45 Composée en novembre 1914, la *Berceuse héroïque* est créée le 24 octobre 1915 sous la direction de Camille Chevillard.

Vous avez d'autant plus raison que, la *Berceuse* dont vous voulez bien vous occuper a précisément les dimensions d'une Estampe... Or, une estampe n'est pas une fresque, ce qui d'ailleurs n'entrait pas dans mes intentions. Et puis, faut-il encore 375 pages pour fixer notre émotion ? / Cette *Berceuse* est : mélancolique, effacée, la Brabançonne n'y hurle pas. Maintenant si vous ne trouvez pas la Belgique assez meurtrie, n'en parlons plus. / Elle est une simple carte de visite, sans aucune prétention que de rendre hommage à tant de souffrances consenties. / On me l'avait demandée pour un livre dédié au roi de Belgique, vous me connaissez suffisamment pour savoir que je n'aime pas être indiscret. / Que l'on ne l'ait pas comprise est indubitable[46]. [...] / Pour finir, car voilà beaucoup plus de mots qu'il n'y a dans la *Berceuse*, croyez bien que la musique de guerre ne se fait pas en temps de guerre. À proprement parler, il n'y a pas de musique de guerre, vous le savez bien ! / Vous m'honorez grandement en me disant l'élève de Claude Monet, faites-moi la grâce d'y joindre mon affectueuse amitié[47].

Ce long développement constitue selon toute vraisemblance une réponse à un article signé « V. » et publié sous le titre « Musique de guerre » dans *Le Temps* peu après la création du *Tambour* (voir annexe II). Étudiant successivement *La Française* de Saint-Saëns, la *Berceuse héroïque* de Debussy, la nouvelle partition de Bruneau puis *Le Ruban dénoué* de Reynaldo Hahn[48], Vuillermoz constate, sur un ton ambigu teinté d'ironie mais non dénué de finesse, combien musique et guerre s'accordent difficilement et qu'il est vain d'attendre de la part de ces quelques figures majeures de l'époque un quelconque changement de style : ces « courts morceaux de circonstance ne nous ont pas appris grand-chose de nouveau sur le génie de leurs auteurs[49]. »

En effet, de même que Debussy propose, « réduite et transposée par un impressionniste, une réplique attendrie et douloureuse du *Rêve* de Detaille [...] un petit essai de musique militaire par un élève de Claude Monet », de même Bruneau a-t-il traité « un sujet simple et fort, excellemment adapté à sa manière particulière de penser, de sentir et d'écrire. [...] Son sens de la poésie rurale, son verbe rude et cordial, sa pitié un peu gauche et sa grande tendresse bourrue ne pouvaient trouver une occasion plus propice de s'y employer utilement[50]. » Dans son analyse élogieuse et particulièrement développée du *Tambour*, qui tend à valider

46 Dans sa chronique du 13 janvier 1916 (*Journal des débats politiques et littéraires*), Adolphe Jullien considère ainsi les « raffinements [de la *Berceuse*] tout à fait hors de circonstance ».

47 Debussy, Claude, lettre à Émile Vuillermoz, mardi 25 janvier 1916, in Lesure, F., Herlin, D. (dir.), *Correspondance (1872-1918)*, Paris, Gallimard, 2005, p. 1969.

48 Voir l'article de Stéphan Etcharry dans le présent ouvrage.

49 Voir annexe II.

50 *Id.*

l'engagement de Bruneau, Vuillermoz, s'il omet sans doute à dessein le sens profond du texte, justifie ainsi la réussite de la partition par un thème littéraire et une générosité musicale relevant d'une esthétique sans doute plus propice – en plein conflit – au succès que celle prônée par Debussy[51].

Ainsi, la composition du *Tambour* résulte d'une posture familière qui bat en brèche l'idée selon laquelle une « musique de guerre ne se fait pas en temps de guerre [et qu'] il n'y a pas de musique de guerre » : en fait, contrairement à Debussy, Bruneau poursuit et amplifie un combat artistique qu'il mène depuis toujours, un combat franc et massif en faveur de la musique française confrontée à l'hégémonie – réelle ou supposée – de la musique allemande que certains, en particulier depuis la défaite de 1870, assimilent à une invasion[52].

À ses débuts, Bruneau ne partage pas totalement ce sentiment – intimement lié à l'esprit de revanche qui imprègne l'opinion française entre 1870 et 1914 – puisqu'il exprime souvent son admiration pour Wagner. Toutefois, dans une des ses premières chroniques publiée peu après la création de *L'Attaque du moulin*, il manifeste son ambition en des termes métaphoriques dénués de toute ambiguïté : « À cette heure le drame wagnérien est partout acclamé et son triomphe est définitif. La bataille n'est déjà plus là, elle s'engage nettement sur un tout autre terrain, et c'est l'avenir de la musique française qui maintenant est en jeu[53]. » Son idéal se dessine encore sans détour dans un article consacré à *Messidor* dont les dernières phrases avaient fait sourire Debussy[54] : « Aujourd'hui comme hier – le sujet de mes ouvrages l'atteste –, j'ai eu l'ambition d'être à la fois de mon temps et de mon pays. Après que m'a été donnée la joie d'artiste de mettre en musique un poème qui me plaisait, je serais pleinement heureux d'avoir fait œuvre de moderne et de Français[55]. »

Mais, avec l'entrée en guerre, l'influence de la musique allemande et *a fortiori* celle de Wagner, qui, aux yeux de certains, serait préjudiciable à l'identité de la musique française, va devenir un sujet encore plus

---

51 On notera cependant le succès relatif du *Tambour* puisqu'il fut en définitive très peu joué.

52 Voir les réflexions de Katharine Ellis (*Interpreting the musical past. Early music in nineteenth-century music*, New York, Oxford University Press, 2005, p. 123 et suivantes) à propos de l'article d'Arthur Heulhard publié dans *L'Art musical* en 1872 dont le titre est éloquent : « L'invasion allemande en musique ».

53 Bruneau, A., « [Emmanuel Chabrier, *Gwendoline*] », in *Gil Blas*, 29 décembre 1893.

54 Voir Debussy, C., lettre à Pierre Louÿs, 9 mars 1897, in *Correspondance*, *op. cit.*, p. 347.

55 « *Messidor* expliqué par les auteurs [...] La musique », art. cit.

sensible[56] et conduire les musiciens à adopter des positions encore plus tranchées voire nouvelles[57]. Interrogé peu après la création du *Tambour* sur l'opportunité de donner des ouvrages wagnériens après la guerre, Bruneau affirme : « Je crois que l'on ne pourra pas rejouer de sitôt Wagner à Paris[58]. »

Aussi les conséquences de la guerre « sur la musique et les sujets d'opéra » sont-elles, en quelque sorte, salutaires à ses yeux. Quelques mois après avoir achevé *Le Tambour*, il répond à une enquête méconnue du *Cri de Paris*, publiée pendant l'été 1915[59] :

> Je crois que les grands événements actuels seront pour nos artistes des sources d'émotion et d'énergie où leurs œuvres prendront une simplicité, une gravité nouvelles. / Ce qui me paraît évident c'est la faillite du wagnérisme et la renaissance, dans les sujets et les musiques d'opéra, de la tradi-

---

56 Même Romain Rolland écrira dans son célèbre *Au-dessus de la mêlée* (Paris, Ollendorff, 1915, p. 41-42) : « En musique, l'Allemagne, si fière de sa gloire ancienne, n'a que des épigones de Wagner, des virtuoses exaspérés de l'orchestre, comme Richard Strauss, mais pas une seule œuvre sobre et virile de la trempe de *Boris Godounov* ; pas un chemin nouveau n'a été ouvert par les maîtres allemands. »

57 Voir notamment les articles d'Esteban Buch (« "Les allemands et les boches" : la musique allemande à Paris pendant la Première Guerre mondiale », in *Le Mouvement social*, 208 [juillet-septembre 2004], p. 45-69) ou de Michel Duchesneau (« La musique française pendant la Guerre 1914-1918 : Autour de la tentative de fusion de la Société Nationale de Musique et de la Société Musicale Indépendante », in *Revue de Musicologie* 82/1 [1996], p. 123-153) et l'ouvrage de Jane F. Fulcher, *The Composer as Intellectual. Music and Ideology in France 1914-1940*, New York, Oxford University Press, 2005, p. 19-70. Bruneau, lui, ira jusqu'à rompre ses relations amicales avec Strauss qui l'avait pourtant soutenu à de nombreuses reprises. Voir notre article : « Une relation amicale et musicale méconnue : Richard Strauss et Alfred Bruneau », in *Études Germaniques*, 1/2002, p. 63-79.

58 Voir le questionnaire de Jean Poueigh, « Doit-on jouer Wagner après la guerre ? », in *La Renaissance* 4/3, 5 février 1916, p. 12. On y trouve aussi notamment les réponses négatives de Saint-Saëns, Gheusi ou, plus mitigées, de Messager et, positives, de d'Indy. Sur cette question voir Buch, E., « "Les allemands et les boches" [...] », art. cit. ; Schmid, Marion, « *À bas Wagner !* The French Press Campaign against Wagner during World War I », in Kelly, Barbara (ed.), *French Music, Culture, and National Identity, 1870-1939*, University of Rochester Press, 2008, p. 77-89.

59 Publiée en trois volets (*Le Cri de Paris* 956, 957, 958 [25 juillet, 1er et 8 août 1915]), l'enquête recueille les réponses de Bruneau, Debussy, Dukas, Erlanger, Hue, Lazzari, Messager, Paulin, Vidal et Widor aux questions : « [...] si les œuvres de Wagner ne doivent plus être représentées ou doivent être moins représentées, avec quelles pièces de résistance française ou étrangères les remplacera-t-on au répertoire ? Quelle influence la guerre peut-elle avoir sur la musique et les sujets d'opéra ? » L'attitude, semble-t-il isolée, de Dukas mérite d'être citée : « Je suis très sensible à l'intérêt que vous voulez bien prendre à mes prévisions sur *l'Avenir musical*. Mais je ne puis que vous dire : toute discussion de cet ordre me semble prématurée et pour vous dire la vérité, la musique est la chose du monde à quoi j'ai le moins pensé depuis dix mois. » Sur cette enquête voir notre article : « La réponse de Debussy à une enquête du *Cri de Paris* pendant la Grande Guerre », in *Cahiers Debussy*, 2011, p. 97-108.

tion française, fortifiée par le beau et nécessaire mouvement évolutif des idées. Je suis tranquille sur ce qui pourra remplacer Wagner au répertoire. La beauté française saura trouver toute seule sa route et prolonger par son triomphe, la glorieuse victoire de la vérité, de la justice et de l'humanité. / L'influence de la guerre sur l'avenir de la musique d'opéra ? Mais c'est la renaissance de la musique française enfin libre. Tout simplement[60] !

Ces affirmations, qui plaident implicitement en faveur du naturalisme, font aussi écho aux propos que Debussy avait tenus peu avant dans un article virulent publié en mars 1915 sous un titre éloquent : « Enfin, seuls[61] !... » Dans sa réponse à l'enquête du *Cri de Paris*, l'auteur de *Pelléas*, désormais plus nuancé et moins optimiste, rejoint Bruneau lorsqu'il juge néfaste l'influence de la musique allemande[62]. Mais, il se fait discrètement le chantre d'une beauté dont, en fait, seul le XVIIIe siècle d'un Rameau avait le secret[63].

Quant à Bruneau, il développe l'année suivante sa pensée dans une allocution prononcée le 16 juin 1916 lors du premier festival soutenu par la *Ligue nationale pour la défense de la musique française* dont l'objectif principal est de « libérer la musique française de "l'emprise teutonne"[64]. » Estimant que « [l]'invasion, lente, méthodique, continue, éhontée, de la nouvelle musique allemande nous fut – ai-je besoin de le rappeler – très préjudiciable[65] », le compositeur fait ensuite l'éloge de la

60 Voir *Le Cri de Paris*, 19e année, n° 256, 25 juillet 1915, p. 12.

61 Debussy écrit notamment : « [...] il faut que nous comprenions enfin que la victoire apporte à la conscience musicale française une libération nécessaire. / Voilà bien des années que je ne cesse de le répéter : nous sommes infidèles à la tradition musicale de notre race depuis un siècle et demi. » Voir *L'Intransigeant*, 11 mars 1915, in François Lesure (éd.), *M. Croche et autres écrits*, Paris, Gallimard, 1987, p. 265. Selon François Lesure (*Claude Debussy*, Paris, Fayard, 2003, p. 390), ce texte aurait été écrit par Vuillermoz bien que plusieurs documents tendent à prouver le contraire. Voir *Correspondance*, *op. cit.*, p. 1881. Pour une étude concernant Debussy et la Première Guerre mondiale, voir notamment Fulcher, Jane, « Speaking the Truth to Power : The Dialogic Element in Debussy's Wartime Compositions », in Fulcher, J. F. (ed.), *Debussy and His World*, Princeton University Press, 2001, p. 203-232 et Watkins, Glenn, *Proof through the Night. Music and the Great War*, Berkeley-Los Angeles-London, University of California Press, 2003.

62 Debussy et Bruneau se démarquent ainsi de Fauré qui, avant de pointer « les origines [...] allemandes » des œuvres symphoniques de Saint-Saëns, Franck, d'Indy et Dukas, s'interroge en 1916 dans une préface au livre de Georges Jean-Aubry [*La Musique française d'aujourd'hui*, Paris, Perrin et Cie, 1916] : « devrons-nous oublier ce que notre musique doit au contact des grands classiques allemands ? » Voir Caballero, C., *op. cit.*, p. 604.

63 Voir Branger, J.-C., « La réponse de Debussy à une enquête du *Cri de Paris* pendant la Grande Guerre », art. cit., p. 104.

64 Duchesneau, M., « La musique française pendant la Guerre 1914-1918 [...] », art. cit., p. 128. Saint-Georges de Bouhélier figure dans le comité d'organisation.

65 Voir *La Musique pendant la guerre* 8, juin-juillet-août 1916, p. 139.

musique française dans son ensemble, l'unité prévalant désormais selon lui :

> La diversité, c'est, il me semble, une de ses caractéristiques les plus remarquables : diversité d'accent, de sentiment, de couleur, de forme, de genre, que, de toutes les musiques modernes, elle est seule à posséder. Chérissons-la sous les mille aspects qu'elle présente. Fêtons-la dans les œuvres que nous allons entendre. Il nous importe peu que les auteurs de ces œuvres aient fait leur éducation au Conservatoire, à la Schola, ou ailleurs, qu'ils aient reçu l'enseignement de tel ou tel professeur, officiel ou libre, qu'ils obéissent à tel ou tel dogme, qu'ils se rattachent à telle ou telle église de notre grande religion symphonique et lyrique[66].

Et surtout il appelle à un combat sans merci, qui s'étendra au-delà du conflit, en des termes dont la violence des métaphores entre en résonance avec l'actualité :

> Forgeons, d'un clair métal, sur l'autel que nous leur élevons, la solide lame que nous nous passerons, de main en main, pour monter attentivement la garde aux frontières de notre art, quand recommencera l'existence habituelle, pour protéger notre patrimoine musical, pour chasser les envahisseurs du temps de paix, aussi redoutables et exécrables que ceux du temps de guerre[67].

Ainsi, *Le Tambour* constitue le témoignage d'un double combat à la fois patriotique et artistique, qui peut sembler aujourd'hui naïf, stérile voire terrifiant bien qu'il suscitât – paradoxalement – une partition exigeante et musicalement convaincante dans la lignée de *L'Attaque du moulin* ou de *Messidor*. Il préfigure aussi *Les Quatre journées*, « conte lyrique » d'après la nouvelle *Les Quatre journées de Jean Gourdon* de Zola, créé à l'Opéra-Comique en décembre 1916. Car, peu après la première du *Tambour*, Bruneau, compositeur engagé, reprend son opéra qu'il avait achevé en 1911[68], notamment l'acte II qui mettait en scène un champ de bataille où le personnage principal, Jean, sauvait un Allemand avant de chanter avec lui un duo pacifiste et antimilitariste dans la lignée de la version originale de *L'Attaque du moulin*. En juin 1916, le compositeur modifie sensiblement son propre livret, comme le montre un tableau comparatif des deux versions, donné en annexe III : Jean sauve

66 *Ibid.*, p. 140. Cette réaction est tributaire de l'« union sacrée » qui affecte tous les niveaux de la vie sociale et intellectuelle de l'époque. Voir Caballero, C., *op. cit.*, p. 610.

67 *Id.*

68 Voir *Les Quatre journées*, partition d'orchestre, ms autographe (BnF, Musique, Rés. Vma. Ms. 567 [1-2]), daté *in fine* du 21 janvier 1911. La nouvelle version, titrée « Supplément » et datée « Paris 28 juin 1916 », est reliée à la fin du manuscrit.

désormais un Alsacien, enrôlé malgré lui dans l'armée allemande[69], et entonne avec lui un hymne à la France et ses deux régions « volées ». Mais le ton est désormais moins belliqueux. Si l'« ennemi barbare » reste à pourfendre, un appel à la paix se fait désormais entendre, car, faut-il le rappeler, entre la création du *Tambour* et la refonte des *Quatre journées*, trois cent mille soldats avaient déjà été fauchés à Verdun au cours d'une guerre qui allait compter près de dix millions de morts[70].

[69] Frantz : « [...] je détestais le joug horrible qu'il nous fallait subir et l'amour de la France emplissait mon cœur. Quand la guerre éclata, je voulus fuir, passer la frontière, accourir parmi vous. Je fus dénoncé et incorporé dans l'armée barbare... » Bruneau, A., *Les Quatre journées*, part. chant et p., Paris, Choudens, 1916, p. 111-112.

[70] En novembre 1916, plus d'un million d'hommes devait aussi périr lors de la Bataille de la Somme. Au sortir de la guerre, Bruneau composera une *Ode à la Paix* (Paris, Choudens, 1920), sur un poème de son gendre René Puaux, qui exalte autant l'unité de la patrie retrouvée que les « pacifiques ».

Annexe I

Saint-Georges de Bouhélier, *Le Tambour*[71]

C'était toute paix dans le bourg,
Lorsqu'un jour tonna le tambour.

Sur la place passaient trois hommes.
Ils s'arrêtèrent soudain comme

Changés en glace, le teint vert
Et les os plus froids qu'en hiver.

Deux vieilles sur leur seuil cousaient
Et leur cœur ne fut qu'une plaie.

Six femmes lavaient au lavoir
Et leur linge s'emplit de noir.

Une fille aux beaux cheveux d'ambre
Songeait aux noces de septembre.

Quand elle entendit le tambour.
Son cœur battit à grands coups sourds.

Lorsqu'elle fut à la fenêtre,
Elle trembla de tout son être.

Mais quand l'homme au tambour parla,
Alors ce fut terrible, hélas !

Pourtant c'était l'heure où la côte
Luit de l'or de sa moisson haute.

C'était l'heure où sur les épis
Frémit l'Angélus de midi

Et c'était la saison prospère,
Où Dieu semblable à nos pères

Dans un cri de félicité,
Bénit les œuvres de l'été.

Mais voilà que ce tambour morne
Venait s'installer sur la borne.

Et voilà que ce dur tambour
Jetait dans les transes le bourg.

Voilà qu'il annonçait la guerre,
Ce tambour qu'on n'attendait guère.

Voilà qu'il disait aux parents
De se quitter petits et grands,

Voilà qu'il déclarait aux mères
De songer à la mort amère

Pour leur fils, voilà qu'il disait
Aux époux de se délaisser,

Voilà qu'il commandait aux hommes
De partir pour se battre en somme !

Et la peine prenait chacun,
Et chacun se voyait défunt,

Et pleins d'une tristesse pire,
Tous demeuraient là sans mot dire.

Ils sentaient qu'avec ce tambour
Sonnait l'heure du dernier jour

De leur vie étroite, menée
Dans les champs, depuis tant d'années!

Ils sentaient que c'était l'instant
De devenir des combattants

Ils sentaient que, puisqu'aux frontières
S'avançait l'Allemagne entière,

C'était donc le temps d'étouffer
En soi le vieil homme, en effet.

Ils sentaient qu'ils étaient la masse
De fer pour forger la cuirasse.

71 La transcription a été établie à partir de la partition chant et piano imprimée (*op. cit.*).

Ils sentaient que de tout leur corps
On allait que faire un fort

Contre l'immuable ruée
De l'armée horrible nouée

Là-bas, par quel ordre assassin
Et dans quel sinistre dessein !

Et ces hommes changeaient de face,
On voyait passer de l'audace

Dans leurs yeux pauvres et leurs mains,
Et déjà levaient sur le chemin,

Au lieu des outils de naguère,
Comme des étendards de guerre !

Annexe II

[Émile Vuillermoz], « Musique de guerre », *Le Temps*, 25 janvier 1916

Il faut que les mélomanes romanesques en prennent leur parti : nous n'aurons pas de musique de guerre. Dès le début de la campagne, les fervents des bonnes traditions littéraires et picturales furent en éveil. Certainement, un compositeur de génie allait se lever, « hagard et frémissant », en proie à un délire sublime, pour entonner un hymne guerrier que toute la France reprendrait en chœur. Le crayon de Pils avait fixé une fois pour toutes le protocole du baptême d'un chant national. On attendit patiemment qu'une nouvelle soirée chez Dietrich nous dotât d'un chef-d'œuvre[72]. Cet espoir fut trompé. Aucun Rouget de Lisle n'éleva la voix. Pour former nos bataillons, la Marseillaise s'acquitta, d'ailleurs, fort bien, toute seule de sa tâche de sergent recruteur.

Après le premier assaut, quand il fut bien avéré que le matériel lyrique de cette guerre ne serait ni renouvelé, ni modernisé, on se berça d'une autre illusion. L'immobilité des fronts, la guerre d'usure, les loisirs des cantonnements de repos allaient permettre aux compositeurs mobilisés de se ressaisir, d'orchestrer leurs impressions et d'inonder nos grands concerts de tableaux héroïques. La musique, assurait-on, allait prendre un accent imprévu, répudier les élégances suspectes de l'avant-guerre et renoncer aux préciosités de ce langage subtil et raffiné qui lui avait valu, dans certains milieux, une si détestable réputation. On attendit en vain ces mâles chefs-d'œuvre. Aucune de ces partitions guerrières n'est encore parvenue jusqu'à nos chefs d'orchestre. Nos soldats-musiciens n'ont pas cru devoir faire vibrer la corde d'airain de leur lyre et se sont généralement contentés d'écrire des revues et des opérettes pour distraire et réconforter leurs compagnons d'armes. Dans la grande guerre européenne, la musique n'est pas encore sortie de la neutralité.

Seuls s'en étonneront ceux qui n'ont pas compris le rôle puissant et profond qu'elle commençait, depuis quelques années, à jouer dans notre civilisation universelle et qui n'ont pas suivi les progrès de son développement intellectuel et de sa culture philosophique. Le cataclysme présent, en détruisant ses illusions et en tuant son bel idéal, la laisse muette d'horreur. Elle est incapable d'exprimer actuellement, en pleine tourmente, les sentiments complexes qui l'agitent. Sa sensibilité est trop

72 Le peintre Isidore Pils (1813-1875) reste aujourd'hui connu pour ses scènes militaires et son tableau *Rouget de Lisle chantant la Marseillaise* (1849) : la scène se passe en 1792 dans le salon du maire de Strasbourg, le baron de Dietrich, qui a commandé au musicien un chant de circonstance que celui-ci lui présente.

nuancée pour s'analyser et se traduire en quelques coups de clairon : elle se recueille et elle attend. Ses véritables amants la loueront de cette sagesse.

Les rares ouvrages musicaux inspirés par la guerre sont, en général, de courts morceaux de circonstance qui ne nous ont pas appris grand-chose de nouveau sur le génie de leurs auteurs. La liste en est extraordinairement réduite.

L'ardent patriotisme de Camille Saint-Saëns le conduisit à transformer en pas redoublés quelques strophes de M. Zamacoïs. Sous ce titre : *La Française*, « chant héroïque de la grande guerre », l'auteur de *L'Ancêtre* a écrit une marche de vingt-quatre mesures qu'il est indispensable d'avoir lu attentivement – paroles et musique[73] – pour apprécier équitablement son attitude au cours des polémiques récentes où il intervint avec sa pétulance coutumière[74]. Cet hymne laconique ne semble pas avoir jusqu'ici bénéficié de l'enthousiasme des foules : il est vrai que son éditeur, en affirmant énergiquement sur la couverture que nous nous trouvions en présence du « chant national de demain », n'a pris aucun engagement en ce qui concerne sa popularité d'aujourd'hui.

Claude Debussy a dédié à Albert de Belgique et à sa vaillante armée une *Berceuse héroïque*, qui a le format d'une carte de condoléances, rédigée en termes choisis et circonspects, avec un discret salut au drapeau déchiré. L'auteur de *Pelléas* n'a voulu exprimer, espérons-le, sur la situation de nos alliés qu'une opinion personnelle essentiellement provisoire. Ainsi s'excuserait le pessimisme aigu de cette page d'orchestre, où l'évaporation de quelques accords mélancoliques déploie sur le sommeil de la nation blessée un voile de sonorités flottantes qu'entrouvre l'apparition mystérieuse d'une *Brabançonne* meurtrie et mutilée. C'est, réduite et transposée par un impressionniste, une réplique attendrie et douloureuse du *Rêve* de Detaille[75]. Il n'en aurait pas fallu davantage à un

---

[73] D'après un exemplaire de la BnF, la partition d'orchestre a été offerte par *Le Petit Parisien* en 1915. Composée dans un *sol* majeur éclatant et dotée de tous les attributs d'une marche, l'œuvre s'achève sur les paroles suivantes : « En avant contre la traîtrise / Des bandits sans honneur, sans foi ! / Les alliés ont pour devise / La justice et le droit ! »

[74] Vuillermoz fait sans doute allusion aux articles de *L'Écho de Paris*, écrits peu après le déclenchement des hostilités, et rassemblés ultérieurement dans *Germanophilie* (Paris, Dorbon fils, 1916), mais aussi à sa polémique avec d'Indy, relayée à l'automne 1915 par la *Renaissance, politique, artistique et littéraire*. Voir Buch, E., « "Les allemands et les boches" […] », art. cit.

[75] *Le Rêve* d'Édouard Detaille, huile sur toile, Musée d'Orsay. À propos de *La Navarraise* (1894) de Massenet, sur un livret d'Henri Cain où se glisse une allusion à cette toile, Clair Rowden note : « Exposé au salon de 1888, ce tableau, dans lequel des soldats endormis rêvent de victoire, fut maintes fois reproduit et caricaturé à l'époque, mais ici le talent de l'imagination d'artiste peintre du librettiste

Japonais pour faire un chef-d'œuvre : un Français a malheureusement besoin de développements plus copieux pour se faire entendre de ses compatriotes. Ce petit essai de peinture militaire par un élève de Claude Monet a été généralement mal compris. Sans doute a-t-on eu tort d'y rechercher des intentions dépassant celles de l'auteur. On prête si volontiers aux riches !...

Alfred Bruneau a traité un sujet simple et fort, excellemment adapté à sa manière particulière de penser, de sentir et d'écrire. Saint-Georges de Bouhélier a noté pour lui, en petits distiques naïfs et saisissants, les minutes tragiques de la mobilisation au village ; dans son poème, qui a la saveur ingénue d'une complainte médiévale et la sonorité d'une prose de Claudel rimée par Francis Jammes, il suit l'onde d'épouvante, d'indignation et de courage que propagea dans l'air calme d'une journée d'août sur les plaines ensoleillées le sinistre grondement de tambour annonçant la mort de la paix. Le compositeur de *L'Attaque du moulin* et de *Messidor* se trouvait particulièrement à l'aise pour extérioriser avec une parfaite justesse d'accent le sobre lyrisme de cette scène. Son sens de la poésie rurale, son verbe rude et cordial, sa pitié un peu gauche et sa grande tendresse bourrue ne pouvaient trouver une occasion plus propice de s'employer utilement. Ce court tableau est traité avec une aisance et une maîtrise tout à fait caractéristiques.

Deux thèmes s'y affrontent et s'y combattent : une large phrase descriptive – une de ces lignes d'horizon que l'auteur trace d'une main si sûre – brûlée de soleil et parcourue de molles ondulations comme un champ de blé sous la brise et un dur motif, qui épuise toutes les cruautés d'une double croche lancinante, des enchaînements déprimants d'accords parfaits mineurs et des vertiges angoissants de la gamme par ton. Le premier thème, riche de lumière et d'agrestes senteurs, s'épanouit dans un prélude qui a la courbe heureuse d'une colline bien dessinée ; brusquement chassé par le rythme cruel il revient opposer au délire sanguinaire des hommes la bénédiction « des œuvres de l'été », reparaît ensuite pour donner à ceux qui partent l'adieu et l'encouragement du sol menacé et s'exalte héroïquement dans la conclusion comme un suprême cri d'appel sorti des entrailles de la terre de France. Ces très simples contrastes, la netteté des lignes de ce paysage, les touches de couleur franches et justes – comme celles qui rehaussent le joli croquis de la « fille aux beaux cheveux d'ambre » silhouettée à l'aide de quelques

Henri Cain, lui-même élève de Detaille, fut salué comme un emprunt heureux. » (« Paris – Londres : *La Navarraise* face à la presse », in Branger, J.-C. et Ramaut, A. (dir.), *Le Naturalisme sur la scène lyrique*, Saint-Étienne, Publications de l'Université de Saint-Étienne, 2004, p. 125). Voir aussi les réflexions de Rémy Campos, « Félix Mayol et la Grande guerre », *La Grande Guerre des musiciens*, *op. cit.*, p. 106.

harmonies sur pédale – et un constant équilibre de la sonorité font de ce poème lyrique une œuvre d'une solidité exceptionnelle et l'enrichissent d'une puissance d'émotion si directe qu'aucune foule ne pourra résister à ses nobles et éloquentes suggestions.

Signalons enfin un album de musique inédite arrivé directement du front. Le soldat Reynaldo Hahn a occupé ses loisirs militaires de la plus harmonieuse façon. Écrivant « tantôt la nuit au bureau de l'état-major, tantôt au milieu des bois dans une cabane ébranlée par le canon, tantôt durant les interminables journées d'hiver angoissantes ou moroses », il a composé une série de pièces à deux pianos où se retrouvent toutes les qualités d'ingéniosité, de finesse et de goût délié qui ont fait de lui un critique si sensible et si clairvoyant. Il a cru devoir insister tout particulièrement sur la sincérité profonde et la spontanéité des impressions ainsi recueillies, qu'il s'agisse « du claquement perpétuel des balles qui a fait taire les oiseaux », ou de certaine idée mélodique qui s'imposa à lui pendant un trajet en automobile et ne cessa de chanter dans sa tête « comme si son cœur s'épanchait en un flux intarissable[76] ».

Or ce carnet de notes qui nous apporte les confidences d'un combattant est un recueil de douze valses (*décrets indolents du hasard… danse de l'amour et du chagrin… danse du doute et de l'espérance… le demi-sommeil embaumé… soir d'orage… etc.*) qui s'intitule galamment *Le Ruban dénoué*[77] ! Pouvait-on prouver avec une plus jolie impertinence à l'univers que malgré le prosaïsme des temps modernes, les Français trouveront toujours le moyen de faire la guerre en dentelles !...

---

[76] Vuillermoz cite avec quelques approximations des extraits d'une notice, signée « R. H. / Aux armées, 1915 », qui précède la partition, éditée deux ans après avec en sous-titre : « douze valses à 2 pianos et une mélodie » (Paris, Heugel et Cie, 1917) mais créée dans les salons d'Angèle Duglé dès le 12 novembre 1915 par Hahn et son ami Édouard Hermann. Voir Depaulis, Jacques, *Reynaldo Hahn*, Biarritz, Séguier, 2007, p. 93. Voir aussi l'article de Stéphan Etcharry dans le présent ouvrage.

[77] Vuillermoz donne successivement les titres des valses I, IV, VII, V et IX.

Annexe III

Tableau comparatif des deux versions du livret de l'acte II des *Quatre journées*

Les Quatre journées, partition d'orchestre, ms autographe, BnF, Musique, Rés. Vma. Ms. 567 (1-2), acte II, décembre 1910	*Les Quatre journées*, partition chant et piano, Paris, Choudens, 1916
Jean : « Embrassez-moi, Frantz, mon ennemi, mon frère, et que votre acte soit un signe de réconciliation qui abolisse à jamais les haines des peuples. » (f. 158, 159) Frantz : « [...] ramassons nos armes et, afin qu'elles ne servent plus à d'autres hécatombes, enterrons-les ! » (f. 162) Jean et Frantz : « Armes de sang, armes de deuil, armes fatales et cruelles, disparaissez sous la bonne terre féconde ! Vous n'avez semé que l'effroi, la douleur et la mort. Vous n'avez fait que des veuves et des orphelins. [...] Tandis que vous serez couchées comme des cadavres, armes de tueries tuées, la guerre agonisera, la paix refleurira, les épis se redresseront, pousseront, monteront vers le ciel [...]. » (f. 166 et suivants)	Jean : « Chère Alsace, chère Lorraine, sœurs jumelles volées à leur mère inconsolable et vengeresse » (p. 116) Jean : « [...] rendons pour toujours fraternelles ces fratricides armes. » (p. 131) Jean et Frantz, « unissant leurs armes » : « Armes de sang, armes de mort, armes souvent bien cruelles, soyez aussi les bonnes armes de joie ! S'il fallait vous reprendre avec nous, ce ne serait que pour vaincre l'ennemi commun. / Soyez les armes de la paix reconquise ici, Soyez les armes fleuries des fleurs de France aux trois couleurs tant adorées ! Pendant que nous vous serrerons doucement sur nos poitrines, armes fraternelles, hier fratricides, la guerre agonisera, la paix nous sourira, les épis se redresseront, pousseront, monteront vers le ciel [...]. » (p. 132-135)

Annexe IV

Charles Fouqueray, *La Marche au drapeau* [sic pour *Le Chant du drapeau*], Illustration reproduite sur une carte postale au nom de l'« Association des dames françaises » et du général Maunoury, avec au verso la ligne vocale de la partition éponyme d'Alfred Bruneau, collection Puaux-Bruneau.

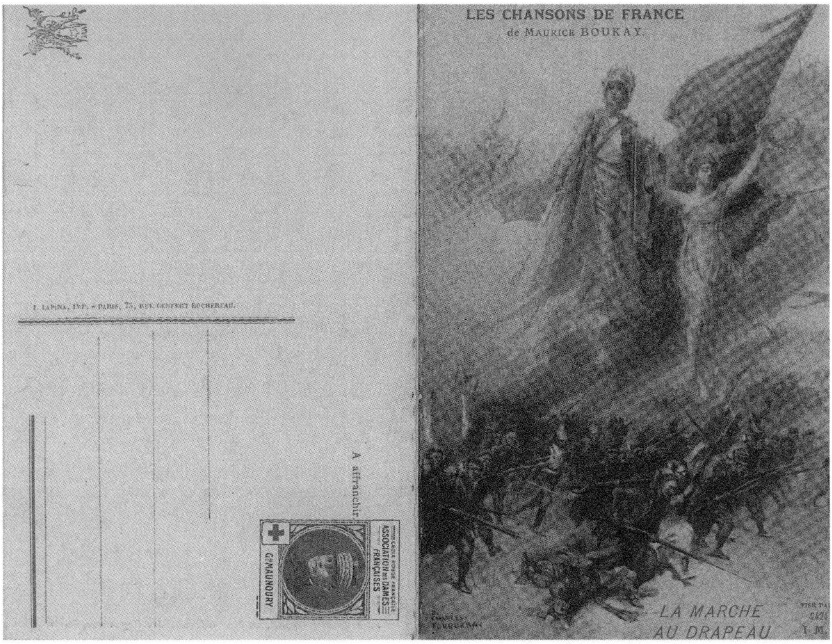

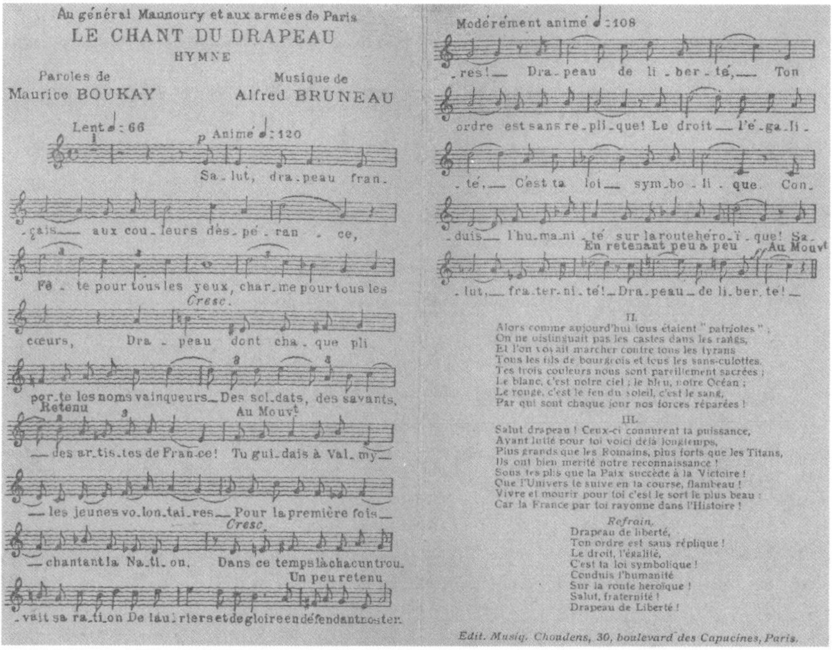
Au général Maunoury et aux armées de Paris
LE CHANT DU DRAPEAU
HYMNE
Paroles de
Maurice BOUKAY
Musique de
Alfred BRUNEAU
Lent
Animé
Sa_lut, dra_peau fran_
_çais aux cou_leurs d'es_pé_ran_ce,
Fê_te pour tous les yeux, char_me pour tous les
Cresc.
cœurs, Dra_peau dont cha_que pli
por_te les noms vainqueurs Des sol_dats, des savants,
Retenu
Au Mouvt
des ar_tis_tes de Fran_ce! Tu gui_dais à Val_my
les jeunes vo_lon_tai_res Pour la première fois
Cresc.
chantant la Na_ti_on. Dans ce temps là chacun trou_
Un peu retenu
_vait sa ra_ti_on De lauriers et de gloire en défendant nos ter_
Modérément animé
_res! Dra_peau de li_ber_té, Ton
ordre est sans re_pli_que! Le droit l'é_ga_li_
_té, C'est ta loi sym_bo_li_que. Con_
_duis l'hu_ma_ni_té sur la route hé_ro_ï_que! Sa_
En retenant peu à peu
Au Mouvt
_lut, fra_ter_ni_té! Dra_peau de li_ber_té!
II.
Alors comme aujourd'hui tous étaient "patriotes" ;
On ne distinguait pas les castes dans les rangs,
Et l'on voyait marcher contre tous les tyrans
Tous les fils de bourgeois et tous les sans-culottes.
Tes trois couleurs nous sont pareillement sacrées ;
Le blanc, c'est notre ciel ; le bleu, notre Océan ;
Le rouge, c'est le feu du soleil, c'est le sang,
Par qui sont chaque jour nos forces réparées !
III.
Salut drapeau ! Ceux-ci connurent ta puissance,
Ayant lutté pour toi voici déjà longtemps,
Plus grands que les Romains, plus forts que les Titans,
Ils ont bien mérité notre reconnaissance !
Sous tes plis que la Paix succède à la Victoire !
Que l'Univers te suive en ta course, flambeau !
Vivre et mourir pour toi c'est le sort le plus beau :
Car la France par toi rayonne dans l'Histoire !
Refrain.
Drapeau de liberté,
Ton ordre est saus réplique !
Le droit, l'égalité,
C'est ta loi symbolique !
Conduis l'humanité
Sur la route heroïque !
Salut, fraternité !
Drapeau de Liberté !
Edit. Musiq. Choudens, 30, boulevard des Capucines, Paris.

L'impact de la Grande Guerre sur la forme musicale

Vers une nouvelle acception du temps dans la musique française

Lionel PONS

C.R.R. de Marseille et Aix-Marseille Université

Je ne chante pas, je sème le temps[1].

La Première Guerre mondiale signe non seulement la disparition au front d'un nombre important de combattants, mais également un bouleversement de toute une civilisation profondément remise en question par ce qu'elle traverse. Phénomène naturellement lié à la subjectivité du créateur, mais aussi aux transversalités de l'histoire et des transformations sociales, la composition musicale va traduire intimement l'impact du conflit, lequel ne saurait être mesuré au travers des seules œuvres qui y font explicitement référence, en termes de programme.

Une première tentation consisterait à lire ledit impact uniquement sous l'angle du renouvellement du langage. Que ce dernier ait traversé, entre 1900 et 1920, une période d'intenses questionnements est un fait établi, mais il est également vrai que plusieurs bouleversements ont eu lieu avant le déclenchement des hostilités[2], germes d'interrogations qui vont agiter tout le XXe siècle. Pour profondes qu'elles soient, elles doivent une part de leur contenu aux circonstances dans lesquelles elles sont proposées : sentiment prégnant d'une impasse de civilisation qui n'est pas la résultante exclusive de la guerre dans la Vienne du début du siècle, par exemple.

1 Tzara, Tristan, *De mémoire d'homme*, Paris, Bordas, 1950, p. 122.

2 Citons *Pelléas et Mélisande* (1902) de Claude Debussy, le *Quatuor à cordes n°2* (1907-1908) d'Arnold Schoenberg ou la triade constituée par *L'Oiseau de feu* (1909), *Petrouchka* (1911) et *Le Sacre du Printemps* (1913) d'Igor Stravinsky.

De façon moins directement perceptible, la forme musicale va subir dans le même temps plusieurs transformations qui, sans aboutir à l'explosion des genres et formes hérités du classicisme et du romantisme, sont révélatrices de la façon dont la guerre a influencé la position des musiciens par rapport au temps et à sa gestion dans la création. La forme déploie et édifie le son dans le flux temporel, le rend perceptible autrement que dans la division isochronique objective. L'appréhension formelle du compositeur reflète indirectement une approche du temps musical, dont on peut penser qu'elle est liée à l'histoire vécue.

La vie artistique demeurant intense, même pendant la durée des hostilités, il était nécessaire d'effectuer un choix d'œuvres dans lesquelles ces mutations sont les plus évidentes, et de les envisager sous l'angle de catégories de convergences plutôt qu'en stricte chronologie.

Vincent d'Indy ou la remise en question du successif dans la construction musicale

La *Sinfonia brevis de bello gallico op.* 70 (1916-1917), pièce la plus importante menée à bien par Vincent d'Indy (1851-1931) durant la Première Guerre mondiale, traduit une importante mutation dans l'esthétique du musicien. Dès la mobilisation générale, d'Indy demande officiellement son intégration aux unités combattantes (refusée par le Ministère[3]) et fait montre d'un très vif engagement patriotique. Pendant les bombardements de 1918, il continue à assumer son cours de composition à la *Schola Cantorum*, ainsi que les enseignements de plusieurs professeurs mobilisés[4].

Dans ce contexte prend corps le projet d'une symphonie attachée à des motivations descriptives liées à la guerre et à la foi en la victoire, dont le programme des quatre mouvements est exposé par une lettre du 4 janvier 1918 à Guy Ropartz (1864-1955) :

> Du point de vue travail, j'ai perpétré une nouvelle (3e) Symphonie ! Elle est terminée mais pas entièrement orchestrée, j'en suis content et y ai mis presque inconsciemment toutes mes impressions de guerre. / 1er mouvement : La Mobilisation – la Marne. / *Scherzo* : La gaieté au front. / *Andante* : L'art latin et l'art boche. / *Finale* : La victoire, avec l'hymne de

---

3 Maillard, Jean et Francine, *Vincent d'Indy, le Maître et sa Musique*, Paris, Zurfluh, 1994, p. 89.

4 Jean et Francine Maillard signalent dans leur ouvrage cité (p. 90) la création par d'Indy d'un orchestre féminin pour pallier au manque d'instrumentistes masculins entre 1914 et 1915. Aucun document ne corrobore cette affirmation, tout au plus la correspondance du compositeur (*Ma Vie*, Paris, Séguier, 2001, p. 754-755) mentionne-t-elle la constitution d'un chœur féminin – aucune voix d'homme n'étant disponible à la Schola – pour l'animation d'une célébration de mariage en novembre 1915, en l'église de la Madeleine.

S. Michel[5] comme péroraison. / Bien entendu, il n'y aura rien de tout cela dans le programme, c'est seulement pour les amis [...][6].

Le premier mouvement révèle une évolution notable de la perception du temps musical. La forme reste fidèle à une architecture bithématique, mais renonce à la présence d'un thème cyclique, laquelle demeurait jusque-là, chez d'Indy, un geste fondamental.

Les premières mesures de l'œuvre évoquent simplement un calme paysage avant la survenue des hostilités, se résumant à des tenues de cordes et de bois sur lesquelles viennent se greffer deux brefs motifs que nous ne retrouverons plus par la suite : l'un au deuxième hautbois (mes. 10) puis à la petite trompette et aux harpes (mes. 16) avec écho partiel au premier basson et au premier cor (mes. 16) ainsi qu'au premier cor (mes. 23) ; l'autre aux bassons et trombones (mes. 24-25), omniprésent dans les mes. 28-35 à ces mêmes bassons et trombones.

Le caractère quasi-descriptif se conjugue ici avec la fonction classique du portique lent précédant la survenue du *tempo* rapide dans le premier mouvement : « la fonction classique de l'introduction du premier mouvement ne l'empêche pas de ressembler aux descriptions du matin dans la nature qui ouvrent le *Jour d'été à la montagne*[7] ».

L'*Allegro* débute sur un solennel roulement de tambour, puis le premier élément thématique est dévolu aux cordes et bois (ex. 1).

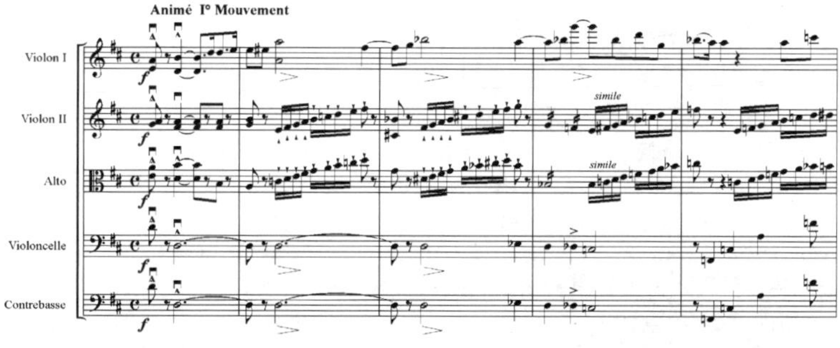

Ex. 1 – Vincent d'Indy, *Sinfonia brevis de bello gallico*, premier mouvement, premier élément de la zone du premier thème, mes. 36-40, parties de cordes, Paris, Rouart-Lerolle, 1917

5 L'œuvre est achevée le jour de la Saint Michel 1917 et inclut ce que d'Indy nomme *Hymne de Saint Michel*, qui est une mélodie issue d'une hymne cistercienne pour la dédicace des églises, chantée pour la fête de Saint Michel.

6 Lettre de Vincent d'Indy à Guy Ropartz, Arcachon, 4 janvier 1918 (BnF, Musique, l.a. Vincent d'Indy 288).

7 Buch, Esteban, « Vincent d'Indy et la Première Guerre mondiale : *Sinfonia brevis de bello gallico* », in Schwartz, M. (dir.), *Vincent d'Indy et son temps*, Sprimont, Mardaga, 2006, p. 27.

En dehors de son caractère héroïque descriptif, cet élément est révélateur des orientations nouvelles du créateur. Considérons d'abord l'aspect mélodique (violons I). Le ton principal de *ré* majeur n'apparaît de façon claire qu'à la mes. 37, dans laquelle le mouvement *la–fa* # succédant à la montée *mi-mi* # sonne comme une résolution et une affirmation du ton affiché. La tonique *ré* est, des trois notes de l'accord parfait, celle dont le nombre d'occurrences est le plus faible (deux, dont la première immédiatement redoublée sur le rythme pointé de la mes. 36). La tierce *fa* # n'en connaît qu'une, placée précisément sur une valeur longue (mes. 37-38), ce qui en fait un point de repos substitué à celui dévolu à la tonique. La quinte *la* est nantie d'un rôle particulier : quatre occurrences de durées supérieures à celles des notes évoquées, dont deux appogiaturées par des *si b* (mes. 38 et 40). Le rôle mélodique de la tonique se retrouve affaibli.

Sur le plan harmonique, c'est sur la pédale de *ré* (violoncelles et contrebasses, mes. 36-38) que repose principalement l'affirmation du ton principal (*ré* majeur) et de la tonique. Pour présente qu'elle soit, cette affirmation est infléchie par la présence du *mi* (violons I et altos) du *sol* (violons II), appogiatures résolues respectivement sur *ré* et *fa* # dès le temps suivant. En effet, la résolution en question ne conforte pas réellement l'accord implicite de tonique, du fait de la présence du sixième degré (*si*, violons I et altos[8]), qui oriente largement la couleur vers celle du relatif[9]. La mes. 38 voit le contexte mélodique totalement réorienté par la texture harmonique, laquelle s'inscrit dans un accord *do #-mi-sol-si b* sur pédale de *ré*, immédiatement dirigé (mes. 39-40) vers une cadence parfaite en *fa* majeur, relatif de *ré* mineur[10].

Les donnes mélodiques et harmoniques se révèlent complémentaires de par la place et le rôle qu'elles confient respectivement à la tonique (*ré*) et à la dominante (*la*). Le résultat de cette disposition est double : d'une part, la tonique conserve un rôle attractif et équilibrant, au regard des autres degrés de l'échelle musicale, mais le cinquième degré est moins présent harmoniquement, alors que la note *la* est plus présente au niveau mélodique, un niveau de présence compensant l'autre ; d'autre part, la tonalité principale se voit à la fois infléchie vers son relatif et vers celui de son homonyme mineur, d'où un affaiblissement de son ancrage modal (les relatifs entendus sont ceux de *ré* majeur et de *ré* mineur).

8 Présent aux grandes flûtes, hautbois, clarinette 1, trompette 1, harpes, premier pupitre des premiers violons et altos.

9 Sur l'ensemble de l'orchestre, seuls le second pupitre des premiers violons et les cors 1 et 4 jouent le *la* qui fait de cet accord un premier degré avec sixte ajoutée.

10 Ajoutons que, comme pour les autres éléments thématiques de ce mouvement, celui-ci n'est nullement fermé, puisque (mes. 43) l'énoncé complet de ce premier élément se termine sur un cinquième degré de *la*, dont la résolution ne vient pas.

La démarche compositionnelle renouvelle la complémentarité entre mélos et harmonie, l'une compensant ce que l'autre laisse en interrogation.

Ce premier élément sera suivi d'un changement de couleur tonale, qui s'oriente vers *si b*, avant qu'un deuxième (mes. 55-80) ne soit proposé par les bassons, puis par les timbres acides de la petite clarinette et du piccolo (ex. 2[11]).

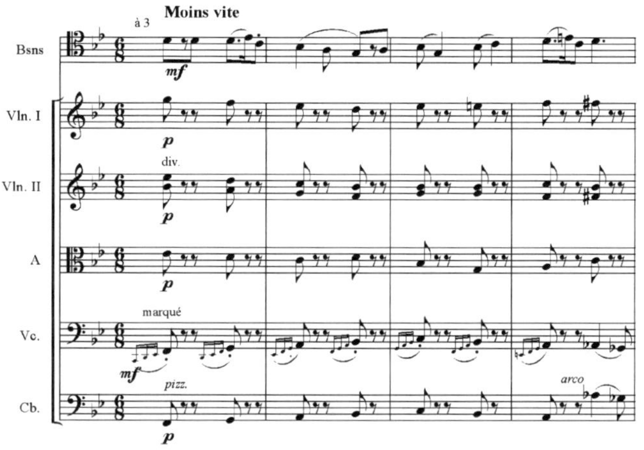

Ex. 2 – Vincent d'Indy, *Sinfonia brevis de bello gallico*, premier mouvement, deuxième élément de la zone du premier thème, mes. 55-58, parties de bassons et de cordes, Paris, Rouart-Lerolle, 1917

L'élément admet, cette fois, une structure rythmique symétrique, puisque seules les mes. 55 et 58 font appel aux valeurs pointées et que les 56 et 57 sont apparentées sur ce plan (deux trochées dont la valeur longue du second est en partie remplacée par un silence pour 56, deux iambes pour 57). Alors que la lecture du thème mélodique, bref et de caractère ouvert, appelle une harmonie de *sol* mineur, le compositeur ne tranche pas entre ce ton et son relatif *si b* majeur, d'où l'ancrage tonal indécis. L'alternance entretenue durant l'ex. 1 devient ici phénomène de condensation, au point qu'il est difficile de trancher quant à une appartenance tonale[12]. Ce choix pose question, puisque le programme implicite renvoie à l'énergie de la mobilisation. L'indécision apparente, qui recoupe la question d'œuvre incompréhensible soulevée par Esteban

11 Dans le programme implicite du compositeur, ce thème est associé à la mobilisation des troupes allemandes.

12 Buch (*op. cit.*, p. 27) le rattache à *sol* mineur, Jean et Francine Maillard (*op. cit.*, p. 128) à son relatif.

Buch[13], peut se comprendre au travers d'une approche formelle indépendante du programme exposé dans la lettre à Ropartz. En effet, les ex. 1 et 2 ne constituent nullement les deux versants de la forme bithématique[14], contrairement à une attente logique, mais les deux composants d'un même ensemble. Ce qui était successif dans le premier devient simultané dans le second, et ce geste seul, présenté en début d'œuvre de manière directe et synthétique, est déjà un résumé de ce que le compositeur entreprend dans l'œuvre, au-delà du programme. L'ensemble de la première zone thématique est donc constitué par les deux éléments présentés dans les ex. 1 et 2.

Au lieu d'un développement possible, le musicien propose une animation progressive du *tempo* qui débouche (mes. 93) sur le véritable deuxième thème (ex. 3), dévolu, en premier lieu, aux cors en *fa*.

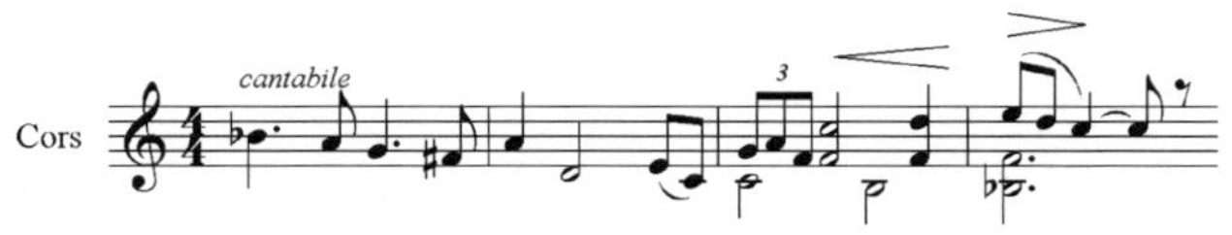

Ex. 3 – Vincent d'Indy, *Sinfonia brevis de bello gallico*, premier mouvement, deuxième thème, mes. 93-96, parties de cors en *fa* notées en sons réels, Paris, Rouart-Lerolle, 1917

Un examen attentif de ce deuxième thème (nous resterons fidèle à l'appellation hiérarchique attachée à la forme bithématique) apporte un éclairage sur sa véritable fonction : une déduction des deux éléments précédents. Dans l'ex. 3, en effet, la mesure revient au 4/4 initial, mais cette relation à l'ex. 1 cache une synthèse des deux éléments déjà étudiés. La mes. 93 présente rythmiquement la duplication d'une cellule trochaïque, soit une disposition en miroir de la mes. 57 dans l'ex. 2 (duplication d'une figure iambique). La mes. 94 présente un rétrograde rythmique de la mes. 37 dans l'ex. 1. La mes. 95 se présente quasiment comme un miroir rythmique de la mes. 94, le triolet de croches prenant la place des deux croches égales de la mesure précédente.

Les formules d'accompagnement et de liaison (mes. 97-98 aux violons I et hautbois) sont également issues des ex. 1 et 2. Vincent d'Indy cherche consciemment à fusionner un discours d'exposition et une démarche de développement.

---

13 Buch, E., *op. cit.*, p. 32.

14 Ce point de réflexion s'appuie sur la cohésion du premier élément en tant que phrase, alors que le second n'en a pas les attributs, au vu de sa concision, et demeure davantage un motif, que le musicien duplique. Sa non reprise dans la réexposition confirme ce statut hiérarchiquement inférieur.

Il n'apparaît pas de charnière claire entre l'exposition de ce second thème et le développement proprement dit, repérable à la confrontation de plus en plus dense (mes. 109-182) du premier bloc thématique (avec ses deux éléments, voir ex. 1 et 2) et du second[15]. Le développement n'existe plus dans sa fonction dialectique de questionnement des hypothèses formulées dans l'exposition. Il ne s'agit ni d'augmenter la surface des différents thèmes proposés, ni de les fragmenter pour en libérer les forces fondatrices, comme l'induit l'approche classique, mais d'agir par le biais d'une itération accumulatrice d'énergie.

Alors que le programme est censé évoquer des préparatifs de bataille, le compositeur met peu à peu en lumière l'interdépendance des thèmes. Le temps dialectique cède le pas à un espace dans lequel les différentes phases se chevauchent, ce qui remet fondamentalement en cause la nécessité de la réexposition. En effet, cette dernière se fonde, dans une forme sonate, sur les notions soit de légitimation soit de réconciliation, ce qui est difficilement compatible avec l'instauration d'un temps de la simultanéité.

Aussi, la réexposition proprement dite est-elle précédée de la proposition inattendue (mes. 183-201) d'un nouvel élément jamais entendu auparavant (ex. 4), confié au cor anglais et à l'alto *solo*. Sa teinte désolée reste éloignée du programme, associé à la fébrilité de la mobilisation.

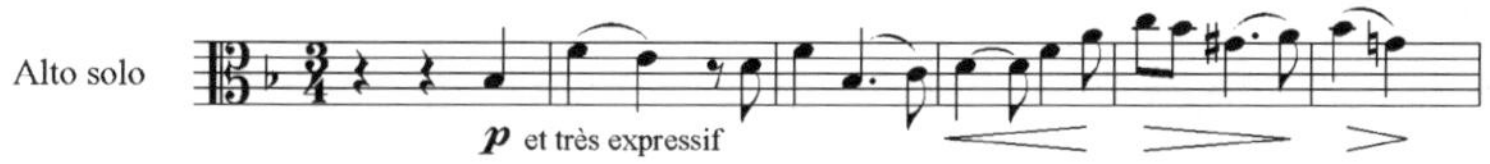

Ex. 4 – Vincent d'Indy, *Sinfonia brevis de bello gallico*, premier mouvement, élément précédant la réexposition, mes. 184-189, partie d'alto solo, Paris, Rouart-Lerolle, 1917

Aucune tonalité principale ne peut être fermement établie, et ce nouvel élément ne présente pas de lien évident avec ceux qui l'ont précédé. En remettant en cause la progression tonale de la trame sonore et en gommant la présence jusque-là marquée et marquante des éléments thématiques, le compositeur recrée, en quelque sorte, leur nécessité sonore. Loin de déboucher sur un développement terminal, l'ex. 4 agit comme une remise à zéro du compteur temporel, et ce qui tient lieu de réexposition est en fait, un processus de rétrogradation qui démarre. Le flux temporel qui va de la proposition d'une ou plusieurs hypothèses thématiques vers la légitimation de leur reprise est condensé, tendu vers

15 Par densité, nous entendons soit la superposition contrapuntique desdits éléments, soit leur opposition en dialogue serré entre plusieurs instruments (voir 2 mes. après le chiffre 15 de la partition d'orchestre, entre la petite clarinette et la clarinette basse).

un aboutissement qui n'est plus la réexposition inhérente à la forme sonate traditionnelle. Pour des raisons d'équilibre et de concordance avec le programme, Vincent d'Indy ne peut pourtant terminer le mouvement sur l'affirmation inopinée d'un élément nouveau. Il prend le parti de suggérer le point de départ d'une nouvelle forme tout en renvoyant la pièce à son point initial, d'où le choix d'une réexposition inversée (de l'ex. 3 vers l'ex. 1[16]) excluant le deuxième élément de la première zone thématique (voir ex. 2). Tout se passe non pas comme si nous étions face à une réexposition classique légitimée par le développement, mais à une rétrogradation formelle accélérée de l'exposition, qui nous renvoie donc au point de départ de l'œuvre.

Cette option formo-temporelle est-elle reliée à la Grande Guerre ? Sur ce point, le compositeur ne s'est jamais montré explicite. L'idée d'une forme marquée par la simultanéité plutôt que par la succession est déjà claire dans *L'Adoration de la Terre* du *Sacre du Printemps* d'Igor Stravinsky, mais il est peu probable que Vincent d'Indy y ait fait une référence volontaire. En revanche, il n'est pas hasardeux que la conception de la *Sinfonia brevis* débute non pas dans l'euphorie de 1914, mais en l'année 1916, marquée par une usure dans la guerre de tranchées. Le doute que le musicien ressent après sa visite à son fils[17] coïncide avec celui affiché quant à la suprématie du temps dialectique qui va, dans la musique du début du siècle, céder le pas soit à une position proche de celle affichée par d'Indy, soit à l'option de la répétition, telle que Stravinsky la met en œuvre dans *Les Augures printaniers* du *Sacre du Printemps*. Ce questionnement du temps musical touche conjointement toutes les générations de musiciens français, y compris ceux affichant un attachement à la grammaire tonale et aux moules formels éprouvés.

Le deuxième mouvement de la *Sinfonia brevis* est un *scherzo* évoquant officiellement la gaieté du front. Selon le musicien, ce mouvement trouve sa source dans un voyage effectué en Lorraine, précisément pour rencontrer son fils Jean[18]. Conscient de l'horreur de la vie dans les tranchées, le musicien ne livre rien dans ce mouvement de ce qu'il a pu voir en réalité, usant du programme comme d'un garde-fou qui évite à l'œuvre de devenir confession personnelle. Fidèle au plan de la sym-

16 Les mes. 202-203 font entendre, à la première flûte, la seule tête du premier élément (voir ex. 1). Le deuxième thème (voir ex. 3) est réexposé *in extenso* (cordes, mes. 214-217, bois, mes. 218-224, puis cordes et cors, mes. 228-234). La véritable réexposition du premier élément se fait attendre, après un épisode très dense sur des éléments du deuxième thème (mes. 235-259), au premier pupitre des premiers violons, à la première flûte et à la première clarinette (mes. 260-264), et sera suivie d'une coda terminale (mes. 265-298).

17 Maillard, J. et F., *op. cit.*, p. 129.

18 *Id.*

phonie classique[19], le mouvement comprend une section *scherzo* et un *trio*. Le premier élément thématique, en *sol* mineur, est exposé par les premiers violons (ex. 5), soutenus par les cordes.

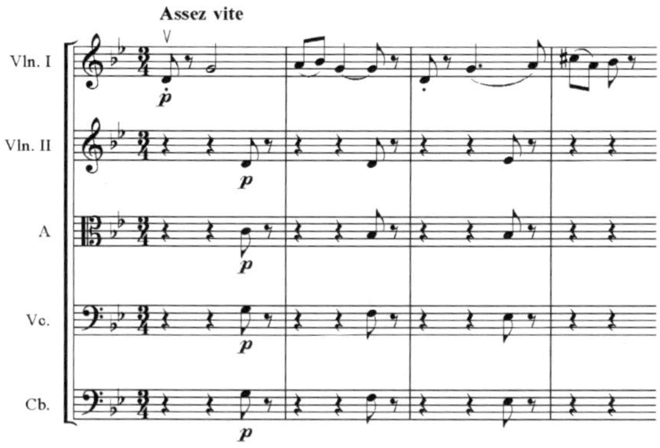

Ex. 5 – Vincent d'Indy, *Sinfonia brevis de bello gallico*, deuxième mouvement, premier élément thématique, mes. 1-4, parties de cordes, Paris, Rouart-Lerolle, 1917

Duplication libre d'une cellule de deux mesures (mes. 1-2 et 3-4), avec phénomène initial d'appel sur la dominante et deuxième temps de la mesure accentué, le thème peut suggérer une danse rustique. Il n'y a ni lien d'antécédent-conséquent, ni effet suspensif, et l'absence de contexte harmonique sur la fin des cellules laisse planer un doute sur l'appartenance de la seconde : maintien de *sol* mineur ou modulation au relatif (la mes. 5 plaide en faveur de la seconde hypothèse).

Presqu'immédiatement, le hautbois fait entendre un second élément (ex. 6), de teinte plus agreste (mes. 28-45).

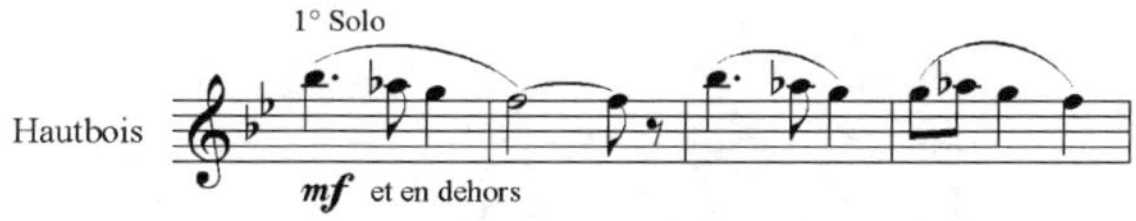

Ex. 6 – Vincent d'Indy, *Sinfonia brevis de bello gallico*, deuxième mouvement, deuxième élément thématique, mes. 28-31, partie de hautbois solo, Paris, Rouart-Lerolle, 1917

---

19 Relevons toutefois que le mouvement lent sera placé en troisième position, et non avant le *scherzo*.

Relevons la parenté entre les ex. 5 et 6 : motif scindable en deux cellules de deux mesures, dont la seconde est une duplication libre de la première (la mes. 31 ne fait qu'appogiaturer avec broderie la note de la mes. 29).

Aucun de ces deux éléments ne se prête à une technique de développement, privés qu'ils sont de véritables potentialités thématiques, comme si un développement était venu, au préalable, en libérer les noyaux fondateurs. En conséquence, seule reste la possibilité d'une itération. Vincent d'Indy gère cette contrainte en superposant un canon sur l'ex. 5 aux cordes (mes. 64-69) et un autre sur l'ex. 6 aux bois (mes. 73-80).

Le *trio* (mes. 88-123), en *mi b*, fait appel à un nouvel élément exposé par les cors, dont le mètre alterne 5/4, 7/4 et 6/4. La courbe mélodique est moins chromatique qu'à l'accoutumée sous la plume du musicien, et semble même piétiner sur une ligne conjointe de cinq sons. Aucun développement *stricto sensu* n'est proposé, simplement un phénomène d'envahissement de l'espace sonore par la répétition.

Le retour du *scherzo* (mes. 133) est précédé d'une sonnerie bitonale de trompette et de cornet (mes. 124-128), évoquant le rassemblement des troupes, et voit revenir l'ensemble des éléments présentés (l'ex. 6 intervenant comme *coda*).

Dans les deux parties de ce mouvement, le compositeur cherche, par des moyens différents du premier, à prolonger sa réflexion sur la condensation de la forme, le chevauchement d'étapes qu'on attendrait simultanées et la raison d'être du développement.

Les deux derniers mouvements de la symphonie sont fondés sur une approche plus traditionnelle de la forme, appuyée sur le contraste entre deux thèmes (avec développement) : l'un est associé à l'art français et l'autre à l'art allemand, dans le troisième mouvement ; l'un est associé aux combats, l'autre à l'hymne cistercienne de Saint Michel, dans le dernier.

La relative désaffection qui touche la *Sinfonia brevis* repose, comme le souligne avec justesse Esteban Buch[20], sur le décalage entre l'œuvre et le programme invoqué, sur la maladresse de ce programme[21], mais aussi sur la différence entre les deux premiers et les deux derniers mouvements et sur la réalité formelle en décalage avec les intentions affichées. Cette dernière révèle pourtant, dans son rapport au temps, un tournant important dans le parcours de Vincent d'Indy.

20 Buch, E., *op. cit.*, p. 33.

21 Il devenait difficile, en 1918, alors que la réalité de Verdun était connue, de justifier l'allégresse du second mouvement.

Deux axes fondateurs conjugués sont à dégager en résumé de ce parcours sommaire : le renoncement à la construction strictement dialectique de la forme au profit d'une téléologie et la quête d'une forme de simultanéité des phases de la construction formelle en lieu et place de leur caractère successif.

Si l'exemple de la *Sinfonia brevis* peut être éclairant en termes d'impact de la Grande Guerre sur l'appréhension de la forme musicale, c'est précisément par la distance qu'elle entretient ouvertement avec les différentes innovations agitant le monde musical français entre 1910 et 1920. L'interrogation sur le devenir et le sens de la forme à partir de la Première Guerre mondiale dépasse les frontières des différences de langage.

Maurice Ravel et l'instauration du temps immobile

Maurice Ravel (1875-1937) n'a pas confié ses impressions ou confidences sur l'impact de la guerre, qui marque pourtant une rupture dans son œuvre. Le projet d'une suite pour piano en hommage au XVIIIe siècle était né avant le début du conflit, et Ravel le concevait comme une construction d'art total, un geste classique idéalisé :

> C'est en effet en novembre 1917 que Ravel termine *Le Tombeau de Couperin*, projeté dans la « sérénité » de l'immédiat avant-guerre, à Saint-Jean-de-Luz, en juillet 1914. La fin de cette « suite pour piano » avait donc pour mission de le réconcilier avec les principes hors tragédie du néoclassicisme, principes entrevus après l'aventure extrême des *Trois Poèmes de Mallarmé*[22]. Outre cette nécessité esthétique de « raccorder » avec ce qui avait été écrit, ce qui va naître en juin et en novembre 1917 se doit donc de renouer avec le plus intemporel de son art [...][23].

Nulle confession directe ici au sujet de la guerre, même si le compositeur a dédié chaque pièce à un camarade mobilisé. Plusieurs aspects de la suite dépassent le simple hommage pour laisser place à une réflexion sur le rapport entre forme musicale et temps, non sans parenté avec celle menée par Vincent d'Indy dans sa *Sinfonia brevis*.

La *Fugue* du *Tombeau de Couperin* pourra en constituer un exemple. Le recours à la technique fuguée est surprenant dans le cadre d'un hommage au clavecin français, puisque les musiciens l'ont peu sollicitée dans ce cadre ; si hommage il y a, il est distancié et non réduit à un pastiche. Le choix opéré est lourd de contraintes consenties, mais le

---

22 Les *Trois Poèmes de Mallarmé* sont écrits pour soprano, deux flûtes, deux clarinettes, piano et quatuor à cordes. Composés en 1913, ils ont été créés par Rose Féart et un ensemble dirigé par D. E. Inghelbrecht au concert inaugurant la saison 1914 de la SMI.

23 Marnat, Marcel, *Maurice Ravel*, Paris, Fayard, 1986, p. 434.

compositeur en profite pour mettre en relief un temps musical particulier.

Le sujet pour lequel il opte (ex. 7) se présente plutôt comme l'antithèse d'un sujet de fugue : pas de forte identité mélodico-rythmique, pas de sous-entendu harmonique clair.

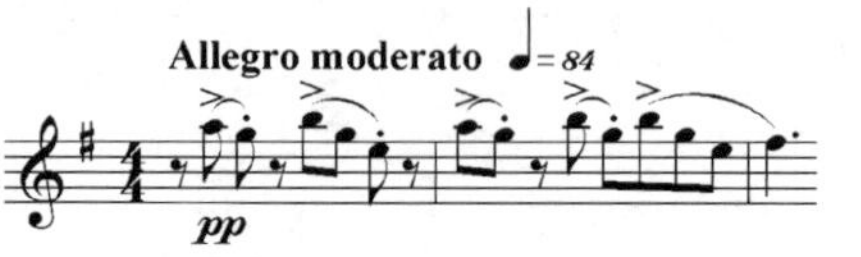

Ex. 7 – Maurice Ravel, *Le Tombeau de Couperin*, *Fugue*, sujet de la fugue, mes. 1-3, Paris, Durand, 1919

Le rythme semble propice à une interpolation avec une ou plusieurs autres voix, pour former un tissu mélodique continu. Le sujet n'utilise que quatre notes comprises entre *mi* et *si* (le *fa* # de la mes. 3 n'en fait pas partie, malgré la liaison), dans un *ambitus* serré. Bien que bref, il comporte deux entités quasiment symétriques fondées sur l'arpège parfait de *mi* mineur : un premier membre (mes. 1 de l'ex. 7), qui égrène cet arpège, précédé d'un *la* ; un deuxième membre (mes. 2 de l'ex. 7), duplication libre du premier.

Non modulant, le sujet mobilise un seul degré harmonique (premier degré de *mi* mineur) sans faire appel, même de façon passagère, à une dominante ou une sous-dominante. Ravel affaiblit volontairement les rapports de tension ainsi que la notion d'identité rythmique à la base de la construction d'un sujet de fugue.

Cette volonté s'affirme dès l'entrée de la deuxième voix. La réponse est réelle, mais entendue sous la première voix (mes. 3-4). Elle sonne donc à une quarte de distance, soit presque comme une réponse plagale. L'entrepoint[24] formé par la jonction des deux lignes mélodiques ne permet pas de distinguer la réponse elle-même, et l'absence de note sensible induit un contexte modal ainsi qu'une absence de modulation.

La construction fuguée traditionnelle oppose des plages statiques et animées, liées aux aspects contrapuntique et harmonique : les épisodes de divertissement, marqués par un statisme contrapuntique (sujet et contre-sujet absents, densité imitative moindre), et par une mouvance harmonique plus grande ; les passages dominés par la technique fuguée, lieux d'une densification et d'une mouvance contrapuntique maximales,

24 Le terme, forgé par le compositeur Alexandre Tcherepnine (1899-1977), désigne une structure contrapuntique reposant sur l'interpolation, dans différentes lignes, de motifs en réponses rapprochées (Reich, Willy, *Alexandre Tcherepnine*, traduction de Harry Halbreich, in *La Revue musicale*, n° 252, Paris, Richard Masse, 1962, p. 16-18).

en même temps que d'une stabilisation harmonique autour de zones bien déterminées (I, IV, V).

Ravel se prive tout d'abord de l'outil modulant, ce que préparait déjà l'absence harmonique de la dominante dans le sujet. Les zones théoriques du discours fugué perdurent, mais perdent leur identité harmonique et structurelle propre. Les charnières qui aboutissaient à la segmentation temporelle du discours sont abolies dans ce flux continu : pas de divertissements comme conduits modulants, pas de relâchement du travail contrapuntique durant la pièce.

Même le resserrement de la strette finale (mes. 35-61) n'est pas ressenti comme tel, l'espace sonore n'étant pas plus saturé que depuis la mes. 5[25], et l'étroitesse de l'*ambitus* ne permettant pas l'individualisation réelle des voix. Ravel refuse les notions de contraste (harmonique, rythmique ou d'écriture) et celle d'évolution de densité, la forme est invoquée comme moyen de figurer un instant suspendu. Là où d'Indy oppose à l'idée de phases successives celle d'une simultanéité, d'une superposition ou d'une interchangeabilité, Ravel entreprend une démarche fondamentalement différente. La musique n'est plus une façon de construire le temps, mais sa négation dans une dilatation organisée de l'instant.

La démarche amorcée durant la Grande Guerre n'a pas été l'inspiration d'un instant, mais le point de départ d'une réflexion que le compositeur n'a pas cessé de poursuivre, et qui, incluant le rapport au temps, pose le problème de l'existence de l'œuvre musicale, dans *La Valse* (1919-1920) ou dans *Boléro* (1928).

> Dès lors, l'idée de ce qui devient *Boléro* s'affirme cohérente, fulgurante, suicidaire : ramener la musique tonale [...] « avant » toute syntaxe, mais en lui ajoutant la durée, cette durée que, justement, seule l'élaboration avait semblé permettre, une durée qui devra juste effleurer la lassitude. Le problème est donc d'allonger un discours auquel on refuse la possibilité de durer selon les ressources traditionnelles, sans pour autant laisser s'installer la monotonie[26].

La suspension temporelle n'induit pas une absence de tension dramatique. Conscient du pouvoir d'expression de l'attente et de l'impact hypnotique de la répétition, Ravel l'utilise comme un vecteur dramaturgique, progression vers l'anéantissement final qui marque *La Valse* et

[25] Dès l'entrée de la troisième voix dans l'exposition (mes. 5-6), le compositeur pose les limites d'un espace sonore restreint, et les phases de densification contrapuntique, au lieu de repousser les limites ainsi posées, vont contribuer à combler ledit espace, en utilisant la vision polyphonique comme mise en œuvre d'un mouvement immobile.

[26] Marnat, M., *op. cit.*, p. 632.

Boléro. Cette mutation prend sa source dans les interrogations ouvertes durant la guerre.

Elle ne restera pas un geste spécifiquement ravélien, mais va agir par-delà les différences générationnelles, en devenant une préoccupation récurrente d'Arthur Honegger (1892-1955), particulièrement sensible dans l'ensemble du dernier mouvement *Andante « Dona nobis pacem »* de la *Symphonie n° 3 « Liturgique »* (Paris, Salabert, 1946, p. 79-112). La Grande Guerre induit donc un impact profond sur la perception du temps musical à travers la forme, touchant des musiciens que leurs générations comme leurs styles éloignaient des préoccupations d'indystes ou ravéliennes.

Darius Milhaud et la rencontre du successif et du simultané

La rencontre, en 1911, de Paul Claudel (1868-1957) et de Darius Milhaud (1892-1974) signe non seulement le début d'une féconde et amicale collaboration, mais va, par ses conséquences, durablement influencer le destin du compositeur, lorsqu'il sera amené, en 1916, à suivre le poète au Brésil comme secrétaire d'ambassade.

Le début de la Première Guerre mondiale est marqué, dans l'œuvre de Milhaud, par la mise en chantier de ce qui va devenir *L'Orestie*, sur la traduction entreprise par Claudel de la trilogie d'Eschyle, projet qui remonte à leur toute première entrevue.

> Tout de suite, Claudel entrevit les possibilités que pouvait fournir la musique et me parla de *L'Orestie* d'Eschyle. Il avait, à Foutchéou, fait la traduction de l'*Agamemnon* et il venait d'entreprendre celle des *Choéphores* [...]. / La langue d'Eschyle, par moments, dans certains chœurs et dans quelques dialogues, devient subitement d'une métrique, d'un lyrisme tellement plus marqués, que le soutien musical paraît s'imposer. C'est en partant de ce point de vue que Claudel envisagea par endroits une brusque intervention de la musique et qu'il me demanda de l'écrire. Je voulus éviter l'habituelle « musique de scène » qui est une forme d'expression que je déteste ! [...]. Pour souligner cet excédent de lyrisme, il fallait passer de la parole au chant. Dans *Agamemnon*, ce n'est qu'après que Clytemnestre a commis son crime, au moment où elle ressort du palais, brandissant sa hache ensanglantée, qu'elle chante. C'est une scène d'une grande violence, où Clytemnestre se heurte au chœur des vieillards, et qui s'achève en une fanfare qui proclame Égisthe roi. Cette bourrasque passée, la pièce reprend son cours normal [...]. C'est à Hellereau, en septembre 1913, lorsque j'allais rejoindre Claudel qui assistait aux répétitions de *L'Annonce faite à Marie*, montée par les soins de ses amis, Wolf Dorhn et Alexandre Salzmann, que j'écrivis cette partition pour *Agamemnon*. / En 1915, j'écris *Les Choéphores* sur les mêmes principes que la musique d'*Agamemnon*, mais ici, dans toute la pièce, il y a de nombreuses scènes chantées [...]. / En 1916, de Rome, Claudel m'envoie la traduction des *Euménides*, qu'il vient d'achever, et j'en

> fais un opéra en trois actes. Tout est chanté. Je ne connais pas de plus beau sujet à traiter [...]. / Ma partition fut commencée à Rio de Janeiro en 1917, le premier acte terminé à la Martinique en 1918. Le deuxième acte fut écrit en 1922, le troisième à Aix-en-Provence en 1923, le tout a été orchestré en 1924. Je travaillai donc à *L'Orestie* pendant douze ans[27].

En dehors de la précocité surprenante que révèle l'intensité dramatique de cette inclassable trilogie, la composition de *L'Orestie* représente un cap décisif dans l'évolution du musicien. Milhaud expérimente depuis 1912 les possibilités offertes par la polytonalité.

> J'avais entrepris à fond la question de la polytonalité. J'avais remarqué [...] que dans un petit *duetto* de Bach écrit en canon à la quinte, on avait vraiment l'impression de deux tonalités se suivant, se superposant, s'opposant, mais que la texture harmonique demeurait bien entendu tonale [...]. Je me mis à étudier toutes les combinaisons possibles en superposant deux tonalités et en étudiant les accords ainsi obtenus ; je recherchai également ce que produisaient leurs renversements. J'essayai toutes les solutions imaginables en modifiant le mode des tonalités qui composaient ces accords. Je fis le même travail pour trois tonalités. Je ne comprenais pas, puisque dans les traités d'harmonie l'on étudiait les accords ainsi que leurs renversements et les lois qui présidaient à leurs enchaînements, pourquoi un travail du même ordre ne pouvait se faire avec la polytonalité. Je me familiarisais avec certains de ces accords. Leur audition me satisfaisait plus particulièrement que les autres car un accord polytonal est plus subtil dans la douceur, plus violent dans la force. Je construisis la musique des *Choéphores* en me servant de ces recherches et j'ajoutai le sous-titre de « variations harmoniques » sur mon manuscrit. En effet, pour chaque strophe et antistrophe, j'établis dans la plupart des morceaux une recherche harmonique définie que je traitai en appliquant à la succession des accords la technique de la variation. Mais l'essentiel de la musique résidait dans la ligne mélodique générale. Même lorsque j'écrivais des accords de douze notes, je ne m'en servais que pour soutenir une mélodie diatonique[28].

Cette approche préférentiellement mélodique admet plusieurs conséquences directes quant à la construction de l'œuvre : une vision d'ensemble polyphonique et un discours mélodique dans lequel chaque ligne possède indépendance et identité.

> La ligne, toute nue, toute seule, contient ses tonalités, ses rythmes, ses modulations. Elle est complète, intelligible, se passe de tout support harmonique ou contrapuntique, possède un sens musical absolu. La mélodie supportera ce qui se noue sur elle (d'autres mélodies qui pourront la rejoindre,

---

27 Milhaud, Darius, cité par Collaer, Paul, in *Darius Milhaud*, Paris-Genève, Michel Slatkine, p. 172-174.

28 Milhaud, D., *Ma Vie heureuse*, Paris, Belfond, 1987, p. 59-60.

des harmonies qui pourront se compliquer) : elle est résistante et conservera son sens[29].

Pour pouvoir supporter ce traitement, la mélodie doit user d'une hyperfonctionnalisation des degrés : les enchaînements harmoniques demeurent centrés sur des successions de type cadentiel, les fonctions de tonique et de dominante voient leur force démultipliée, au point de récupérer dans le discours la place exclusive qui était la leur dans le langage classique.

Le début de la *Vocifération funèbre* des *Choéphores* en témoigne (ex. 8[30]). La mélodie principale (partie chantée), dans le ton d'*ut* majeur, voit se déployer plusieurs périodes quasi régulières de deux mesures, chacune principalement appuyée sur un degré, et dont la succession harmonique s'apparente à des parcours de demi-cadences ou de cadences parfaites. La construction mélodique renoue avec un mode d'édification classique : rythmes simples, intervalles préférentiellement conjoints, accentuation marquée.

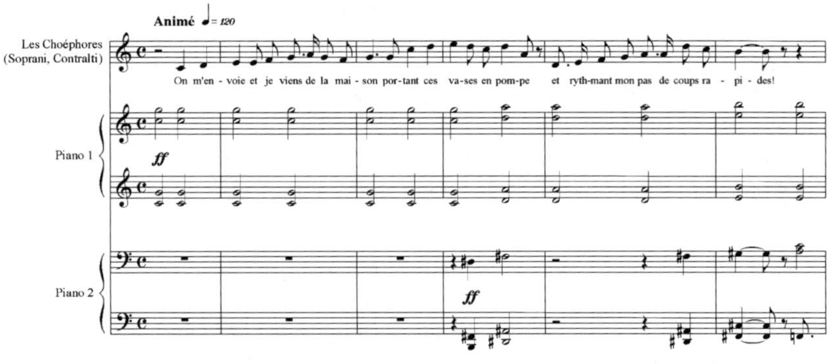

Ex. 8 – Darius Milhaud, *Les Choéphores*, *Vocifération funèbre*, mes. 1-6, Paris, Heugel, 1919

L'habillage harmonique de l'exemple 8 n'obéit pas à la logique de polytonalité mélodique chère à Milhaud. En effet, il est constitué de deux strates distinctes. La première (piano I) se contente de quintes à vide proposant une ascension diatonique sur les degrés progressifs de la gamme d'*ut* majeur et épousant, pour ce faire, les contours de la mélodie chantée. La seconde (piano II) relève d'une technique d'*acciacatura*

29 Collaer, P., *op. cit.*, p. 61.

30 Pour une plus grande lisibilité des propos harmoniques et mélodiques, nous utiliserons la réduction pour voix et deux pianos réalisée par le compositeur (Paris, Heugel, 1920).

harmonique aboutissant, avec la première strate, à la superposition de deux tonalités à distance de demi-ton (*si* majeur et *do* majeur, mes. 4, deuxième temps ; *ré* # mineur et *ré* mineur, mes. 4, troisième et quatrième temps ; *fa* majeur et *mi*, mes. 6, troisième et quatrième temps). Notons que l'accord de piano II de la mesure 6, premier et deuxième temps, apparaît lui-même (*fa* #, *do* #, *sol* #) comme une triple appogiature de l'accord suivant (*fa*, *la*, *do*).

La technique d'harmonisation employée[31] aboutit à un double résultat : d'une part une diatonisation de l'espace harmonique, puisque l'*acciacatura* harmonique n'a pour but que de renforcer par une matérialisation du pouvoir d'attraction du demi-ton les degrés affirmés par le piano I ; d'autre part un renforcement des fonctions tonales au sein de la mélodie chantée, puisqu'elle en demeure seul dépositaire. Segmentation et directionnalité restent les deux axes fondateurs de la pensée mélodique de Milhaud. La notion de progression dans cette composante du discours reste fondamentale, semblant s'opposer aux propositions formulées par Vincent d'Indy.

La réalité est toutefois plus nuancée. L'ensemble de la première strophe de la *Vocifération funèbre* (mes. 1-20) va d'abord être marquée par une quasi-monodie, dans laquelle l'absence presque factuelle de contexte harmonique est compensée par celui qu'induit la mélodie elle-même, qui va passer par des degrés conjoints de la tonique à la dominante, progression soulignée par les coups de boutoir de la basse. Notons que cette construction répercute, au niveau de la forme d'ensemble de la strophe, la progression exacte du début de la ligne mélodique : il y a coïncidence entre la réalité microscopique de l'instant (la cellule musicale) et celle macroscopique (forme globale d'un mouvement ou d'une strophe).

Le compositeur sollicite la polytonalité comme un ressort permettant d'éviter l'optique développante. La forme n'a de classique que l'apparence : le développement comme épuisement des forces internes du ou des thèmes dans la vision dialectique est remplacé par une accumulation de charges, qui se résoudra par une réexposition dont la fonction est de libérer brutalement l'énergie jusque-là contenue[32]. Pour *Vocifération funèbre* (ex. 9), le *climax* est marqué par la superposition de deux strates : *si b* majeur (piano I dans l'aigu) et *mi* majeur (piano II dans le grave).

---

31 Elle ne constitue en rien un cas isolé chez le compositeur. Toute la dernière scène de *L'Enlèvement d'Europe op.* 94 (Vienne, Universal, 1927), opéra-minute sur un livret d'Henri Hoppenot, obéit, pour exemple, strictement au même principe, particulièrement dans les mes. 157-160.

32 La pensée compositionnelle n'est donc pas éloignée, sur ce point, de celle qui préside au premier mouvement de la *Sinfonia brevis* de Vincent d'Indy.

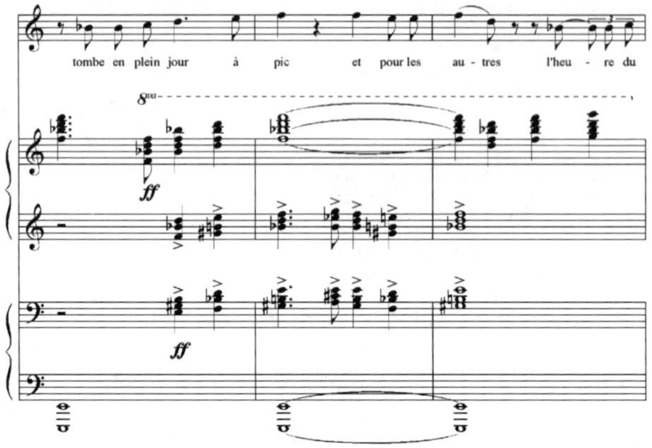

Ex. 9 – Darius Milhaud, *Les Choéphores*, *Vocifération funèbre*, mes. 49-51, Paris, Heugel, 1919

Cette disposition n'est pas conforme à la logique mélodique qui fonde le postulat polytonal chez Milhaud :

> La mélodie toute seule [...] était déjà le moyen élu [...] pour l'expression du drame humain. Maintenant, cette simultanéité des mélodies au lieu de leur succession, chacune conservant son individualité et sa liberté de mouvement [...] n'est-elle pas ce qui pouvait le mieux convenir ? [...] Les mélodies constituent à chaque instant une somme dont tous les termes ont la même importance. Par cette poly-mélodie, mise en relief par une polytonalité, la nature entière se glisse dans l'orchestre[33].

De fait, il n'est pas question dans la *Vocifération funèbre* d'une simultanéité mélodique, mais d'une monodie accompagnée. La strate en *mi* majeur, pas plus que celle en *si b*, ne propose de véritable mélodie. Nous avons affaire à un ton principal irisé par une série d'accords secondaires.

Les lignes instrumentales sont ainsi réductibles :

– piano I. L'accord de *si b* majeur de la main gauche est brodé par ceux de *mi* et *mi b*.

– piano II. Sur une pédale de *mi* (main gauche), l'accord de *mi* majeur (main droite) est brodé par ceux de *si b* et *la*.

Les deux strates sont conçues sur le principe d'une mélodie d'accords dans la lignée debussyste, à l'opposé de la logique mélodique professée par Milhaud. Il n'y a pas polytonalité au sens contrapuntique du terme, et l'exemple invoqué démontre combien la polytonalité dite

[33] Collaer, P., *op. cit.*, p. 67.

harmonique n'a, chez Milhaud, qu'une existence sujette à caution. En effet, elle ne peut être conçue que dans le cadre d'une mélodie d'accords qui n'aboutit pas à une individualisation mélodique des tons en questions. Cependant, à défaut d'une structure polymélodique, le langage de Milhaud admet une logique unitaire : la ligne de chant se meut en mode de *fa* sur *si b*, avec son triton caractéristique ; le piano I se déploie dans un *si b* majeur que la présence du degré mobile *mi* bécarre / *mi b* infléchit également vers le mode de *fa* ; le piano II se déploie, quant à lui, dans un *mi* majeur que la présence du degré mobile *si b* / *si* bécarre rattache au même contexte modal.

Notons enfin que le motif présent à la main gauche du piano I et à la main droite du piano II, mes. 49-50, reprend celui sur lequel s'est ouvert la ligne vocale mes. 2 (voir ex. 8). Il n'y a donc pas véritablement logique polytonale *stricto sensu*, mais unification sous-jacente par un contexte modal et motivique. Toutefois, en superposant les deux tons en question sur la base d'accords échangés entre les deux strates, Milhaud annule le ressort de tension suivie d'une résolution, présent dans la mélodie de tête. Les tonalités superposées sont situées à distance de triton (d'où l'unité avec celui mélodique présent dans la ligne vocale[34]), mais le geste est fréquent chez le compositeur, qui superpose le plus souvent des tonalités à distance de demi-ton ou de quarte augmentée, intervalles associés, dans la grammaire tonale, à une nécessité de résolution. En fait de polytonalité, Milhaud rend donc simultané ce qui relève du successif dans la tonalité classique (tension-résolution), démarche qui n'est pas sans analogie avec celle formelle de Vincent d'Indy dans la *Sinfonia brevis*.

La *Vocifération funèbre* va alterner des moments d'allègement de la tension (strophes, mes. 1-20, 45-66, 95-109) et des moments d'accumulation (antistrophes, mes. 21-44, 67-94, 110-120 et épode, mes. 121-143), marqués par une charge polytonale plus importante. Mais les *climax* sont tous soulignés par un retour du thème initial, démultiplié en imitations (voir ex. 9). Milhaud maintient alors l'énergie en croissance immobile, comme le fera Maurice Ravel dans la *Fugue* du *Tombeau de Couperin*.

Dans quelle mesure cet état de fait est-il induit chez Milhaud par l'impact de la guerre ? Répondre à cette question suppose une prise en compte des œuvres écrites avant la trilogie, dont plusieurs font usage d'éléments de langage post-debussystes[35]. C'est véritablement à partir de

34 Les trois entités (mélodie, piano I et piano II) se rattachent à un mode de *fa*, marqué par la présence du triton, et c'est ce même triton, en tant qu'intervalle harmonique, qui sépare les deux tonalités utilisées.

35 Cette remarque trouve sa traduction la plus évidente dans l'opéra *La Brebis égarée op.* 4 (1910-1914) d'après Francis Jammes, comme en témoigne l'étude de Jeremy

la composition des deux premiers volets de *L'Orestie* que se fait jour ce nouveau rapport au temps.

Il ne s'agit pas d'une simple coïncidence chronologique avec d'Indy ou Ravel. En composant *Agamemnon* puis *Les Choéphores*, le compositeur synthétise ce qui va devenir l'un des axes fondateurs de l'esthétique néoclassique entre les deux guerres : un temps rendu réversible ou immobile, plutôt qu'en mouvement vers l'avant.

Une vision commune pour un devenir pluriel

La Première Guerre mondiale représente sinon le déclencheur direct, tout au moins l'accélérateur d'un mouvement de pensée qui bouleverse le sens du temps dans la forme musicale. Qu'il s'agisse de le contracter en induisant la simultanéité ou la superposition de plusieurs étapes de la construction musicale ou de le figurer immobile, cette orientation rassemble des musiciens dont les esthétiques semblent inconciliables.

Autant qu'un pastiche, le néoclassicisme musical est une réflexion sur le temps, en même temps qu'un moyen pour le créateur d'échapper à l'univocité de l'histoire, sans que cette position ne prenne pour autant les traits d'un manifeste.

La Grande Guerre n'est donc pas simplement un choc psychologique dû à la tragédie vécue par l'Europe. Elle induit la cristallisation d'une réflexion amorcée dès le début du XXe siècle, qu'elle va, par les doutes qu'elle entraîne, doter de son sens plein et réel. Si le devenir de la musique française entre les deux guerres peut sembler marqué par une quête de plus en plus évidente de l'individualisme – au détriment des phénomènes d'école – et par un éclatement, elle reste unifiée par ce rapport au temps musical qui prend son visage définitif au moment du premier conflit mondial.

Entre autres conséquences, la Grande Guerre entraîne une signification repensée de la forme, dont les prolongements se lisent dans le rapport au temps et à l'histoire qu'entretiennent les musiques de la sphère néoclassique.

Drake (Drake, Jeremy, *The operas of Darius Milhaud*, London, Garland Publishing, 1989, p. 22-35), mais l'harmonie post-debussyste est encore présente dans *Alissa op.* 9, d'après André Gide (1913).

Troisième partie

Patriotisme musical et vie culturelle à l'arrière

Une infirmière d'opérette : Mimi Pinson et sa cocarde[1]

Michela NICCOLAI

Bibliothèque historique de la Ville de Paris / Association de la Régie Théâtrale

Pendant que la Grande Guerre bouleverse la France, l'opérette contribue, à sa manière, à exalter le patriotisme, à encourager les poilus, et participe « au maintien du moral des troupes et de leur famille, mettant en scène, sous un jeu plus brillant, les événements d'alors[2] ».

Dès le début du XXe siècle, l'opérette française – à l'exception des productions d'André Messager et de Claude Terrasse – se replie sur elle-même. Pour compenser cette désaffection du public pour un genre qui avait auparavant attiré de nombreux spectateurs, quelques producteurs tentent de lancer sur les scènes françaises des spectacles étrangers[3].

---

1 Je souhaite ici remercier les héritiers de Gustave Charpentier pour leur aide et leur soutien dans mes recherches ; ma gratitude va aussi à Claude Albert Charpentier, qui m'a montré un rare exemplaire de la médaille en bronze créée pour l'exposition parisienne des cocardes, en l'honneur de son grand-oncle. Que soient également remerciées Marie-Françoise Garion-Roche, conservateur responsable des manuscrits (ici Fonds Charpentier), et Bérengère de l'Épine, conservateur des collections à la Bibliothèque historique de la Ville de Paris (BHVP).

2 Fournier, Jean-Claude, « La Cocarde de Mimi Pinson », in *Opérette*, n° 94, janvier-avril 1995, p. 15.

3 Duteurtre, Benoît, *L'Opérette en France*, Paris, Seuil, 1997, p. 100. Une étude ciblée sur l'opérette patriotique française n'a pas encore été effectuée ; pour un panorama de l'opérette en Europe, voir : Casini, Claudio, Delogu, Maria, « L'operetta » et « Ai margini », in Basso, A. (dir.), *Musica in scena. Storia dello spettacolo musicale*, 6 vol., Turin, Utet, 1996, vol. IV, *Altri generi di teatro musicale*, p. 279-568 ; Cervellati, Alessandro, Cappelli, Ida, « Operetta », in D'Amico, S. (dir.), *Enciclopedia dello spettacolo*, 9 vol., Rome, Le Maschere, 1956, vol. VII, p. 1367-1368 ; Mazarakis, Evangelos, « Operetta », in Basso, A. (dir.), *DEUMM*, Turin, Utet, 1988, *Il lessico*, III, p. 415-427. Toujours utiles pour ce répertoire, les numéros de la revue *Opérette* et le site http://comedie-musicale.jgana.fr/liens.htm (consulté le 4 février 2014).

La Veuve joyeuse de Franz Lehár, créée au Théâtre de l'Apollo[4] en 1909, lance la mode de l'opérette viennoise en France pour presque un demi-siècle. L'avantage de Lehár face à ses prédécesseurs tient à son style musical : il se dégage en effet des influences de la production d'Offenbach et de la parodie du Second Empire pour s'approcher davantage du lyrisme de Puccini, insufflant une vitalité nouvelle au genre même. Après *La Veuve joyeuse* – dont le livret est adapté d'une pièce de Meilhac – et ses deux cents représentations consécutives[5], l'opérette viennoise se répand sur le sol français, connaissant une popularité de plus en plus affirmée. Ainsi, l'adaptation du *Rêve de valse* d'Oscar Straus (1910), d'autres opérettes de Lehár (*Eva*, *Le Comte de Luxembourg*, *L'Amour tzigane*), de Léo Fall (*La Divorcée*, 1911) ou les *Manœuvres d'automne* d'Emmerich Kalman (1914) voient le jour dans l'hexagone.

Toutefois, comme l'a déjà remarqué Benoît Duteurtre, la Première Guerre mondiale et le conflit culturel franco-allemand qui s'ensuit interrompent brutalement cette vague. C'est à ce moment précis, entre 1914 et 1918, que l'opérette française vit une deuxième jeunesse, notamment grâce à la production de Henri Goublier et de Henri Goublier fils. Si on attribue au père le succès de *Boule de neige* (1898) ou de *Mam'zelle Boy-Scout* (1915), le fils, formé au Conservatoire, lie son nom à la plus célèbre opérette patriotique de l'époque : *La Cocarde de Mimi Pinson*, sur un livret de Maurice Ordonneau et de Francis Gally[6].

Pour mieux comprendre le choix d'un tel sujet, et le succès qui en découle, il faut revenir en arrière.

---

4 Ce théâtre était situé à Paris, au 20 rue de Clichy, dans le 9e arrondissement.

5 Duteurtre, B., *op. cit.*, p. 100. Nous rappelons que le succès des opérettes de Lehár retrouve sa place en France après la Première Guerre mondiale : une représentation de *La Veuve joyeuse* à Lyon (1922), suivie deux années après par *La Danse des libellules* (écrite à quatre mains avec Carlo Lombardo, Paris, Ba-Ta-Clan) et, en 1928, par *Paganini* (Paris, Gaîté-Lyrique). Sur la mise en scène parisienne de cette dernière « opérette romantique en trois actes », voir : Niccolai, Michela, « Un virtuosismo da operetta : *Paganini* di Franz Lehár », in Barizza, A., Morabito, F. (dir.), *Nicolò Paganini Diabolus in Musica*, Turnhout, Brepols, coll. « Studies on Italian Music History », 5, 2010, p. 337-351.

6 Dans la même vague, nous rappelons l'opérette en trois actes *La Fiancée du lieutenant*, sur un livret de Francis Gally mis en musique par Henri Goublier fils, créée à Paris, au Théâtre de l'Apollo, le 26 avril 1917. La source la plus fiable sur la biographie du compositeur est fournie par Jean-Claude Fournier à la page : http://anao.pagesperso-orange.fr/composit/goublierfils.html (consulté le 4 février 2014).

L'Œuvre de Mimi Pinson, le Conservatoire et la Cocarde…

Après le succès de *Louise* (2 février 1900), Gustave Charpentier consacre son énergie aux « petites sœurs » de la protagoniste de son « roman musical ». Suivant le mouvement des Universités populaires et l'utopie du « Musée du soir », Charpentier élabore de façon tout à fait originale le principe de la « démocratisation du savoir ». Son objectif était de rendre moins pénible la vie quotidienne des femmes de la classe ouvrière, en s'inscrivant dans la bataille contre l'alcoolisme et la prostitution déjà engagée par l'État[7].

Après avoir fondé, en 1901, l'Œuvre de Mimi Pinson – sous forme d'organisation caritative – Charpentier poursuit sa démarche en créant le Conservatoire populaire de Mimi Pinson (1902) qui, peu de temps après, est reconnu d'utilité publique et reçoit les subventions du Ministère de l'Instruction publique[8]. L'inscription au Conservatoire est exclusivement réservée « aux ouvrières et aux employées parisiennes, dames ou filles[9] » et « les cours sont entièrement gratuits[10] ». Pour s'inscrire elles doivent « présenter une attestation de la maison où elles travaillent[11] » et il est interdit de prendre des leçons particulières, gratuites ou payantes, chez les professeurs du Conservatoire populaire ou dans les autres cours qu'ils dispensent ailleurs[12]. La pratique musicale doit demeurer exclusivement une pratique d'amateurs et, bien que le Conservatoire de Mimi Pinson soit délocalisé en plusieurs endroits de Paris[13], il est interdit de

---

7 Sur le rapport entre la composition musicale et l'engagement social chez Gustave Charpentier, voir : Huebner, Steven, « Between Anarchism and the Box Office : Gustave Charpentier's *Louise* », in *19th Century Music*, XIX/2, 1995, p. 136-160 et Niccolai, M., *La Dramaturgie de Gustave Charpentier*, Turnhout, Brepols, coll. « Speculum musicae », XVII, 2011 (à propos du « Musée du soir » de Gustave Geoffroy, voir notamment les p. 72-74).

8 Voir Le Blond, Maurice, *Histoire de Mimi Pinson*, Paris, Logier, 1916, p. 10-13.

9 « Règlement », « Institution du Conservatoire de Mimi Pinson », in *Le Conservatoire Populaire de Mimi Pinson*, Paris, 1903, art. 2, p. 6.

10 *Ibid.*, art. 3, p. 6.

11 « Admission au cours », *ibid.*, art. 12, p. 7.

12 *Id.*

13 La première salle, prêtée au Conservatoire populaire par Pleyel, est située dans le 9e arrondissement, rue Rochechouart, où se trouve actuellement la Piscine Paul Valeyre ; ensuite d'autres emplacements ont accueilli les cours : 83, rue de Vaugirard ; 15, rue de l'Arbre-sec ; 216 bis, rue Lafayette ; 9, rue Blanche ; 12, rue Clausel ; 10 bis, passage de l'Élysée des Beaux-Arts (BHVP, FC, dossier n. 443). Pour un plan géographique des autres emplacements des salles de cours des mimipinsonnettes, voir : Poole, Mary Ellen, « Gustave Charpentier and the Conservatoire populaire de Mimi Pinson », in *19th Century Music*, XX/3, 1997, p. 231-252 et Niccolai, M., « Les cours de Mimi Pinson seront mon unique recréation », in Douche, S., Branger, J.-C. (dir.), *Alfred Bruneau et Gustave Charpentier : « Une amitié indestructible et tendre »*, Paris, Université de Paris-Sorbonne (Paris IV),

suivre le même cours dans une autre annexe Mimi Pinson, tout comme à l'extérieur de l'Institution.

L'enrichissement culturel des *mimi-pinsonnettes* passe par un cursus articulé en huit divisions : 1. solfège élémentaire et théorie musicale ; 2. solfège supérieur, chant d'ensemble et chorale ; 3. chant ; 4. piano, harpe, orgue ; 5. instruments à cordes ; 6. instruments à vent et à percussion ; 7. maintien, pantomime, escrime, danse classique et danse populaire ; 8. conférences sur l'art populaire[14].

Mimi Pinson et ses infirmières

Pendant la Première Guerre mondiale, le Conservatoire, selon la volonté de ses adhérentes et de leur directeur, devient œuvre de guerre (1916-1919)[15] : les cours de chant et de danse sont transformés en cours de formation sanitaire. Les infirmières de Mimi Pinson vont ainsi jusqu'au front pour porter leur aide et leur sourire dans les tranchées :

> Ces fragiles parisiennes, ces enfants du faubourg, jadis insouciantes, sensibles aux frivolités et aux coquetteries, se sont métamorphosées en sœurs

---

Observatoire musical français, coll. « Correspondances, entretiens, souvenirs », 2, 2004, p. 97-105.

14 « Institution du Conservatoire de Mimi Pinson », *Le Conservatoire Populaire de Mimi Pinson*, *op. cit.*, art. 5, p. 6. Quelques années plus tard seront ajoutées aussi les classes d'anglais et de diction. Le chant et la danse populaires des diverses régions françaises prennent de plus en plus de place dans l'éducation à l'« Art et à la Beauté » ; voir notamment : Andrieux, Françoise, *Gustave Charpentier artiste social. Contribution à l'étude de l'éducation musicale populaire*, Thèse de doctorat en Musicologie, Université de Paris-Sorbonne (Paris IV), 1985. Nous rappelons également que, à partir de 1913, Gustave Charpentier avait dirigé l'*Anthologie du folklore de tous les pays*, partitions pour chant et piano, avec des harmonisations de Maurice Duhamel, Paris, Sénart, 1913. Parmi les morceaux les plus célèbres du répertoire de Mimi Pinson, nous rappelons *Le Temps des cerises* de Jean-Baptiste Clément, sur une musique d'Antoine Renard, pour laquelle le compositeur élabore des « Chœurs, danses et musique avec adaptation scénique de Gustave Charpentier ».

15 Le Conservatoire populaire de Mimi Pinson fut autorisé comme œuvre de guerre à partir du 21 novembre 1916 (Préfecture de Police / 2e division / 2e Bureau-1re section / Travail et Prévoyance sociale / n° 20.474 / République Française liberté-égalité-fraternité / Récépissé de déclaration / Loi du 30 mai 1916 et Décret du 18 septembre 1916 ; Fonds Charpentier (FC), BHVP, dossier 462) jusqu'au 10 novembre 1919 (Œuvre de Mimi Pinson / Autorisée comme Œuvre de guerre / Décret du 18 septembre 1916 / procès verbal de la séance où fut prononcée la dissolution de l'œuvre de guerre de Mimi Pinson ; FC, BHVP, dossier 462). Plusieurs dossiers ici conservés contiennent la documentation relative aux *Cocardes de Mimi Pinson* ; voir en particulier les nos 462, 466, 467-8, 474a et 478a ; les deux derniers sont constitués des demandes de cocardes par les soldats en tranchée. Chaque cocarde comportait une poésie ou une petite phrase qui rappelait aux combattants la France et leur famille. Voir aussi la publication de : Le Blond, M., *op. cit.*, p. 29-33.

attentives et miséricordieuses, en servantes compatissantes des agonisants et des mutilés[16].

Avant la transformation officielle du Conservatoire populaire en œuvre de guerre, on assiste à la création enthousiaste de la *Cocarde de Mimi Pinson* (11 novembre 1915)[17], comme en témoigne la presse de l'époque :

> Mimi Pinson fut heureuse d'être utile à ses camarades de la veille, heureuse de soigner, de consoler, de réjouir ses frères, travailleurs d'hier, héros d'aujourd'hui, blessés ou malades également chers à son cœur de française et de parisienne. [...] Cependant les Mimi Pinson restées à Paris s'impatientaient d'être inutiles. Gustave Charpentier se rappelant d'anciennes traditions leur conseilla de faire des cocardes pour les Poilus et voilà comment la Cocarde de Mimi Pinson prit naissance[18].

Il s'agit de petits objets, des broches ou des cartes postales, qui reproduisent le tricolore français, avec des mots d'encouragement pour les poilus :

> Ce que sont ces Cocardes ? Emblèmes idylliques et belliqueux, l'imagination ardente de Mimi Pinson les conçoit à la fois comme un souvenir et comme un trophée, comme un fétiche et comme une parure. Pour elle, la République et la France sont inséparables du royaume de la Grâce, et c'est dans ce sentiment qu'elles accomplissent leur joli geste[19].

Cette manifestation prévoit une exposition-vente permanente dans le Petit Palais et, suite à l'énorme succès, sera élargie à d'autres locaux : au 8, boulevard des Capucines et au 23, boulevard des Italiens[20]. L'événement est subventionné par le Ministre de l'Industrie et du Commerce, par le sous-secrétaire aux Beaux-Arts, par le Conseil Municipal et le Commerce parisien. Dans ces différents lieux, on peut acheter des « cocardes en tous genres, bibelots artistiques, colifichets, fétiches, ouvrages de dames, frises, affiches, actualités[21] ». Le profit des ventes est destiné au

---

16 *Ibid.*, p. 30.

17 *Programme de l'Exposition des Cocardes de Mimi Pinson au Petit-Palais*, FC, BHVP, dossier 466.

18 Charpentier, G., « Mimi Pinson fait des cocardes », annotations manuscrites pour le projet des *Mémoires*, FC, BHVP, *ibid.*

19 Le Blond, M., *op. cit.*, p. 30-31.

20 L'Exposition permanente des *Cocardes de Mimi Pinson* fut organisée, parmi d'autres salles, dans les locaux prêtés par la Banque Jordaan pendant la durée de la guerre, au n° 23, Boulevard des Italiens ; voir *Programme Exposition permanente de la Cocarde de Mimi Pinson, 23 bd des Italiens*, FC, BHVP, dossier 466.

21 *La Cocarde de Mimi Pinson, 8 bd des Capucines. Ouverture d'une Nouvelle Salle d'Exposition*, affiche, FC, BHVP, dossier 466.

bénéfice des œuvres de guerre : ouvroirs, cours d'infirmières, stages dans les hôpitaux.

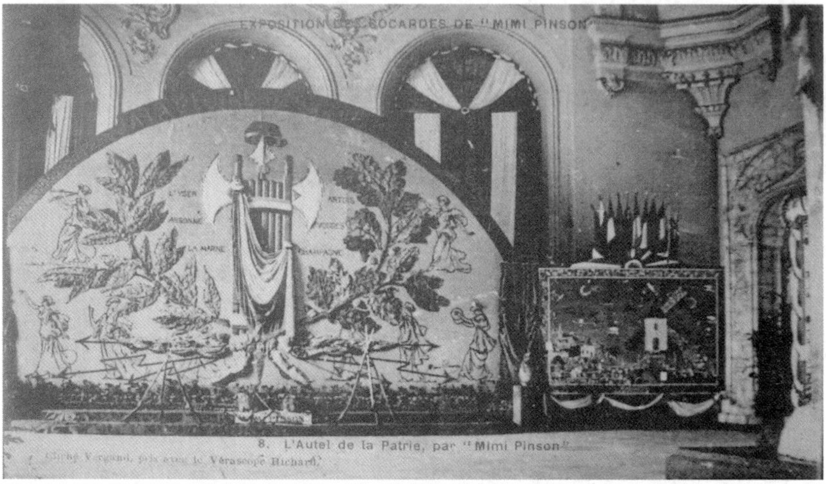

Fig. 1 – Exposition de la Cocarde de Mimi Pinson, carte postale avec l'Autel de la Patrie, collection particulière

Sans doute la salle la plus célèbre est celle qui se trouve au Petit Palais. Des stands de différents créateurs de mode s'installent pour vendre des cocardes hors du commun, souvent numérotées. Bientôt, aux objets cités ci-dessus, s'ajoutent aussi des « figurines de la mode des œuvres de Lalique, Daum, Lachenal[22] ». L'image de Mimi Pinson est « sponsorisée » par la maison de couture Paquin qui propose une tenue simple, mais très soignée. Dans une autre image de Mimi Pinson, encore habillée par la même maison, on voit, en arrière-plan, des fleurs, symboles de la grisette parisienne, et une petite table, dans le plus pur style Majorelle[23]. La philosophie qui anime la manifestation de la Cocarde est, en effet, la même que celle de l'ébéniste de Nancy qui, pour l'occasion, avait exposé au 8 boulevard des Capucines une pièce entièrement meublée où chaque objet était évidemment en vente !

Ce « phénomène-cocarde » possède tous les atouts pour bien fonctionner : il touche un sujet à l'ordre du jour, la guerre, les bons senti-

22 *Programme de l'Exposition...*, doc. cit.

23 Sur les diverses typologies féminines populaires voir : « Le Paris des "midinettes". Ethnologie des traces et mémoires des ouvrières parisiennes », in Monjaret, A. (dir.), *Rapport de recherche*, avec la collaboration de Roustan, M., Fourmaux, F., Dessajan, S., Niccolai, M., Ville de Paris/Université de Paris Descartes, CERLIS, 2006-2008, disponible à la page : http://www.calameo.com/books/000794435b076a54d0c94 (consulté le 4 février 2014).

ments, toujours à la mode, et le sens de la patrie[24]. Toutefois le retentissement de la Cocarde qui, comme nous l'avons déjà vu, grandit rapidement, ne touche pas seulement le domaine de l'histoire sociale, mais aussi celui de la production musicale.

En 1915, Paul Marinier, déjà l'auteur de la chanson *Le Conservatoire de Mimi Pinson*[25], publie *La Cocarde de Mimi Pinson*[26]. Le sous-titre de la chanson est très significatif : « Lettre adressée par une Mimi Pinson un peu au hasard à un soldat du front en même temps que sa coquette cocarde ».

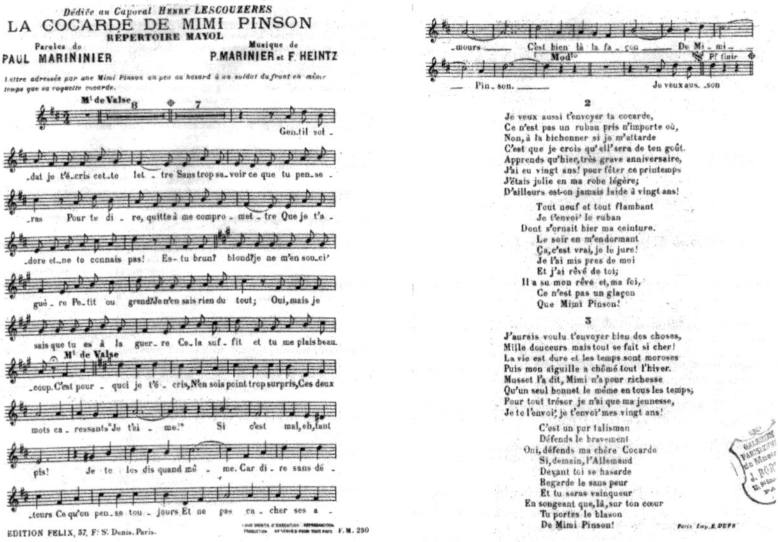

Fig. 2 – *La Cocarde de Mimi Pinson*, paroles et musique de Paul Marinier, Paris, Édition Félix, 1915[27]

[24] Voir notamment les lettres envoyées aux mimi-pinsonnettes par les poilus, transcrites et commentées dans : Douche, S., *Correspondances inédites à des musiciens français (1914-1918)*, Paris, L'Harmattan, 2012, p. 259-275.

[25] Marinier, Paul, « Le Conservatoire de Mimi Pinson », in *Paris qui chante*, 2e année, no 56, 14 février 1904.

[26] *La Cocarde de Mimi Pinson*, paroles et musique de Paul Marinier (1866-1953), Paris, Édition Félix, 1915.

[27] Cette chanson est la seule qui mérite quelques mots positifs dans la dure critique aux cafés-concerts de la part d'Henry Rival, « Les Stupidités du Café-Concert pendant la guerre », in *La Renaissance politique, littéraire et artistique*, s.d., coupure de presse, FC, BHVP, dossier 470.

Pendant que cette chanson contribue à diffuser le projet de Charpentier, les poilus en tranchée s'attachent à leurs cocardes, petits souvenirs des mimi-pinsonnettes. Un exemple du lien qui s'était instauré entre Mimi Pinson et les soldats est fourni par une deuxième chanson : *Réplique à « La Cocarde de Mimi Pinson »*. L'auteur du texte est, cette fois-ci, un pilote-aviateur volontaire : Jacques Caplen[28], lauréat du Concours des Auteurs du Front organisé par la revue *Le Carnet de la semaine*. La chanson a été interprétée par Lise Berty lors de la « Représentation des œuvres des lauréats », en présence du Président de la République Poincaré, au Théâtre du Châtelet (3 mars 1917), recueillant un énorme succès[29].

Par la suite, la mère de l'aviateur fait éditer cette composition à ses frais et la vente des exemplaires, avec l'accord de son fils, est au bénéfice des « midinettes, en remerciement de l'envoi des cocardes[30] ». Quelques mois après, le jeune poilu de 18 ans meurt au front et sa mère manifeste à nouveau à Charpentier la volonté d'« offrir [cette chanson] à [son] œuvre. Elle sera chantée et vendue au bénéfice de Mimi Pinson[31] ». Charpentier en personne s'occupe de suivre le tirage de la nouvelle chanson avec les paroles de Caplen sur l'air de celle de Paul Marinier[32].

---

28 Lettre ms. adressée à G. Charpentier par la mère de Jacques Caplen (signature illisible), datée du 2 septembre 1917, FC, BHVP, Dossier 471, 3 f. non numérotés. Au sujet d'une autre chanson de remerciement adressée à G. Charpentier par un poilu (*La Marraine*, sans signature), voir : Douche, S., *op. cit.*, p. 284-285.

29 *Ibid.*, f. 2. Voir aussi l'affiche réalisée pour le gala au Châtelet par Adrien Barrère disponible à la page : http://calypso.bib.umontreal.ca (consulté le 4 février 2014 ; collection « Affiches de guerre », direction des bibliothèques, Université de Montréal).

30 Lettre ms. adressée à G. Charpentier par la mère de Jacques Caplen, *op. cit.*, f. 3.

31 Lettre ms. adressée à G. Charpentier par la mère de J. Caplen (signature illisible), datée du 10 janvier 1918, FC, BHVP, Dossier 471, 8 f. non numérotés, f. 3.

32 Charpentier, G., 1 feuillet autographe, non numéroté, *ibid.*

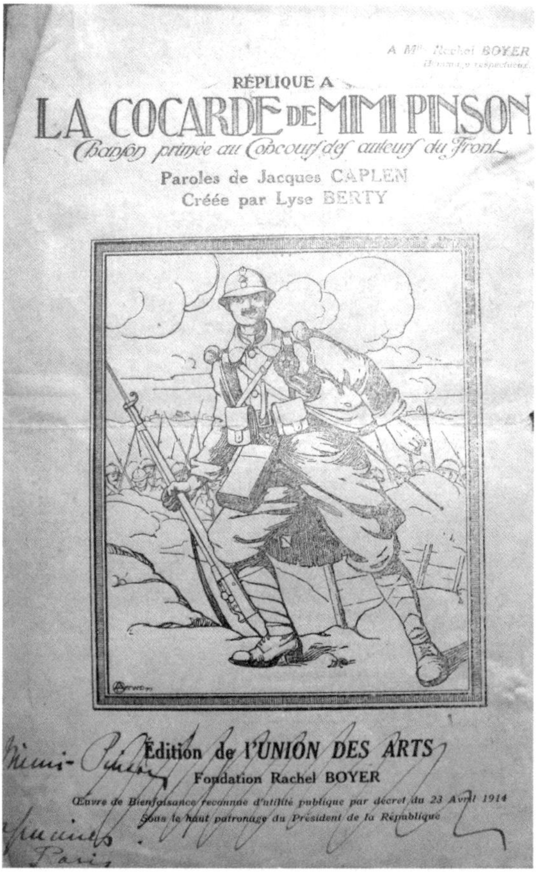

Fig. 3 – Réplique à « La Cocarde de Mimi Pinson », paroles de Jacques Caplen, musique de Paul Marinier, FC, BHVP, Dossier 471

La cocarde et l'opérette

Le seul exemple d'opérette patriotique qui a eu un certain succès, même après la fin de la Grande Guerre, et qui s'est maintenu jusqu'à aujourd'hui est *La Cocarde de Mimi Pinson*[33], opérette en trois actes de

[33] *La Cocarde de Mimi Pinson*, opérette en trois actes de Maurice Ordonneau et Francis Gally, musique de Henri Goublier fils, création : Paris, Théâtre de l'Apollo, le 25 novembre 1915. Avec : Jenny Syril (Marie-Louise), Mary Richard (Zoé), Madeleine Guitty (Sophie), Valentine Rauly (Mme Frivolet), Albert Beauval (Jean Robichon), Carlos-Avril (Bourriche), Alphonse Massart (La Mazette), Hérault (Robichon). La partition est éditée à Paris, Choudens, 1916, n° de plaque A.C. 14, 824.

Maurice Ordonneau et Francis Gally sur une musique de Henri Goublier fils. L'intrigue est construite à partir de l'histoire d'une mimi-pinsonnette, Marie-Louise qui, après le début de la guerre, s'engage dans un hôpital de tranchée et qui, à la fin de l'histoire, pourra se marier avec le beau poilu.

Acte I. Paris, atelier de couture de Monsieur Robichon et de Madame Frivolet : Marie-Louise est une mimi-pinsonnette qui travaille dans la maison de couture de Monsieur Robichon et Madame Frivolet. Grâce à une permission extraordinaire, Jean, le fils de Monsieur Robichon, débarque à l'improviste dans l'atelier du père, avant de se rendre au front. Le jeune homme, accaparé par Madame Frivolet, la troublante associée de son père, ne se rend pas compte des sentiments qu'il inspire à Marie-Louise. Celle-ci parvient à coudre secrètement, dans la vareuse de Jean, une cocarde destinée à le protéger pendant la guerre.

Acte II. L'action se passe dans une formation sanitaire installée dans le parc d'une grande propriété de l'Oise. Le talisman a rempli son office : la cocarde, enfermée dans un médaillon d'or, a fait dévier dans le bras de Jean la balle qui aurait dû lui coûter la vie. Le poilu retrouve ici les ouvrières de l'atelier de son père, devenues infirmières et, parmi elles, Marie-Louise. Toutefois, Jean est convaincu que la cocarde lui avait été donnée par Madame Frivolet, et il décide de l'épouser par reconnaissance. Madame Frivolet, au cours de son échange avec Jean, ne dément pas. Jean annonce à Marie-Louise ses projets matrimoniaux et la jeune fille, qui ne veut pas être épousée par reconnaissance, ne lui dévoile pas la vérité. Toutefois, ce projet de mariage ne rend pas le lieutenant parfaitement heureux.

Acte III. L'action se déroule maintenant dans un petit village en Alsace. Privé de son fétiche qu'il a donné à un ami, Jean est gravement blessé. Il est transporté dans un poste de secours où, heureux hasard, l'infirmière de service n'est autre que Marie-Louise. Quand Bourriche, l'ami de Jean, apprend qu'il est blessé, il lui ramène son porte-bonheur et demande à Marie-Louise de le lui remettre. Pendant le sommeil de Jean, Marie-Louise lui glisse la cocarde sur le cœur et lui avoue son amour. Peu à peu, Jean se réveille : il écoute et réalise que son inconnue est Marie-Louise. Madame Frivolet comprend qu'elle doit céder sa place : Jean pourra finalement épouser Marie-Louise, dans la tradition des meilleurs *scenarii*.

Entre scènes larmoyantes et pointes comiques, quiproquos et retrouvailles amoureuses, le succès est garanti. Après sa création, le 25 novembre 1915, le théâtre compte 120 représentations en continu. Aujourd'hui, si le livret paraît assez désuet, la vitalité de la partition rend cette opérette encore très amusante, grâce principalement à la diversité des rythmes de danse ici employés : des thèmes populaires

– tel le ballet alsacien au IIIe acte – alternent avec des rondeaux et des valses. Après Paris, *La Cocarde* est représentée en province où elle a également rencontré un vif succès[34].

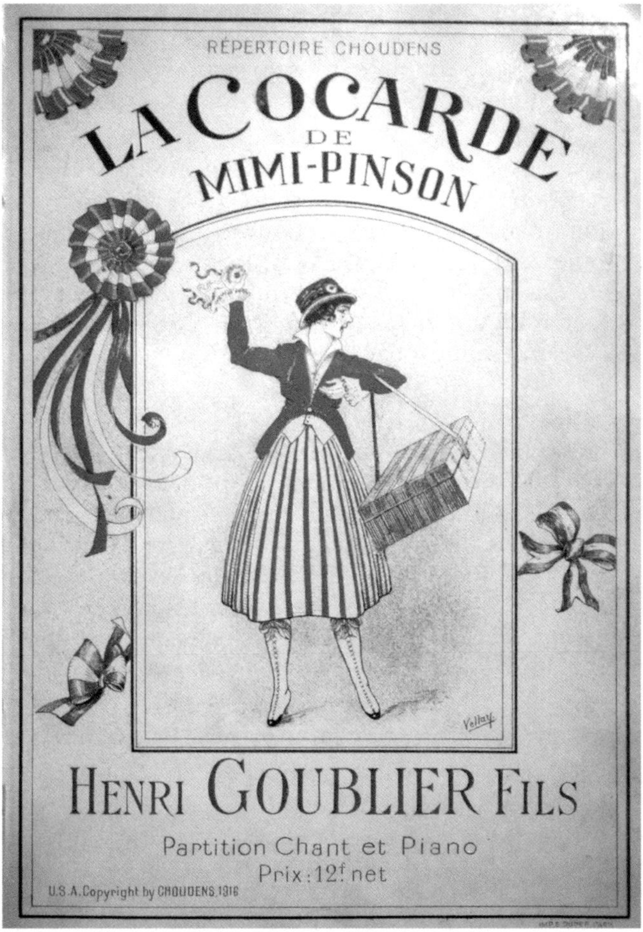

Fig. 4 – Couverture de la partition chant piano de *La Cocarde de Mimi Pinson* (1915), collection particulière

[34] Les nombreuses représentations de *La Cocarde de Mimi Pinson* sont confirmées par les documents de mise en scène conservés dans le fonds de l'Association de la Régie Théâtrale à la BHVP, voir : Cohen, H. Robert, Gigou, Marie-Odile, *Cent ans de mise en scène lyrique en France (1830-1930 ca.)*, New York, Pendragon Press, 1986, p. 55.

De la musique à la scène

Le style musical de *La Cocarde de Mimi Pinson* ne diffère pas de celui de son ancêtre, l'opéra-comique, alternant des dialogues parlés avec des numéros clos musicaux (chantés et instrumentaux). Les rythmes américains (*fox-trot*, *two-step*, *charleston*, *etc.*) qui caractérisent la production de l'opérette de l'après-guerre, la rapprochant de la *revue*, ne sont pas encore employés[35] : la valse domine ainsi les pages musicales.

Dans l'opéra, elle est souvent associée à un moment de danse *en scène* : il suffit de rappeler son importance dans l'épisode choral « *Libiamo nei lieti calici* » en ouverture de *La Traviata* de Verdi[36], ou dans le long duo du troisième acte de *Louise*, où la valse accompagne la promesse d'amour des deux protagonistes devant le panorama de la *Ville lumière*. Toutefois, le rythme de danse ne revêt pas une fonction structurelle au langage opératique : il s'agit d'un expédient rythmique qui confère une nuance, une « teinte » musicale à l'épisode dramatique.

Les mouvements de danse, et la valse en particulier, revêtent, dans l'opérette, une toute autre fonction : ils deviennent une composante substantielle, indispensable à l'architecture même de la pièce. Le caractère « dansant » est une qualité fondamentale du genre. Suivant l'exemple de Lehár et de la production de son père, Henri Goublier fils insère la valse comme un « rythme conducteur » qui traverse les différents actes de l'opérette : elle apparaît à maintes reprises, dans le « Rondeau de la Cocarde » et dans la « Musique de scène » au 1er acte ; dans l'Entracte du 2e acte et dans le « Ballet alsacien » au 3e acte.

Ce n'est pas dans l'atmosphère musicale de *La Cocarde* que l'on peut retrouver quelque trace du conflit mondial qui meurtrit la France. Le jugement de la presse est très favorable, soulignant notamment son caractère « patriotique » et « féministe » :

> Cette opérette nouvelle n'est pas simplement d'actualité : elle est de tous les temps, car l'amour d'une midinette, devenue infirmière et éprise d'un jeune lieutenant qu'elle a soigné et sauvé, est une histoire éternelle. Les auteurs nous ont montré, non pas les poilus au front, mais les jeunes filles et les femmes, offrant au pays les forces dont elles disposent : le dévouement et la

---

35 Casini, Claudio, « Autori minori », in *Musica in scena. Storia dello spettacolo musicale*, *op. cit.*, vol. IV, *Altri generi di teatro musicale*, p. 336. D'après l'auteur la première opérette qui marque l'évolution du genre est *Phi-Phi* : livret d'Albert Willemetz et Fabien Solar, sur une musique d'Henri Christiné (1918). Dans cet ouvrage, Casini ne fait pas mention de l'opérette française patriotique.

36 Autour de l'utilisation de la valse dans *La Traviata* voir : Sala, Emilio, *Il valzer delle camelie. Echi parigini nella Traviata*, Turin, EdT, 2008.

tendresse consolatrice. On peut dire que c'est une pièce à la fois patriotique et féministe[37].

Et encore :

À part quelques Alsaciennes à la fin, et deux civils, les patrons de l'atelier, nous ne vîmes en effet, pendant ces trois actes vivants, joyeux, spirituels, que des midinettes et, leur faisant vis-à-vis, des poilus. On peut donc au théâtre parler des temps présents en restant de bonne humeur française, sans déranger les clichés héroïques à toute minute[38].

Pour mieux cerner l'importance de cette partition qui, à elle seule, semble constituer un genre à part entière (« opérette patriotique »), il faut également considérer son aspect visuel. La mise en scène de la création, réalisée par Albert Olitro, est aujourd'hui conservée dans le fonds de l'Association de la Régie Théâtrale (ART), lui-même hébergé à la Bibliothèque historique de la Ville de Paris, sous la référence C 32 (II).

Il s'agit d'un exemplaire imprimé, selon la technique de l'autographie, chez Choudens et mis en location pour les théâtres de la province française, afin de faciliter la réalisation scénique des reprises. L'opérette suit donc, sous l'angle de la composante visuelle, le même parcours que l'opéra, diffusant, au-delà de Paris, les mises en scène de la création. Cette fonction est aussi confirmée par une annotation pratique, qui s'adresse aux théâtres avec une distribution réduite en nombre :

Dans les villes où la Direction voudra monter *La Cocarde de Mimi Pinson* avec les deux chanteuses d'opérette, la première jouera Marie-Louise et la deuxième, Zoé. Le rôle de Mme Frivolet sera joué par une artiste de comédie et ses phrases seront chantées par Zoé qui occupera la place indiquée pour elle sur la mise en scène. Dans les villes où la Direction engagera une chanteuse pour Mme Frivolet, cette artiste chantera les passages indiqués sur la partition appartenant au rôle de Frivolet. Alors, dans les Finals d'acte, Mme Frivolet prendrait la place indiquée à Zoé sur la mise en scène et Zoé prend celle de Frivolet[39].

---

37 « Courrier des Théâtres. Théâtre Apollo : *la Cocarde de Mimi Pinson* », in *Le Figaro*, 26 novembre 1915. L'épithète de « pièce féministe » lui est également accordée dans le « Courrier des Théâtres », in *Le Matin*, 27 novembre 1915, p. 4.

38 Boyer, Georges, « Au Théâtre Apollo. *La Cocarde de Mimi Pinson*, opérette en trois actes de MM. Maurice Ordonneau et Francis Gally, musique de M. Henri Goublier fils », in *Le Petit Journal*, 27 novembre 1915, p. 5.

39 *La Cocarde de Mimi Pinson* / opérette en trois actes / de / M. M. Ordonneau et Gally / Musique de / Henri Goublier fils / Représentée pour la première fois au Théâtre Apollo, / le jeudi 25 novembre 1915 / Mise en scène / de / Monsieur Albert Olitro / Choudens éditeur / 30 Bd des Capucines, 30 / Paris, C 32 (II), « Distribution », p. 2 (document désormais désigné par M-e-S).

Le livret de mise en scène nous renseigne également sur l'ambiance dans laquelle se déroule l'action. Pour cela, nous ne considérons pas simplement la précision historique ou la fidélité au lieu indiqué dans la partition, mais l'*impression visuelle* que reçoit le spectateur. Dans cette perspective, les costumes assument un rôle fondamental ; pendant la guerre, les soldats sont au front, il faut donc limiter les civils sur scène, car l'action se déroule à Paris, dans un atelier[40] : « Nota : Pour éviter autant que possible les costumes civils aux hommes du 1er acte, il y a trois garçons livreurs – genre grands magasins –, le concierge, le facteur, un garçon de banque, un poilu, un dragon, un télégraphiste, un civil[41]. »

Les costumes du deuxième acte n'en sont pas moins importants : la « formation sanitaire » dans l'Oise ne doit pas montrer des hommes en tenue d'hôpital, seules les *mimi-pinsonnettes* (devenues infirmières) ont le droit à une tenue immaculée :

> Au 2e Acte : Tous les hommes, en costume de formation sanitaire, *pas de costumes d'hôpital*. Le costume est composé d'un veston de velours forme militaire, une culotte même étoffe avec passe poils, un calot ou képi et des bandes d'étoffe sur les mollets. / Les Infirmières : costume tout blanc, croix étoffe rouge sur le cœur et au milieu de la coiffure[42].

Les coutumes sociales sont également prises en compte ; ainsi il faut « éviter trop de familiarité entre les poilus et les infirmières[43] » et les midinettes du premier acte doivent être « gentille[s] d'allure et de mouvement. Éviter l'accent traînard, faubourien[44] ».

Le « Ballet Alsacien »

L'épisode musical et visuel qui a sans doute attiré le plus l'attention du public est le « Ballet Alsacien » au troisième acte. Introduit par un « entracte ballet et chœur des Alsaciens » (*fa* majeur, 3/4), le Ballet proprement dit est articulé en trois sections, qui diffèrent par leur *tempo*, leur rythme et leur caractère :

- A. *Pastorale*, 6/8, *si b* majeur, *Andante*
- B. *Pizzicati*, 2/2, *sol* majeur, *Moderato*
- C. *Valse*, 3/4, *ré* majeur, T° de Valse / *Moderato*[45]

---

40 Le modèle de cet acte est tiré du second tableau de l'acte II de *Louise*, la scène de l'atelier.

41 M-e-S, p. 3.

42 *Id.*

43 M-e-S, p. 17.

44 M-e-S, p. 4.

45 *La Cocarde de Mimi Pinson*, *op. cit.*, p. 163-176.

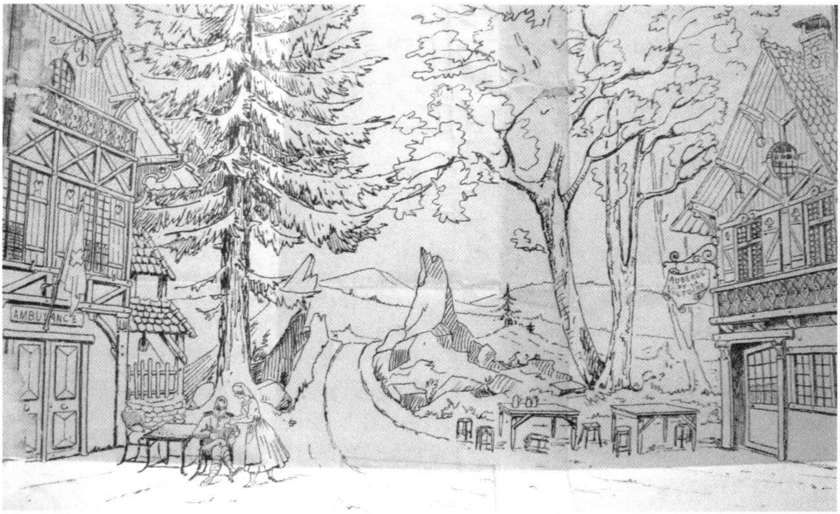

Fig. 5 – Décor du IIIe acte de *La Cocarde de Mimi Pinson*, ART, BHVP, C 32 (II)

L'action se déroule dans « un village d'Alsace occupé par les Français » ; des deux côtés de la scène l'infirmerie et une auberge délimitent, avec leurs praticables, l'espace des mouvements scéniques. Pendant que le chœur « chante sur place », suivant un rythme homophonique, les paroles « Ah ! Qu'il fait bon se reposer / Après les heures du danger », les mimi-pinsonnettes infirmières commencent quelques ronds-de-jambe, avant d'exécuter une chorégraphie plus complexe.

Les figures de danse réalisées par Holtzer (maître de ballet à l'Apollo) suivent l'articulation musicale, essayant de conjuguer des pas traditionnels, tels les mouvements de jupe lors de la *Pastorale*, avec des pas de deux. Ainsi, dans la troisième section, la *Valse* :

> Lamazette [Vicomte de, « vieux, beau »], en prenant Zoé [« trottin, midinette »] par la taille, se tenant tous deux par la main gauche face au public. Glisser le pied gauche sur les côtés, allonger la pointe à terre et faire un pas-de-bourrée sur place, faire ce pas 2 fois 12 mesures. Faire passer la dame sous le bras gauche du chevalier et la faire tourner 12 mesures et refaire la même figure de l'autre côté 12 mesures. Pour finir, la Dame tend la main gauche à Lamazette ; celui-ci prend la main de Zoé de ses deux mains, l'embrasse et tombe à genoux sur la dernière mesure. [...] Quand le ballet est terminé, les danseuses se mêlent aux différents groupes, quelques-unes

viennent boire avec les consommateurs. Toutes restent en scène jusqu'à la sortie des chœurs[46].

Dans cette opérette « patriotique », héritière du conflit franco-prussien de 1870, l'Alsace occupe une place d'honneur. À travers ces danses, dans une atmosphère joyeuse, c'est donc tout l'orgueil pour la reconquête de la région anciennement perdue qui s'exprime.

La Cocarde entre fiction et réalité

Sur la première page de la partition chant-piano[47], on lit : « Au Maître / Gustave Charpentier / Membre de l'Institut, / au père des Mimi Pinsons / qui ont inspiré notre œuvre / nous dédions en hommage respectueux/ "La Cocarde de Mimi Pinson" ». Dans les archives personnelles de Gustave Charpentier, aujourd'hui partagées entre la Bibliothèque nationale de France – département de la Musique – et la BHVP, nous n'avons pas trouvé de traces concrètes qui témoignent de la participation active du compositeur à la réalisation de ce spectacle. Toutefois, une lettre de Maurice Ordonneau, l'un des deux librettistes de l'opérette, nous montre l'attachement des différents artistes qui concourent à cette réalisation pour le « Projet – Mimi Pinson » créé par Charpentier : « J'ai demandé au secrétaire de Mimi Pinson, Mr Larcy, si nous pouvions donner notre répétition générale payante au profit de cette œuvre si intéressante, et si nous pouvions envoyer cinquante places à vos protégées, durant les représentations de notre pièce[48] ? »

Abandonnant le rôle de compositeur, Charpentier revêt celui d'organisateur, s'occupant principalement de distribuer les billets gratuits aux « petites mains ». La liste suivante recense la correspondance entre Charpentier et les responsables de nombreuses maisons de couture parisiennes, afin que les ouvrières de l'aiguille assistent aux représentations de l'opérette. Une annotation autographe de Charpentier – sur un plan détaillé de la salle du Théâtre de l'Apollo – confirme que, lors de la création de *La Cocarde*, plusieurs « Loges [ont été réservées] aux maisons ayant contribué à l'Exposition de la Cocarde. Autres places aux exposantes parisiennes et collaboratrices de l'œuvre de Mimi Pinson[49] ».

---

[46] M-e-S, p. 31.

[47] *La Cocarde de Mimi Pinson*, *op. cit.*, p. 1. Voir aussi : Bruyas, Florian, *Histoire de l'opérette en France (1855-1965)*, Lyon, Emmanuel Vitte éd., 1974, p. 440-441 et p. 553 et Fournier, J.-C., *art. cit.*, p. 15.

[48] Lettre ms. de Maurice Ordonneau à Gustave Charpentier sur papier à en-tête du « Théâtre de l'Apollo », en date du 21 novembre 1915, FC, BHVP, dossier 470.

[49] Théâtre de l'Apollo, plan de la salle imprimé avec des annotations manuscrites au crayon de Gustave Charpentier, « 1re Représentation de la Cocarde de Mimi Pinson (Ordonneau et Goublier fils) », FC, BHVP, *ibid.*

Maison Paquin
Maison Lanvin
Maison La Belle jardinière
Maison Zimmermann
Maison Brandt
Maison Elias
Maison Lucie
Maison Wormser
Maison Carré
Maison Mansion
Maison Lebrun
Maison Binay
Maison Brémond
Maison Berlocher
Maison Suzanne
Maison Lina-Mouton
Maison Hachenbrock
Maison Boué
Maison Schiller
Maison Paris-Plume
Maison Beauhaire
Maison Pouyame
Maison Papin
Maison Bois
Maison Motschveiller
Maison Bourderionet
Maison Martin
Maison Petit et Carrine
Maison Faist
Maison Druilhe
Maison Schnerb
Maison Callot
Maison Delos
Maison Premet
Maison Ernoult
Maison Alphonsine
Maison Culham
Maison Chambray
Maison Montezin

Tableau I – Maisons de couture ayant reçu des billets gratuits pour *La Cocarde de Mimi Pinson* à Paris (1915), FC, BHVP, dossier 470

Le lien entre l'exposition de cocardes et l'opérette d'Henri Goublier fils est souligné dans le programme de salle de la « Matinée au profit de l'office départemental des Œuvres de guerre de l'Hôtel de Ville pour le ravitaillement des Serbes », le 11 janvier 1916 :

> Pour un titre d'actualité, voilà un titre d'actualité ! Alors que sous le patronage moral du Maître-compositeur Gustave Charpentier et avec l'appui officiel du Conseil Municipal de Paris, s'ouvre, au Petit Palais, une exposition des cocardes des Mimi-Pinsons parisiennes, M. Maillard, le nouveau Directeur du théâtre de l'Apollo, a eu l'heureuse idée de représenter sur son théâtre une autre exposition, vivante, celle-là, des *vraies* Mimi-Pinsons, en chair et en os, dans leur travail de l'atelier et dans leur noble tâche d'infirmières, dans les formations sanitaires[50].

Pour cette occasion, le ballet alsacien du troisième acte était réglé par Mme Mariquita de l'Opéra-Comique et le spectacle se terminait avec *La Marseillaise* chantée par Marguerite Carré : un autre exemple de l'engagement social et de l'amitié fidèle du directeur de ce théâtre, Albert Carré, envers les Mimi Pinsons et Gustave Charpentier[51].

En 1925, Jean Bru[52] présente l'opérette, avec une nouvelle version du livret, au Théâtre de la Gaîté-Lyrique. L'action se passe, cette fois, au XVIIIe siècle. La musique en a été conservée, mais le nouveau livret ne donne pas la même satisfaction que celui de 1915. Le spectacle ne dura pas longtemps et les représentations cessèrent avant les vacances 1926[53]. On peut toutefois supposer qu'à partir de 1925 les exécutions de *La Cocarde de Mimi Pinson*, avec la même musique, alternaient deux livrets différents – le premier d'Ordonneau et Gally et le deuxième de Jean Bru – car le « premier livret » apparaît encore dans plusieurs coupures de presse conservées dans le Fonds Charpentier à la BHVP, relatant la création niçoise, plusieurs représentations à Rouen (1916) ou encore à Bruxelles en 1929[54].

Une petite histoire relatée dans la presse démontre, en guise de conclusion, l'importance sociale et morale de la création des cocardes par les mimi-pinsonnettes et leur chef de file, Gustave Charpentier :

---

50 « Matinée au profit de l'office départemental des Œuvres de guerre de l'Hôtel de Ville pour le ravitaillement des Serbes », le 11 janvier 1916, FC, BHVP, dossier 470, pages non numérotées (13). C'est nous qui soulignons.

51 Nous rappelons l'amitié entre Gustave Charpentier et Albert Carré, qui partageaient les mêmes idéaux sociaux liés aux spectacles populaires. Voir, à ce sujet : Niccolai, M., *La Dramaturgie*, *op. cit.*, p. 201-225 et EAD., « Albert Carré et le projet du théâtre lyrique populaire (1904) », in Frassà, L. (dir.), *The Opéra-comique in the Eighteenth and Nineteenth Centuries*, Turnhout, Brepols, coll. « Speculum musicae », XV, 2011, p. 239-263.

52 Pseudonyme de la fille adoptive de Goublier et sa collaboratrice habituelle, elle utilisait un prénom masculin à une époque où les femmes n'étaient pas souvent reconnues dans le milieu des auteurs dramatiques.

53 Voir : Fournier, J.-C., *art. cit.*, p. 15.

54 Il s'agit d'un *corpus* de divers programmes de salles relatant des représentations de cette opérette dans divers centres français, voir FC, BHVP, dossier 470.

Jolis gestes
Au boulevard. Jour de la Sainte Catherine [fête des jeunes couturières parisiennes qui étaient encore célibataires[55]]. La boutique des cocardes Mimi-Pinson. Une auto de luxe s'arrête. Une belle dame en descend.
Je voudrais acheter un bonnet, puisque c'est pour les soldats… un beau bonnet… quelque chose de bien…
En voici un de vingt-cinq francs…
La dame n'était pas fixée à cent francs près. Mais, pour le principe, elle marchande :
Oh ! Vous me le laisserez bien à vingt francs…
Oh ! Impossible madame. Le patron ne veut pas que l'on marchande.
Peuh ! Eh bien, où est-il votre patron, votre marchand ?
Là-bas, Madame, dans le petit coin…
La dame va, hautaine…
Monsieur !
Le monsieur, le patron, le marchand se retourne… Mais la dame, confuse, rougit, s'incline…
Maître !
C'est l'auteur de *Louise*, Gustave Charpentier lui-même, qui dirige son œuvre. Alors, la grande dame, de plus en plus troublée :
Maître, je voulais vous demander… la permission… de payer ce bonnet cent francs au lieu de vingt-cinq[56].

---

55 Sur les catherinettes, voir notamment le livre de Monjaret, Anne, *La Sainte Catherine. Culture festive dans l'entreprise*, Paris, CTHS, 1997 et EAD., « Gustave Charpentier et les Catherinettes, la rencontre du savant et du populaire », in Montemagno, G., Niccolai, M. (dir.), *Beyond the stage. Musical theatre and performing arts between the fin de siècle and the années folles*, Bologne, Ut Orpheus edizioni, coll. « Ad Parnassum Studies », 8, 2014 (à paraître).

56 Coupure de presse datée du « 3/12/1916 », FC, BHVP, dossier n 471, sans renseignements sur le titre du journal.

« À ne pas ouvrir pendant la guerre » : l'*union sacrée* et la mobilisation de l'édition musicale, 1914-1918[1]

Rachel MOORE

Université d'Oxford

L'étudiant de musique flânant le long du boulevard Haussmann au début de l'année 1915, à la recherche d'une édition des sonates pour piano de Beethoven, aurait probablement été intrigué de voir que la vitrine du magasin de l'éditeur Charles Hayet avait changé par rapport à la semaine précédente. Les volumes de Peters et Litolff avaient disparu pour laisser place à des séries intitulées « Édition nationale » et « Édition nationale de musique classique ». Rassuré en trouvant l'édition de Peters sur une étagère à l'intérieur du magasin, l'étudiant aurait été surpris de découvrir le volume recherché étiqueté de la mention « À ne pas ouvrir pendant la guerre ». Les mêmes inscriptions figuraient sur d'autres étagères étalant les stocks d'éditions allemandes. On s'imagine aisément cet étudiant, rôdant dans les rayons, partagé entre sa loyauté envers les recommandations de son professeur pour obtenir une édition publiée par l'éditeur de Leipzig et la gêne à l'idée d'être aperçu achetant un volume proscrit[2].

Le fait que Hayet possédait encore des volumes d'édition allemande en réserve est assez inhabituel étant donné les nouvelles lois sur le

1 Je tiens à remercier Katharine Ellis et Richard Langham Smith pour leurs remarques précieuses dont ce texte a profité. Cet article a été réalisé grâce à une bourse du *Music & Letters Trust*.

2 L'étiquetage des stocks de Hayet est décrit par Charles Tenroc dans la première partie d'une série de six articles sur l'édition musicale, parue dans *Le Courrier musical* en 1917. Voir : Tenroc, Charles, « Le problème de l'Édition française de musique », in *Le Courrier musical*, 15 février 1917, p. 83. Les autres articles ont paru le 1er février 1917, p. 53-55 ; 15 février 1917, p. 81-82 ; 1er mars 1917, p. 112-114 ; 15 mars 1917, p. 137-140 ; 1er avril 1917, p. 164-167 ; 15 mars 1918, p. 123-125. Voir aussi Tenroc, Ch., « L'Édition unie… ou le dérivatif sentimental », in *Le Courrier musical*, juin 1917, p. 242-247.

commerce entrées en vigueur au début de la guerre. Lors de sa recomposition à Bordeaux après son évacuation de la capitale en août 1914, le gouvernement réfléchit à la mise en place de mesures pour la sauvegarde physique et économique du pays. Les frontières furent placées sous haute sécurité et, dès le 27 septembre 1914, un décret interdisant toute relation commerciale avec les pays ennemis fut publié[3]. L'édition musicale n'en fut pas exempte. Le décret prévoyait l'interdiction de toute transaction avec les maisons d'édition austro-allemandes, qu'il s'agisse de celles situées en Allemagne et en Autriche ou encore de leurs branches installées dans les pays neutres.

La vente de produits allemands était réprouvée à cause des avantages économiques évidents que celle-ci apportait à la nation ennemie, ceux-ci pouvant être directement reversés dans leur économie de guerre. Des listes officielles d'entreprises établies à l'étranger et considérées comme « suspectes » ou « ennemies » furent publiées au *Journal officiel*. Un avis de l'Office National du Commerce Extérieur faisait ainsi état de la procédure à suivre pour les entreprises faisant commerce avec les pays étrangers : « Les listes officielles parues au *Journal officiel* comprennent les plus importantes des maisons établies à l'étranger et considérées comme ennemies, ou comme jouant vis-à-vis de l'ennemi le rôle de personnes interposées ; toutes transactions commerciales sont interdites avec lesdites maisons[4]. » Concernant les éditeurs de musique et leur clientèle, les listes des « maisons boches » parues au *Journal officiel* étaient complétées par des listes publiées dans les périodiques musicaux qui avaient adopté une stratégie de délation dans l'intention de contrôler les attitudes d'achats du public[5].

Cela ne constituait en rien un ban strict sur les éditions allemandes qui restèrent disponibles à l'achat aussi longtemps que des stocks d'avant-guerre subsistèrent. Cependant, pour le citoyen du Paris en guerre, l'achat d'une édition allemande, acte innocent en toute apparence, était dorénavant associé à un sentiment de culpabilité. Outre la législation officielle du gouvernement, un code moral tacite du comportement existait dans la France en guerre. Ce code reposait sur des prin-

---

3 La date de ce décret est notée dans le rapport du président de la Chambre syndicale des éditeurs de musique, Jacques Durand, le 6 juin 1916. Voir « L'Édition musicale française », in *Le Guide musical*, 17 août 1914-31 décembre 1916, p. 595-596. Le décret est devenu une loi officielle le 4 avril 1915.

4 Avis publié dans « Chambre syndicale des éditeurs de musique (communications diverses) », in *La Musique pendant la Guerre*, septembre 1916-mai 1917, p. 190.

5 Voir, par exemple : Tenroc, Ch., « Le problème de l'Édition française », in *Le Courrier musical*, 1er février 1917, p. 54. *Le Courrier de l'orchestre*, journal officiel de la Fédération des Artistes, continue à publier une liste de « Principaux éditeurs boches » même en 1919, après la fin des hostilités. Voir *Le Courrier de l'orchestre*, mars 1919, p. 5.

cipes de loyauté patriotique vis-à-vis de la nation et sur un concept d'*union sacrée* selon lequel il était du devoir de l'individu de sacrifier ses intérêts personnels pour le bien de la nation. L'achat d'éditions allemandes – comme de n'importe quel produit d'origine germanique – était considéré comme un acte à la fois antipatriotique et incorrect. Que Charles Hayet tente de décourager ses clients d'acheter des éditions allemandes n'est qu'un des résultats de ce phénomène qui, selon le critique Charles Tenroc, fut adopté par de nombreux autres vendeurs qui s'appliquèrent à vouloir diriger les ventes pendant la guerre et qui, dans un geste patriotique, retiraient ces stocks de leurs étagères et les enfermaient dans leurs caves, « éloignés des regards », évitant ainsi toute tentation[6].

Les interdictions légales et morales contrôlant le marché des éditions allemandes n'étaient qu'une des mauvaises passes pratiques, économiques et légales que l'industrie de l'édition musicale dut surmonter afin de continuer ses opérations durant la guerre. L'industrie fut fortement touchée par le conflit parce qu'une grande partie de ses forces était d'âge à être mobilisée. Alors que la préparation d'une édition musicale pouvait être réalisée par certaines des personnalités les plus connues de la génération précédente de compositeurs, comme Camille Saint-Saëns et Claude Debussy, la production nécessitait des opérateurs qualifiés et un travail manuel normalement fait dans des imprimeries et ateliers de gravure par des hommes plus jeunes. Les maisons d'éditions perdirent elles aussi de leurs personnels mobilisés par l'armée. En 1916, Alphonse-Émile Leduc notait la perte des trois quarts de son personnel parti au front, nombreux étant ceux qui n'en revinrent jamais[7]. Leduc lui-même fut mobilisé, laissant son entreprise sous la direction d'un collègue[8]. Hormis la mobilisation de ces employés et dirigeants, les années de guerre amputèrent également d'importantes maisons d'édition parisiennes de certains de leurs directeurs les plus âgés, comme Henri-Georges Heugel en 1916 et Julien Hamelle en 1917.

Le manque de main-d'œuvre n'était pas le seul problème auquel devaient faire face les maisons d'édition de la capitale. Le 3 août 1914, tout transport commercial fut suspendu, et avec la mobilisation nationale, les moyens financiers et les matériaux furent redirigés vers l'économie de guerre aux dépens d'industries moins directement impliquées dans le conflit[9]. Le papier que l'on fabrique avec de l'alfa man-

---

6 Tenroc, Ch., « Le problème de l'Édition française », in *Le Courrier musical*, 1er février 1917, p. 55.

7 Anonyme, « Les éditeurs », in *La Musique pendant la Guerre*, 10 février 1916, p. 75.

8 *Ibid.*

9 « Textes relatifs à l'état de siège : suspension des transports commerciaux », in *Bulletin de la Chambre de commerce de Paris*, 26 septembre 1914, p. 1240.

quait périodiquement ; les difficultés liées au renforcement de la sécurité aux frontières nationales et les moyens de transports commerciaux limités rendaient difficile l'obtention de la plante produite en Tunisie et en Algérie, ces deux pays ayant approvisionné la France pendant les années d'avant-guerre[10]. Les restrictions sur la consommation de carburant aggravaient la situation, notamment les lois émises au jour le jour par la Préfecture de Police sur la réglementation de quantités de gaz et de charbon[11]. Mais malgré les difficultés matérielles et financières, des archives de l'impression musicale pendant la guerre prouvent que les maisons d'édition parvinrent à poursuivre leurs opérations[12].

Le présent article s'intéresse aux réactions des éditeurs parisiens face à une période de difficulté suscitée par la Première Guerre mondiale. Il explore non seulement les partitions qui ont été publiées mais aussi les circonstances matérielles et idéologiques exceptionnelles qui ont pu affecter – voire dicter – les actions et la production. Bénédicte Grailles a noté que, dans les premiers mois de la guerre, la ferveur patriotique influençait largement le type de musique publiée avec, notamment, une abondance de chansons patriotiques et de mélodies[13]. Cependant, bien que Grailles suggère que les chansons patriotiques étaient dominantes dans la production d'édition musicale durant la guerre, ceci ne représente qu'une partie de l'histoire et ignore l'énergie et l'argent considérables versés pour la production d'un répertoire historique de chefs-d'œuvre populaires de compositeurs austro-allemands. Publiées sous forme de collections « nationales », ces pièces faisaient partie d'un plan de régénération qui permettrait à la France de trouver une place sur le marché mondial, aux côtés de l'Allemagne. Le concept de rivalité culturelle et commerciale est au cœur de cette histoire, à la fois une rivalité externe par rapport à l'Allemagne et interne au sein de l'industrie de l'édition musicale en France. Ces deux formes de rivalités coexistaient tout en s'opposant et rivalités domestiques et conflits internes menaçaient de saper finalement les efforts de certains éditeurs sur la scène internationale.

---

10 Durand, Jacques, « L'Édition musicale », in Lavignac, A., La Laurencie, L. de (dir.), *Encyclopédie de la musique et dictionnaire du Conservatoire*, 2e partie (technique, esthétique, pédagogie), Paris, Delagrave, 1931, p. 3835.

11 Archives de la Préfecture de Police, Paris, D/B 343 Guerre de 1914.

12 Archives Nationales (AN), Paris, F18*(VIII)/142-148 Enregistrement du dépôt légal à Paris, 1er juillet 1914-17 mai 1919.

13 Grailles, Bénédicte, « Chanson de marche, lamento funèbre et hymne à la renaissance : La production musicale imprimée entre 1918 et 1922 », in *Chefs-d'œuvre et circonstances : Trois concerts*, Arras, Archives Départementales du Pas-de-Calais, 2000, p. 39.

Les éditions « nationales »

L'éditeur Jacques Durand explique dans ses mémoires l'idée qu'il eut en 1914 de publier une collection d'œuvres classiques dans le but de rivaliser avec les éditions allemandes[14]. Dans les mois qui suivirent, il publia les premiers volumes de son *Édition classique*. Cette série comprenait des œuvres pour piano et de musique de chambre des maîtres austro-allemands, préparés pour la publication par quelques-uns des grands noms de la génération des aînés – tels que Camille Saint-Saëns, Gabriel Fauré et Claude Debussy – ou encore de la jeune génération de compositeurs comme Maurice Ravel et Albert Roussel, ces derniers étant au front mais ayant tout de même la possibilité de travailler sur des publications pendant leurs permissions ou lorsqu'ils étaient postés loin du front. Parmi les partitions les plus remarquables de cette collection figuraient les œuvres complètes pour piano de Mozart, préparées par Saint-Saëns, de Beethoven, préparées par Dukas, celles de Chopin par Debussy, et celles de Mendelssohn et de Schumann, préparées respectivement par Ravel et Fauré (voir Fig. 1).

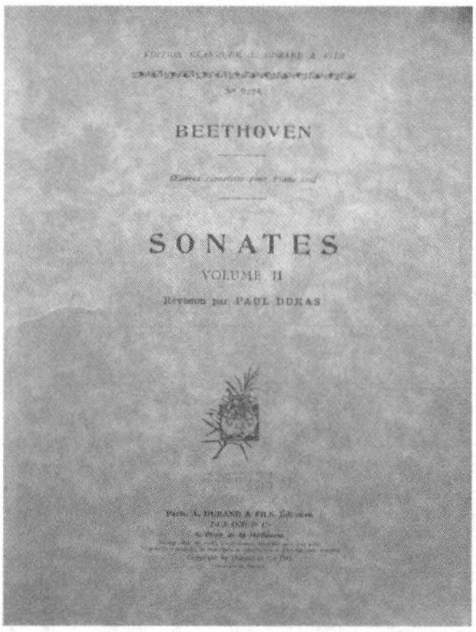

Fig. 1 – Couverture, L. van Beethoven, *Sonates pour piano*, t. II, révision par P. Dukas, Édition classique, Paris, Durand et Cie, 1915

La maison Durand ne fut pas la seule à se lancer dans la publication d'une collection « nationale » même si la sienne semble avoir été la plus considérable. Maurice Sénart profita du conflit pour développer sa propre collection d'avant-guerre, la *Nouvelle édition française de musique classique*, présentée maintenant spécifiquement comme une édition « nationale » sous le titre d'*Édition nationale de musique classique*, dirigée par Vincent d'Indy (voir Fig. 2). Henry Lemoine et Cie

14 Durand, J., *Souvenirs d'un éditeur*, Paris, Durand et Cie, 1925, t. II, p. 63.

élargit et mit à jour sa série du *Panthéon des pianistes*, présentée aussi comme édition « nationale » intitulée *Édition nationale française* (voir Fig. 3). Révisées par les professeurs célèbres du Conservatoire de Paris, Louis Diémer et Théodore Lack, cette série regroupait les pièces de l'ancienne collection de Lemoine. Parmi les autres collections de classiques figuraient la *Collection Orphée*, de la Société française d'édition des grands classiques musicaux, vendue par Enoch et Cie, et les *Éditions du Conservatoire* de Charles Hayet.

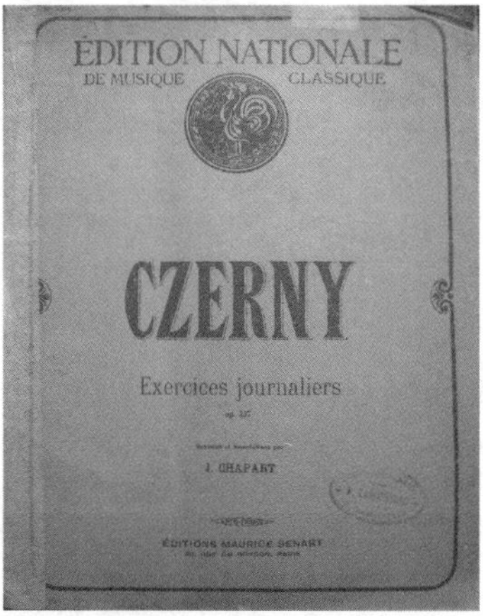

Fig. 2 – Couverture, C. Czerny, *Exercices journaliers*, *op*. 337, révision par J. Chapart, Édition nationale de musique classique, Paris, Maurice Sénart, 1915

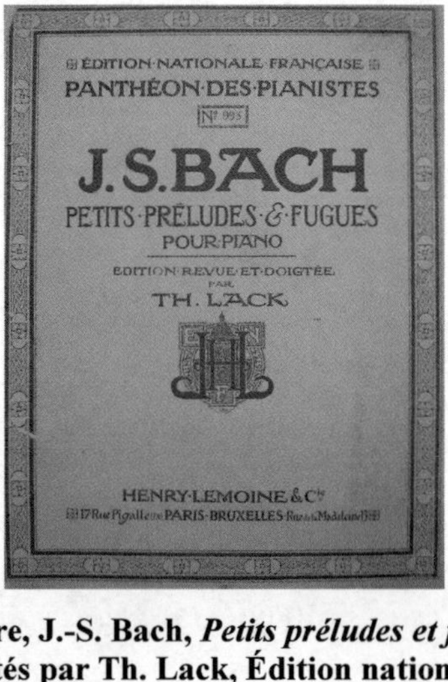

Fig. 3 – Couverture, J.-S. Bach, *Petits préludes et fugues pour piano*, revus et doigtés par Th. Lack, Édition nationale française, Paris, Henry Lemoine et Cie, 1915.

Mais quelles étaient donc les raisons d'être de ces collections ? Elles n'étaient pas inspirées par la nécessité puisque bon nombre de ces œuvres étaient déjà disponibles en version française. L'une des raisons était d'ordre pratique : les publications fournissaient du travail aux graveurs, imprimeurs et producteurs de papier dont beaucoup étaient au chômage depuis que les marchés des produits non essentiels étaient paralysés. En même temps, les collections explicitement « nationales » étaient une forme de patriotisme démonstratif, la preuve tangible que le monde musical faisait sa part d'effort, allégeant ainsi ce sentiment d'impuissance partagé par un grand nombre de personnes à l'arrière. Comme l'écrit Jacques Durand, de nombreux compositeurs se sentaient incapables de produire de la musique nouvelle et l'édition leur fournissait un travail qui leur donnait l'impression de participer à part égale à l'effort de guerre en aidant à « libérer le marché national de l'emprise étrangère[15]. »

La rivalité culturelle avec l'Allemagne ainsi qu'un sentiment d'infériorité dans le domaine de la production musicale sont aussi des éléments importants qui ont motivé la publication de collections dites « nationales ». Le marché de l'édition musicale était jusqu'alors dominé par les éditions d'outre-Rhin. Comme le note Donald Krummel, au cours du XIXe siècle, les firmes allemandes avaient peu à peu pris de l'importance sur les marchés européens et internationaux et, dès 1860, la cité de Leipzig s'était imposée comme le centre de l'édition musicale en Europe[16]. Deux des plus éminents éditeurs de musique allemande, Peters et Breitkopf & Härtel, y avaient leur siège. Un troisième, Litolff, avait son siège à Brunswick.

La prédominance des éditeurs allemands sur le marché mondial peut en grande partie s'expliquer par le développement du répertoire canonique, répertoire dominé par les compositeurs austro-allemands. Les éditeurs d'outre-Rhin avaient pris l'avantage dans la publication de ces pièces si populaires dans les programmations parisiennes des décennies d'avant-guerre. Ceux-ci produisirent des éditions de « classiques » qui remportèrent un grand succès en France : Breitkopf, le plus ancien éditeur allemand, avait commencé au milieu du XIXe siècle par publier une série d'éditions critiques, notamment celle de J.-S. Bach commencée en 1851 ; Litolff lança sa *Bibliothek Classischer Compositionen* en 1864 ; et, dès 1867, Peters commença sa série de « classiques » à la couverture verte bien connue. Vers la fin du XIXe siècle, les éditeurs français firent de même en se tournant vers cet ensemble de chefs-

---

15 *Ibid.*, p. 65.

16 Krummel, Donald W., « Publishing », in *Grove Music Online* <http://www.oxfordmusiconline.com> [consulté le 5 juillet 2010].

d'œuvre. Comme l'écrit Jacques Durand, après 1870 se développe en France un « goût » pour « la musique classique », qui mène à la publication d'un nombre important d'éditions rivales[17]. Les plus notables sont représentées par une série de 30 volumes de l'*Édition française des œuvres classiques* d'Alphonse Leduc, demeurée incomplète à la mort de celui-ci, et les *Classiques Marmontel* d'Henri Heugel, une série des classiques pour piano préparés par le célèbre pianiste Antoine-François Marmontel. Le plus important de ces projets fut le *Panthéon des pianistes* d'Henry Lemoine qui, commencé en 1858, comprenait plus de 600 œuvres en 1914.

Bien qu'ayant leurs propres éditions françaises des œuvres publiées par les firmes allemandes, en 1914, les musiciens parisiens semblaient trouver ces éditions nationales largement inférieures aux publications d'outre-Rhin. Dans le périodique musical *La Rampe*, on peut lire ce commentaire du critique André Lénéka : « On sait qu'ici, comme dans tout, hélas ! la France était tributaire de l'Allemagne. Les éditions Peters de Leipzig, celles de Litolff, répondaient à tous les besoins, à toutes les demandes, je ne dis pas de la France, mais du monde entier[18]. » Les critiques dressent le portrait d'une industrie dominée par les trois grandes firmes allemandes et les récits du fanatisme des acheteurs des éditions allemandes étaient fréquents. Dans *Le Courrier musical*, par exemple, Charles Tenroc suggère ainsi l'ampleur de la domination des éditions allemandes sur la vie musicale française en 1914 : « Il n'est pas de jour où les amateurs en quête des sonates de Mozart ou des mécanismes de Czerny, ne réclament chez les éditeurs français la faveur d'une édition allemande à bon marché[19]. »

La Première Guerre mondiale fut l'occasion pour les critiques français d'exprimer leurs frustrations vis-à-vis de la domination des éditions allemandes dans la vie musicale française et surtout de l'hégémonie allemande dans d'autres domaines de l'industrie musicale. Ce sentiment d'insuffisance qui régnait dans l'édition musicale du côté français n'était pas atténué par le nombre croissant de représentants travaillant en France pour le compte des éditeurs allemands : Jacques Durand avait servi d'intermédiaire pour Peters depuis 1883 comme propriétaire unique des œuvres publiées en France par cette firme prospère ; la maison Enoch et Cie avait, quant à elle, représenté Litolff pendant

17 Durand, J., *op. cit.*, p. 59.

18 Lénéka, André, « Nos campagnes : Pour l'édition française de musique classique », in *La Rampe*, 1er septembre 1918, p. 9.

19 Tenroc, Ch., « Le problème de l'Édition française », in *Le Courrier musical*, 1er février 1917, p. 55.

quelques années et, en 1894, Costallat et Cie devint le propriétaire français pour Breitkopf & Härtel[20].

Les musiciens et les critiques se demandaient pourquoi les éditions allemandes étaient si recherchées en France. Dans ce climat de guerre où les relations intimes ou professionnelles faisaient l'objet d'un examen minutieux, les éditeurs français qui possédaient des contrats commerciaux avec des firmes allemandes représentaient une cible facile pour les détracteurs des publications allemandes en France. Mais les critiques remarquèrent aussi que, devant un choix important d'éditions, le fait que les éditions allemandes soient moins coûteuses constituait un facteur important dans le choix du consommateur. Émile Vuillermoz fit remarquer que, bien que le public note la bonne qualité des éditions françaises, après consultation de son budget, il était plus à même d'acheter une édition de Litolff ou de Peters[21]. Ces préoccupations d'ordre financier ne sont pas surprenantes étant donné les difficultés apportées par la guerre, surtout lorsqu'on sait à quel point le monde musical fut touché par le chômage. Comme le fit observer Charles Tenroc, ces motivations prenaient souvent le dessus sur le sens du devoir envers la nation française et le public semblait peu sensible aux interdictions morales, si cela signifiait ne pas pouvoir acheter des éditions familières à bas prix[22].

Le prix plus avantageux des éditions allemandes est en grande partie dû à des différences dans les méthodes de production ainsi que dans l'organisation des industries d'édition. La musique française était imprimée par des machines dont les plaques se déplaçaient suivant un mouvement horizontal de « va-et-vient ». En Allemagne, l'impression se faisait par des machines rotatives sur lesquelles les feuilles de papier se succédaient sans discontinuer, ce qui permettait de plus gros tirages et un rendement plus grand[23]. Les entreprises les plus importantes comme Peters avaient également des ateliers de gravure et d'impression joints à leurs bureaux, ce qui leur évitait de perdre du temps en négociations avec les firmes externes. Le coût de production étant le plus grand facteur d'influence sur le prix de vente, les éditions allemandes pou-

---

20 Devriès-Lesure, Anik, « Un Siècle d'implantation allemande en France dans l'édition musicale (1760-1860) », in Bödeker, H. E., Veit, P., Werner, M. (dir.), *Le concert et son public : Mutations de la vie musicale en Europe de 1780 à 1914*, Paris, Éditions de la Maison des Sciences de l'Homme, 2002, p. 39-40.

21 Vuillermoz, Émile, « Intendance », in *Le Temps*, 13 juin 1916, p. 1.

22 Tenroc, Ch., « Le problème de l'Édition française », in *Le Courrier musical*, 1er février 1917, p. 55.

23 Une étude plus détaillée des modes de production de l'édition musicale est fournie par les actes d'un congrès de 1916 sur l'édition. Voir Bertrand, Paul, « Les Éditions musicales », in *Congrès National du Livre, Paris 11-17 mars 1917*, t. I (rapports et vœux du Congrès), Paris, Cercle de la Librairie, 1917, p. 269.

vaient être vendues bien moins chères que leurs homologues françaises. Dans une comparaison de prix en 1915, Jean Marnold fait état de la disparité qui existait entre les deux : alors qu'un volume de trois sonates de Mozart était disponible pour 2fr. 30 en France, un volume allemand contenant presque six fois plus de sonates coûtait seulement 3fr. 15[24].

Les catalogues publiés dans le cadre des collections nationales regroupaient des œuvres parmi les plus populaires afin de générer les meilleures recettes. Cela concernait des partitions de musique de chambre achetées pour être jouées en privé, mais également des études, méthodes et morceaux utilisés dans l'enseignement, particulièrement ceux qui figuraient aux programmes des conservatoires nationaux. Ces œuvres coûtaient moins cher en papier et en encre qu'une œuvre pour un plus grand ensemble et étaient plus rapides à préparer.

Cette concentration sur le répertoire le plus populaire entraîna les éditeurs à reproduire des œuvres dans des collections rivales. En 1917, Charles Tenroc note la publication de « cinq ou six éditions des études les plus usuelles, des morceaux les plus connus, dont la vente est plus particulièrement assurée[25] ». La description de Tenroc est confirmée par les chiffres officiels du dépôt légal des éditions musicales. Deux exemples illustrent bien ceci : les *Études op.* 10 et *op.* 25 de Frédéric Chopin, et les méthodes de piano *Exercices pour les commençants op.* 139 et *Les Cinq doigts op.* 777 de Carl Czerny. Durand et Sénart furent les premiers à publier des éditions de l'*op.* 10 de Chopin en 1915. La même année, Durand publia les *Études op.* 25 pour former ses éditions complètes des œuvres de Chopin, et Sénart les publia en 1917. En 1916 et 1917, Enoch et Lemoine publièrent respectivement les deux mêmes séries d'*Études op.* 10 et *op.* 25, ce qui donne un total de quatre éditions différentes publiées pendant la guerre[26]. Très populaires à cause de leur rôle fondamental dans l'enseignement du piano, les méthodes de piano de Czerny se retrouvèrent dans une situation similaire : les *Exercices pour les commençants* furent publiés en cinq éditions différentes tandis que *Les Cinq doigts* furent publiés en quatre éditions distinctes[27]. D'autres méthodes de Czerny subirent le même sort, connaissant parfois jusqu'à six éditions différentes. De telles reproductions n'étaient pas rares pour les œuvres des compositeurs austro-allemands majeurs.

---

24 Marnold, Jean, « Édition populaire en France », in *Le cas Wagner : La Musique pendant la Guerre*, Paris, E. Demets, 1918, p. 51. Cet article fut d'abord publié dans *Le Mercure de France*, 1er septembre 1915, p. 115-124.

25 Tenroc, Ch., « Le problème de l'Édition française », in *Le Courrier musical*, 1er mars 1917, p. 112.

26 AN : F18*(VIII)/142-148 Enregistrement du dépôt légal à Paris, 1er juillet 1914-17 mai 1919.

27 *Id.*

L'*Édition française de musique classique* : la liberté de commerce face à l'action collective

Tant d'éditions différentes d'un même ensemble d'œuvres seraient passées inaperçues en temps de paix. Mais pour les critiques et les musiciens à l'arrière, préoccupés par l'organisation d'une industrie nationale d'édition capable de rivaliser avec l'Allemagne, ces chiffres étaient problématiques. En produisant deux, trois, voire six éditions d'une même œuvre, les maisons d'édition progresseraient moins vite dans ce sens. Dès 1915, Alexis Rouart, directeur de Rouart, Lerolle et Cie et président de la Chambre syndicale des marchands de musique proposa une solution à ce problème. Rouart fonda une société dont l'objectif serait la publication d'une *Édition française de musique classique*. Contrairement aux autres éditions en cours, ce projet fonctionnerait comme un *consortium* : Rouart avait pour objectif de recueillir le soutien et la collaboration non seulement des maisons d'édition françaises, mais également des détaillants, tous s'unissant dans un effort collectif de produire une seule et unique édition nationale qui, « vendue au même prix que les éditions allemandes, pourrait lutter contre elles sur le marché français et sur les marchés étrangers[28]. » Comme plusieurs éditeurs avaient déjà commencé leurs propres éditions nationales, il lui fallait les convaincre de fusionner leurs volumes en vue de la production d'une œuvre collective. Jacques Durand note dans ses mémoires que Rouart lui rendit visite en 1915 pour tenter de le convaincre de le rejoindre dans cette entreprise. Rouart l'informa que deux importants éditeurs parisiens, Sénart et Lemoine, avaient déjà accepté d'intégrer leurs éditions existantes au collectif[29]. Cependant, Durand hésitait à se joindre à eux et note dans ses mémoires qu'il avait une certaine réserve en raison de questions concernant la direction artistique[30].

Durand n'était pas le seul à avoir des doutes : la maison de Daniel Enoch partageait les mêmes appréhensions et préféra poursuivre sa propre *Collection Orphée*. Néanmoins, bien que n'ayant pas reçu la coopération de Durand et Enoch, une colonne dans *Le Figaro* du 16 mars 1915 annonçait ainsi la formation du syndicat de Rouart :

> Les marchands de musique français ont estimé le moment venu de substituer une Édition française aux collections venues d'outre-Rhin. Mais ils n'ont

---

[28] « Nos éditeurs », in *La Musique pendant la Guerre*, 10 décembre 1915, p. 38. Mon interprétation des événements diffère de celle de Jane Fulcher, qui attribue à Durand le mérite d'avoir fondé le *consortium*. Voir : Fulcher, Jane F., *The Composer as Intellectual: Music and Ideology in France, 1914-1940*, New York, Oxford University Press, 2005, p. 44.

[29] Durand, J., *op. cit.*, p. 64.

[30] *Id.*

pas voulu que cette entreprise fût une affaire individuelle, la chose d'une maison ou d'un groupe financier. Désirant faire, au contraire, la véritable Édition du Commerce de musique en France, ils ont créé, pour la réaliser, une Société anonyme au capital divisé en actions d'un prix modique. Cette œuvre a déjà recueilli des adhésions enthousiastes. Les maîtres les plus éminents de la musique française ont offert leur concours pour la révision des textes[31].

Le concept français de commerce avait auparavant été organisé selon le modèle du marché libre : les maisons d'édition suivaient leurs projets respectifs. L'entreprise de Rouart, en revanche, nécessitait que des employés de firmes rivales collaborent. Ce système de coopérative semble avoir été rare dans l'édition française au début du XXe siècle, mais il y avait eu un précédent modeste en 1905 lorsque trois sociétés avaient formé une équipe dont l'objectif était de produire une seule édition de chant grégorien pour éliminer la concurrence entre des maisons d'édition rivales[32].

Rassembler le soutien des maisons d'édition musicale ne fut pas une tâche simple. Le critique André Lénéka note qu'en 1915 on comptait une centaine d'adhérents[33]. Parmi les éditeurs parisiens importants qui soutenaient le projet se trouvaient Choudens, Joubert, Grus, Costallat, Fromont, Gallet, Heugel et Leduc. Cependant, les noms de célèbres maisons d'édition parisiennes, notamment Durand et Enoch, demeuraient absents. Durand occupait une place importante dans l'industrie de l'édition musicale. En tant que président de la Chambre syndicale des éditeurs de musique et l'un des plus grands éditeurs de musique en France, Durand était un personnage puissant. Sa participation aurait avantagé le projet de Rouart : les volumes de son *Édition classique* et sa grande connaissance de l'industrie auraient apporté une contribution non négligeable au collectif. Rouart semblait très désireux de gagner le soutien de Durand et souhaitait même qu'il dirigeât le projet. Tenroc rapporte que Rouart supplia ainsi Durand au début 1915 :

> Venez au milieu de nous, ou mieux à notre tête. Chacun attend de votre cœur et de votre esprit, ce geste généreux et libérateur ; et, en ce qui me concerne, je suis tout prêt à reprendre ma place dans le rang et derrière vous. [...] Je sais que vous avez commencé vous-même une édition classique ; mais un arrangement pourrait intervenir pour que votre maison ne subisse de

---

31 Anonyme, « Courrier musical », in *Le Figaro*, 16 mars 1915, p. 4.

32 Lettre de la Société d'Éditions du Chant Grégorien, envoyée aux églises françaises pour plébisciter la nouvelle édition. Archives Historiques de l'Archevêché de Paris, 2 G II, I. Je remercie Katharine Ellis pour ce renseignement.

33 Lénéka, A., art. cit., p. 9.

ce fait aucun dommage. Tout est facile à mettre au point entre Français unis pour la défense d'une cause patriotique et noble[34].

Les efforts déployés par Rouart pour tenter de s'assurer la collaboration de Durand indiquent à quel point il était important que toutes les maisons françaises d'édition s'accordent pour que le projet réussisse. Les efforts individuels mettaient cette entreprise en péril en introduisant une concurrence équivalente à celle que représentait l'Allemagne avant-guerre. La société de Rouart était fondée sur la notion d'*union sacrée*, conception empruntée à la sphère politique. Dans son appel fait à Durand, Rouart suggère que les éditeurs français doivent s'unir par patriotisme. Cependant, pour les firmes qui avaient déjà commencé leurs collections respectives, rejoindre l'entreprise de Rouart n'était pas nécessairement un atout, en particulier pour Durand dont l'*Édition classique* était alors déjà considérable. Un groupe d'individus aux intérêts communs n'a pas forcément la motivation d'agir pour le bien du groupe dans son ensemble sans y avoir été contraint ou sans une offre de récompense pour les individus eux-mêmes. L'édition collective de Rouart offrait peu d'avantages personnels aux éditeurs possédant déjà des collections nationales et, dans certains cas, ceux-ci se retrouvaient même face à des pertes considérables. Le projet avait ses avantages pour certaines des maisons les plus petites qui pouvaient voir leur réputation et leurs profits s'accroître en s'associant à une édition collective. Mais pour les éditeurs parisiens établis, il n'y avait que peu de motivations autres que le sens moral du devoir envers la patrie. Lemoine résuma la situation en 1917 en écrivant qu'on lui avait demandé d'abandonner le titre de sa propre collection, *Panthéon des pianistes*, titre inauguré par sa firme en 1858 et devenu bien connu du public depuis. Comment pouvait-il sacrifier cela pour un projet collectif qui semblait bien peu profitable[35] ?

Cette tentative de Rouart d'unifier l'industrie de l'édition musicale était un projet visant à créer un système de production organisé et à privilégier la production d'éditions qui pouvaient être distribuées à travers le monde dans le cadre d'initiatives de propagande. Pourtant, il eut du mal à obtenir les résultats escomptés, les intérêts personnels des maisons d'édition, peu enclines à faire des sacrifices, ayant pris le dessus. La situation dégénéra rapidement en une guerre entre supporters d'un marché libre, s'appuyant sur le succès de l'Allemagne comme preuve qu'un besoin similaire existait en France, et ceux qui pensaient

---

34 Tenroc, Ch., « Le problème de l'Édition française », in *Le Courrier musical*, 15 février 1917, p. 81.

35 « Les Éditions musicales », in *Congrès National du Livre, Paris 11-17 mars 1917*, t. II (compte rendu des travaux), Paris, Cercle de la Librairie, 1917, p. 116.

qu'une mise en commun des ressources était la seule manière viable de produire des éditions capables de rivaliser avec l'Allemagne. Le refus de Durand et d'Enoch de rejoindre le collectif eut des conséquences plus graves : les rivalités d'affaires furent mises en évidence lorsque ceux ayant fait des sacrifices financiers pour se rallier au collectif virent ceux travaillant hors du projet tirer profit de la concurrence réduite du marché. Il ne fallut pas longtemps à Sénart et Lemoine pour décider de se retirer d'une entreprise dont le succès dépendait de la participation de tous[36].

Les réactions de la presse, suite au refus de Durand de participer, aident à mieux cerner le climat de soupçon que faisait peser l'arrière sur ceux dont les actions semblaient peu conformes à l'étiquette en temps de guerre. Le code moral tacite du comportement à l'arrière comprenait de multiples modèles de comportement « approprié ». Dans un tel contexte, des initiatives acceptables en temps de paix pouvaient être interprétées tout à fait différemment. Le refus de Durand de sacrifier ses intérêts personnels a encouragé certains critiques à remettre son patriotisme en question. Charles Tenroc mena une campagne féroce contre Durand dans *Le Courrier musical* ; il disputait non seulement sa loyauté envers la France mais aussi sa nationalité d'origine[37]. Le rôle de Durand comme propriétaire des éditions allemandes Peters avant la guerre lui fournit de quoi étayer ses accusations. Sous le climat de surveillance rapprochée en temps de guerre, quiconque donnant l'impression d'agir contre l'effort de guerre devenait la cible parfaite d'abus : Enoch, en tant qu'agent pour Litolff, fut également condamné par Tenroc et accusé d'avoir une « attitude dissidente[38] ».

Jusqu'en 1916, le projet collectif était une initiative privée, conçue et mise en place par des musiciens travaillant dans l'édition musicale. Le projet avait le soutien d'Albert Dalimier, sous-secrétaire d'État aux Beaux-Arts, qui souhaitait personnellement qu'une solution soit rapidement trouvée au problème commercial posé par ce projet que « les événements actuels rendent plus impérieux encore[39]. » Cependant, alors que cela semble suggérer que Dalimier était conscient de l'importance des objectifs des éditeurs, rien ne semble indiquer une quelconque intervention de l'État ni dans sa gestion ni par le biais de subventions. Mais Rouart paraissait incapable de trouver une solution aux luttes

36 Durand, J., *op. cit.*, p. 67.

37 Tenroc, Ch., « Le problème de l'Édition française », in *Le Courrier musical*, 15 mars 1917, p. 137.

38 *Id.*

39 Lettre de Dalimier, publiée dans le périodique *L'Exportateur français*. Voir : Humble, Pierre, « Pourquoi nous n'avons pas d'édition française de musique classique », in *L'Exportateur français*, 28 février 1918, p. 64.

internes croissantes au sein du monde musical. Ainsi, en 1916, Dalimier intervint enfin au nom du gouvernement d'une manière qui allait au-delà des paroles seules.

Rapidement, Dalimier joua un rôle d'organisateur clé, provoquant des réunions entre la Chambre syndicale des éditeurs et la Chambre syndicale des marchands de musique pour tenter d'aider leurs présidents respectifs, Rouart et Durand, à surmonter leurs différends[40]. L'intervention de Dalimier dans la planification de l'élaboration d'une édition collective suggère que, dès 1916, le gouvernement avait compris les avantages potentiels que la musique pouvait apporter à l'effort de guerre, y voyant une forme d'économie au fort gain potentiel et un outil de propagande positive pour la France. Dans un discours donné au Conservatoire de Paris en 1916, Dalimier livra ses pensées sur la nécessité pour la France d'avoir des collections nationales et une édition collective unique, ceci étant pour lui la seule ligne de conduite efficace :

> Nous sommes à une heure où *tout Français digne de ce nom, doit sacrifier à l'intérêt national ses intérêts particuliers*. J'ai réuni les éditeurs, je leur ai facilement démontré que les efforts *isolés* ne nous permettraient point d'atteindre le but. Les professeurs du Conservatoire ne m'ont-ils pas, en effet, indiqué qu'il n'y avait pas moins de 2000 volumes à éditer ! Ils ont compris leur devoir, du moins en assez grand nombre, pour que je sois certain du résultat, et que je garde l'espoir de les entraîner tous dans cette œuvre d'intérêt national[41].

Cette même année, Dalimier fit mener une étude détaillée de l'état des collections nationales, envoyant un questionnaire aux éditeurs qui avaient produit des éditions depuis le début de la guerre, demandant des précisions sur les œuvres concernées, le nombre de volumes, le prix et le temps nécessaire pour produire ces œuvres. Au même moment, il écrivait au directeur du Conservatoire de Paris, Gabriel Fauré, pour lui demander de consulter les professeurs et leur demander d'établir une liste des œuvres jugées les plus nécessaires à l'enseignement afin que celles-ci soient publiées en priorité. Cette liste allait constituer une sorte de catalogue d'œuvres que le collectif pourrait produire[42]. La réponse de la Chambre syndicale des marchands de musique au questionnaire de Dalimier montre à quel point les éditeurs redoublaient d'efforts : la

---

40 Tenroc, Ch., « Le problème de l'Édition française », in *Le Courrier musical*, 1er mars 1917, p. 112-113.

41 Discours d'Albert Dalimier au *Conservatoire* National de *Musique* et de Déclamation. Cité dans : Tenroc, Ch., « Le problème de l'Édition française », in *Le Courrier musical*, 15 février 1917, p. 83.

42 Tenroc donne un sommaire de cette liste dans « Le problème de l'Édition française », in *Le Courrier musical*, 1er mars 1917, p. 113.

Chambre compta 282 œuvres publiées entre 1914 et 1916 dont plus de 200 avaient deux et parfois jusqu'à cinq ou six éditions différentes[43].

Malgré ses efforts pour remettre de l'ordre et unifier une communauté musicale divisée, Dalimier ne réussit pas à résoudre le désaccord qui opposait les supporters de la société de Rouart à ceux qui soutenaient l'effort individuel. Lors d'une réunion organisée le 19 juin 1916, les appels renouvelés de Dalimier ne réussirent pas à convaincre Durand[44]. L'échec de ses tentatives d'unifier l'industrie n'était peut-être pas si surprenant. En 1889, Leduc avait tenté un tel projet mais s'était trouvé face aux mêmes problèmes que ceux rencontrés par Rouart : comment persuader un groupe d'individus de sacrifier leurs intérêts particuliers pour se lancer dans une action collective ? Seize ans plus tard, comme le note avec ironie Tenroc après la dernière réunion de Dalimier, le gouvernement demeurait incapable de résoudre le problème : « Puis l'on se sépara… sans qu'aucune haute et patriotique décision de principe ait troublé la confiante sérénité qui compète au négoce sec et bien installé. Bref, ce fut un échec pitoyable de l'entremise généreuse de M. Dalimier[45] ! »

Conclusion

Que le gouvernement intervienne pour essayer de résoudre les problèmes qui empêchaient des individus d'unir leurs efforts n'était pas chose rare en temps de guerre : cette situation fait écho à celle qu'a décrite Michel Duchesneau concernant la Société Nationale et la Société Musicale Indépendante quand Alfred Cortot, alors à la tête du Service officiel de la propagande musicale, vit ses tentatives de rassembler les forces décimées des deux sociétés contrecarrées par les rivalités idéologiques et les différences esthétiques[46]. Que peut-on donc conclure du manque de succès d'un autre projet d'unification de factions opposées au sein du monde musical pendant la guerre ? Tout d'abord, que le patriotisme existait à des degrés différents à l'arrière et qu'il ne dominait pas toutes les actions, contrairement à ce qu'on a souvent supposé. Certains éditeurs faisaient montre de ce qu'on aurait appelé du patriotisme « compromis » dans le sens où ils étaient prêts à exploiter le climat patriotique d'un temps de guerre pour développer leurs propres intérêts ; pendant que Durand saisissait une occasion avec son *Édition classique*, volumes que le public pouvait acheter avec la certitude de

---

43 *Id.*

44 *Ibid.*, p. 114.

45 *Id.*

46 Duchesneau, Michel, « La musique française pendant la Guerre 1914-1918 », in *Revue de Musicologie*, 82/1, 1996, p. 123-153.

participer à l'effort de guerre, sa volonté de soutenir un projet patriotique semble s'être étiolée lorsqu'on lui demanda de participer à un projet collectif sans profits apparents. L'échec éclaire les difficultés de la mise en pratique du concept théorique d'*union sacrée*, et le défi présenté à ceux qui tentèrent de concilier les civils dans une action collective sous son égide. Comme l'écrit Jean-Jacques Becker, il est souvent admis que les civils adhérèrent volontiers aux appels pour une *union sacrée*, concept présenté comme la « potion magique » des Français, capable de résoudre tous les problèmes[47]. Par contre, le concept était quelque peu fragile, et les actes des individus risquaient fréquemment de saper les idéaux patriotiques.

Dans quelles circonstances le *consortium* de Rouart aurait-il réussi ? L'intervention du gouvernement par subvention était peut-être nécessaire pour gagner la coopération des adversaires du projet. Durand avait déjà fait des sacrifices pour l'effort de guerre en rompant son contrat de travail avec la maison allemande Peters, acte qui lui a fait perdre des revenus. Pour que Durand fasse un autre sacrifice avec peu d'avantages personnels, il fallait lui offrir une compensation financière. Mais pour le gouvernement parisien, coincé entre les exigences financières de l'armée française et des projets de propagande des civils à l'arrière, il y avait des décisions difficiles à prendre concernant les projets à subventionner. La mobilisation de l'industrie musicale était évidemment une épreuve ; on aurait dû surmonter plusieurs difficultés inattendues pour réussir. L'exemple de l'édition musicale révèle les complexités inhérentes à fusionner un réseau de propagande avec un concept d'*union sacrée* dans un monde commercial réglé par des rivalités commerciales et des intérêts financiers.

Traduit de l'anglais par Dominique Belkadi

[47] Becker, Jean-Jacques, « Conclusion », in Becker, J.-J. (dir.), *Les Français dans la Grande Guerre*, Paris, Éditions Robert Laffont, 1980, p. 302.

La vie musicale à Angers durant la Première Guerre mondiale

Denis HUNEAU

LUNAM Université (Université Catholique de l'Ouest)

Un conflit mondial est un cataclysme qui s'abat sur un pays, dont les forces ne sont désormais plus tournées que vers un seul but : remporter la bataille. La vie quotidienne se modifie alors. Les denrées se raréfient et la presse voit à toute vitesse ses titres disparaître, tandis que les publications restantes sont muselées par la censure. Bref, tout citoyen, dont l'artiste, se doit de penser à la patrie. C'est cette période particulièrement troublée, durant laquelle on perçoit combien un pays mobilise l'ensemble de ses énergies pour assurer sa défense et perd ainsi la notion du quotidien « normal », que nous allons étudier ci-après, en prenant l'exemple de la ville d'Angers.

La musique subit, dans cette ville, les mêmes soubresauts que les autres domaines. Si des entreprises techniques, telles qu'une école de gravure musicale, parviennent à poursuivre leur activité, il n'en est pas de même pour les représentations artistiques. Certes, la musique a toujours droit de cité, mais plutôt dans un cadre religieux et catholique, dont Angers est une place forte, et les « concerts » ont désormais pour l'essentiel une visée charitable. La ville bénéficie néanmoins, durant une partie du conflit, de la présence sur son sol d'un musicien – presque – angevin d'origine, l'organiste Jean Huré (1877-1930), qui contribue fortement à l'organisation de concerts de qualité et à la diversification d'une offre musicale qui aurait été sinon bien uniforme. L'agglomération accueillant, de plus, des hôpitaux provisoires sur son sol, des artistes itinérants viennent aussi régulièrement apporter leur soutien moral aux troupes.

Pourtant, au rythme des départs des musiciens pour le front, Angers se vide de l'essentiel de ses artistes. Les premiers mois du conflit voient ainsi une quasi-absence de spectacles, hormis la musique que l'on peut entendre à la cathédrale. Toute représentation théâtrale ou concert symphonique[1] a cessé. Le Grand Théâtre, qui avait connu ses heures de gloire, est désormais sans vie. Au fil du temps, le quotidien doit se réorganiser. Il reste malgré tout quelques artistes et il faut bien les employer. Alors, le Grand Théâtre se reconvertit en... cinéma ! Et la ville s'adapte ainsi aux circonstances tragiques de son époque.

Comme dans le reste de la France, si « la presse angevine de la "Belle époque" [avait été] très abondante[2] », il n'en va plus de même dès le conflit déclenché. Les titres voient, les uns après les autres, leur parution stoppée ; certains disparaissent purement et simplement, tandis que d'autres reparaîtront, mais jamais avant l'année 1919. Nos sources sont donc terriblement amoindries sur la période qui nous concerne et, hormis les recherches que nous avons effectuées au sein des différentes archives locales[3], un journal nous est apparu comme particulièrement précis dans son recensement des événements culturels donnés à Angers durant la Première Guerre mondiale : *La Chronique angevine de La Croix*.

Ce journal, quatrième quotidien imprimé à Angers, tirait en 1907 à « six cents exemplaires journaliers[4] » et poursuit sa parution durant tout le conflit, les sept jours de la semaine, même si l'année 1914 n'est pas consultable actuellement aux Archives départementales du Maine-et-Loire en raison de son état de dégradation (une absence qui n'est d'ailleurs pas rédhibitoire, puisque les manifestations artistiques ne reprennent réellement leur cours qu'à partir de 1915). Il s'agit d'un journal joint aux numéros distribués dans le département du journal national *La Croix* ; on l'appelle souvent, de manière abrégée, *La Chronique angevine*. Les numéros parus durant la guerre se divisent généralement en deux parties : la première moitié concerne les nouvelles du front, souvent orientées dans un esprit de propagande ; la seconde s'attache à relater les éléments de la vie quotidienne, rattrapée elle aussi

[1] « La grande guerre interrompit l'activité de la Société [des Concerts populaires] qui ne reprendra qu'en 1919. [...] Les deux principales difficultés qui se présentaient au Comité lors de la reprise d'après-guerre, étaient la reconstitution de l'orchestre, avec le fonds de roulement nécessaire au démarrage de la Société. [...] Les instrumentistes étrangers disponibles retrouvèrent leur emploi, mais les pupitres vacants furent confiés à des musiciens français, parmi lesquels plusieurs Angevins. [...] Le premier concert eut lieu dans l'enthousiasme général le 23 octobre 1919 au Cirque-Théâtre. » ([Auteur anonyme], *1877-1977, Un siècle de musique symphonique en Anjou*, Angers, Société des Concerts Populaires d'Angers, 1977, p. 28-30).

[2] Petitfrère, Claude, « Angers, 1906 : la presse et les inventaires », in *Annales de Bretagne et des pays de l'Ouest*, vol. 86, n° 1, 1979, p. 59.

[3] Archives départementales du Maine-et-Loire [AD du Maine-et-Loire], Archives municipales de la ville d'Angers [AM d'Angers], et Archives diocésaines d'Angers [ADio d'Angers].

[4] Petitfrère, C., *op. cit.*, p. 80, note 4.

par la guerre : on y évoque fréquemment les obsèques organisées pour les soldats de la région morts au combat. Et puis, on peut y lire, contre vents et marées, une chronique régulière des manifestations artistiques. Bien que la rédaction de ce journal possède un esprit orienté, catholique[5], les faits relatés sont, eux, bien réels et l'apport de ce quotidien pour la définition des programmations de l'époque est inestimable.

Tout d'abord, parmi les activités annexes concernant la musique à Angers, il nous faut brièvement parler d'une école de gravure de musique qui parvient à poursuivre son activité sans trop de difficultés, mais sans pouvoir naturellement faire totalement abstraction du conflit. Une école qui dispense des cours[6] et n'est pas éditrice à proprement parler[7]. Cette école imprime cependant durant le conflit quelques partitions destinées à des actions de charité[8].

Nous n'en savons guère plus actuellement sur cette école de gravure. Mais la dimension charitable que nous venons d'évoquer nous conduit au point suivant : la musique jouée durant la Première Guerre mondiale à Angers est en effet, pour une bonne part, destinée à une cause précise liée au conflit. Pendant de longs mois, rien n'est véritablement organisé sur le plan musical, comme si le pays, et la ville, étaient tétanisés par le déclenchement des hostilités et mettaient un temps – justifié – pour s'organiser.

Seule l'église semble encore, au début du conflit, proposer des cérémonies dans lesquelles on peut entendre de la musique, parfois dans d'importantes proportions par rapport à la durée de l'office. On précise d'ailleurs souvent dans les programmes : « Messe en musique ». Au

---

5 Le bulletin paroissial de la Cathédrale d'Angers faisait la promotion de ce journal juste avant le début du conflit (*Bulletin paroissial* [de la cathédrale Saint-Maurice], 1913, p. 134).

6 « Chambre Des Métiers / École de gravure de musique / Pendant les vacances de Pâques, les cours de l'école de gravure de musique n'auront pas lieu, du 30 mars au 12 avril. Ils sont repris le mardi 13 avril, à 8 heures du soir. » (*Chronique angevine de La Croix*, n° 269, 31 mars 1915, p. [2]).

7 « Bien des personnes croient que l'École de gravure de musique s'occupe d'édition musicale. Afin d'éviter toute confusion, nous rappelons que l'École enseigne seulement la gravure sans s'occuper d'aucun travail commercial. Afin de permettre aux élèves de faire connaître leur capacité à la clientèle susceptible de les employer, l'École vient d'instituer un diplôme de fin d'études qui ne sera décerné qu'après examen. Les élèves sont libres de faire des offres de service, le diplôme dans quelque temps leur facilitera la recherche du travail, mais ils ne doivent, en aucun cas, se présenter au nom de l'École ni au nom de l'un des administrateurs. » (*Ibid.*, n° 271, 2 avril 1915, p. [2]).

8 « Les élèves de l'école de gravure de musique viennent de remettre à la Mairie une somme de 80 fr. provenant des dernières ventes de la chanson *Fanfan la tulipe*. Cette somme va être répartie entre les deux Sociétés de la Croix-Rouge Française. » (*Ibid.*, n° 288, 20 avril 1915, p. [2]).

déclenchement du conflit, le petit orgue de chœur de la cathédrale vient alors tout juste d'être restauré et a connu une bénédiction le 25 janvier 1914, en présence de Jean Huré[9]. L'offre est importante, puisqu'on peut aller jusqu'à entendre, le même jour, plusieurs messes musicales, comme ce 11 avril 1915 – l'une à la cathédrale, l'autre à l'église de la Madeleine :

> Dimanche 11 avril 1915 : Messe de midi à la Cathédrale. « Improvisation » Jean Huré ; « Choral », César Franck, pour le grand orgue, par Jean Huré[10].
>
> C'est dimanche 11 avril, à 10 heures, que sera chantée en l'église de la Madeleine, la Messe en Musique au bénéfice des soldats blessés de l'hôpital n° 102 (Union des Femmes de France). […] / Comme nous l'avons promis, nous donnons ci-dessous le programme de la très belle partie musicale, composée par MM. Fichet, directeur de la Sainte-Cécile et L. Bailly. / Programme / *Marche solennelle*, orchestre, Flégier ; *Méditation*, solo de flûte : M. Schreurs, Sporck ; *Kyrie*, *Gloria*, chœurs et orchestre, Gounod ; *Credo*, orchestre, Dumont ; *La Voix des Cloches*, orchestre, Luigini ; *Sanctus, Benedictus* soli Mmes Mercier et Hitier, MM. H. Lebreton et L. Bailly, Gounod ; *Élégie*, MM. Schreurs et Fichet, Durand ; *Prélude* du *Déluge*, violon solo, Mlle Suzanne Lasserré, Saint-Saëns ; *Agnus Dei*, chant : M. L. Bailly, violon : Mlle Suzanne Lasserré ; violoncelle : M. Becker et l'orchestre, Ylliab ; *Marche religieuse*, Gounod. / Les chœurs d'amateurs et l'orchestre de l'Association Amicale des Musiciens d'Angers, sous la direction de MM. Fichet et Bailly[11].

On remarque très vite le poids du conflit : la musique germanique, pourtant marquée par de si grandes figures, a disparu des programmes.

---

9 « Bénédiction du petit orgue restauré de la Cathédrale / Le dimanche 25 janvier, Mgr l'Évêque bénira, à la Cathédrale, l'orgue du chœur qui vient d'être complètement et très habilement restauré par la maison Debierre, de Nantes. Toute la partie mécanique usée a dû être remplacée ; mais on n'a pas eu à modifier les sons si suaves, si veloutés[,] du vieil instrument de Bonn tant admiré des artistes et des connaisseurs. / La cérémonie commencera à 3 heures, par le chant solennel des vêpres. Monseigneur prendra alors la parole et M. Jean Huré, organiste de l'église de Saint-Séverin, à Paris, donnera successivement, sur les deux orgues, un concert spirituel de musique ancienne et moderne. M. Jean Huré, qui est un compositeur de grand talent et qui a déjà donné des concerts dans les principales villes d'Europe, est un angevin, ancien élève de l'Externat Saint-Maurille. Il a habité la paroisse pendant toute sa jeunesse. / Notre maîtrise se fera aussi entendre et chantera le salut solennel. […] » (*Bulletin paroissial* [de la cathédrale Saint-Maurice], 1914, p. 3). Voir également le Programme imprimé, Bibliothèque Municipale d'Angers, Rés. Ms. 2234A (8). Durant la guerre, c'est Debierre qui continuera à effectuer les révisions de l'orgue – par exemple, le 16 décembre 1917 : « Payé note Debierre (accord de l'orgue) 120 f » (*Cahiers de comptabilité*, ADio d'Angers, cote P 794) – ainsi qu'à la sortie du conflit.

10 « À la cathédrale. Audition musicale », in *Chronique angevine de La Croix*, n° 279, 11 avril 1915, p. [2].

11 « Messe en musique », *id.*

Seule la musique française et, éventuellement, celle des pays alliés, est désormais jouée. Notons dans ce dernier extrait la présence de Bailly, que nous retrouverons au Grand Théâtre dirigeant la musique de cinéma.

L'aide aux victimes de la guerre est souvent le but de l'organisation de ces messes en musique et la présence sur le sol angevin d'hôpitaux temporaires n'y est certainement pas étrangère :

> Société de secours aux blessés militaires / Croix Rouge française / hôpital n° 17 / dimanche 28 mars / à midi, à la Cathédrale / messe en musique pour les blessés / Sous la présidence de Mgr l'évêque d'Angers / et avec le Concours de la Maîtrise / programme / *En son temple sacré*, chœur à cinq voix (Jacques Mauduit). / *Cantique* à l'Eucharistie (XXX). / *Ave verum* (Saint-Saëns). / Chœur final de *Ruth* (César Franck). / Le grand orgue sera tenu par M. Jean Huré. / La quête sera faite au profit de l'Hôpital et de la Lingerie du siège central d'Angers, par Mmes Lacretelle, la duchesse de Plaisance, Georges Bougère, Bigot-Daburon, Bigot-François et Mlle de Maquillé[12].

Les différents budgets de la cathédrale nous permettent d'avoir une idée précise sur les musiciens alors disponibles et sur l'évolution des effectifs en fonction du conflit. À l'entrée de la guerre, les noms des personnes attachées à la musique, avec leurs émoluments respectifs, sont : « Mr Pettier chantre 200 / Mr Dorsoir chantre 200 / Mr l'abbé Frouin, mtre de chœur 50 / Mr l'abbé Turpault organiste 200 / Mr l'abbé Turpault soufflerie du Gd Orgue & du petit orgue 81,20 / Enfants de chœur 300 / Surveillant à la maîtrise 200 / Enfants de la maîtrise 100[13] ». Mais cette liste ne reste pas immuable dans les années qui suivent : en 1916, Dorsoir disparaît comme chantre et il ne reste alors plus que Pettier. Au premier trimestre 1917, Turpault est mentionné comme se trouvant, depuis un mois, à l'armée et le dernier chantre disparaît à son tour. En 1917, il n'y a en effet plus aucun chantre, mais des remplaçants payés à la cérémonie, dont par exemple Gautier, rémunéré 4 francs le 15 mai pour les Rogations. Turpault disparaît également en tant qu'organiste, tout au moins au premier trimestre et, pour le deuxième, on ne lit plus que : « Mr Vitet, souffleur du Gd Orgue », 25 f – sans mention d'un quelconque organiste. En août néanmoins, il semble que la situation se régularise, car il est indiqué à la date du 27 août : « Remis à Mr Turpault (traitement) » 100 f, et « maîtrise & frais de musique », 500 f. Des frais annexes s'ajoutent bien entendu régulièrement, comme le 28 novembre 1915 : « Payé à 2 chantres remplaçants pr [*sic*]

---

12 *Ibid.*, n° 262, 24 mars 1915, p. [2].

13 Cahiers de comptabilité de la cathédrale, *Budgets (1812-1946)*, ADio d'Angers, cote P 794. Les nombres correspondent à une somme en francs.

l'adoration » 8 f. ou, au 4e trimestre 1915, une « Pte réparation au Gd Orgue » pour 5 f[14].

Les budgets établis[15] corroborent ces chiffres et livrent quelques détails supplémentaires sur l'aspect aléatoire des effectifs musicaux de la cathédrale durant la Première Guerre mondiale. Dans les dépenses prévisionnelles de l'année 1917, on trouve ainsi cette mention concernant les chantres : « Chantres "(réservé)" [note 2 bis : "Pas de chantres : l'un malade depuis 6 mois : l'autre à l'armée. La Maîtrise y supplée le dimanche. Pour les autres offices, sépultures & messes chantées de Requiem, les chantres supplémentaires sont payés par le tarif du casuel"] ». Même mention dans le budget prévisionnel de 1918 et dans le bilan de 1917 : « Organistes et souffleurs 651,75 [Note (2) : "Y compris 150 f remis à Melle Cayron/Mr Turpault mobilisé jusqu'au dernier trimestre"] ».

Bien entendu, la cathédrale d'Angers n'a pas l'apanage de ces messes en musique. Nous avons déjà mentionné l'église de la Madeleine, mais ce type de messe est également donné en l'église Sainte-Thérèse[16] et peut également s'organiser à l'extérieur d'Angers – à Chalonnes par exemple[17].

Le concert en question est cependant parfois plus qu'une simple messe avec adjonction de musique. C'est ainsi que, durant la Première Guerre mondiale, le *Stabat Mater* de Pergolèse (musique d'un Italien, donc d'un allié) est semble-t-il donné pour la première fois à Angers[18], à la chapelle Saint-Thomas d'Aquin :

> Le « Stabat Mater » / de Pergolèse / à la chapelle Saint-Thomas d'Aquin / à 8 heures / On annonce pour jeudi prochain, 30 mars, à 8 h., une audition du « Stabat Mater » de Pergolèse pour soli, chœurs, orchestre à cordes et orgue,

---

14 Demandée par Jean Huré : voir Figure n° 1 ; in *Journal de la Fabrique, Cathédrale-Saint-Maurice, 1906-1923*, ADio d'Angers, cote P 791.

15 *Budgets (1812-1946)*, ADio d'Angers, cote P 793.

16 « Le dimanche 31 janvier, aura lieu, en l'église Sainte-Thérèse[,] une grand'messe en musique, avec quête, au profit des malades et blessés de l'hôpital n° 6. », in *Chronique angevine de La Croix*, n° 235, 24 janvier 1915, p. [2].

17 « Programme de la messe en musique / Exécutée dans l'église Saint-Maurille de Chalonnes, le dimanche 2 mai, sous la direction de Martelli, des Concerts Populaires : / 1° Entrée, orchestre ; 2° Kyrie, chant à trois voix ; 3° Credo, M. Richer ; 4° Offertoire. Les Voix des Cloches, (Luigini) ; 5° Élévation Andante (Tchaikwosky [*sic*]) ; 6° *Agnus*, M. Cesbron ; 7° Communion, *O Salutaris*. / À la fin de la messe : *De Profundis*, de Roudeau ; Sortie, orchestre. / Quête au profit des blessés militaires. » *(ibid.*, n° 300, 2 mai 1915, p. [2]).

18 « Jamais encore l'exécution du "Stabat" de Pergolèse n'a été donnée dans les églises d'Angers. La présence momentanée de M. Jean Huré nous permet de faire entendre la beauté de ce chef-d'œuvre. » (*ibid.*, n° 267 [une erreur typographique indique le n° 367], 29 mars 1915, p. [2]).

sous la direction de M. Jean Huré. / Nos lecteurs n'ont assurément pas oublié les articles qui, dans les grands quotidiens et dans les revues, accueillirent les exécutions réitérées de ce chef-d'œuvre si original et de si délicate tendresse, lorsqu'il fut donné à Paris, aux Concerts Mozart-Haydn, fondés et dirigés par M. Jean Huré. / La cérémonie de mardi sera présidée par Mgr l'Évêque d'Angers et une quête sera faite au profit des prisonniers de guerre[19].

La musique destinée aux blessés de guerre peut être également exécutée dans des lieux moins solennels et proposer des programmes plus diversifiés :

> Un concert aux Arts-et-Métiers / Lundi dernier plus de trois cents blessés et convalescents se pressaient dans la salle de réunion de l'école trop petite pour la circonstance. Trois artistes particulièrement aimés du public angevin, M. Marcou, Mlle Maillard et M. Maurice Besnard[,] avaient bien voulu accepter de nous consacrer tout leur après-midi pour la plus grande joie des nombreux blessés des deux importantes formations sanitaires installé[e]s à l'école des Arts et Métiers : l'hôpital temporaire n° 19 et l'hôpital dépôt pour les convalescents de la région. / Ce fut pour nos vaillants soldats une vraie fête dont ils conserveront longtemps le meilleur souvenir. Ils eurent, en effet, pendant ces heures trop brèves[,] le plaisir d'apprécier tour à tour : le jeu si adroit et si sûr de M. Besnard qui est bien le plus expert des accompagnateurs ; le talent si souple et si nuancé de Mlle Maillard qui tint tout le monde sous le charme avec ses chansons du vieux temps si délicatement françaises ; enfin la verve irrésistible du comique Marcou qui déchaîna dans toute la salle une véritable gaieté d'entrain et de rire. [N]ous adressons nos vifs remerciements à ces trois artistes qui depuis de longs mois déjà se dévouent dans les nombreux hôpitaux de notre ville pour qu'ils nous procurent à nouveau le plaisir de les applaudir[20].

Enfin, le soutien aux blessés exige la venue régulière de grandes figures musicales du moment, telles que Blanche Selva[21] ou encore Max d'Ollone, ce dernier toujours très présent sur le sol angevin[22]. Voici le

---

19 *Ibid.*, n° 263, 25 mars 1915, p. [2].

20 *Ibid.*, n° 305, 7 mai 1915, p. [2].

21 « On nous annonce en dernière heure que Mlle Blanche Selva, de passage à Angers, a manifesté le désir touchant de jouer pour nos blessés au cours de la petite matinée intime qui doit avoir lieu aujourd'hui même, dimanche, à 1 h. 1/2, à l'hôpital 11, rue Joubert. / Les admirateurs et les amis que la grande artiste compte dans notre ville tiendront sans doute à honneur [*sic*] de profiter de la double occasion qui s'offre inespérément à eux d'applaudir l'incomparable talent de Blanche Selva, et de témoigner en même temps à nos héros par leur générosité – un peu de leur affectueuse admiration. » (« Blanche Selva chez nos blessés », in *ibid.*, n° 300, 2 mai 1915, p. [2]).

22 Rappelons que son opéra *Le Retour* fut créé à l'Opéra d'Angers en 1912. On peut également trouver, aux AD du Maine-et-Loire, des documents indiquant que le compositeur avait été, au moins une fois, désigné par la préfecture pour assister à une

programme d'un concert donné par ce dernier au profit des Alsaciens-Lorrains et des Polonais – concert important, car il s'agit vraisemblablement du premier grand concert « laïque » et « privé » donné à Angers depuis le déclenchement de la guerre :

> Ville d'Angers / Salle des amis des arts / Hôtel de Chemellier (*Entrée : rue David*) / Dimanche 9 mai, à 1 h. 3/4 / Concert au profit des Alsaciens-Lorrains et des Polonais / Mlle Suzanne Cesbron, de l'Opéra-Comique ; M. Max d'Ollone / Programme / 1. a) *Polonaise* en ut mineur (Chopin) ; b) *Polonaise* en fa mineur (Chopin). / 2. *Chansons de Miarka* (Alexandre Georges) : a) *Nuages* ; b) *L'eau qui court.* / Mlle Suzanne Cesbron. / 3. *Fantaisie polonaise* (Chopin). / M. Max d'Ollone. / 4. a) *Élégie* (Duparc) ; b) *La vie antérieure* (Duparc) ; c) *Ariette oubliée* [*sic*] (Debussy). / Mlle Suzanne Cesbron. / 5. *Nocturne* (Chopin). / M. Max d'Ollone. / 6. Jeunes et vieilles Chansons Françaises. / Mlle Suzanne Cesbron[23].

Un nom a déjà traversé nombre des citations qui précèdent : Jean Huré. Organiste et compositeur, il participe en effet durant le conflit, même si ce n'est pas en continu, à la diversification et à l'exigence de qualité de la musique jouée à Angers durant la Première Guerre mondiale.

Bien qu'étant né dans le Loiret, Huré était arrivé à Angers dès l'âge de deux ans et avait reçu son enseignement à l'école Saint-Maurille. Monté à Paris en 1895, c'est toutefois à Angers qu'il fit paraître en 1902 ses *Chansons et danses bretonnes précédées d'une étude sur la monodie populaire* et, durant le conflit, sa *Défense et illustration de la musique française* (1915)[24]. Titulaire des grandes orgues de la cathédrale d'Angers de 1899 à 1909, s'il joue ici régulièrement pendant la guerre, il est loin d'être certain, comme on le dit souvent, qu'il en soit resté le titulaire car, de tous les registres de budgets de la cathédrale que nous avons consultés, aucun ne mentionne une quelconque rémunération à son nom. L'organiste indiqué dans les documents officiels est alors, pour la cathédrale, l'abbé Turpault. On sait également que Jean Huré est

---

représentation dans le but de juger la moralité de l'œuvre mise en scène (représentation de *La Terroriste*, 5 mars 1914, *Théâtre d'Angers : correspondance générale (An XII - 1919)*, AD du Maine-et-Loire, 367 T 1).

23 *Chronique angevine de La Croix*, n° 304, 6 mai [imprimé avril par erreur, rectifié d'ailleurs à la main aux AD du Maine-et-Loire] 1915, p. [2].

24 *Défense et illustration de la Musique française,* 2e édition revue, corrigée et augmentée, Angers, impr. Siraudeau, 1915, 23 p. ; 3e édition revue, corrigée et augmentée, Paris, éd. Maurice Sénart, 1915, Paris, 23 p. Un petit opuscule au titre clin d'œil à du Bellay qui revendique : « Notre idéal esthétique est Le Bonheur » – un bonheur que l'auteur ne trouve visiblement pas chez Franck, Berlioz ou même le Debussy d'après *Pelléas*, pour lesquels il est assez critique…

jusqu'en 1918 titulaire de l'église Notre-Dame des Blancs-Manteaux à Paris[25].

Huré donne, en 1915 particulièrement, un certain nombre de concerts à la cathédrale, dont certains lui permettent de faire la promotion de son récent ouvrage :

> Audition musicale / Dimanche 15 mars, à la messe de midi à la Cathédrale, M. Jean Huré exécutera sur le grand orgue les œuvres suivantes : / 1. *Improvisation* (Jean Huré). / 2. *Scherzo* (Joseph Bonnet). / 3. *Clair de lune* (Joseph Bonnet). / 4. *Caprice héroïque* (Joseph Bonnet). / La brochure de M. Jean Huré « Défense et illustration de la musique française » (2e édition, augmentée et revue), sera vendue aux portes de la Cathédrale au profit des blessés[26].

Comme l'indiquent encore les quelques programmes qui suivent, les concerts donnés par Huré à la cathédrale commencent presque systématiquement par des improvisations :

> À la Cathédrale, – Messe de midi : « Improvisation », J. Huré ; « Choral en *la* » (redemandé), César Franck, pour grand orgue, par M. Jean Huré[27].
>
> I. Improvisation, Jean Huré ; II. Versets pour une messe du premier ton, André Raison (XVIIe siècle)[28].
>
> 1. Improvisation (Jean Huré). – 2. Pastorale (César Franck) – 3. Cantabile (César Franck)[29].
>
> 1° Improvisation. Jean Huré ; 2° Deux pièces du 1er ton. L. N. Clérambault ; 3° Trois pièces du 2e ton, pour le grand orgue par Jean Huré[30].

Mais Huré ne se produit pas seulement à la cathédrale. Les 30 janvier et 20 février 1916, il dirige par exemple deux concerts, à la fois comme interprète et comme chef de chœur, à la Salle de la mairie[31]. Le

---

25 Voir : Boyot, Béatrice, *Entre tradition et modernité*, Mémoire de Master, Université Catholique de l'Ouest, Angers, 2009, 178 p. Béatrice Boyot prépare une thèse à l'Université de Paris-Sorbonne (Paris IV) sur les écrits de Jean Huré. Notons que ce dernier n'est pas le seul organiste à se produire à Angers et qu'une certaine Jeanne Cayron joue aussi régulièrement.

26 *Chronique angevine de La Croix*, n° 521 [en fait, erreur typographique : 251], 13 mars 1915, p. [2].

27 Programme du dimanche 18 avril 1915, « Audition musicale », in *ibid.*, n° 286, 18 avril 1915, p. [2].

28 Programme de la messe de midi du dimanche 25 avril 1915, in *ibid.*, n° 292, 24 avril 1915, p. [2].

29 Programme de la messe de midi du dimanche 2 mai 1915, in *ibid.*, n° 299, 1er mai 1915, p. [2].

30 Programme de la messe de midi du dimanche 9 mai 1915, in *ibid.*, n° 306, 8 mai 1915, p. [2].

31 Programmes imprimés, Bibliothèque Municipale d'Angers, Rés. Ms. 2234A (9).

27 février de la même année, il donne une audition de musique religieuse lors des vêpres solennelles, cette fois-ci en tant qu'organiste[32]. Mais il participe également à des concerts de charité, ou à des événements plus officiels.

Mais à côté de ces musiques très solennelles et officielles, va également se diffuser une musique beaucoup plus populaire et moderne, une réelle nouveauté à Angers par l'ampleur qu'elle prend alors : la musique de cinéma.

Le Grand Théâtre d'Angers est, au moment où la guerre éclate, une institution qui compte dans le paysage lyrique français. Situé place du Ralliement, en plein centre-ville, il fut construit en 1871 à la suite de l'incendie qui avait ravagé le précédent bâtiment en 1865. Les travaux, qui durèrent plusieurs années du fait de dissensions, avaient été dirigés par des architectes reconnus (Botrel et Magne) et cet édifice, typiquement « Second Empire » et occupant en étendue un emplacement égal à celui de l'Opéra-Comique de Paris, devint rapidement l'un des plus beaux monuments de la ville. Il accueillit, à certaines époques – car les finances ne suivaient pas toujours –, des programmations prestigieuses. Ainsi, de 1883 à 1886, sous la direction de Jules Breton, l'établissement était parvenu, grâce à une troupe homogène, des chanteurs hors pair et un orchestre de premier ordre, à égaler les plus grandes scènes françaises. De nombreux Parisiens faisaient d'ailleurs le déplacement et certains compositeurs vinrent même y diriger leurs œuvres : Delibes sa *Lakmé* le 30 septembre 1884, ou Massenet sa *Manon* le 5 mars 1885 (c'est-à-dire un an seulement après la création parisienne). C'est donc un théâtre au passé prestigieux, qui s'éteint, presque d'un seul coup, au moment de la déclaration de guerre.

En 1914, la saison du Grand Théâtre d'Angers, mêlant opéra et théâtre, se termine le 29 mars avec *La Chaste Suzanne*, opérette de Jean Gilbert (donnée deux fois, car il s'agit d'un dimanche). Puis, une « Saison d'été » démarre le 17 avril, avec par exemple *La Course du Flambeau*, pièce de théâtre de Paul Hervieu, le 25, et se referme le 23 mai avec *Le Grillon* (Fabienne Fabrèges). Les représentations s'arrêtent alors, pour ne plus reprendre qu'à la fin du conflit.

Les Archives départementales du Maine-et-Loire conservent le carnet d'un chef machiniste, A. Révérend, qui a méticuleusement noté, de 1905 à 1925, l'ensemble des programmes des saisons du Grand Théâtre[33]. Et l'on constate uniquement des pages blanches entre 1914 et

---

32 Programme imprimé, deux exemplaires avec notes manuscrites, BM d'Angers, Rés. Ms. 2234A (9).

33 *Inventaire des programmes saisons 1905-1925*, Fonds René Rabault, AD du Maine-et-Loire, 102 J 12.

1919. L'auteur indique d'ailleurs, pour 1919 : « de retour le 11 février 1919 / Direction Coste – Cinéma à outrance ». Notons que la correspondance du Théâtre d'Angers, conservée dans ces mêmes archives[34], se termine elle-même en 1914 et qu'il n'y a plus ensuite qu'une seule minute datant de 1919... Ce fait confirme l'absence de toute activité lyrique ou théâtrale – sauf exception – durant la Première Guerre mondiale. Mais également l'installation durable du cinéma au cours de la guerre dans les esprits du public angevin comme un élément essentiel de son divertissement, qui ne disparaîtra pas au retour de la paix et des spectacles lyriques et théâtraux. C'est *Carmen* qui lancera la saison du renouveau, représentée les 18 et 19 février 1919. Le théâtre, pour sa part, avait redémarré plus tôt (avec *Athalie* de Racine[35]).

Les Archives municipales de la ville d'Angers nous permettent d'être précis sur cet accueil incongru du cinéma au Grand Théâtre, si étonnant qu'il vaudra certaines questions d'autres maires de France (voir la fin de cet article). Et l'on constate que, progressivement, la direction Coste[36] essaye d'organiser, entre les nombreuses séances de cinéma, quelques représentations lyriques avec des troupes de passage. Là encore, les choses ne se mettent en place que progressivement, comme l'indiquent les sources de l'époque concernant cette direction (« Année 1914-1915 / Pas de saison / du 25 mars 1915 au 9 août 1915 / Cinéma[37] »), mais on pourra ensuite entendre, par exemple le 16 novembre 1915, les 3es actes de *Werther*, de *Lakmé* et de *Thaïs*, ou, le 5 juin 1917, *Tosca*.

Paradoxalement, c'est donc le cinéma qui va permettre de conserver à Angers le nombre peut-être le plus important de musiciens, en leur procurant une activité. C'est enfin grâce à ce nouvel art qu'une certaine musique « profane » va continuer à être jouée. C'est dire son importance, assez méconnue jusqu'à présent.

Le succès du Grand Cinéma, comme on l'appelle alors, n'est sans doute pas une surprise au vu du besoin de l'époque de connaître l'actualité, fût-elle orientée par la censure, et de se divertir. Il s'installe néanmoins dans un contexte au départ assez négatif auprès d'un certain public angevin. Le lecteur d'aujourd'hui s'amuse à prendre connaissance de l'enthousiasme des commentaires quotidiens que donne la

---

34 *Théâtre d'Angers : correspondance générale (An XII - 1919)*, AD du Maine-et-Loire, 367 T 1.

35 Voir l'*Ouest-éclair* du 1er janvier 1918.

36 Notons que c'est Madame Coste qui s'occupe essentiellement de la gestion du théâtre, son mari étant alors parti sur le front.

37 *Théâtre municipal, Comptabilité*, Document tableau « direction Coste », AM d'Angers, cote 2 R 93. La mention cinéma disparaît à partir de la saison 1920-1921, et une liste importante de représentations, équivalente à celle d'avant-guerre, reprend alors ses droits.

Chronique angevine de La Croix, journal catholique, sur le Grand Cinéma, quand il sait combien le 7e art faisait il y a encore peu l'objet d'attaques virulentes venant des milieux catholiques. Ainsi, à la suite des premières tentatives d'installation d'un cinéma permanent, pouvait-on lire en 1913 cet avertissement dans le *Bulletin paroissial* de la cathédrale d'Angers :

> Le cinéma / Tout le monde y court ; le cinéma est une des plus belles inventions modernes et aussi une des plus grandes attractions populaires. [...] Quel merveilleux instrument d'instruction et d'éducation le cinéma pourrait être ! / Malheureusement, entre les mains de gens sans scrupules qui ne cherchent qu'à s'enrichir ou à s'amuser à tout prix, il est devenu un terrible instrument de perversion. [...] / Un savant, nommé Conradt, qui fit dernièrement là-dessus une longue et consciencieuse enquête, a constaté *que, parmi les 250 pièces cinématographiques qu'il avait examinées, il a trouvé représentés : 97 assassinats, 51 adultères, 22 enlèvements, 19 scènes de débauche, 45 suicides, 170 voleurs, 25 filles perdues, 35 ivrognes, et une quantité d'interventions d'agents de police, de gendarmes et d'huissiers.* / Le résultat, le voici, navrant, inquiétant : *les statistiques judiciaires de ces dernières années ont constaté qu'un très grand nombre des délits et des crimes commis par des enfants ou des adolescents ont leur origine dans des représentations cinématographiques.* / Parents, c'est à vous de veiller ! Ne laissez pas vos enfants fréquenter les cinémas louches ou mauvais ! Il y va de leur vertu... et de votre bonheur[38] !

La mouvance catholique avait alors organisé, juste avant le conflit, ses propres projections cinématographiques au cinéma « Saint-René ».

D'autres cinémas, dont le projet était parfois antérieur au conflit, ouvriront également leurs portes au milieu de la guerre[39] ; quant au Fantaisies-Cinéma (ou Fantaisies angevines), 3 rue Saint-Denis, qui avait vu le jour en 1908, il semble surtout durant le conflit accueillir des spectacles de théâtre. C'est donc réellement le Grand Cinéma Gaumont qui marque, avec son emploi d'un des chefs reconnus de la ville, l'arrivée d'un cinéma d'envergure à Angers, avec une musique de qualité.

Il faudra en réalité de nombreuses tractations pour aboutir à cette ouverture, dont témoignent certains documents conservés aux Archives municipales de la ville d'Angers. Coste, qui possédait le bail du Grand

---

38 *Bulletin paroissial* [de la cathédrale Saint-Maurice], 1913, p. 44.

39 « Une enquête de la mairie indique que le commerçant Joubert doit ouvrir un cinéma 22 boulevard de Saumur, en septembre 1914. La guerre contrarie ce projet. Le cinéma Joubert n'est ouvert au public que le 13 avril 1916, avec l'agrément du général commandant la région militaire d'Angers temps de guerre oblige... Baptisé Variétés-Cinéma, c'est l'actuel cinéma des Variétés... En 1916 s'ouvre aussi le Victoria-Cinéma, rue Saint-Laud, à l'emplacement de l'Alcazar. » (Bertoldi, Sylvain, « Au cinéma », in *Angers au cœur, chronique d'une ville*, Angers, Société des Études angevines, 2007, p. 274).

Théâtre au déclenchement du conflit, sera en permanence soutenu par la mairie malgré les nombreuses offres d'autres entrepreneurs pour donner, à des conditions peut-être encore plus favorables, des séances de cinéma au Grand Théâtre, dont le fameux Katorza, possédant le cinéma du même nom à Nantes. Le maire d'Angers fut très longtemps réticent au sujet d'une quelconque ouverture de salles de spectacle, considérant que la nation devait être impliquée dans l'effort de guerre et ne pas se laisser divertir « tant que l'ennemi foulerait le sol de la France[40] ». C'est en fait l'armée, par l'intermédiaire du Ministre de la Guerre, qui imposera cette réouverture des cinémas – on comprend pourquoi.

Le maire doit donc s'exécuter, l'intérêt pour le cinéma étant trop important pour les hommes politiques et les militaires. Dans le bail du Grand Théâtre entériné en conseil municipal pour la saison 1915-1916 et signé le 13 septembre 1915, l'Article 3 stipule :

> « La location du Théâtre est consentie à M. Coste pour y donner des représentations cinématographiques qui auront lieu les jeudi, samedi et dimanche de chaque semaine. Il pourra être donné une matinée le jeudi et deux matinées le dimanche sans préjudice de la soirée », tandis que l'Article 4 ajoute : « Par dérogation aux clauses de l'art. ci-dessus, M. Coste aura la libre disposition du théâtre les jours fériés lorsqu'ils tomberont l'un des jours réservés par l'Administration municipale, de même que le mardi gras et le mercredi des Cendres. Il est également autorisé à donner deux fois par mois, en dehors des jours où ont lieu les représentations cinématographiques et de préférence le mardi, des conférences faites par des personnalités agréées par l'Administration municipale, des concerts ou des représentations dramatiques au moyen de tournées[41]. »

C'est en tout cas en mars 1915 que l'annonce est faite, dans la *Chronique angevine de La Croix*, de l'ouverture de ce qui va devenir une institution dans la ville d'Angers – on dit désormais le « Grand Cinéma », contraction du Grand Théâtre et du Grand Cinéma, tandis qu'une banderole en façade annonce : « Grand Cinéma » (voir la figure 2 à la fin de l'article) :

> Le Cinéma au Grand-Théâtre / La nouvelle est aujourd'hui officielle, nous aurons une saison cinématographique au Grand-Théâtre. L'ouverture aura lieu au courant de la semaine prochaine avec un programme de vues inédites. La maison Gaumont ayant garanti le monopole des films à la direction de notre scène municipale. / Avec l'appoint d'un orchestre complet nous pouvons prévoir un gros succès à cette entreprise qui va permettre d'occuper un personnel digne d'intérêt[42].

---

40 *Théâtre municipal, Direction Coste (1914-1927)*, AM d'Angers, 2 R 108.

41 *Id.*

42 *Chronique angevine de La Croix*, n° 256, 20 mars 1915, p. [2].

Deux jours après, le journal se fait l'écho de l'intérêt ressenti par les Angevins :

> L'annonce de la prochaine ouverture de notre scène municipale avec une saison cinématographique a été très agréablement accueillie. / Il est vrai que notre salle va permettre aux spectateurs d'assister aux spectacles sans fatigue, toutes les places étant disposées admirablement pour suivre les scènes cinématographiques sur l'écran. / L'orchestre, choisi parmi les membres du syndicat des artistes musiciens, nous promet des programmes artistiques et son chef, M. Bailly, ne négligera rien pour maintenir sa belle réputation. / Suivant les principes de la maison Gaumont, tous les films sont de première vision, c'est dire qu'il y aura toujours, au Grand-Théâtre, l'attrait de la nouveauté. / À l'heure actuelle, une nombreuse équipe est occupée à faire la toilette de la salle et c'est pour tout le personnel une fête que de reprendre les occupations abandonnées pendant de longs mois. / À demain, la composition de l'orchestre[43].

Voici donc la composition de l'orchestre indiquée le lendemain :

> L'orchestre, ainsi que nous l'avons indiqué, est placé sous la direction de M. Bailly, dont la personnalité artistique est trop connue pour qu'il soit nécessaire d'insister sur cet heureux choix. / Voici la liste des artistes musiciens qui par l'appoint de leur talent donneront une allure artistique aux spectacles du Grand Cinéma. / MM. Bernedi, Choisteau fils, Martelli, Becker, Alphonse, Van Erps, Chevreau, Durand, Besnard, Schreurs, Strady, Sorin, Englebert, Itié, Jenot, Dehosse, Jenetais, Léonard, Willems père et fils, Delvallez, Longavert, Choisteau père[44].

Le 24 mars, le programme est annoncé et l'on remarque que les musiciens ne se contentent pas d'accompagner les films muets, mais interprètent également des œuvres couramment jouées à cette époque : « En plus des numéros d'orchestre appropriés aux films, les artistes musiciens du Grand-Théâtre joueront : / L'ouverture de « Zampa » (Hérold) ; « Scènes poétiques » (B. Godard) ; « Carnaval » (Guiraud) ; « Ballet Égyptien » (Luigini)[45]. »

Les comptes rendus des jours qui suivent l'inauguration du Grand Cinéma démontrent un engouement certain, sans doute lié au besoin de se divertir et de s'informer. Le lendemain de cette première, le journal écrit en effet :

> Les prévisions se sont réalisées et le Grand Cinéma est un gros succès. / Les deux représentations d'hier jeudi ont été suivies par un public nombreux et les applaudissements sont venus récompenser les artistes musiciens de l'orchestre et leur chef de l'effort artistique fourni. Les films sont superbes,

43 *Ibid.*, n° 260, 22 mars 1915, p. [2].

44 *Ibid.*, n° 261, 23 mars 1915, p. [2].

45 *Ibid.*, n° 262, 24 mars 1915, p. [2].

les projections superbes. L'installation de la salle est unique. Il y aura foule samedi et dimanche. / AVIS – retenir ses places à l'avance[46].

Il faut avouer que la programmation est souvent impressionnante du point de vue du nombre de titres projetés (dont les fameuses actualités Gaumont) :

> C'est aujourd'hui, en matinée, que nous aurons la primeur du merveilleux spectacle annoncé. / En dehors des films déjà cités : « À la gloire des armées Françaises », l'admirable film patriotique qui fera courir tout Angers ; « La Prison sur le Gouffre », grand drame ; « Onésime si t'étais Roi », comique ; « Les roses de la vie », la si belle comédie sentimentale ; « Les titres de M. Smithson », comique ; il convient d'ajouter : « Le cours de la Vésubie », grand panorama et les plus récentes actualités Gaumont : « Comment est entraînée l'armée française de Kitchener », « L'arrivée du général Pau à Belgrade », « Le prince héritier et le général Pau au palais », « Le steamer Dinora » torpillé par un sous-marin allemand, *etc*[47].

Les films patriotiques, qui mêlent propagande et actualité (*Ypres*, *Les Dardanelles*, *etc.*) sont évidemment les premiers mis en avant. Mais en réalité, c'est plutôt l'équilibre entre les différents programmes, patriotiques ou non, qui est vanté dans les commentaires :

> Le programme que la direction a l'intention de nous présenter cette semaine est admirablement composé, car, le comique, la gaieté, le sentiment et le patriotisme y ont tour à tour leur place. / Le superbe film : *À la gloire des armées Françaises*, est appelé à faire sensation. / Le beau drame : *La Prison sur le gouffre* fera, certes, couler bien des larmes, qu'*Onésime si t'étais Roi* se chargera vite de sécher, car cette scène est du plus haut comique[48].

Qu'en est-il maintenant plus précisément de la musique ? Bien entendu, elle est, pour une grande part, dépendante des images projetées et il reste peu de traces aujourd'hui de ce qu'on pouvait y jouer. La presse ne tarit en tout cas pas d'éloges (même s'ils peuvent être de complaisance) sur l'orchestre : « Le bel orchestre de M. Bailly se fera applaudir comme la semaine passée[49] » ; « tous les autres films sont applaudis et le superbe orchestre de M. Bailly obtient toujours un succès rable[50] » ; « L'orchestre a été, hier, absolument remarquable[51] » ; « *Les Pâques rouges*, merveilleusement accompagné par l'orchestre, a eu sa large part dans les bravos des spectateurs[52]. » Un reçu conservé au

---

46 *Ibid.*, n° 264, 26 mars 1915, p. [2].

47 *Ibid.*, n° 276, 8 avril 1915, p. [2].

48 *Ibid.*, n° 274, 5 et 6 avril 1915, p. [2].

49 *Ibid.*, n° 269, 31 mars 1915, p. [2].

50 *Ibid.*, n° 272, 3 avril 1915, p. [2].

51 *Ibid.*, n° 284, 16 avril 1915, p. [2].

52 *Ibid.*, n° 298, 30 avril 1915, p. [2].

Archives municipales de la ville – sans date précise –, faisant la somme des émoluments, chiffre à une certaine époque le nombre de musiciens à 18 plus le chef et les émoluments à 2400 francs par mois[53].

Cet orchestre, comme cela était vrai le jour de l'inauguration, n'est pas destiné à accompagner uniquement les projections de films, mais propose également des œuvres orchestrales isolées peu différentes de ce qu'on pouvait entendre dans les concerts de cette époque, même si c'est en moins grand nombre. Par exemple, le 1er avril 1915, on peut entendre « L'ouverture de *Giralda*, d'Adam ; les *Scènes rustiques* de Gillet ; La *marche militaire française* de Gandon, et *Onéguine* de Tchaïkowsky[54] ». Il est régulier qu'à l'entracte, l'orchestre du théâtre donne un intermède musical.

On le voit, toutes les conditions sont réunies pour que le succès soit au rendez-vous. Et il est même tel que le nombre de projections devient vite très important : « Toujours avec le superbe programme : *Samedi*, soirée ; *Dimanche* et *Lundi*, matinée à 1 h. 1/2 et à 4 heures, soirées, à 8 h. 1/2. Par suite de l'importance du spectacle, on commencera à l'heure exacte[55]. » Ou : « Voilà un programme qui va faire salle comble au *Grand Cinéma*, samedi, dimanche, et lundi, car à l'occasion des fêtes de Pâques, on jouera aussi lundi[56]. » Il y a désormais quatre représentations[57] : « Samedi à 11 heures, ouverture de la location pour le soir, les deux matinées et la soirée de dimanche[58] ». Il n'est qu'à regarder la figure n° 3 pour s'en rendre compte. Pour tout dire, le cinéma se révèle une source de revenus providentielle, y compris pour la mairie à laquelle revient une petite partie des bénéfices. Ainsi, en 1916, le Grand Théâtre comptabilise 194 329,70 francs de recettes pour les seules séances de cinéma.

L'établissement devient donc bien, durant la Première Guerre mondiale, l'un des lieux privilégiés de divertissement à Angers[59] et même un modèle pour certains. Des maires de différentes villes de France viennent en effet se renseigner auprès de la mairie afin de connaître les modalités inhérentes à la mise en place de cette nouvelle activité[60].

---

53 *Théâtre municipal, Direction Coste (1914-1927)*, AM de la ville d'Angers, 2 R 108.

54 *Chronique angevine de La Croix*, n° 270, 1er avril 1915, p. [2].

55 *Ibid.*, n° 271, 2 avril 1915, p. [2].

56 *Ibid.*, n° 272, 3 avril 1915, p. [2].

57 *Ibid.*, n° 278, 10 avril 1915, p. [2].

58 *Ibid.*, n° 284, 16 avril 1915, p. [2].

59 « S'il fait beau, on peut assister soit à la matinée de 1 h. 1/2 et aller en promenade après, soit à celle de 4 heures et, dans ce cas, on a le temps de respirer le grand air avant d'y venir. » (*ibid.*, n° 300, 2 mai 1915, p. [2]).

60 Le maire de Nantes écrit par exemple au maire d'Angers, le 27 mai 1916 : « Je vous serais très obligé de vouloir bien me faire connaître, le plus tôt qu'il vous sera

Après la guerre, au vu de son succès, le cinéma a dorénavant pleinement droit de cité et nombreux sont les lieux angevins qui proposeront des projections, tandis que le Grand Cinéma quitte progressivement les locaux du Grand Théâtre[61].

La ville d'Angers reflète sans nul doute, durant la Première Guerre mondiale, le sort de beaucoup de villes de province, retirées du front, mais entièrement dépendantes du conflit. Les effectifs aléatoires, le manque de main-d'œuvre et de fournitures impliquent une nécessaire adaptation au jour le jour. Pourtant, malgré des conditions au départ très défavorables, avec l'arrêt, du jour au lendemain, des représentations théâtrales et lyriques, le départ pour le front de nombreux artistes, la ville s'organise progressivement et, à partir de concerts régulièrement donnés à la cathédrale ou dans d'autres lieux religieux, rebâtit tout un tissu artistique. Ces réflexions, envers et contre tout, autour d'un renouveau musical, aboutissent à l'invention d'un genre presque[62] nouveau à Angers, le cinéma projeté avec de la musique dans le lieu de culture le plus prestigieux de la ville, le Grand Théâtre. Cette installation lance définitivement le cinéma dans la ville, permet de continuer à employer les quelques musiciens restés à l'arrière, et maintient une activité dans un établissement qui aura ensuite peu de mal à retrouver ses spectacles habituels au sortir de la guerre. En ceci, Angers montre un bel exemple d'adaptation à des circonstances plus que tragiques.

---

possible, les renseignements ci-après relatifs aux conditions dans lesquelles a fonctionné, pendant la saison dernière, l'exploitation théâtrale de votre ville. » (*Théâtre municipal, Direction Coste (1914-1927)*, AM d'Angers, 2 R 108). Le maire d'Angers répond à celui de Moissac, dans le Tarn-et-Garonne, le 22 septembre 1916 : « En réponse à votre lettre du 21 septembre courant, j'ai l'honneur de vous informer qu'un cinéma a, en effet, été installé au Grand-Théâtre de la ville d'Angers. / Pour installer ce cinéma, il n'a été nécessaire d'aucune modification à la disposition de la salle qui pourra toujours être installée lorsque vient, dans notre ville, des tournées de passage. » (*id.*).

61 « Les cinémas de patronage rouvrent en 1919 : le Saint-Pierre boulevard Henri-Arnauld, le Saint-René impasse des Jacobins, tandis qu'un certain Daniel Gélin, promis à une brillante carrière théâtrale et cinématographique, voit le jour à Angers le 19 mai 1921. […] Autre naissance, en 1921-1922 : celle du cinéma Familia, devenu le Palace, première construction entièrement conçue pour l'usage du cinéma. Avec le Familia, rue Franklin-Roosevelt, le septième art possède son temple, décoré à l'intérieur de vues des monuments d'Angers par Charles Tranchand. » (Bertoldi, S., art. cit., p. 274).

62 La première séance de cinéma de l'histoire à Angers s'était déroulée six mois seulement après la première séance publique du cinématographe (Paris, 28 décembre 1895, au sous-sol du Grand-Café). Le 1er juillet 1896 en effet, un opérateur des frères Lumière était venu présenter cette invention magique au premier étage du café Gasnault, précisément place du Ralliement, celle du Grand Théâtre…

Annexes

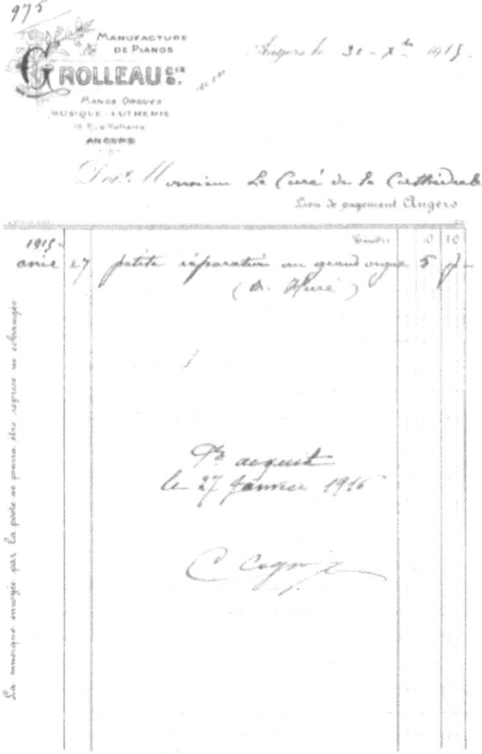

975

Manufacture de Pianos

Grolleau & Cie

Pianos Orgues

Musique Instruments

10 Rue Voltaire

Angers

Angers le 31 - Xbre 1915

Doit Monsieur le Curé de la Cathédrale

Lieu de paiement Angers

1915 année	27	petite réparation au grand orgue (M. Huré)	5	f	

Pr acquit le 27 janvier 1916

La musique envoyée par la poste ne pourra être reprise ni échangée

Fig. 1 – Facture pour une petite réparation demandée par Jean Huré sur le grand orgue de la cathédrale d'Angers effectuée par l'entreprise Grolleau pour l'année 1915, Archives diocésaines d'Angers, *Cathédrale, Factures et reçus*, P 791

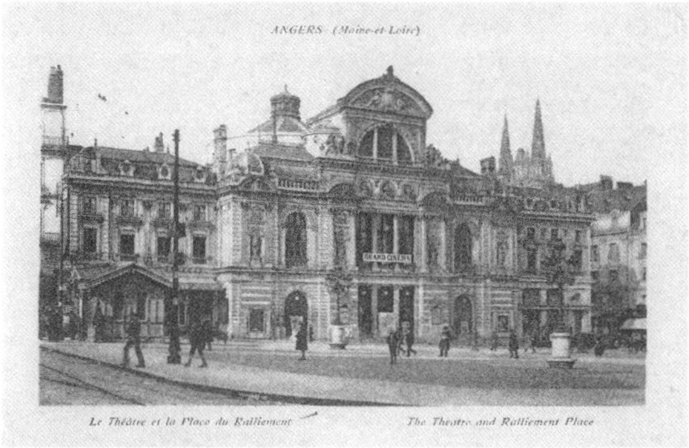

Fig. 2 – Photographie montrant le Grand Théâtre d'Angers orné de la banderole « Grand Cinéma », Archives municipales de la ville d'Angers, *Collections iconographiques*, Fonds Robert Brisset, 9 Fi 6397

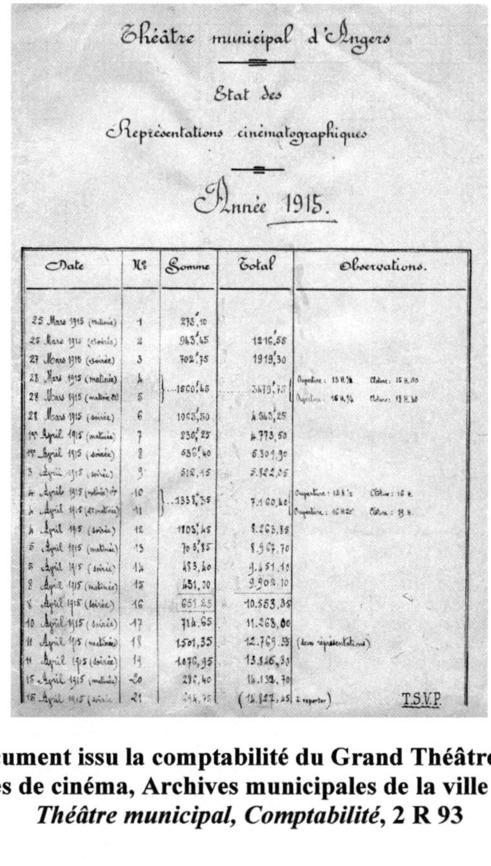

Théâtre municipal d'Angers

État des Représentations cinématographiques

Année 1915.

Date	N°	Somme	Total	Observations.
25 Mars 1915 (matinée)	1	273f,10		
25 Mars 1915 (soirée)	2	943f,45	1216f,55	
27 Mars 1915 (soirée)	3	702f,75	1919f,30	
28 Mars 1915 (matinée)	4	1560f,45	3479f,75	Ouverture : 13 H. ½ Clôture : 15 H. 50
28 Mars 1915 (matinée 2e)	5			Ouverture : 16 H. ¼ Clôture : 18 H. 40
28 Mars 1915 (soirée)	6	1063f,50	4.543f,25	
1er Avril 1915 (matinée)	7	230f,25	4.773,50	
1er Avril 1915 (soirée)	8	536f,40	5.309,90	
3 Avril 1915 (soirée)	9	512,15	5.822,05	
4 Avril 1915 (matinée) 1re	10	1338f,35	7.160,40	Ouverture : 13 h ½ Clôture : 16 h.
4 Avril 1915 (2e matinée)	11			Ouverture : 16 H 25 Clôture : 19 h.
4 Avril 1915 (soirée)	12	1103f,45	8.263,85	
5 Avril 1915 (matinée)	13	703f,85	8.967,70	
5 Avril 1915 (soirée)	14	483,40	9.451,10	
8 Avril 1915 (matinée)	15	451,00	9.902,10	
8 Avril 1915 (soirée)	16	651,25	10.553,35	
10 Avril 1915 (soirée)	17	714,65	11.268,00	
11 Avril 1915 (matinée)	18	1.501,35	12.769,35	(deux représentations)
11 Avril 1915 (soirée)	19	1.076,95	13.846,30	
15 Avril 1915 (matinée)	20	286,40	14.132,70	
15 Avril 1915 (soirée)	21	[illegible]	(14.827,45	à reporter) T.S.V.P.

Fig. 3 – Document issu la comptabilité du Grand Théâtre concernant les séances de cinéma, Archives municipales de la ville d'Angers, *Théâtre municipal, Comptabilité*, 2 R 93

Bibliographie sélective

Si quelques ouvrages historiques permettant de présenter le contexte et de proposer un panorama général de la Grande Guerre figurent bien dans notre bibliographie, nous avons cependant recentré celle-ci, autant que nous le pouvions, sur la place de la musique durant cette période de grand trouble. Nous ne répertorions pas ici les sources de première main – témoignages, correspondances, articles de presse de l'époque, *etc.* – qui ont pu nourrir certains des textes de notre livre. Nous renvoyons alors aux notes de bas de pages correspondantes. Loin d'être exhaustives, ces pistes bibliographiques enregistrent généralement les études les plus récentes menées sur le sujet. Afin de compléter les références que nous proposons par la lecture de carnets de guerre, de mémoires, de témoignages de poilus, d'échanges épistolaires, nous renvoyons notamment à la bibliographie indicative de Sylvie Douche dans son ouvrage *Correspondances inédites à des musiciens français (1914-1918)*, Paris, L'Harmattan, 2012, p. 287-295.

ANSELMINI, François, « Alfred Cortot et la création des Matinées nationales : l'Union sacrée mise en musique », in *Revue de musicologie*, tome 97, n° 1, 2011, p. 61-84.

ATTFIELD, Nicholas, « "A healing draft for a sick people": War in the pages of the Neue Zeitschrift für Musik, 1914–1918 », in Fast, S., Pegley, K. A., Daughtry, J. M. (ed.), *Music, politics, and violence*, Middletown, Wesleyan University Press, 2012, p. 39-59.

AUDOUIN-ROUZEAU, Stéphane, « L'épreuve du Feu », in *L'Histoire*, n° 225, octobre 1998, p. 34-43.

AUDOUIN-ROUZEAU, Stéphane, *14-18. Les combattants des tranchées*, Paris, Armand Colin, coll. « L'histoire par la presse », 1986.

AUDOUIN-ROUZEAU, Stéphane, BECKER, Annette, *La Grande Guerre 1914-1918*, Paris, Gallimard, coll. « Découvertes », 1998.

AUDOUIN-ROUZEAU, Stéphane, BECKER, Annette, *14-18, retrouver la guerre*, Paris, Gallimard, coll. « Folio histoire », n° 125, 2003.

AUDOUIN-ROUZEAU, Stéphane, BECKER, Annette, « Violence et consentement : la "culture de guerre" du premier conflit mondial », in Rioux, J.-P., Sirinelli, J.-F. (dir.), *Pour une histoire culturelle*, Paris, Le Seuil, 1997, p. 251-271.

AUDOUIN-ROUZEAU, Stéphane, BECKER, Jean-Jacques (dir.), *Encyclopédie de la Grande Guerre 1914-1918*, Paris, Bayard, 2004.

AUDOUIN-ROUZEAU, Stéphane, BECKER, Jean-Jacques, *La France, la nation, la guerre (1850-1920)*, Paris, Sedes, 1995.

BARBUSSE, Henri, *Le Feu (Journal d'une escouade)*, Paris, Ernest Flammarion, 1916.

BECKER, Annette, « Debussy en Grande Guerre », in Chimènes, M., Laederich, A. (dir.), *Regards sur Debussy*, préface de Pierre Boulez, Paris, Fayard, 2013, p. 57-68.

BECKER, Annette, *Oubliés de la Grande Guerre, Humanitaire et culture de guerre, Populations occupées, déportés, civils, prisonniers de guerre*, Paris, Noêsis, 1988.

BECKER, Jean-Jacques, *L'Année 14*, Paris, Armand Colin, 2005.

BECKER, Jean-Jacques, *Dictionnaire de la Grande Guerre*, Bruxelles, André Versaille éditeur, 2008.

BECKER, Jean-Jacques, *La France en guerre. La grande mutation*, Bruxelles, Complexe, 1988.

BECKER, Jean-Jacques, *La Grande Guerre*, Paris, PUF, 2004.

BECKER, Jean-Jacques, *Les Français dans la Grande Guerre*, Paris, Robert Laffont, 1980.

BECKER, Jean-Jacques (dir.), *Histoire culturelle de la Grande Guerre*, Paris, Armand Colin, 2005.

BECKER, Jean-Jacques, KRUMEICH, Gerd, *La Grande Guerre. Une histoire franco-allemande*, Paris, Tallandier, 2008.

BENARD, Henri, *De la mort, de la boue, du sang*, Paris, J. Grancher, 1999.

BENEDETTI, Danieli Verônica Longo, « A música vocal francesa no contexto da Primeira Guerra Mundial », in *Opus : Revista da Associação Nacional de Pesquisa e Pós-Graduação em Música (ANPPOM)*, n° 13 (1), p. 24-39.

BRANGER, Jean-Christophe (éd.), *Alfred Bruneau : un compositeur au cœur de la bataille naturaliste. Lettres à Étienne Destranges. Paris-Nantes 1891-1915*, Paris, Champion, 2003.

BRANGER, Jean-Christophe, « La réponse de Debussy à une enquête du *Cri de Paris* pendant la Grande Guerre », in *Cahiers Debussy*, n° 35, 2011, p. 97-108.

BRANLAND, Marine, MASTIN, David (dir.), *De la Guerre dans l'Art, de l'Art dans la Guerre. Approches plastiques et musicales*, Revue *Textuel*, n° 63, Université Paris 7 Diderot, novembre 2010.

BRÜSTLE, Christa, HELDT, Guido, WEBER, Eckhard (ed.), *Von Grenzen und Ländern, Zentren und Rändern: Der Erste Weltkrieg und die Verschiebungen in der musikalischen Geographie Europas*, Schliengen, Édition Argus, 2006.

BUCH, Esteban, « Composer pendant la guerre, composer avec la guerre », in Audoin-Rouzeau, S., Buch, E., Chimènes, M., Durosoir, G. (dir.), *La Grande Guerre des musiciens*, Lyon, Symétrie, coll. « *Perpetuum mobile* », 2009, p. 135-159.

BUCH, Esteban, « Depuis que l'homme écrit l'histoire… : Brassens et la Guerre de 14-18 », in *Revue de la Bibliothèque nationale de France*, n° 16 (La Chanson française), 2004, p. 30-32.

BUCH, Esteban, « "Les Allemands et les Boches" : la musique allemande à Paris pendant la Première Guerre mondiale », in *Le Mouvement social*, n° 208, juillet-septembre 2004, p. 45-69.

BUCH, Esteban, « Silences de la Grande Guerre », in catalogue de l'exposition *Entendre la guerre. Silence, musique et sons en 14-18*, Historial de la Grande Guerre, Paris, Fayard, à paraître en 2014.

BUCH, Esteban, « Vincent d'Indy et la Première Guerre mondiale : *Sinfonia Brevis de bello gallico* », in Schwartz, M. (dir.), *Vincent d'Indy et son temps*, Sprimont, Mardaga, 2006, p. 21-35.

BUCH, Esteban, QUESNEY, Cécile, « Musiques savantes de la Grande Guerre », in catalogue de l'exposition *Entendre la guerre. Silence, musique et sons en 14-18*, Historial de la Grande Guerre, Paris, Fayard, à paraître en 2014.

CABALLERO, Carlo, « Patriotism or Nationalism? Fauré and the Great War », in *Journal of the American Musicological Society*, 52/3, automne 1999, p. 616-622.

CAILLET, Aude, « Défense et illustration de la musique française moderne. Les conférences de Charles Koechlin de 1915 à 1918 », in Cathé, P., Douche, S., Duchesneau, M. (dir.), *Charles Koechlin, compositeur et humaniste*, Paris, Vrin, 2010, p. 109-130.

CAILLET, Aude, « 1914-1918. Rupture et renouveau : l'effort de guerre de Charles Koechlin », in Audoin-Rouzeau, S., Buch, E., Chimènes, M., Durosoir, G. (dir.), *La Grande Guerre des musiciens*, Lyon, Symétrie, coll. « *Perpetuum mobile* », 2009, p. 119-133.

CALZA, Renato, « Ravel e la Grande Guerra: *Trois chansons pour chœur* (1914-1915) – *"Mon ami z-il est à la guerre (... moi, je reste ici, hélas !)"* », in *Musica e storia*, 6 (2), 1998, p. 421-461.

CAMPOS, Rémy, « Félix Mayol dans la Grande Guerre », in Audoin-Rouzeau, S., Buch, E., Chimènes, M., Durosoir, G. (dir.), *La Grande Guerre des musiciens*, Lyon, Symétrie, coll. « *Perpetuum mobile* », 2009, p. 103-118.

CASTEX, Anatole, *Verdun, années infernales : la vie du soldat au front d'août 1914 à septembre 1916*, extraits de lettres, Paris, Albatros, 1980.

CAZALS, Rémy, ROUSSEAU, Frédéric, *14-18, le cri d'une génération. Entre légendes et histoire*, Toulouse, Privat, 2001.

CENDRARS, Blaise, *La Main coupée*, Paris, Denoël, 1946.

CHIMÈNES, Myriam, *Mécènes et musiciens. Du salon au concert à Paris sous la IIIe République*, Paris, Librairie Arthème Fayard, 2004.

CHIMÈNES, Myriam, « Un panorama de la vida musical en Francia durante la Primera Guerra Mundial y el período de entreguerras », in Nagore, M., Sánchez de Andrés, L., Torres, E. (ed.), *Música y cultura en la edad de plata, 1915-1939*, Madrid, Ediciones del ICCMU, coll. « *Música Hispana Textos, Estudios* », n° 14, 2009, p. 431-437.

CHIMÈNES, Myriam, SEGOND-GENOVESI, Charlotte, « Faire de la musique à l'arrière. Les concerts à Paris », in catalogue de l'exposition *Entendre la guerre. Silence, musique et sons en 14-18*, Historial de la Grande Guerre, Paris, Fayard, à paraître en 2014.

DAGEN, Philippe, *Le silence des peintres, les artistes face à la Grande Guerre*, Paris, Fayard, 1996.

DARMON, Pierre, *Vivre à Paris pendant la Grande Guerre*, Paris, Fayard, 2002.

DARROW, Margaret H., *French Women and the First World War: war stories of the home front*, Oxford, Berg, 2000.

DEBUSSY, Claude, *Correspondance (1872-1918)*, Lesure, F., Herlin, D. (dir.), Paris, Gallimard, 2005.

DEBUSSY, Claude, *Monsieur Croche et autres écrits*, introduction et notes de François Lesure, édition revue et augmentée, Paris, Galllimard, coll. « L'Imaginaire », n° 187, 1987.

DEMM, Eberhard, « La chanson française de la Première Guerre mondiale », in *La guerre en chansons*, Grenoble, Université de Grenoble 3, 2004, p. 109-124.

DEPAULIS, Jacques, *Reynaldo Hahn*, Biarritz-Paris, Atlantica-Séguier, coll. « Empreinte », 2007.

DORGELÈS, Roland, *Les Croix de bois*, Paris, Albin Michel, 1919.

DOUCHE, Sylvie, *Correspondances inédites à des musiciens français (1914-1918)*, Paris, L'Harmattan, 2012.

DRUESEDOW, John E., « Popular songs of the great war: Background and audio resources », in *Quarterly journal of the Music Library Association*, 65/2, décembre 2008, p. 364-378.

DUCHESNEAU, Michel, « La musique française pendant la Guerre 1914-1918 : autour de la tentative de fusion de la Société nationale de musique et de la Société musicale indépendante », in *Revue de musicologie*, tome 82, n° 1, 1996, p. 123-153.

DUCHESNEAU, Michel, *L'Avant-garde musicale à Paris de 1871 à 1939*, Sprimont, Mardaga, coll. « Musique-Musicologie », 1997.

DUMESNIL, René, *La musique en France entre les deux guerres (1919-1939)*, Genève-Paris-Montréal, Milieu du Monde, collection « Bilans », 1946.

DURAND, Jacques, *Souvenirs d'un éditeur*, Paris, Durand et Cie, 1925.

DUROSOIR, Georgie, « Le sergent Caplet », in Herlin, D. (dir.), *André Caplet*, Lyon, Symétrie, à paraître.

DUROSOIR, Georgie, « L'irruption magnifique : deux grands violons au cœur de la guerre », in Audoin-Rouzeau, S., Buch, E., Chimènes, M., Durosoir, G. (dir.), *La Grande Guerre des musiciens*, Lyon, Symétrie, coll. « *Perpetuum mobile* », 2009, p. 75-84.

DUROSOIR, Lucien, MARÉCHAL, Maurice, *Deux musiciens dans la Grande Guerre*, présentation de Luc Durosoir, Paris, Tallandier, 2005.

ETCHARRY, Stéphan, « *Nausicaa* de Reynaldo Hahn : une évocation musicale d'Ulysse et de la Grèce antique durant la Grande Guerre », in Le Diagon-Jacquin, L., Fix, F. (dir.), *Le Paon d'Héra/Hera's Peacock*, Gazette interdisciplinaire thématique internationale, n° 9 (« Ulysse » 1/2), Neuilly-les-Dijon, Éditions du Murmure, 2012, p. 111-132.

ETCHARRY, Stéphan, « Résonances debussystes dans les mélodies de jeunesse d'Arthur Honegger », in Montemagno, G., Niccolai, M. (dir.), *Beyond the stage. Musical theatre and performing arts between fin de siècle and the années folles*, Bologne, Ut Orpheus edizioni, coll. « Ad Parnassum Studies », vol. 8, 2014 (à paraître).

ETCHARRY, Stéphan, « Reynaldo Hahn et la Grande Guerre », in Blay, P. (dir.), *Reynaldo Hahn, un éclectique en musique*, Lyon, Venise, Symétrie, Palazzetto Bru Zane-Centre de musique romantique française, à paraître.

FAURE, Michel, *Musique et société, du Second Empire aux années vingt. Autour de Saint-Saëns, Fauré, Debussy et Ravel*, Paris, Flammarion, coll. « Harmoniques », 1985.

FEREY, Mathieu, « "À gauche et à droite du Rhin" : perspectives sur l'action de Joseph-Guy Ropartz à Strasbourg (1919-1929) », in Audoin-Rouzeau, S.,

Buch, E., Chimènes, M., Durosoir, G. (dir.), *La Grande Guerre des musiciens*, Lyon, Symétrie, coll. « *Perpetuum mobile* », 2009, p. 215-229.

FEREY, Mathieu, MENUT, Benoît, *Joseph-Guy Ropartz ou le Pays inaccessible*, Genève, Papillon, coll. « Mélophiles », 2005.

FISCHER, Hermann, « Der Erste Weltkrieg », in Naacke, C. (ed.), *150 Jahre Orgelbau Link 1851-2001*, Freiburg im Breisgau, Freiburger Musik Forum, 2001, p. 71-74.

FOREMAN, Lewis (ed.), *Oh my horses! Elgar and the Great War*, Rickmansworth, Elgar Editions, 2001.

FRANCFORT, Didier, « La meilleure façon de marcher : musiques militaires, violence et mobilisation dans la Première Guerre mondiale », in Audoin-Rouzeau, S., Buch, E., Chimènes, M., Durosoir, G. (dir.), *La Grande Guerre des musiciens*, Lyon, Symétrie, coll. « *Perpetuum mobile* », 2009, p. 17-27.

FRANCFORT, Didier, « National Identity and the Double Border in Lorraine, 1870-1914 », in Kelly, Barbara (ed.), *French Music, Culture, and National Identity, 1870-1939*, University of Rochester Press, 2008, p. 234-249.

FRANCFORT, Didier, *Le Chant des Nations : Musiques et Cultures en Europe, 1870-1914*, Paris, Hachette Littératures, 2004.

FULCHER, Jane F., « Concert et propagande politique en France au début du XXe siècle », in *Annales. Histoire, Sciences sociales*, n° 2, mars-avril 2000, p. 389-413.

FULCHER, Jane F., « Speaking the Truth to Power : The Dialogic Element in Debussy's Wartime Compositions », in Fulcher, Jane F. (ed.), *Debussy and His World*, Princeton University Press, 2001, p. 203-232.

FULCHER, Jane F., *The Composer as Intellectual. Music and Ideology in France 1914-1940*, New York, Oxford University Press, 2005.

GARAFOLA, Lynn, « The making of ballet modernism », in *Dance research journal*, 20/2, hiver 1988, p. 23-32.

GAVOTY, Bernard, *Reynaldo Hahn. Le musicien de la Belle Époque*, Paris, Buchet/Chastel, 1976.

GENEVOIX, Maurice, *Ceux de 14*, Paris, Éditions G. Durassié & Cie, 1949.

GERMAIN, José, *Une Heure de musique avec les chansons de la guerre*, Paris, Éditions cosmopolites, 1930.

GÉTREAU, Florence, « Instruments de soldats : typologies, fonctions, transmission », in Audoin-Rouzeau, S., Buch, E., Chimènes, M., Durosoir, G. (dir.), *La Grande Guerre des musiciens*, Lyon, Symétrie, coll. « *Perpetuum mobile* », 2009, p. 41-73.

GHEUSI, Pierre-Barthélémy, *Guerre et théâtre, 1914-1918. Mémoires d'un officier du général Galliéni et journal du directeur du théâtre national de l'Opéra-Comique pendant la guerre*, Nancy-Paris-Strasbourg, Berger-Levrault, 1919.

GHEUSI, Pierre-Barthélémy, *L'Opéra-Comique pendant la guerre*, Paris, La Nouvelle revue, [1919].

GIESBRECHT, Sabine, « Musikalische Kriegsrüstung: Zur Funktion populärer Musik im 1. Weltkrieg », in Helms, D., Phleps, T. (ed.), *Populäre Musik im kulturwissenschaftlichen Diskurs*. II, Karben, CODA Musikservice, 2001, p. 161-184.

GRAILLES, Bénédicte, « Chanson de marche, lamento funèbre et hymne à la renaissance : La production musicale imprimée entre 1918 et 1922 », in *Chefs-d'œuvre et circonstances : Trois concerts*, Arras, archives départementales du Pas-de-Calais, 2000.

HANHEIDE, Stefan, « 'Dem Ernste der Zeit anpassen': Zur Politisierung des deutschen Musiklebens am Beginn des Ersten Weltkrieges, Musik–Geschichte(n)–Erzählen », in Kinzler, H. (ed.), *Freundesgabe für Hans-Christian Schmidt-Banse zur Emeritierung*, Osnabrück, electronic publishing Osnabrück Music, 2009, p. 59-68.

HANSEN, Mathias, « Apokalypse als Selbstfindung: Zum Jakobsleiter-Fragment von Arnold Schönberg », in Ottner, C. (ed.), *Apokalypse: Symposion 1999*, Wien, Doblinger, 2001, p. 173-182.

HIRSHFIELD, Claire, « Musical performance in wartime: 1914-1918 », in *The music review*, 53/4, novembre 1992, p. 291-304.

HMV catalogue, *1914-1918: gramophone records of the First World War*, United Kingdom, Newton Abbot, David & Charles, 1975.

HOLOMAN, D. Kern, *The Société des Concerts du Conservatoire 1828-1967*, Berkeley, Los Angeles, London, University of California Press, 2004.

HONEGGER, Arthur, *Lettres à ses parents : 1914-1922*, préfacées et annotées par Harry Halbreich, Genève, Éditions Papillon, coll. « 7e note », 2005.

HOUTCHENS, Alan, STOUT, Janis P., « Intertextuality and meaning in Charles Ives's In Flanders fields », in Devine, P. F., White, H. M. (ed.), *The Maynooth International Musicological Conference 1995: Selected proceedings*. II, Dublin/Baile Átha Cliath, Four Courts Press, 1996, p. 356-363.

HUNEAU, Denis, *André Caplet (1878-1925), debussyste indépendant*, Weinsberg, Musik-Edition Lucie Galland, 2 volumes, 2007.

HURÉ, Jean, *Défense et illustration de la Musique française*, 3e édition revue, corrigée et augmentée, Paris, éd. Maurice Sénart, 1915, Paris.

HUYBRECHTS, Dominique, « La vie quotidienne des *pipes and drums* pendant la grande guerre », in Audoin-Rouzeau, S., Buch, E., Chimènes, M., Durosoir, G. (dir.), *La Grande Guerre des musiciens*, Lyon, Symétrie, coll. « *Perpetuum mobile* », 2009, p. 29-40.

HUYBRECHTS, Dominique, *1914-1918, Les musiciens dans la tourmente. Compositeurs et instrumentistes face à la Grande Guerre*, Anseroeul (Belgique), Éditions Scaldis, 1999.

IGLESIAS, Sara, « "Le devoir est partout" – reflets de la guerre dans la fondation de la Société française de musicologie en 1917 », in Audoin-Rouzeau, S., Buch, E., Chimènes, M., Durosoir, G. (dir.), *La Grande Guerre des musiciens*, Lyon, Symétrie, coll. « *Perpetuum mobile* », 2009, p. 203-214.

INDY, Vincent d', *La Schola Cantorum : son histoire depuis sa fondation jusqu'en 1925*, Paris, Librairie Bloud et Gay, 1927.

JEAN-AUBRY, Georges, *La Musique française d'aujourd'hui*, Paris, Perrin et Cie, 1916.

KELLY, Barbara, « Debussy and the Making of a *"musicien français": Pelléas*, the Press and World War I », in Kelly, Barbara (ed.), *French Music, Culture, and National Identity, 1870-1939*, University of Rochester Press, 2008, p. 58-76.

KELLY, Barbara (ed.), *French Music, Culture, and National Identity, 1870-1939*, University of Rochester Press, 2008.

KELLY, Barbara, *Music and Ultra-Modernism in France: A Fragile Consensus 1913-1939*, Woodbridge (Suffolk, England), Boydell and Brewer, 2013.

KELLY, Barbara, *Tradition and Style in the Works of Darius Milhaud 1912-1939*, Burlington, Ashgate Publishing, 2003.

KOECHLIN, Charles, « Chapitre V : La Mélodie », in Rohozinski, L. (dir.), *Cinquante ans de musique française de 1874 à 1925*, Paris, Les éditions musicales de la Librairie de France, 1925, tome II, p. 1-62.

KOECHLIN, Charles, « Sur l'évolution de la musique française avant et après Debussy », in *La Revue musicale*, n° 155, avril 1935, p. 264-280.

LAEDERICH, Alexandra, « Nadia Boulanger et le Comité franco-américain du Conservatoire (1915-1919) », in Audoin-Rouzeau, S., Buch, E., Chimènes, M., Durosoir, G. (dir.), *La Grande Guerre des musiciens*, Lyon, Symétrie, coll. « *Perpetuum mobile* », 2009, p. 161-173.

LAEDERICH, Alexandra (dir.), *Nadia Boulanger et Lili Boulanger. Témoignages et études*, Lyon, Symétrie, coll. « *Perpetuum mobile* », 2007.

LALO, Pierre, « Feuilleton du *Temps*. La musique », in *Le Temps*, n° 19589, 23 février 1915.

LAURENT, Linda (avec la collaboration d'Andrée Tainsy), « Jane Bathori et le Théâtre du Vieux-Colombier, 1917-1919 », in *Revue de musicologie*, tome 70, n° 2, 1984, p. 229-257.

LETERRIER, Sophie-Anne, « Culture de guerre et musique nationale – la musique française dans la Grande Guerre », brochure de présentation des concerts organisés dans le cadre des manifestations sur *La Grande reconstruction*, Arras, Archives départementales d'Artois, 2000.

LETERRIER, Sophie-Anne, « Trois concerts pour la Grande Guerre », in *L'Histoire*, n° 248, septembre 2000, p. 27-28.

LINDSEY, Anthony, « Music and history: The Great War », in *The Delius Society journal*, n° 141, été 2007, p. 104-106.

LIONCOURT, Guy de, *Un témoignage sur la musique et sur la vie au XXe siècle*, Paris, L'Arche de Noé, 1956.

LIPPA, Francis, « Une poétique musicale au tamis de la guerre : le sas de 1919 – la singularité Durosoir », in Pons, L. (dir.), *Lucien Durosoir. Un compositeur moderne né romatique*, Albi, éditions multilingues Fraction, 2013, p. 71-90.

LORENT, Catherine, *Florent Schmitt*, Paris, Éditions Bleu Nuit, coll. « Horizons », 2012.

LUDVOVA, Jitka, « Das Deutsche Theater in Prag während des Ersten Weltkrieges », in Ludvová, J., Reittererová-Benetková, V., Reitterer, H. (ed.), *Kontexte: Musica iudaica 1998*, Praha, Univerzita Karlova, 1999, p. 43-52.

MACCHIA, Alessandro, *Tombeaux : Epicedi per le grandi guerre*, Milan, Ricordi, coll. « *Opere documenti orientamenti del Novecento musicale* », n° 6, 2005.

MACQUAILE, Brendan, *March away my brothers: Irish soldiers and their music in the Great War*, Dublin/Baile Átha Cliath, Londoubh, 2011.

MANGIN, Charles, *Lettres de guerre 1914-1918*, Paris, Librairie Arthème Fayard, 1950.

MARCILLOUX, Patrice, « La mort héroïsée d'Albéric Magnard : essai d'approche culturelle », in Audoin-Rouzeau, S., Buch, E., Chimènes, M., Durosoir, G. (dir.), *La Grande Guerre des musiciens*, Lyon, Symétrie, coll. « *Perpetuum mobile* », 2009, p. 85-102.

MARÉCHAL, Maurice, *Le violoncelle de guerre*, transcription critique des neufs carnets de guerre de M. Maréchal par Michèle Maréchal. Document inédit, BnF, Musique, Vma 6857.

MARNAT, Marcel, *Maurice Ravel*, Paris, Fayard, 1986.

MASTIN, David, « "Aux Armes ! Musiciens ! " Les élèves du Conservatoire national en Grande Guerre », in Campos, R., Jardin, É. (dir.), *Le Conservatoire de Paris, 1870-1920*, Lyon, Symétrie, à paraître.

MASTIN, David, « De la résistance à la renaissance : les conservatoires de musique de Lille et Bruxelles en Grande Guerre », in Nivet, Ph. (dir.), [titre et éditeur pas encore fixés], à paraître.

MASTIN, David, *Écoles de Musique en Grande Guerre*, thèse de doctorat sous la direction d'A. Becker, Université Paris Ouest Nanterre la Défense, 2012.

MASTIN, David, « Écoles de musique en guerre (1914-1925) », in Audoin-Rouzeau, S., Buch, E., Chimènes, M., Durosoir, G. (dir.), *La Grande Guerre des musiciens*, Lyon, Symétrie, coll. « *Perpetuum mobile* », 2009, p. 191-202.

MASTIN, David, « Le front domestique musicien : patriotisme et musique dans deux conservatoires méridionaux, 1914-début des années 20 », in Branland, M., Mastin, D. (dir.), *De la Guerre dans l'Art, de l'Art dans la Guerre. Approches plastiques et musicales*, Revue *Textuel*, n° 63, Université Paris 7 Diderot, novembre 2010, p. 47-63.

MASTIN, David, « L'impossible démobilisation des musiciens. Les effets de la Grande Guerre sur l'expansion musicale française, 1918-25 », in *From the Trenches to Versailles: War and Memory (1914-1919)*, Lisbonne, Éditions Colibri, 2012, p. 245-252.

MCGUIRE, Charles Edward, « Functional music: Imperialism, the Great War, and Elgar as popular composer », in Grimley, D. M., Rushton, J. (ed.), *The Cambridge companion to Elgar*, Cambridge, Cambridge University Press, 2004, p. 214-224.

MILLER, Robin, « *Mary's Wedding*: Pacific Opera Victoria's new commission is a haunted tale of the Great War », in *Opera Canada*, 52/3, 2011, p. 14.

MOORE, Rachel, *Performing Propaganda: Musical Life and Culture in Paris, 1914–1918*, PhD sous la direction de Katherine Ellis, Royal Holloway College, University of London, 2012.

NICHOLS, Roger, *The Harlequin Years: Music in Paris 1917-1929*, Berkeley/London, University of California Press/Thames and Hudson, 2002.

PONS, Lionel (dir.), *Lucien Durosoir. Un compositeur moderne né romatique*, Albi, éditions multilingues Fraction, 2013.

PROCHASSON, Christophe, *14-18. Retours d'expériences*, Paris, Tallandier, coll. « *Texto* », 2008.

PROCHASSON, Christophe, RASMUSSEN, Anne, *Au nom de la patrie. Les intellectuels et la Première Guerre mondiale 1910-1919*, Paris, La Découverte, 1996.

PROD'HOMME, Jacques Gabriel, « Music and Musicians in Paris during the First Two Seasons of the War », in *Musical Quaterly*, n° 4, 1918, p. 135-160.

RETAILLEAU, Léopold, *Musicien-brancardier… Carnets de Léopold Retailleau, du 77e R.I., 1914-1918*, retranscrits par Claude Retailleau et commentés par Éric Labayle, Parçay-sur-Vienne, Anovi, 2003.

RIBOUILLAULT, Claude, *La musique au fusil : avec les poilus de la Grande Guerre*, Rodez, Éditions du Rouergue, 1996.

RIBOUILLAULT, Claude, « L'art chansonnier des poilus de la Grande Guerre » in Genton, F. (dir.), *La guerre en chansons*, Grenoble, Université de Grenoble III, 2004, p. 125-133.

RIETHMÜLLER, Albrecht, « Alte Musik und Ernst Blochs Geist der Utopie während des Ersten Weltkriegs », in Schubert, Giselher (ed.), *Alte Musik im 20. Jahrhundert: Wandlungen und Formen ihrer Rezeption*, Frankfurt/Main, Schott Musik International, coll. « Frankfurter Studien: Veröffentlichungen des Paul-Hindemith-Institutes », n° 5, 1995, p. 53-64.

ROBERT, Jean-Louis, WINTER, Jay (dir.), *Capital Cities at War. Paris, London, Berlin 1914-1919: A Cultural History*, Cambridge, University Press, 2007.

ROSENSTIEL, Léonie, *Nadia Boulanger: A Life in Music*, New-York, Londres, W.W. Norton & Co., 1982.

ROUSSEAU, Frédéric, *La guerre censurée. Une histoire des combattants européens de 14-18*, Paris, Le Seuil, coll. « Points », 1999.

SAMAZEUILH, Gustave, *Musiciens de mon temps, chroniques et souvenirs*, Paris, M. Daubin, 1947.

SAUDA, Éric, *François Gervais musicien au front de 1914 à 1919. Affirmation identitaire, sociale et artistique*, thèse de doctorat en musicologie sous la direction de Michèle Alten, Université de Paris-Sorbonne, 2010.

SAYLOR, Eric A., « "It's not lambkins frisking at all": English pastoral music and the Great War », in *The musical quarterly*, 91/1-2, printemps-été 2008, p. 39-59.

SCHMID, Marion, « *À bas Wagner !* The French Press Campaign against Wagner during World War I », in Kelly, Barbara (ed.), *French Music, Culture, and National Identity, 1870-1939*, University of Rochester Press, 2008, p. 77-89.

SCHMIDT, Madeleine (dir.), *Chansons de la revanche et de la Grande Guerre*, Nancy, Serpenoises de Nancy, 1985.

SCHWARTZ, Manuela (dir.), *Vincent d'Indy et son temps*, Sprimont, Mardaga, 2006.

SEGOND-GENOVESI, Charlotte, « De l'Union sacrée au *Journal des débats* : une lecture de la *Gazette des classes du Conservatoire* (1914-1918) », in Audoin-Rouzeau, S., Buch, E., Chimènes, M., Durosoir, G. (dir.), *La Grande Guerre des musiciens*, Lyon, Symétrie, coll. « *Perpetuum mobile* », 2009, p. 175-190.

SEGOND-GENOVESI, Charlotte, « Introduction. Journal d'un musicien "en guerre" : Théodore Dubois, août 1914-novembre 1918 », in Segond-Genovesi, Ch., Dratwicki, A. (dir.), *Journal* de Théodore Dubois, Lyon, Venise, Symétrie, Palazzetto Bru Zane-Centre de musique romantique française, 2012, p. 11-24.

SEGOND-GENOVESI, Charlotte, *La musique en France pendant la Grande Guerre : guide des sources*, thèse, cycle de perfectionnement, recherche en musicologie, sous la direction de Rémy Campos, Conservatoire national de musique et de danse de Paris, avril 2013, 252 p.

SEGOND-GENOVESI, Charlotte, « 1914-1918 : l'activité musicale à l'épreuve de la guerre », in *Revue de musicologie*, tome 93, n° 2, 2007, p. 401-436.

SEGOND-GENOVESI, Charlotte, *Patriotisme et charité : légitimer les pratiques musicales à Paris pendant la Grande Guerre*, thèse de doctorat (Musique et Musicologie), sous la direction de Danièle Pistone (Université Paris-Sorbonne) et Annette Becker (Université Paris Ouest Nanterre La Défense), en cours.

SEGOND-GENOVESI, Charlotte, « Penser l'après-guerre : aspirations et réalisations dans le monde musical (1914-1918) », in Pons, L. (dir.), *Lucien Durosoir. Un compositeur moderne né romatique*, Albi, éditions multilingues Fraction, 2013, p. 5-39.

SELVA, Guy, *Une artiste incomparable : Blanche Selva, pianiste, pédagogue, musicienne*, La Touche, Éditions de l'Association Blanche Selva, 2010.

SHAW, Jennifer, « At the crossroads: Schönberg's wartime compositions and his crisis of faith, 1914–1918 », in *Journal of the Arnold Schönberg Center*, n° 5, 2003, p. 187-212.

SILVER, Kenneth, *Esprit du Corps: The Art of the Parisian Avant-garde and the First World War, 1914-1923*, Princeton, Princeton University Press, 1989.

SWEENEY, Regina Marie, *Harmony and disharmony: French singing and musical entertainment during the Great War*, PhD (thèse de doctorat), Berkeley, University of California, 1992.

SWEENEY, Regina Marie, *Singing our way to victory: French cultural politics and music during the Great War*, Middletown, Wesleyan University Press, 2001.

THOMAS, Phil, « D'ye ken Sam Hughes? and two other songs from the Great War, 1914-1918 », in *Canadian folk music bulletin/Bulletin de musique folklorique canadienne*, 37/4, 2003, p. 10-15. http://www.canfolkmusic.ca/index.php/cfmb/issue/archive

TREVISAN, Carine, « Le bruit de la guerre », in Audoin-Rouzeau, S., Buch, E., Chimènes, M., Durosoir, G. (dir.), *La Grande Guerre des musiciens*, Lyon, Symétrie, coll. « *Perpetuum mobile* », 2009, p. 5-15.

WARSZAWSKI, Jean-Marc (dir.), *Blanche Selva, naissance d'un piano moderne*, Lyon, Symétrie, 2010.

WATKINS, Glenn, *Proof through the Night. Music and the Great War*, Berkeley-Los Angeles-London, University of California Press, 2003.

WATTS, Tony, « London 1915: British music in the Great War », in *The Delius Society journal*, n° 138, automne 2005, p. 109-110.

WINTER, Jay, *Entre mémoire et deuil : la Grande Guerre dans l'histoire culturelle de l'Europe*, Paris, Armand Colin, 2008.

Index

C

D

E

F

G

M

N

Abstracts

Sandrine Visse, ***The "concerts" at the front during the Great War: between commitment to the conflict and artistic life***

The importance attached to sources of personal history through soldiers' testimonies in the study of the First World War has recently allowed the bringing to light of a musical practice close to the front. It appears that a lot of mobilised composers and performers took up their instruments again and organised concerts during their rest time, just a few kilometres behind the front lines. This practice may have appeared inconsiderate when faced with the harsh realities of war, and was sometimes badly received by other men, but it was very often used as a moral and physical way of evading the violence of the conflict. It was sometimes considered as an original form of commitment and war effort because of the relief it brought to many of the soldiers. Musical practice on the front also helped musicians to maintain the hope that they wouldn't be set aside from French musical life while they were away, and also that they would still exist as artists.

Luc Durosoir, ***The "Quintette du General": material and moral conditions of a musical practice in war time (1915-1918)***

Shortly after the battle of Artois (summer 1915), a group formed that would be known as the "Quintette du General", or "Musiciens du General". Under the auspices of General Charles Mangin, the military hierarchy allowed the grouping of exceptional musical personalities, soloists and composers. As a result, from December 1915 to July 1918, concerts at the front during rest periods were many. They enabled the artist to impose their art in the context of extreme barbarity. The response from the musicians involved was a search for excellence. They studied and interpreted in various formations, the greatest works in conjunction with the most modern. Allowing an escape from the anguish, despair, isolation and fear surrounding them, and placing art above war and the sublime above the barbaric, these artists saved themselves from the worst physical and moral hazards of the war.

David Mastin, ***Advent of a conductor: Louis Fourestier in the Great War 1914-1925***

A student at the Paris Conservatoire, Louis Fourestier saw military service both as a stretcher bearer and as a musician. His contribution to the "Gazette du Conservatoire" reveals original perspectives both on the role of music during and after the war, and of the ties between a nation, its music and its composers. The war gave Fourestier the chance to realise his dream of becoming a conductor firstly in the Rhineland Palatinate (April to August 1919), then in the Saar between 1921 and 1925, when he pursued his own musical war.

Georgie Durosoir, *Making music work in war, André Caplet: violist, pianist, arranger, composer and teacher*

The article describes Caplet's musical activity during the Great War of 1914-1918 and asks some key questions: is the artist a soldier like any other? Does the composer see himself as a soldier? Did everyday life at the front allow men to think about anything other than war? Is there any place for music in war, and if so, what? How can the conflict between the expectations of the military and the aspirations of artists be resolved? How could André Caplet compose in the context of the war? Successively in charge of very different functions (cyclist, head of the cooperative "Sergeant pigeon", then director of the military music conservatory in Chaumont), it was in the small group "Musiciens du General" that Caplet devoted many of his richest hours to music and performed experiments that were only possible in the war context. The balance of Caplet's musical war work is both lean and admirable. His desire to write never denied, it dictated his most beautiful works and perhaps his most beautiful melodies.

Laure Schnapper, *Fernand Halphen (1872-1917), music director in the Great War of 1914-1918*

Fernand Halphen was well known in the Paris music world before 1914, both as a musician and a patron of the arts. Yet, today he is largely forgotten, partly because he died young at the age of 45 in 1917. For almost three years, from 1914-17, he was Director of Music of the 13th Territorial Regiment. His musical contribution is well documented in his own archive, in particular from December 1915 to February 1917, when his regiment was re-organised, because of so many of its soldiers being sent to the front. The history of this period has been preserved in a booklet, in which Halphen recorded the repertoire and the dates of all the concerts he gave, every Sunday between the 19th December 1915 and the 26th November 1916 - a period that coincided with the Battle of Verdun and the Battle of the Somme. In this busy period, Halphen also composed several small piano pieces and two melodies, one entitled Les Tranchées (The Trenches), written on the 25th of May 1916, and Vieille Chanson (An Old Song), written on the 18th of November 1916.

Ludovic Florin, Prière: *a Pierre Vellones' unpublished melody*

The author presents a previously unpublished melody composed in 1916 by Pierre Vellones. After presenting the conditions of its composition, the piece is placed in the larger context of Vellones' vocal works, from the first attempts of his youth to the end of the First World War. The melody is paired with three other "war songs" composed at the same time. Following a stylistic analysis, the author discusses the evolution of Vellones' style, during which he argues that the musician's aesthetic approach was profoundly affected by his difficult experiences in the Great War.

Stéphan Etcharry, *Reynaldo Hahn, a composer at war: for a poetics of appeasement*

Reynaldo Hahn (1874-1947), the "composer of the Belle Epoque", participated in the First World War, taking part directly in the conflict on the Argonne front between August 1914 and 1918. This article studies the living conditions of the soldier Hahn and, above all, the musical style of his "war compositions". For Hahn, these compositions were a means of taking refuge in pre-war memories (*Le Ruban dénoué*), of encouraging soldiers and sustaining their morale (military march *Les Jeunes Lauriers*) and, especially, of comforting the wounded and honouring the memory of those who died fighting (*Pour bercer un convalescent, À nos morts ignorés, Noctem quietam*). The musical structures, the rhythm and, above all, the harmony, form the outlines of a real poetics of appeasement, which plays a part in defining an eminently French aesthetics.

Jean-Christophe Branger, Le Tambour *by Alfred Bruneau: war music and artistic battles*

Upon the onset of the First World War, Alfred Bruneau, the pacifist composer of *L'Attaque du moulin* (1893), quickly assumed the role of a patriotic artist, showing his commitment to the conflict with *Le Tambour*, "poème lyrique" for voice and orchestra, staged in 1916 at the Opéra-Comique by Marthe Chenal. Composed from a naturalist-inspired poem by Saint Georges de Bouhélier, in which individuals from modest backgrounds were gripped by an uncontrollable enthusiasm for going to the front, the work did not correspond musically with the traditional image usually projected by works of that nature: harmonic complexity, sung declamation and an accompaniment built on two main themes. Shortly after the staging of Bruneau's work, Emile Vuillermoz mused in the press about several compositions connected to the conflict, such as Debussy's *Berceuse héroïque*, which also reflected the aesthetic preoccupations of its author. In fact, Bruneau amplified a battle that he had led ever since his initial works in favour of French music, hoping that it could henceforth be free from all German influence.

Lionel Pons, *The impact of the First World War on the musical form: toward a new meaning of time in French music*

The impact of World War I on musical creation concerns not only those works inspired by war time events or the personal lives of their creators, but also a reorientation of the concept of time in musical form among composers with different aspirations. The author proposes to study this through three main works: in *Symphonie n° 3 de bello gallico* by Vincent d'Indy, both parts of the first thematic unit in the first movement show a condensation of the melodic and harmonic episodes, the second part superimposing material heard successively in the first. The iterative techniques in the *Scherzo* themes of the second movement question the possibility of a dialectal development. The *Fugue* in *Le Tombeau de Couperin* by Maurice Ravel creates a sense of motionless time due to the static-nature of the subject and the lack of modulating episodes, the theoretical foundation of fugal discourse. The polytonality in *Vocifération funèbre* in *Les Choéphores* by Darius Milhaud, created by the superimposition of chordal melodies related by a tritone, establishes a simultaneity of tension-resolution. Motionless, coming with repetition or the quest for a "successive simultaneity", musical time during World War I becomes an object for exploration in French music.

Michela Niccolai, *A nurse of operetta: Mimi Pinson and her cocarde*

While the First World War disrupted France, operetta contributed in its own way to highlight patriotism and encourage the "Poilus" (French soldiers in World War I). The only work that remains in today's repertoire is *La Cocarde de Mimi Pinson* (1915), a three-act operetta by Maurice Ordonneau and Francis Gally, to music by Henri Fils Goublier. Intrigue is established from the beginning of the piece, detailing the history of a saleswoman who gets involved with a hospital (*hôpital de tranchée*) and who will in the end marry a nice "Poilu". Links with the philanthropic work of Gustave Charpentier (for example, the *Popular Conservatory of Mimi Pinson*, subsequently transformed into an *Œuvre de guerre*) are obvious. Beginning with an analysis of the score of *La Cocarde de Mimi Pinson* and its recording, our contribution takes into account a series of neglected documents – correspondence, press clippings and iconographic sources – held in the personal archives of Gustave Charpentier (BHVP). The analysis of this corpus will allow us to locate this operetta in the broader context of the "patriotic" operetta and, at the same time, to consider it as a social and cultural expression inseparable from Parisian and French history, during the years 1914-1918.

Rachel Moore, *"Not to be opened during the War": The* union sacrée *and the mobilisation of music publishing, 1914-1918*

The market for musical editions in the early twentieth century was heavily dominated by Austro-German publications. However, with the outbreak of the First World War, this domination became problematic, inspiring national regeneration in the French publishing industry. Leading Parisian publishing houses produced new editions of the Austro-German works that were so important to French musical life, in series labelled as specifically 'national' collections. Yet amidst the financial and material difficulties of wartime, the dispersed projects of individual publishing houses progressed slowly. In 1915 the publisher Alexis Rouart proposed a solution: a cooperative project uniting French firms in a *union sacrée* to produce a single 'national' edition, the *Édition classique française*. Rouart's attempt was hindered by infighting as the personal interests of publishers reluctant to make sacrifices took centre stage. The unwillingness of these individuals to engage in the industry's war effort sheds light on the fragile nature of the wartime concept of *union sacrée* and the problems facing those trying to inspire collective action under its aegis, within a framework of commercial rivalry and entrepreneurial interests. Overall, it highlights the different degrees of patriotism in existence in wartime Paris and the need for a deeper, more nuanced understanding of the functions of patriotic rhetoric.

Denis Huneau, *Musical life in Angers during the First World War*

During the First World War, Angers, a city in Western France, knew a life similar to many others in the rear of the country: the loss of artists who had left for the front, closing theatres and general impoverishment. However, various cultural activities would gradually occur and lead to the reconstruction of an entire cultural fabric: musical performances given in a religious and/or under a charitable setting, more festive concerts given by leading travelling artists (Angers hosted temporary hospitals on its soil) and the installation in the Grand Théâtre of a cinema involving collaborations between the musicians staying at Angers and one of the most renowned conductors in the city, Bailly. Because of this, everything was perfectly in place for the return of the standard art seasons from 1919 onwards.

Notices biographiques

Jean-Christophe Branger, agrégé et docteur en musicologie, est maître de conférences habilité à l'université de Saint-Étienne. Ses travaux portent principalement sur la musique française sous la IIIe République avec une attention particulière accordée aux œuvres de Massenet, Bruneau ou Debussy.

Agrégée, docteur en musicologie et diplômée du CNSM de Paris, **Florence Doé de Maindreville** est maître de conférences à l'université de Reims Champagne-Ardenne et rattachée au Centre d'Études et de Recherche en Histoire Culturelle (CERHIC, EA 2616). Elle est également associée à l'équipe de recherche « Patrimoines et Langages Musicaux » (PLM, EA 4087, université de Paris Sorbonne). Ses travaux portent sur la musique de chambre française sous la IIIe République, le quatuor à cordes en particulier : histoire et analyse d'œuvres, édition musicologique de partitions. L'étude de la vie musicale et des sociétés de concert de cette période constitue un second axe de recherche.

C'est en qualité de spécialiste de la musique vocale baroque que **Georgie Durosoir** a accompli sa carrière à l'université Paris-Sorbonne dont elle est professeur émérite, et au Centre de Musique Baroque de Versailles. Depuis quelques années, exploitant un important fonds d'archives familiales, elle s'investit dans un nouveau domaine de recherche : la vie musicale dans la Grande Guerre (conférences, articles, colloques). Grâce à une première journée d'étude (Dax, 2005), elle a suscité l'intérêt des historiens de la guerre et des historiens de la culture et la formation d'un groupe de recherche sur ce sujet (*La Grande Guerre des Musiciens*, Lyon, Symétrie, 2009).

C'est le devoir de mémoire – et non une carrière d'historien – qui a conduit **Luc Durosoir** à s'intéresser à la Grande Guerre. Médecin, il a dirigé, pendant plusieurs décennies, le réseau international des Instituts Pasteur. Il a attendu de nombreuses années le moment où il pourrait explorer le patrimoine laissé par son père (lettres de guerre et œuvres musicales). Depuis 2001, il se consacre à la valorisation de l'œuvre de Lucien Durosoir qui ne fit jamais éditer sa musique. Il a publié en 2005 une sélection de ses lettres de guerre. Il participe à la diffusion de la musique de Lucien Durosoir, œuvre qui porte la marque profonde et douloureuse de l'expérience de guerre.

Agrégé de musique et docteur en musicologie, **Stéphan Etcharry** est maître de conférences à l'université de Reims Champagne-Ardenne (URCA), rattaché au Centre d'Études et de Recherche en Histoire Culturelle (CERHIC, équipe d'accueil 2616). Ses recherches portent essentiellement sur l'hispanisme musical français au tournant des XIXe et XXe siècles (Henri Collet, Raoul Laparra, notamment) ainsi que sur la musique française de la même période (mélodie, musique chorale, opéra, musique de scène, rapports texte-musique, intertextualité). Il participe à des colloques internationaux, tant en France qu'à l'étranger (Australie, USA, Espagne, Irlande, Royaume-Uni, Italie, Canada).

Après le D.E. de formation musicale, **Ludovic Florin** obtient l'agrégation en 2002. En 2005, il est recruté à l'université Paris-Sorbonne comme enseignant et coordinateur des cours de formation musicale. À côté de travaux universitaires sur la musique française du début du XXe siècle, il soutient sa thèse sur le pianiste de jazz Enrico Pieranunzi en 2009. L'année suivante, il est nommé maître de conférences à l'université de Toulouse 2, ses recherches étant plus principalement centrées sur le jazz. Il co-dirige avec Jean-Michel Court la collection de partitions « Jazz-U » aux Presses Universitaires du Mirail (P.U.M.).

Denis Huneau, après avoir suivi une triple formation musicale – universitaire (doctorat), pédagogique (agrégation) et de conservatoire (CNSM de Paris, écriture) –, est actuellement maître de conférences à l'université Catholique de l'Ouest (Angers), où il enseigne principalement la musique du XIXe siècle et l'écriture. Ses centres d'intérêt le poussent à étudier plus particulièrement la musique en France sous la IIIe République (création musicale, institutions et pédagogie de l'écriture). Il est l'auteur du premier ouvrage d'envergure jamais écrit sur André Caplet (*André Caplet, debussyste indépendant*, Galland, 2007).

David Mastin est docteur en histoire contemporaine de l'université Paris Ouest Nanterre la Défense pour une thèse portant sur les écoles de musique en Grande Guerre. Il a dirigé, avec Marine Branland, l'organisation d'un colloque et la publication de ses actes : *De la guerre dans l'art, de l'art dans la guerre. Approches plastiques et musicales au XXe siècle* (*Textuel* n° 63, université de Paris 7 Diderot, 2010). Il prépare actuellement, avec Alix Evesque-de la Presle, l'édition commentée de la correspondance de guerre de Jacques de la Presle, grand prix de Rome en 1921.

Rachel Moore a effectué ses études doctorales au Royal Holloway, université de Londres, sous la direction du professeur Katharine Ellis, avec une thèse intitulée « *Performing Propaganda: Musical Life and*

Culture in Paris, 1914-1918 » (mettre en scène la propagande : la vie musicale et la culture à Paris, 1914-1918). Elle a passé un an en tant que lecteur en musique au New College, université d'Oxford, et est actuellement chercheur junior et lecteur en musique au Worcester College, Oxford. Elle prépare actuellement une monographie, à partir de sa thèse. De manière plus générale, ses centres d'intérêts en recherche portent sur la musique et la culture françaises au début du XXe siècle.

Michela Niccolai est chargée de recherche et de catalogage à la BHVP (Bibliothèque Historique de la Ville de Paris) pour la réalisation du nouveau catalogue des mises en scène lyriques conservées dans le fonds de l'ART (Association de la Régie Théâtrale). Elle a terminé un contrat postdoctoral à l'université de Montréal (OICRM, 2010-2012) autour des écrits musicaux et sociaux de Gustave Charpentier (en préparation, Vrin). Elle a publié une monographie consacrée à ce compositeur, issue de sa thèse doctorale (Saint-Étienne, 2008) : *La Dramaturgie de Gustave Charpentier* (Brepols, 2011). Son dernier travail scientifique concerne la première édition critique d'une mise en scène lyrique : *Giacomo Puccini et Albert Carré : « Madame Butterfly » à Paris* (Brepols, 2012).

Lionel Pons est docteur et agrégé en musique, chargé de cours à l'université d'Aix-Marseille, professeur de culture musicale au C.R.R. de Marseille. Il a publié auprès des AMF plusieurs monographies et articles centrés sur la musique française du premier XXe siècle, collabore régulièrement aux ouvrages collectifs édités par Actes Sud, Autres Temps et l'Opéra de Marseille, a contribué à plusieurs colloques scientifiques, à des notices de CD (Abeille Musique, Solstice). Il a assuré la coordination scientifique du colloque international *Lucien Durosoir, un musicien moderne né romantique* (Venise, Fondation Bru-Zane, 19-20 février 2011) et de la publication afférente (Éditions Multilingues Fraction).

Laure Schnapper est professeur au Centre Georg Simmel à l'EHESS et à la mention Musique du Master de l'EHESS. Après la publication de sa thèse, *L'ostinato, procédé musical universel* (Paris, Honoré Champion, 1998), elle a publié de nombreux articles sur la vie musicale française de la première moitié du XIXe siècle et un ouvrage, paru en 2011 aux Editions de l'EHESS, *Henri Herz, magnat du piano. La vie musicale en France au XIXe siècle (1815-1870)*, Prix des muses 2012. Elle est aussi présidente de l'Institut européen des musiques juives et s'intéresse aux musiciens juifs qui ont combattu pendant la Première Guerre mondiale et à ceux qui ont dû s'exiler lors de la seconde.

Professeur agrégé de musique, **Sandrine Visse** est diplômée de l'université de Reims Champagne-Ardenne dans les départements d'histoire et de musicologie. Spécialisée en histoire contemporaine et après avoir travaillé sur les Carnets de guerre de Maurice Maréchal, son champ d'investigation se porte depuis quelques années sur l'aspect musical de l'histoire culturelle de la Grande Guerre. Elle enseigne actuellement à Charleville-Mézières, où elle est en charge des classes à horaires aménagés musique.

Études de musicologie

La collection « Études de musicologie » propose des analyses innovantes des questions touchant à la musique occidentale des origines à nos jours.

Elle vise naturellement à refléter la diversité des approches méthodologiques qui caractérisent les travaux scientifiques actuels. Elle privilégie la variété des sujets abordés, et est en particulier ouverte aux travaux interdisciplinaires.

Monographie ou ouvrage collectif, toute étude fondée sur une recherche inédite ou une réflexion originale est donc susceptible d'enrichir la collection « Études de Musicologie ».

Directeur de collection : Henri VANHULST

Professeur à l'Université Libre de Bruxelles

Titres parus

n° 1 - Laurence WUIDAR, *Canons énigmes et hiéroglyphes musicaux dans l'Italie du 17e siècle*, 2008.

n° 2 - Marie CORNAZ, *Les éditions musicales publiées à Bruxelles au XVIIIe siècle (1706-1794). Catalogue descriptif et illustré*, 2008.

n° 3 - Sandrine THIEFFRY, *L'édition musicale à Bruxelles au XIXe siècle. L'exemple de la maison Schott frères*, 2014.

n° 4 - Florence DOÉ DE MAINDREVILLE et Stéphan ETCHARRY (dir.), *La Grande Guerre en musique. Vie et création musicales en France pendant la Première Guerre mondiale*, 2014.